「一帶一路」背景下
中國企業海外併購行為研究
——巴基斯坦篇

池昭梅 等 著

崧燁文化

前　言

　　海外併購是中國實施「走出去」戰略的重要途徑之一，也是中國企業積極融入全球價值鏈、參與國際競爭、實現企業跨越式發展的有效手段。在 2007 年國際金融危機之後，中國海外併購不斷升溫。隨著「一帶一路」倡議的不斷推進，「一帶一路」沿線國家逐漸成為新興的投資目的地。根據中國商務部公布的數據，2017 年中國境內企業對「一帶一路」沿線國家實施併購 62 起，投資額為 88 億美元，相較 2016 年，增長 32.5%，占中企當年海外併購投資總額的 9.1%，比 2016 年的占比增長約 3 個百分點。

　　海外併購雖然是企業獲得協同效應、追求資本增值的有效途徑，但也是一項操作複雜、風險極高的交易行為。根據中國企業國際化海外風險管理論壇發布的《2016 年企業海外財務風險管理報告》，中國企業的海外併購只有不到 20% 能夠真正成功。因此，深入研究中國企業海外併購行為、分析海外國家投資環境、解讀投資併購相關規範，對於提高海外併購成功率、助推中國企業「走出去」實現跨越式發展具有重大而迫切的現實意義。

　　在「一帶一路」倡議佈局中，中巴經濟走廊被稱為「第一樂章」，是優先實施的旗艦項目。本書圍繞中國企業海外併購行為全方位研究巴基斯坦的具體國情及相關監管規範，並對中國企業在巴基斯坦實施的部分併購案例進行了深入分析，以期為中國企業成功實施海外併購、推動中國與巴基斯坦之間的開放合作關係、促進「一帶一路」倡議的實施提供國別宏觀環境、制度規範以及實踐經驗的技術支持。本書根據研究內容的需要綜合運用了規範研究法、案例研究法和事件研究法等多種研究方法。本書的出版在一定程度上豐富、發展了國內關於巴基斯坦金融市場、法律環境、稅收規範、併購實踐等方面的研究成果，並填補了目前國內對巴基斯坦會計規範、併購規範的研究空白。

本書分為兩大部分：上篇（理論篇）和下篇（實踐篇）。其中，上篇包含第一章至第六章，下篇包含第七章至第八章。

第一章為概論，從研究的背景和意義、研究方法和內容及研究的學術貢獻等方面，對全書進行了提綱挈領的闡述。第二章為巴基斯坦投資環境分析，主要是對巴基斯坦的自然環境、經濟環境、金融環境和法律環境四個方面進行分析。第三章為巴基斯坦併購規範，在分析、評價巴基斯坦外商投資政策及其實施效果的基礎上，深入研究巴基斯坦併購領域的法律規範及制度安排，並將其與美國、歐盟和中國進行比較。第四章為巴基斯坦稅收規範，對其開設的公司所得稅、銷售稅、聯邦消費稅、關稅等主要稅種進行系統介紹，並針對併購領域的特殊稅收規定以及涉稅風險進行分析。第五章為巴基斯坦企業會計規範，全面分析巴基斯坦在企業財務報告方面的監管制度、規範體系、基本原則等總體情況，以及巴基斯坦的公眾責任公司、伊斯蘭金融機構、中型企業和小型企業適用的具體會計規範。第六章為巴基斯坦金融市場，重點分析巴基斯坦的外匯市場、貨幣市場、資本市場及金融監管。以上各章還包含了針對海外併購的相關風險及其應對策略的討論。

第七章對中國企業在巴基斯坦實施的兩起商業併購案例的基本情況進行了介紹；第八章則是針對上述兩起案例從併購績效、風險防範等不同角度進行分析，共包含六篇論文。

本書的第一章由池昭梅教授和馮鈺鈺撰寫；第二章由王秋霞副教授、玉寧、莫婷婷、廖菲菲撰寫；第三章由王曉瑩副教授、莫婷婷、馮鈺鈺撰寫；第四章由楊柳、理詩、秦弋雯、Edna Gnomblerou 撰寫；第五章由池昭梅教授、黃維干副教授、李冰輪、甘夢雲、賴真臻撰寫；第六章由馮穎副教授、劉晴怡、黃愛富撰寫；第七章由李冰輪、黃愛富、賴真臻撰寫；第八章由池昭梅教授、黃維干副教授、區聰、Edna Gnomblerou、陳緒婷、甘雨、鄧越撰寫。

巴基斯坦的文化、宗教、社會經濟的發展水準與具體運行方式等綜合國情與中國和發達國家相比存在較大差異。由於對巴基斯坦真實的社會經濟生活缺乏切實的瞭解和掌握，本書在分析巴基斯坦相關規範對併購交易的實務影響方面還不夠透澈和細化。同時，雖然中國和巴基斯坦兩國間的經濟交流合作日益增多，但是截至目前完成的海外併購數量尚少、時間尚短，由於缺乏足夠的實例及相關數據，我們對中國企業在巴基斯坦海外併購實際效果的分析只能是個例分析和短期分析。因此，本書在研究的廣度和深度等方面還有待提高，希望各位專家、學者和廣大讀者不吝賜教。

池昭梅

目錄

上篇　理論篇

第一章　概論／3
　　第一節　研究背景和意義／3
　　第二節　研究方法和研究內容／10
　　第三節　本研究的學術貢獻／11

第二章　巴基斯坦投資環境分析／12
　　第一節　自然環境分析／12
　　第二節　經濟環境分析／13
　　第三節　金融環境分析／21
　　第四節　法律環境分析／26

第三章　巴基斯坦併購規範／28
　　第一節　巴基斯坦外商投資政策／28
　　第二節　巴基斯坦併購法律規範／33

第四章　巴基斯坦稅收規範／43
　　第一節　巴基斯坦稅收規範概況／43
　　第二節　巴基斯坦公司所得稅／46
　　第三節　巴基斯坦銷售稅／62
　　第四節　巴基斯坦聯邦消費稅／79
　　第五節　巴基斯坦關稅／88
　　第六節　巴基斯坦其他稅種／94
　　第七節　巴基斯坦併購業務稅收規範的特殊規定／97
　　第八節　啟示／98

第五章　巴基斯坦企業會計規範／101
　　第一節　巴基斯坦會計規範概況／101

第二節　巴基斯坦公眾責任公司會計規範 / 106

第三節　巴基斯坦中型企業會計規範 / 118

第四節　巴基斯坦小企業會計規範 / 130

第五節　啟示 / 136

第六章　巴基斯坦金融市場 / 139

第一節　概述 / 139

第二節　外匯市場 / 149

第三節　貨幣市場 / 155

第四節　資本市場 / 164

第五節　特殊金融模式 / 171

第六節　啟示 / 180

下篇　實踐篇

第七章　中國企業在巴基斯坦的商業併購案例介紹 / 185

第一節　上海電力收購巴基斯坦卡拉奇電力公司 / 185

第二節　中國移動併購巴基斯坦 Paktel 公司 / 190

第八章　中國企業在巴基斯坦的商業併購案例分析 / 192

案例分析一　市場特徵、行業態勢與中國企業海外併購績效研究
　　　　　　——以上海電力併購 KE 公司為例 / 192

案例分析二　中國電力企業在巴基斯坦併購中的風險控制與防範
　　　　　　——以上海電力併購 KE 公司為例 / 204

案例分析三　中國企業跨國併購財務風險與防範探討
　　　　　　——以上海電力併購 KE 公司為例 / 214

案例分析四　中國電信業海外併購動因研究
　　　　　　——以中國移動併購 Paktel 為例 / 221

案例分析五　The Incentives of Chinese Investments in Pakistan: An Analysis From the Corridor Along the Belt and the Road / 230

案例分析六　Chinese Overseas Corporate Mergers and Acquisitions in Pakistan: Case of China Mobile and Paktel / 240

參考文獻 / 249

上篇　理論篇

第一章　概論

第一節　研究背景和意義

一、研究背景

(一)「一帶一路」倡議的背景

「一帶一路」(The Belt and Road，B&R)指的是「絲綢之路經濟帶」和「21世紀海上絲綢之路」。「一帶一路」倡議將高舉和平發展旗幟，在中國與沿線有關國家達成的雙邊、多邊機制的基礎上，積極發展合作夥伴關係，致力於打造政治互信、經濟融合、文化包容的利益共同體、命運共同體和責任共同體。

改革開放以來，中國建了立經濟特區、對外開放口岸，逐步成為世界製造業的加工中心，加入WTO、積極參與現有國際經濟秩序的建設，在經濟全球化進程中扮演著日益重要的角色，實現了本國社會經濟的巨大發展。近年來，在經濟全球化不斷深入發展的同時，全球區域經濟一體化也得到了空前發展。經濟的區域化發展，將有利於區域內各成員國之間實現資源優化配置和經濟優勢互補，提升區域內成員國之間的貿易投資，增強區域經濟的整體實力。亞歐大陸在地理上是一個整體，但由於政治、歷史等多方面的原因，亞歐大陸出現了「二元現象」，這在一定程度上制約了亞歐大陸上各國的發展。為此，2013年，習近平主席首次提出建設「新絲綢之路經濟帶」和「21世紀海上絲綢之路」的合作倡議；2015年，國家發展改革委、外交部、商務部聯合發布《推動共建絲綢之路經濟帶和21世紀海上絲綢之路的願景與行動》，共建「一帶一路」的時代序幕被徐徐拉開。「一帶一路」倡議致力於亞歐大陸及附近海洋的互聯互通，實現沿線各國多元、自主、平衡、可持續的發展。

目前，在「一帶一路」倡議的指導下，中國通過「高鐵外交」「核電外交」「北鬥外交」等對外經濟活動，為世界各國提供高質量的服務，向世界展示了一個負責任的大國形象；通過高鐵、高速公路、航空港等基礎設施建設，不斷深化與周邊國家和地區的經濟聯繫；通過自貿區的建設以及自貿協定的簽署，實現與「一帶一路」沿線國家的互利共贏。

(二)　中國企業海外併購熱潮

海外併購是中國實施「走出去」戰略的重要途徑之一，也是中國企業積極融入全球

價值鏈、參與國際競爭、實現企業跨越式發展的有效手段。2007年全球金融危機爆發，國際資產大幅貶值，各國為了盡快擺脫金融危機影響，也相應地放寬了一些對海外企業併購的管制政策。這為中國企業海外併購創造了前所未有的機遇，中國企業海外併購開始進入快速發展階段。2014年4月，國家發改委發布《境外投資項目核准和備案管理辦法》（國家發展和改革委員會令第9號，「9號令」），確立了中國對境外投資實施「備案為主、核准為輔」的具體管理辦法，中國企業境外投資活力得到進一步釋放，海外併購在交易數量和交易金額方面均進一步增長。2015年中國企業海外併購交易數量增長40%，金額增長21%，達到674億美元。2016年中國企業海外併購實現大幅增長，交易量增加142%（接近2.5倍），交易金額增加246%（接近3.5倍），達到2,210億美元，超過前四年中企海外併購交易金額總和。2017年，由於國家政策針對部分不理性海外投資的監管，同時受外匯和海外監管機構的影響，中國企業海外併購迴歸理性，交易數量和交易金額分別較上年減少12%和42%。儘管如此，2017年的海外收購數量和金額還是大於2014年和2015年的總和。

2017年12月，國家發改委正式發布《企業境外投資管理辦法》（國家發展和改革委員會令第11號，「11號令」）並於2018年3月1日起施行以取代第9號令。11號令在完善對境外投資全程監管的同時進一步縮小境外投資的核准範圍、突出簡政放權、優化境外投資綜合服務。相關配套政策地不斷完善將為中國企業海外併購活動重拾升勢、實現持續健康發展提供有力的制度保障。

目前，中國的海外併購熱潮呈現以下幾大特點：

（1）從行業分佈看，中國企業海外併購涉及行業廣泛，但也存在相對集中的行業，主要為高科技行業、工業和消費相關行業（見表1.1）。

表1.1　　2015—2017年中國企業海外併購交易數量按行業分類

行業類別	2015年 數量(起)	2015年 占比	2016年 數量(起)	2016年 占比	2017年 數量(起)	2017年 占比
工業	66	17.28%	202	21.89%	158	19.60%
高科技	88	23.04%	161	17.44%	176	21.84%
消費相關	48	12.57%	113	12.24%	123	15.26%
媒體和娛樂	23	6.02%	90	9.75%	43	5.33%
金融服務	23	6.02%	81	8.78%	94	11.66%
醫療健康	25	6.54%	86	9.32%	70	8.68%
原材料	42	10.99%	69	7.48%	59	7.32%
其他	67	17.54%	121	13.11%	83	10.30%
合計	382	100%	923	100%	806	100.00%

資料來源：根據普華永道網站發布的《2016年中國企業併購市場回顧與2017年展望》和《2017年中國企業併購市場回顧與2018年展望》整理。

（2）從地區分佈看，中國企業海外併購首選北美及歐洲等發達經濟體國家，而在「一帶一路」倡議推動下，「一帶一路」的沿線國家也逐漸成為新興的投資目的地（見表1.2）。2017年中國境內企業對「一帶一路」沿線國家實施併購62起，投資額為88億美元，比2016年增長32.5%，占中企當年海外併購投資總額的9.1%，比2016年的占比增長約3個百分點。

表1.2　　　2015—2017年中國企業海外併購交易數量按地區分類

地區	2015年 數量(起)	2015年 占比	2016年 數量(起)	2016年 占比	2017年 數量(起)	2017年 占比
歐洲	116	30.37%	334	36.19%	265	32.88%
北美洲	114	29.84%	265	28.71%	246	30.52%
亞洲	108	28.27%	219	23.73%	208	25.81%
大洋洲	29	7.59%	70	7.58%	49	6.08%
南美洲	6	1.57%	22	2.38%	22	2.73%
非洲	9	2.36%	13	1.41%	16	1.99%
合計	382	100.00%	923	100.00%	806	100.00%

資料來源：根據普華永道網站發布的《2016年中國企業併購市場回顧與2017年展望》和《2017年中國企業併購市場回顧與2018年展望》整理。

（3）從投資主體看，國有企業參與海外併購進程相對放緩，民營企業和財務投資者則保持活躍，民營企業成為海外併購的主導者（見表1.3）。

表1.3　　　2013—2017年中國企業海外併購交易按投資主體分類

投資主體	交易情況	2013年	2014年	2015年	2016年	2017年
國有企業	交易數量（起）	55	78	80	116	101
國有企業	交易金額（億美元）	365	259	276	665	279
民營企業	交易數量（起）	118	145	207	612	467
民營企業	交易金額（億美元）	106	136	210	1,163	594
財務投資者[①]	交易數量（起）	25	49	95	195	238
財務投資者[①]	交易金額（億美元）	10	133	153	381	341

資料來源：根據普華永道網站發布的《2016年中國企業併購市場回顧與2017年展望》和《2017年中國企業併購市場回顧與2018年展望》整理。

2016年，民營企業海外併購交易數量達到2015年的三倍，在交易金額方面也首次超過國有企業，達到國有企業交易金額的1.7倍，其中中國化工以430億美元收購先正

---

① 財務投資者指以通過未來出售獲利為目的進行併購的投資者，主要包括但不限於私募股權基金和風險投資基金。

達成為中國買家進行海外併購以來最大的單筆交易。

（三）中國與巴基斯坦之間的互利合作關係

1951年5月21日，中國與巴基斯坦正式建立外交關係。建交以來，中巴兩國在和平共處五項原則的基礎上發展睦鄰友好和互利合作關係，中巴兩國人民間建立了真誠、友好的友誼，在兩國領導人和人民多年的努力下，巴基斯坦成為中國最堅定的友國。2013年5月，中國總理李克強在對巴基斯坦進行正式訪問中表示，中巴兩國為「全天候戰略夥伴」，無論國際和地區形勢如何變化，中方都將堅定不移地鞏固和發展中巴關係。2015年4月，習近平主席出訪巴基斯坦，在巴基斯坦議會發表題為《構建中巴命運共同體 開闢合作共贏新徵程》的重要演講，習主席在演講中提出：構建中巴命運共同體，是中巴兩國政府和人民從兩國根本利益出發做出的戰略抉擇。中巴經濟走廊是中巴實現共同發展的重要抓手。我們要發揮走廊建設對兩國務實合作的引領作用，以走廊建設為中心，以瓜達爾港、能源、基礎設施建設、產業合作為重點，形成「1+4」合作佈局。

中巴經濟走廊（China－Pakistan Economic Corridor，簡稱CPEC）是中國總理李克強於2013年5月訪問巴基斯坦時提出的。初衷是加強中巴之間交通、能源、海洋等領域的交流與合作，加強兩國互聯互通，促進兩國共同發展。2015年4月，習近平主席出訪巴基斯坦時明確表示，要發揮中巴經濟走廊建設對兩國務實合作的引領作用，以走廊建設為中心，以瓜達爾港、能源、基礎設施建設、產業合作為重點，形成「1+4」合作佈局。

中巴經濟走廊建設將極大改善中巴雙方的聯通狀況。公路方面：由中國路橋工程有限責任公司負責實施的喀喇崑崙公路改擴建項目已正式啟動，這條公路東起中國新疆喀什，穿越喀喇崑崙、興都庫什和喜馬拉雅三大山脈，經過中巴邊境口岸紅其拉甫山口，直達巴基斯坦北部城鎮塔科特，全長1,224千米。同時，巴基斯坦白沙瓦至卡拉奇高速公路項目的蘇庫爾至木爾坦段也於2016年5月開工，全長392千米，全線按照雙向6車道、時速120千米標準設計，該段項目的合同金額約為28.9億美元，折合人民幣184.6億元。鐵路方面：中巴鐵路建設經過赫維利亞、阿巴塔巴德、吉爾吉特等地，預計建設費用高達102.37億美元，其後續工程將實現中巴鐵路和油氣管道的全線貫通。在港口建設方面：2001年，應巴基斯坦時任總統穆沙拉夫的請求，中國政府援建瓜達爾港，以多種形式為巴方提供1.98億美元的融資；2002年3月，瓜達爾港正式由中國港灣工程有限責任公司總承包建設，2015年5月13日，瓜達爾港正式開通使用。

中巴經貿合作發展良好，中巴貿易有一定互補性，合作空間和潛力較大。近年來，雙邊貿易增速均保持在10%以上。目前，中國已成為巴基斯坦第二大貿易夥伴。中國對巴基斯坦的出口商品日趨多樣化，機電產品所佔比重逐年增加，但中國自巴基斯坦進口的商品種類變化不大，仍停留在傳統商品。中國對巴基斯坦的主要出口商品為：機械設備、鋼鐵及其製品、化學品、電子電器、計算機與通信產品、肥料和農產品等，其中，機械設備所佔比例近40%。巴基斯坦對華主要出口商品為：棉紗、棉布、大米、礦石和皮革等，其中，棉紗線所佔比例超過一半。據中國海關統計，2016年中巴雙邊貿易額為191.3億美元，同比增長1.2%。其中，中國出口額為172.2億美元，同比增長4.8%；中國進口額為19.07億美元，同比下降23.0%；貿易順差153.21億美元。

2015 年 4 月，習近平主席和巴基斯坦總理納瓦茲‧謝里夫舉行了中巴經濟走廊五大項目破土動工儀式，並簽訂了中巴 51 項合作協議和備忘錄（詳見表 1.4），進一步加深中巴的互利合作關係。

表 1.4　　　　　　　　　　　中巴 51 項合作協議和備忘錄

序號	項目名稱
1	關於中國和巴基斯坦之間建立全天候戰略合作夥伴關係的聯合聲明
2	中巴經濟走廊的第四次聯席協調會議的會議記錄
3	中國和巴基斯坦之間的經濟技術合作協定
4	中國和巴基斯坦之間的 DTMB（地面數字電視傳輸系統）示範項目可行性研究的文件互換
5	中國和巴基斯坦之間關於禁毒設備提供的文件互換
6	中國和巴基斯坦之間關於執法設備提供的文件互換
7	中國和巴基斯坦之間關於瓜達爾港醫院的可行性研究的文件互換
8	中國商務部和巴基斯坦財政和經濟事務部之間關於喀喇昆侖公路（赫韋利揚到塔科特）第二階段升級的中國政府優惠貸款條款諒解備忘錄
9	中國商務部和巴基斯坦財政和經濟事務部之間關於卡拉奇-拉合爾高速公路（木爾坦到蘇庫爾）的中國政府優惠貸款條款諒解備忘錄
10	中國商務部和巴基斯坦財政和經濟事務部之間關於瓜達爾港東灣高速公路項目的中國政府優惠貸款條款諒解備忘錄
11	中國商務部和巴基斯坦財政和經濟事務部之間關於瓜達爾港國際機場的中國政府優惠貸款條款諒解備忘錄
12	中國和巴基斯坦之間關於為雙邊貿易提供金融服務的協議
13	中華人民共和國發展改革委員會和巴基斯坦經濟事務部（EAD）之間關於應對氣候變化材料的諒解備忘錄條款
14	中國和巴基斯坦之間關於主要通信基礎設施項目合作的框架協議
15	中華人民共和國發展改革委員會（NDRC）和巴基斯坦計劃發展和改革部之間的合作諒解備忘錄
16	中華人民共和國外交部和巴基斯坦計劃發展和改革部之間關於瓜達爾港地區港口公益性項目的備忘錄
17	中國科學技術部和巴基斯坦科學技術部關於建立中國-巴基斯坦聯合棉花生物技術實驗室備忘錄
18	中國國家鐵路局和巴基斯坦鐵道部之間關於 ML1 升級和巴基斯塔鐵路赫韋利揚干散貨中心的聯合可行性研究的框架協議
19	中國國家海洋局和巴基斯坦科學技術部之間關於聯合建立中國-巴基斯坦海洋研究中心的協議
20	中國國家新聞出版廣播電影電視總局和巴基斯坦新聞廣播國家遺產部之間的合作諒解備忘錄

表1.4(續)

序號	項目名稱
21	中國中央電視臺、巴基斯坦電視臺（PTV）和巴基斯坦電視基金關於轉播CCTV-NEWS頻道/CCTV-9紀錄頻道的三方協議
22	關於中華人民共和國四川省成都市和拉合爾建立友好城市關係的協議
23	關於中國廣東省珠海市和巴基斯坦俾路支省瓜達爾之間建立友好城市關係的協議
24	關於中國新疆維吾爾自治區克拉瑪依和巴基斯坦俾路支省瓜達爾港之間建立友好城市關係的協議
25	關於建立中國國家能源局和瓜達爾-訥瓦布沙阿的液化天然氣接收站和管道工程的框架協議
26	拉合爾軌道交通橙線項目商業合同
27	拉合爾軌道交通橙線項目融資協議
28	喀喇昆侖公路（KKH）升級工程第二期（赫韋利楊至塔科特）、卡拉奇至拉合爾高速公路（KLM）、瓜達爾港東灣高速公路以及瓜達爾國際機場項目的諒解備忘錄
29	中國進出口銀行、中國工商銀行股份有限公司和巴基斯坦SK水電（私人）有限公司簽訂關於870MW水利電氣蘇基-克納里（SukiKinari）水電站的融資協議
30	中國進出口銀行和卡西姆港電力公司（私人）有限公司關於2x660MW卡西姆港燃煤電站融資協議
31	中國進出口銀行、中國國家開發銀行股份有限公司和Karot電力（私人）有限公司關於720MWKarot水電項目的融資框架
32	中國進出口銀行、中國國開發銀行股份有限公司和中興能源有限公司關於巴基斯坦邊界Punjab的中興9×100MW太陽能項目設備條款清單
33	中國國家開發銀行有限公司和UEP風力發電（私人）有限公司關於吉姆普爾（Jhimpir）風力發電項目貸款協議
34	中國家家開發銀行有限公司和巴基斯坦信德（sindh）省支持SindhEngro煤炭礦業公司關於BlockII3.8萬噸/每年的採礦項目的條款和條件
35	中國國家開發銀行有限公司和巴基斯坦信德（sindh）省支持EngroPowergenThar（私人）有限公司關於BlockII2x330MW燃煤發電項目的條款和條件
36	中國發展有限公司和HBL（巴基斯坦最大的銀行）之間的中國-巴基斯坦經濟走廊的融資合作框架協議
37	巴基斯坦水電發展署（WAPDA）和中國長江三峽集團（CTG）合作備忘錄
38	巴基斯坦私營部門能源設施建設委員會（PPIB）、中國長江三峽集團（CTG）和絲綢之路基金關於民營水電項目的發展備忘錄
39	中國工商銀行、PCC中國公司及HDPPL關於達烏德風力發電項目的設備營運協議
40	中國工商銀行、PCC中國公司及HDPPL關於達烏德風力發電項目的設備營運協議
41	中國工商銀行與SSRL關於1座塔爾煤田融資投資意向書協議
42	巴基斯坦邊界Punjab與中國華能集團關於能源戰略合作的框架協議

表1.4(續)

序號	項目名稱
43	巴基斯坦水利電力部門與中國出口信用保險公司關於中巴經濟走廊能源項目合作的框架協議。
44	新歐信德資源公司與上海電氣集團關於巴基斯坦1座塔爾煤田煤電一體化項目的合作協議
45	巴基斯坦國家電網與中國國家電網關於馬提亞日-拉哈爾和馬提亞日（昆新港）-費薩爾巴德輸變電項目的合作協議
46	中國電力與巴基斯坦政府關於昆新港火力發電廠的合作協議
47	中國電力與巴基斯坦政府關於昆新港火力發電廠的合作協議
48	中國國際電力公司與胡布電力公司關於胡布電力工廠項目的合作協議
49	中國海洋工程學會與旁遮普政府關於巴基斯坦岩鹽礦帶火電項目的機械設備協議
50	關於巴基斯坦立現代語言大學和中國新疆師範大學高等教育合作的備忘錄
51	巴基斯坦立現代語言大學和中國烏魯木齊新疆師範大學的國際教育中心合作協議

中巴經濟走廊的建設，有利於中巴之間實現全方位的互聯互通和多元化的互利共贏。對巴方而言，中巴經濟走廊能夠優化巴方在南亞地區的區域條件，促進巴方的基礎設施建設，推進巴方電力供給的改善，有利於巴方農業、漁業、紡織業產品的出口，改善當地就業情況，全面提升巴基斯坦經濟社會發展。

同時，中巴經濟走廊的發展能有效增加中國能源的進口路徑，這不僅可以避開傳統「咽喉」馬六甲海峽和南海，把中東石油直接運抵中國西南腹地，還能降低對正在建設中的中緬油氣管道的依賴。此外，也為中巴商貿、物流、教育等方面迎來良好的合作發展機遇。

二、研究意義

（一）促進中國「一帶一路」倡議的實施

「一帶一路」倡議作為中國的頂層設計，是中國未來較長一段時間對外開放的總體戰略。「一帶一路」的一個重要目標就是要在歐亞大陸上形成一個體制、機制互聯互通的大市場，最終構築一個資金流、人才流、信息流、貨物流互聯互通的歐亞合作大格局，海外併購作為一種集資金、人才、信息為一體的綜合對外投資手段，將促進企業與企業之間、國家與國家之間的互聯互通。另外，巴基斯坦是「一帶一路」倡議的重要支點國家、重要連接國家和重要示範國家，戰略地位十分重要，研究中國企業在巴基斯坦的海外併購交易，將助力中國「一帶一路」倡議的實施。

（二）助推中國企業海外併購實踐有效進行

併購是企業獲得協同效應追求資本增值的有效途徑，同時也是一項操作複雜、風險極高的交易行為，而海外併購涉及跨國交易，併購的風險性也顯著提高。根據2016年中國企業國際化海外風險管理論壇發布的《2016年企業海外財務風險管理報告》，中企海外併購有效率僅為30%左右，加權跨境、跨文化整合因素，只有不到20%的海外併購

能夠真正成功。在中國企業海外併購熱潮不斷升溫的背景下，深入研究中國企業海外併購行為、深入分析海外國家投資環境、解讀投資併購規範，有利於豐富海外併購相關研究成果，為中國企業的海外併購實踐提供借鑑，進而提高併購成功率，助推中國企業「走出去」融入世界價值鏈，實現跨越式發展。

（三）符合中國與巴基斯坦之間開放合作關係的發展需要

中國與巴基斯坦是友好鄰邦，兩國間長期保持著開放合作的良好關係。目前，兩國正在大力推進的中巴經濟走廊建設是實現共同發展的重要抓手，中巴雙方將不斷加強在科技、文化、能源、環保，尤其是經貿領域的區域合作，巴基斯坦也成為中國最具潛力的投資東道國之一。圍繞企業併購財務行為，致力於剖析巴基斯坦的投資環境和外資併購相關規範，將為中國企業進軍巴基斯坦提供有效指引，提高併購成功率，促進兩國間各個合作領域的資本聯通，為中巴經濟走廊建設及兩國間的開放合作關係發展注入活力。

第二節　研究方法和研究內容

一、研究方法

本研究是一個多學科交叉的綜合性課題，涉及經濟學、管理學、社會學和法學等學科。採用管理學中的多種研究方法：既有理論分析，又有案例研究；既有文獻規範的梳理，又有定性的總結歸納。

（一）多學科綜合研究法

本書圍繞中國企業在巴基斯坦的海外併購財務行為開展研究，將運用經濟學、管理學、社會學、法學等多學科的綜合研究方法，對巴基斯坦的投資環境、併購規範、稅收規範、會計規範及金融市場進行較為全面和系統的研究。

（二）調查研究法

本書立足於巴基斯坦研究企業海外併購，為了瞭解巴基斯坦的投資環境及法律規範，有目的、有計劃、系統地搜集了大量巴基斯坦國內的一手資料，並在此基礎上進行分析、綜合、比較、歸納，進而形成相關研究成果。

（三）文獻研究法

現有關於巴基斯坦和海外併購的文獻十分豐富，在大量閱讀相關文獻的基礎上，形成了對巴基斯坦和海外併購的較深入的理性認識，為重點研究中國企業在巴基斯坦進行海外併購提供便利。

（四）案例研究法

本書在對巴基斯坦法律規範進行梳理分析時，也精心整理了部分案例融入其中，這既有利於讀者理解本書的內容，也能夠使本書的觀點更具說服力。

二、研究內容

本書分為兩大部分：上篇（理論篇）和下篇（實踐篇）。其中，上篇包含第一章至

第六章，下篇包含第七章至第八章。

第一章為概論，從研究的背景和意義、研究方法和內容及研究的學術貢獻等方面，對全書進行了提綱挈領的闡述。第二章為巴基斯坦投資環境分析，主要是對巴基斯坦的自然環境、經濟環境、金融環境和法律環境四個方面進行分析。第三章為巴基斯坦併購規範，在分析、評價巴基斯坦外商投資政策及其實施效果的基礎上，深入研究巴基斯坦併購領域的法律規範及制度安排，並將其與美國、歐盟和中國進行比較。第四章為巴基斯坦稅收規範，對其開設的公司所得稅、銷售稅、聯邦消費稅、關稅等主要稅種進行系統介紹，並針對併購領域的特殊稅收規定以及涉稅風險進行分析。第五章為巴基斯坦企業會計規範，全面分析巴基斯坦在企業財務報告方面的監管制度、規範體系、基本原則等總體情況，以及巴基斯坦的公眾責任公司、伊斯蘭金融機構、中型企業和小型企業適用的具體會計規範。第六章為巴基斯坦金融市場，重點分析巴基斯坦的外匯市場、貨幣市場、資本市場及金融監管。以上各章還包含了針對海外併購的相關風險及其應對策略的討論。

第七章對中國企業在巴基斯坦實施的兩起商業併購案例的基本情況進行了介紹；第八章則是針對上述兩起案例從併購績效、風險防範等不同角度進行分析，共包含六篇論文。

第三節　本研究的學術貢獻

本書結合「一帶一路」倡議的宏觀背景，圍繞中國企業海外併購財務行為搜集、整理、分析巴基斯坦的具體國情及相關規範，對中國企業在巴基斯坦的併購財務行為提供理論指導，研究的主題在一定程度上具有新穎性，其主要的學術貢獻體現在：

（1）以「一帶一路」倡議及中國企業海外併購熱潮為研究背景，選取「一帶一路」沿線重點國家之一的巴基斯坦進行中國企業海外併購財務行為的研究，為「一帶一路」倡議及中國企業海外併購相關研究提供研究新領域和新思路。

（2）本書創建了中國企業海外併購的新的國別研究方法，將併購中的財務行為單獨列為研究重點，把海外國家的投資環境、併購規範、稅收規範、會計規範、金融市場分析作為貫穿始終的邏輯，從而構建了研究的分析框架和邏輯體系，試圖為中國企業海外併購研究提供一個新的理論平臺及範式參考。

（3）本書對巴基斯坦的投資環境進行了掃描分析，並搜集整理了大量巴基斯坦本國的規範文件，從中分析巴基斯坦在併購、稅收、會計及金融市場方面的政策規範，為立足巴基斯坦的企業海外併購乃至財務行為研究提供理論支撐。

（4）本書對巴基斯坦的投資環境、併購規範、會計規範、稅收規範、金融市場進行了理論分析，從中凝練了對併購實踐的啟示，這對於中國企業在巴基斯坦的併購實踐具有重要的參考價值。

第二章　巴基斯坦投資環境分析

投資環境（Investment Climates）是市場參與者進行投資或開展貿易前必須考慮的各種外部因素的總和。傳統觀念中的投資環境包括目標市場的自然環境、經濟環境、金融環境、法律環境等。

第一節　自然環境分析

一、地理位置

巴基斯坦伊斯蘭共和國位於南亞次大陸西北部，是南亞通往西亞、中亞陸上交通的必經之地。東接印度，東北與中國毗鄰，西北與阿富汗交界，西鄰伊朗，南瀕阿拉伯海。地形狹長，地勢西北高東南低，面積79.6萬平方千米（不包括巴控克什米爾的1.3萬平方千米）。東南部為印度河平原，地勢低平；東南部和西南部有塔爾沙漠等大片沙漠，印度河流貫穿國境南北。北部為高山區，海拔一般在3,500米以上，最高峰蒂里奇米峰海拔7,690米，西部和西南部是高原區。

二、氣候資源

印度河是巴基斯坦境內第一大河，與其支流組成全國最大的流域，在入海口形成約8,000平方千米的三角洲平原。大部分地區屬亞熱帶干旱和半干旱氣候，全境基本上屬於亞熱帶草原和沙漠氣候，南部屬於熱帶氣候。山地冬寒夏涼，平原冬暖夏熱，年降水量一般為100~500毫米。南部濕熱，受季風影響，雨季較長；北部地區干燥寒冷，有的地方終年積雪，年平均氣溫27℃。

三、礦產資源

巴基斯坦是一個礦產資源較豐富的國家。目前全國已找到44種礦產，探明儲量的礦產在25種以上。從其成礦地質環境看，找礦潛力非常大。主要礦藏有天然氣（4,920億立方米）、石油（1.84億桶）、煤（1,850億噸）、鐵（4.3億噸）、鋁土（7,400萬噸），還有大量的銘等。花崗岩、大理石和寶石資源具有國際水準，可以進行工業開採。2005

年礦產業對國內生產總值的貢獻率是 6.15%，勞動力總人口的 10.2%從事該行業。除此之外，巴基斯坦政府在促進石油天然氣開發和石油冶煉方面做了努力，鼓勵外商對該領域加大投資。

四、水資源

巴基斯坦的水資源來自河流、冰川、局部降雨和地下水。源自中國的印度河從北向南流入巴基斯坦境內，蜿蜒 2,300 千米，注入阿拉伯海，海岸線長 980 千米。該國的地形導致極端降雨形式。年平均降雨量為 50~1,000 毫米（取決於降雨地點），但在北部孤立的山區，年均降雨量可能會超過 2,000 毫米，而干旱地區每年降雨量通常不足 125 毫米。90%的地區年降雨量不足 510 毫米。降雨主要出現在 7 月到 9 月。最炎熱的時節是 6、7 月，大部分中午氣溫超過 40 攝氏度。

第二節　經濟環境分析

一、經濟形勢總體特徵

（一）經濟在波動中增長

受政局動盪的影響，巴基斯坦經濟一直處於波動增長當中。根據世界銀行的數據統計顯示（見圖 2.1），在 1961—2016 年，其曾經出現過幾次增長率超過 5%的時期，特別是 1970 年，經濟增長率高達 11.35%，而後在 2001 年、2009 年卻存在負增長，總體經濟增長呈現低增長勢態，經濟平均增長率低於 5%。從近十年看，2011—2013 年，巴基斯坦經濟增速最低，特別是在 2010—2011 財年，經濟增長速度僅為 2.4%。2013 年，政府處於債務違約的邊緣，不得不依賴外界的支援，並採取了高強度的緊縮政策。通過一系列的經濟措施，巴基斯坦的經濟發展逐漸趨穩，2015—2016 財年，GDP 同比增長 4.7%，創 8 年來新高。2017 年 5 月 25 日，根據巴基斯坦政府公布的 2016—2017 財年經濟調查數據顯示，本財年 GDP 增速保持上升勢頭，預計增長 5.3%，首次實現 10 年來經濟增速破「五」，並將達到 3,040 億美元的歷史高峰。

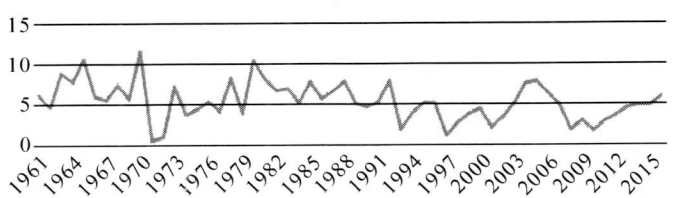

圖 2.1　1961—2016 年巴基斯坦經濟增長率

資料來源：世界銀行數據庫。

註：巴基斯坦財年始於 7 月 1 日，截至次年 6 月 30 日。

（二）農業仍為支柱產業，第三產業增長提速

巴基斯坦是一個農業國家，全國43.7%的勞動力就業於農業活動，農村人口占總人口的66%以上。巴基斯坦以種植業為主，主要農作物為小麥和水稻，經濟作物以棉花和甘蔗為主。如表2.1所示，農業增加值占GDP的百分比近年來有小幅度的提升，農業增加值總額在2007—2016年超過工業增加值總額。而在2016年農業呈現負增長，產值同比下降0.2%，主要受到天氣以及病蟲害的影響，棉花的產量創2014年以來的新低，較2015年相比，同比減少27.8%。

值得注意的是，自2009年第三產業增長低潮期之後，服務業的增長提速，平均增長率保持在4%以上，服務業的附加值占GDP的比重高達50%以上。究其原因，主要是由於服務業內部結構的變化，其中，傳統批發零售業以及運輸業仍起主導作用，金融保險商務等新興服務業保持著強勁的增長勢頭。據巴基斯坦政府公布的數據顯示，2015—2016財年，金融保險業的增長比例為7.8%。2016—2017財年服務貿易規模隨製造業下滑，主要表現為建築服務業的增速放緩。

表2.1　　　　　　　2007—2016年巴基斯坦三大產業增加值

年份 項目	2007	2008	2009	2010	2011	2012	2013	2014	2015	2016
農業增加值占GDP的百分比(%)	23.06	23.11	23.91	24.29	26.02	24.55	24.81	24.87	25.11	25.23
工業增加值占GDP的百分比(%)	21.13	22.33	20.20	20.58	21.23	22.05	21.05	20.98	19.96	19.16
服務業增加值占GDP的百分比(%)	55.81	54.56	55.89	55.13	52.74	53.40	54.14	54.15	54.93	55.60
農業增加值（億美元）	332.21	382.68	382.00	413.03	536.73	532.02	551.04	580.22	647.02	674.78
工業增加值（億美元）	304.48	369.70	322.71	349.84	437.89	477.91	467.45	489.34	514.37	512.54
服務業增加值（億美元）	804.04	903.22	893.07	937.40	1,087.76	1,157.23	1,202.56	1,263.38	1,415.69	1,487.04
農業增加值年增長率(%)	3.42	1.81	3.50	0.23	1.96	3.62	2.68	2.50	2.53	-0.19
工業增加值年增長率(%)	7.73	8.47	-5.21	3.42	4.51	2.55	0.75	4.53	4.81	6.80
服務業增加值年增長率(%)	5.58	4.94	1.33	3.21	3.94	4.40	5.13	4.46	4.31	5.71

資料來源：世界銀行數據庫。

（三）工業化發展緩慢，制約經濟發展

自建國以來，巴基斯坦的工業發展成為制約其經濟發展的「瓶頸」。如表2.1所示，工業增加值在三大產業中比重較低，在20%左右，2015—2016年工業增加值占GDP的比重甚至低於20%，工業增加值的年增長率也呈現出波動增長的趨勢。從結構來看，工

業仍處於初期發展水準，重工業和基礎工業落後，高科技產業占比微乎其微，工業產業主要集中於紡織和食品等輕工業領域。

2016 年，巴基斯坦的工業增長率達到 6.8%，創 2009 年以來新高。這主要受到中巴經濟走廊大型電力以及交通基礎設施項目的影響。此外，汽車、化肥、皮革等工業增長率高達 3.4%、15.9%、12.2%，成為當年工業增長的主要拉動力。

（四）高通貨膨脹率有所控制，財政赤字狀況好轉

受到政局動盪的影響，巴基斯坦經濟呈現出大起大落、極不穩定的發展態勢，導致該國較高的通貨膨脹率。如圖 2.2 所示，2008 年金融危機時期，其通貨膨脹率一度高達 20.29%，2010 年，受到洪水的影響通貨膨脹率有小幅度的上升。經過近年來的努力，巴基斯坦的通貨膨脹率在 2011—2015 年逐年下跌，2015 年甚至創下歷年最低點，為 2.54%，低於 3%。隨著近期國際市場油價和大宗商品價格趨於穩定，在低基數效應的作用下，2016 年巴基斯坦國內通脹率有一定程度的攀升。

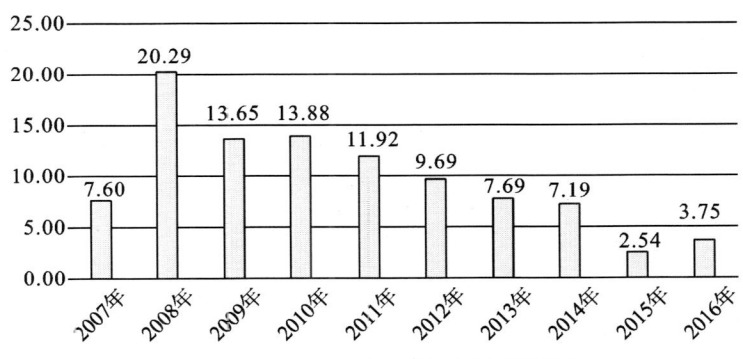

圖 2.2　2007—2016 年巴基斯坦通貨膨脹率

資料來源：世界銀行數據庫。

自 20 世紀 90 年代以來，由於財政調整和經濟改革措施的有效實施，巴基斯坦的財政赤字率一度降到了 2004 年的 2.4%。在 2005 年以後，財政赤字率又大幅增長，基本保持在 5% 以上，這主要受到全球經濟危機以及無效財政政策的影響。2014—2015 年，該比例下降到 5% 以下，這主要得益於政府增加稅收以及加強支出的管理。2016 年，由於增加徵繳預扣稅、提高關稅稅率以及加徵調節關稅，巴基斯坦的財政赤字率下降到 4.6%，但此措施引起了較大的爭議。與此同時，巴政府的外債數額高達 19.04 億盧比，同比增長 12.2%，創 7 年來的新高。

二、國內生產總值現狀及發展趨勢

如表 2.2 和圖 2.3 所示，自 2007 年以來，巴基斯坦 GDP 總額與人均 GDP 逐年增長，2016 年 GDP 總額達到 2,836.6 億美元，人均 GDP 達到 1,468.2 美元。但是，GDP 的年增長率呈現浮動狀態，在 2007 年增長 4.83% 的情況下，受到金融危機的影響，持續下跌兩年，至 2010 年又重新回到高增長點，此後 GDP 的年增長率呈現波動增長。2016 年

GDP 增長創新高,達到 5.74%,是近 10 年經濟增長的高峰期。

從結構上來看,三大產業中,服務業占 GDP 的比重一直保持著 50% 以上的比例,農業占比持續超過工業占比,比例維持在 23%~25%,而工業則在三大產業中占比最低。雖然服務業占比較大,但巴基斯坦服務業主要以低端服務業為主,高端科技服務行業仍發展不足。而從整個產業結構分析,巴基斯坦的服務業占比過快地超過工業占比,甚至在農業仍是支柱產業的前提之下,工業還未能趕超農業的發展,與大多數國家的產業結構變動規律不符,顯得不太合理。

從近幾年的發展分析,未來巴基斯坦經濟將保持平穩的發展勢頭,同時,基於中巴經濟走廊基建項目投資增速放緩,未來幾年經濟發展趨勢將保持目前的狀態。

表 2.2　　　　2007—2016 年巴基斯坦國內生產總值情況

年份	GDP（億美元）	人均 GDP（美元）	GDP 年增長率（%）
2007	1,523.86	950.4	4.83
2008	1,700.778,141	1,039.3	1.70
2009	1,681.527,753	1,006.6	2.83
2010	1,774.068,545	1,040.1	4.61
2011	2,135.874,132	1,226.2	2.75
2012	2,243.836,208	1,261.2	3.51
2013	2,312.185,672	1,272.4	4.40
2014	2,443.608,888	1,317.0	4.67
2015	2,710.498,867	1,431.2	4.71
2016	2,836.599,807	1,468.2	5.74

資料來源:世界銀行數據庫。

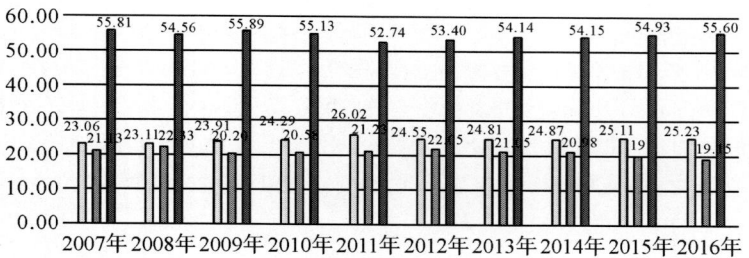

圖 2.3　2007—2016 年巴基斯坦三大產業結構

資料來源:世界銀行數據庫。

三、重點特色產業分析

（一）重點產業概況

首先，農業在巴基斯坦國民經濟中具有非常重要的地位，2014—2015 財年，農業增長率為 2.9%，全國的外貿收入有 42% 來自農產品的出口。農業主要以小麥和水稻的種植為主，經濟作物為棉花，它是紡織業原料的主要來源，關係到整個國民經濟的發展。除此之外，漁業養殖比較發達，每年海產品的產量達到 40 萬噸以上，雖然漁業養殖占國民經濟的比重不高，但其亦成為巴基斯坦重要的出口產品。畜牧業的發展基礎雄厚，占農業產值比重的 38% 左右。而林業相對較為落後，主要原因在於近年來亂砍濫伐比較嚴重，導致巴基斯坦的森林覆蓋率不斷降低。

其次，巴基斯坦的工業發展較為落後，工業規模不大，門類也比較稀缺，主要集中在紡織業、制糖業、皮革業、化肥業以及水泥業。在紡織業方面，全國有大型企業 460 家左右，主要產品為棉紗線，年產值達到 300 萬千克。全國有 720 家皮革生產企業，皮革製造成為巴基斯坦第二大出口創匯產品。重工業方面，如礦業、機器製造以及汽車產業等，由於缺少資金和技術，發展受到限制。近年來，巴基斯坦政府推行自由化經濟以及國有企業私有化政策，力爭尋求與外資合資合作，引進資金，更新技術。

最後，服務業是經濟增長主要驅動力，占國民經濟的半壁江山。其中，批發零售業成為服務業增速的主力軍。2016—2017 財年，批發零售業同比增長 6.8%。金融保險業開放較早，因而發展較快。國民銀行是巴基斯坦目前唯一的國營銀行，也是最大的商業銀行。伊斯蘭金融服務機構在巴基斯坦的金融業中迅猛發展，截至 2014 年，巴基斯坦新增伊斯蘭金融業務機構 270 家，資產總額增長 24%，占銀行業總資產的 10.4%。

（二）六大產業投資機遇分析

（1）農業。巴基斯坦農業資源豐富，耕地面積廣闊，尚有 170 萬公頃耕地未有效利用，農產品產值低。此外，巴基斯坦雖然為世界第四大牛奶生產國，但國內牛奶加工業產值僅占總產值的 3%～4%。畜牧業由於生產技術較為落後，產能較低，具有一定的投資價值。

（2）紡織業。巴基斯坦紡織業為農業中的重點產業，成為亞洲紡織品的第八大出口國。其產品主要出口到埃及、土耳其等國家。紡織業吸引了 40% 的工業勞動力，且勞動力較為年輕、價格較低，巴基斯坦紡織業可以為高價勞動力國家轉移低端製造業創造機會。

（3）基礎設施和能源電力業。目前，巴基斯坦基礎設施建設極為落後，公路密度僅為 0.32 千米/平方千米，鐵路老化，道路運輸速度慢，且海運能力薄弱。交通設施的建設、基礎通信網絡鋪設成為投資熱點。另外，能源的短缺，特別是電力的缺口成為巴基斯坦經濟發展的重大阻礙，據統計，巴基斯坦電力缺口達到 5,000～8,000 兆瓦，造成 GDP 損失 2% 以上，因此，水電、太陽能、風力發電等也值得投資。

（4）礦產資源業。巴基斯坦礦產資源豐富，正在開採的金屬和非金屬礦產主要有

58種，煤炭、銅和含銅的金銀礦、鐵礦石、鉛鋅礦、鉻鐵礦、金礦、花崗岩以及大理石、寶石、岩鹽、石灰石、磷酸鹽、菱鎂礦、瓷土成為巴基斯坦政府推薦的礦產資源開發和投資重點領域。

（5）金融業。銀行業是巴基斯坦金融業的主導。巴基斯坦外資銀行占2%，而其國內金融服務滲透率較低，每1,000名成人僅有226個銀行帳戶。保險行業處於初級發展階段，市場潛力較大，且投資門檻較低。資本市場對外資開放，投資報酬率較高。因此，巴基斯坦金融業具有很大提升空間。

（6）汽車生產業。巴基斯坦汽車產業基礎薄弱，但隨著經濟發展，市場需求量逐年增加。目前，巴基斯坦的汽車保有量約為19輛/千人。如表2.3所示，巴基斯坦進口汽車量增長在2011—2012年高達5.6萬輛。巴基斯坦國內汽車市場集中，日系汽車壟斷進口市場，占巴基斯坦轎車市場100%的份額。而近年來，巴基斯坦調整一系列汽車政策，包括下調零部件進口關稅、為新進入的汽車企業提供稅收優惠等，吸引了多國汽車企業來巴基斯坦投資的興趣。

表2.3　　　　　　　巴基斯坦汽車市場規模（不含卡車和客車）

年度	本地產量（輛）	進口量（輛）	市場總量（輛）
2008—2009	102,070	5,562	107,632
2009—2010	138,741	6,582	145,323
2010—2011	154,022	10,761	164,783
2011—2012	175,630	56,973	232,603
2012—2013	137,071	45,481	182,552
2013—2014	136,000	29,036	165,036
2014—2015	185,000	23,028	208,028

資料來源：2016 Automotive Development Policy。

四、對外貿易狀況分析

（一）貿易概況

如表2.4所示，2015—2016財年，巴基斯坦出口額為217萬億盧比，進口額為466萬億盧比，近五個財年，巴基斯坦對外貿易為貿易逆差，逆差額在2015—2016財年達到250萬億盧比。巴基斯坦的主要貿易國家為中國、阿聯酋、美國、新加坡、沙特、英國、科威特、德國。2016—2017財年，巴基斯坦最大的出口國家為美國，出口額為205,329.16億盧比，占出口總額的16.81%，其次是中國，占比為7.92%，而最大的進口國為中國，占比高達30.2%，阿聯酋則位列第二。

表 2.4　　　　　　　　　巴基斯坦近 5 年對外貿易情況　　　　　　單位：億盧比

年度	出口	復出口	進口	復進口	貿易差額
2011—2012	2,110,605.5	18,570.2	4,009,093.0	3,131.7	-1,883,049.0
2012—2013	2,366,477.8	9,946.3	4,349,879.5	—	-1,973,455.4
2013—2014	2,583,463.2	16,369.1	4,630,520.8	1,855.7	-2,032,544.2
2014—2015	2,397,513.0	20,191.2	4,644,151.6	20,961.9	-2,247,409.3
2015—2016	2,166,846.4	18,574.8	4,658,748.9	20,748.0	-2,494,075.7

資料來源：巴基斯坦國家統計局。

巴基斯坦的主要出口貨物為紡織品、食品、珠寶、化學產品，2015—2016 財年，農產品進出口額分別有所下降，進口額下降 4%，出口額下降 10%。在其他非農產品貨物貿易中，第一大進口產品為成品油，進口額為 58.98 億美元，紡織品則成為第一大出口商品，出口額為 29.08 億美元。出口服務貿易主要集中在政府服務、運輸服務、電信計算機和信息服務，進口服務以運輸、旅遊和其他商業服務為主。2015—2016 財年，巴基斯坦服務貿易進、出口額分別為 73.78 億美元和 32.77 億美元，同比下降 5% 和 7%。

（二）中巴貿易現狀

中國與巴基斯坦於 20 世紀 50 年代建立了貿易關係。自 1963 年巴基斯坦雙邊貿易簽訂以來，近六十年雙方簽署了一系列的貿易協定，主要包括《中巴聯合聲明》《中巴關於深化兩國全面戰略合作的聯合聲明》《關於新時期深化中巴戰略合作夥伴關係的共同展望》《中華人民共和國和巴基斯坦伊斯蘭共和國關於建立全天候戰略合作夥伴關係的聯合聲明》以推動實現共同發展。

2016—2017 財年，中國成為巴基斯坦的最大進口國，而中國對巴基斯坦的出口商品也越來越多樣化。主要出口商品為機械設備、鋼鐵及其製品、化學品等，其中機器設備占比高達 40% 以上，而巴基斯坦對華出口則以紡織品為主。據中國海關數據統計，中國對巴基斯坦貿易一直處於順差狀態，且順差趨勢愈加明顯（如表 2.5 所示），至 2015 年達到 139.73 億美元，中國對巴基斯坦出口增幅 24.2%，而進口則在 2014—2015 年表現出下降趨勢，2015 年下降 10.1%，雙邊貿易總額為 189.27 億美元，增長 18.3%，其中巴基斯坦來中國投資達 1,805 萬美元，中國對巴基斯坦投資（非金融類直接投資）5.939 億美元，成為推動巴基斯坦實現外資增長的主要力量。2015 年巴基斯坦對外承包工程新簽合同額 121.8 億美元，完成營業額 51.6 億美元。從直接投資流量來看，2015 年中國對巴基斯坦直接投資流量為 3.21 億美元，存量為 40.36 億美元。

表 2.5　　　　　　　　2011—2015 年中巴雙邊貿易情況　　　　　　單位：億美元

年度	雙邊貿易總額 總額	雙邊貿易總額 增幅	中國出口 金額	中國出口 增幅	中國進口 金額	中國進口 增幅	中國順差
2011	105.64	21.9%	84.4	21.7%	21.24	22.7%	63.16
2012	124.17	17.5%	92.76	9.9%	31.4	47.8%	61.36
2013	142.19	14.5%	110.19	18.8%	32	1.9%	78.19
2014	160.03	12.5%	132.47	20.2%	27.56	−13.9%	104.91
2015	189.27	18.3%	164.50	24.2%	24.77	−10.1%	139.73

資料來源：中國海關。

巴基斯坦是中國重要的援助對象國，中國一直對巴基斯坦進行經濟援助，包括出抬無償援助、無息貸款和優惠貸款政策。在基礎設施建設方面包括修建喀喇崑崙公路、真納體育場、瓜達爾港、巴中友誼中心等。2006 年，中巴在巴基斯坦拉合爾準建設的「巴基斯坦中國經濟特區」，成為中巴五年規劃的重點項目之一。隨著「一帶一路」政策的推進，2015 年 4 月 20 日「中巴經濟走廊」項目啓動，加強了雙方交通、能源、海洋等領域的交流與合作，有利於雙邊貿易的進一步增長。

五、主要經濟改革措施及規劃

（一）主要經濟改革措施

（1）私有化政策。自 20 世紀 80 年代開始，巴基斯坦實施私有化政策。所謂私有化政策主要指的是「把財產、權利、利益、特許權及管理權全部或部分、直接或間接由國有企業轉移到私人手中的過程」。私有化政策經歷了初級階段、全面展開階段、快速發展階段。私有化給巴基斯坦政府帶來了重大利好：一方面減少了政府補貼支出，另一方面提高了財政收入，緩解了財政赤字。同時，私有化政策促進經濟自由化，促使巴基斯坦私營企業得到快速發展，也有利於創造更加寬鬆的投資競爭環境，吸引外資流入。

（2）稅收優惠政策。巴基斯坦制定了一系列有利於對外貿易的稅收優惠政策，並與 52 個國家簽署了避免雙重徵稅協定。2016—2017 財年，巴基斯坦政府出抬了《2016—2017 財年進出口關稅稅則》，並於 2016 年 7 月開始實施，該稅進一步降低了部分商品的關稅。此外，巴基斯坦政府給予外商享受設備進口關稅、初期折舊提存、版權技術服務費等方面優惠政策。其中，對於製造業，除了武器、高強炸藥、放射性物質、證券印製和造幣、酒類生產外均無須政府批准，並給予 25% 的所得稅優惠；對於非製造業領域方面的生產，甚至不需要政府審批，且農業的進口機器設備給予零關稅的優惠。此外，在區域投資上，鼓勵外商投資於旁遮普省和信德省，實行預約稅務指示制度，並對機械進口零銷售稅以及用於出口加工的原材料零稅率。

（二）未來發展規劃

2007 年，巴基斯坦政府出抬了《巴基斯坦 2030 遠景展望》，表明其致力於以知識為

驅動力，同時充分地利用資源，以建立一個可持續發展、經濟繁榮發達、社會公平正義的巴基斯坦，並提出了力爭在 2030 年 GDP 達到 7,000 億美元，人均 GDP 達到 3,000 美元（按 2005 不變價計算）的發展目標。

2011 年 5 月，巴基斯坦政府出抬了《巴基斯坦經濟發展框架》，提出了一系列發展經濟的措施，包括提高政府行攻效率、提高政府政策的透明度、加強青年勞動力的培訓等，以實現未來十年內經濟增長速度達到 7%。

2013 年巴基斯坦政府發布的《2013—2016 年中期預算框架》計劃提升投資占國內經濟生產總值的比重，未來 5 年將該比重提升到 20%，同時持續降低財政赤字率，增加外匯儲備，減少政府公共債務總額。

2015 年 3 月 22 日，《2015—2018 年戰略貿易政策框架》（以下簡稱《框架》）發布，該《框架》提出了巴基斯坦的四大發展目標，同時為實現四大目標提出了 4 大關鍵支撐和 4 大施策支柱。4 大關鍵支撐為競爭力、標準適應性、政策環境以及市場多元化。具體政策措施包括鼓勵技術升級、提高產品質量、支持品牌建設、開拓市場、制度強化和建設、促進貿易便利化。該《框架》特別強調了短期出口應以巴斯馬蒂香米、園藝和農作物產品、肉製品、珠寶產品為重點商品，以伊朗、中國、阿富汗、歐盟為重點出口市場。

六、未來經濟形勢展望

首先，宏觀經濟總體趨向利好，年經濟增長有望繼續提速。從近幾年巴基斯坦的經濟發展來看，本屆政府進一步改善了電力和基礎設施短缺的問題，並對提升政府治理能力方面採取了有效的措施。提振了商業信心，未來巴基斯坦經濟發展前景會更好。

其次，國際金融機構持樂觀態度。隨著中巴經濟走廊項目的啟動，巴方在外匯儲備、財政收支、電力供應等方面取得了重大進展。而且，項目投資流量的增加，國際社會減弱對伊朗的制裁，也有利於巴基斯坦對外貿易環境的改善。

最後，持續改進的政治環境成為經濟增長的重要條件。目前，巴基斯坦國內的安全形勢以及官僚主義盛行、政府官員廉潔程度低成為外商逃離的主要原因，此外政府債務的不斷增長以及國際油價的漲幅也成為主要的投資風險。因此，政治環境的改善勢在必行。

第三節　金融環境分析

一、巴基斯坦貨幣

巴基斯坦的官方貨幣為盧比，盧比為不可兌換貨幣，且匯率波動較大。如圖 2.4 所示，十年來，巴基斯坦的盧比匯率與美元的匯率波動變化較大，從 60.7∶1 到 104.8∶1，匯率波動近一倍，也表明了其經濟發展的波動性。近三年來，盧比與美元之間的匯率比

較穩定，基本在 101∶1～104∶1，這主要得益於本屆政府推行了有效的緊縮型貨幣政策。

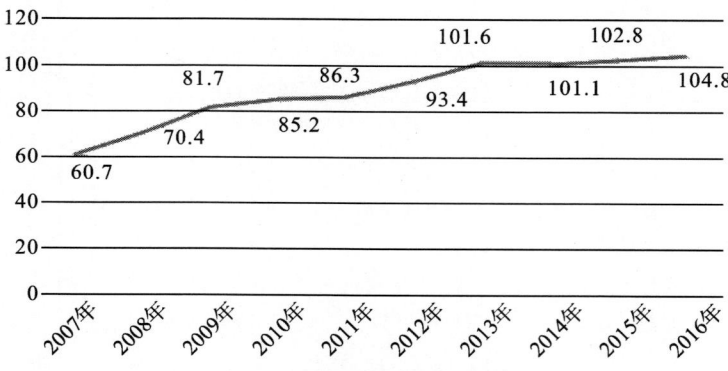

圖 2.4　近 10 年巴基斯坦與美元官方匯率變化

資料來源：世界銀行數據庫。

在巴基斯坦經營的企業應當警惕匯兌風險。政府實行嚴格的資本管理措施，且規定基建合同的美元支付比例不能高於 25%，這就意味著一旦金融市場動盪，就會給外資企業帶來較大的匯兌損失。因此，建議投資者即時瞭解巴基斯坦貨幣政策，並根據銀行提供的匯兌建議規避匯率風險。

值得一提的是，雖然盧比不能自由兌換，但是中國與巴基斯坦於 2011 年簽署了中巴雙邊本幣互換協議（CSA），規定兌換總額為人民幣 100 億元（折合 1,400 億盧比）。此協議有效地抵禦了巴基斯坦的資本市場衝擊，緩解了巴基斯坦國際收支平衡危機。隨著「一帶一路」倡議的推進，人民幣在巴基斯坦頗受歡迎，巴央行已經將人民幣納入外匯儲備，渣打銀行等金融機構亦為提高人民幣在巴基斯坦的普遍率而做出努力，隨著中巴兩國貿易投資額不斷擴大，此舉將為中巴經濟走廊建設提供更多支持。

二、金融機構及銀行業發展狀況

巴基斯坦國家銀行是政府的國家管理機構，主要負責制定和執行貨幣政策，實施外匯管理以維護國家金融秩序。截至 2016 年 5 月，巴基斯坦有 3 類銀行，即商業銀行、開發性金融機構和小額信貸銀行。其中，國有商業銀行共有 9 家（有 4 家為特殊目的銀行），私營銀行有 20 家，聯合投資機構為 7 家，伊斯蘭銀行 5 家以及外資銀行 11 家。此外，開發性金融機構共有 8 家，小額信貸機構共 10 家。

巴基斯坦央行規定，將符合商業銀行的資本充足率不能低於 8%，資本不少於 230 億盧比這兩個條件的機構稱為計劃類銀行。據巴基斯坦央行統計，從貸款規模來看，截至 2015 年 6 月，計劃類銀行貸款總額達到 95,777 億盧比，其中向政府機構貸款占比 55%，非政府機構占比 45%；從貸款流向機構來看，製造業占比最高，達 18%，個人占比 4%，農林牧漁業占比 3%。按淨利息收入排名，巴基斯坦 5 大銀行分別為 Habib 銀行、MCB 銀行、國民銀行、United 銀行、Allied 銀行。此外，巴基斯坦的伊斯蘭銀行在

巴基斯坦國內占據重要地位，其主要的特徵在於存款與貸款均不產生利息，巴基斯坦伊斯蘭銀行占巴基斯坦銀行總資產的10%以上。據巴基斯坦央行2014—2018年發展規劃，未來伊斯蘭銀行的市場份額將進一步提高，年增長率達到15%。巴基斯坦外資銀行為11家，主要包括花旗銀行、渣打銀行、東京三菱銀行、德意志銀行、巴克萊銀行、馬來亞銀行等，中國則有中國銀行和中國工商銀行進駐巴基斯坦。2015年年底，中國工商銀行成為巴基斯坦最大的外資銀行，自2011年開業，其資產規模和盈利能力增長了18倍以上，成為中巴經濟走廊項目建設重要的合作金融機構。

由表2.6可以看出，巴基斯坦十年來每10萬成年人借款的人數逐年降低，而存款的人數則呈現上升的趨勢，商業銀行分支機構有所增加，而不良貸款率在2007—2011年增長較快，達到16.21%。2012—2016年，銀行的不良貸款率下降明顯，2016年僅為10.06%，但是仍然高於金融機構的不良貸款率警戒線10%，金融機構經營風險仍需警惕。

巴基斯坦的保險市場則處於快速發展時期，增長速度相當快，年均增速達22%。目前國內五大保險公司分別為國家人壽保險公司、國民保險公司、巴基斯坦再保險公司、EFU保險集團、巴科（威特）大家福保險公司，這五大保險公司的市場份額達60%以上。巴基斯坦共有39家非壽險公司和9家壽險公司，其中，非壽險公司2015年保費收入增長率為20%，壽險公司保費收入增長率為12.6%。對於外資入駐保險業，巴基斯坦政府極為支持，主要表現為最低資本要求低於國內標準，僅為國內標準的1/75，並允許外資最高持股比例達100%，外資保險公司在巴基斯坦市場上扮演著越來越重要的角色。

表2.6　　　　　　　　　巴基斯坦商業銀行狀況

年度	商業銀行的借款人（每10萬成年人）	商業銀行的存款人（每10萬成年人）	商業銀行分支機構（每10萬成年人）	銀行不良貸款與貸款總額的比率（%）
2007年	31.93	209.13	8.18	7.44
2008年	32.03	208.08	8.52	9.13
2009年	29.39	214.04	8.60	12.15
2010年	27.53	240.12	8.64	14.75
2011年	26.83	258.93	8.81	16.21
2012年	25.95	270.93	9.06	14.47
2013年	24.69	289.87	9.39	12.99
2014年	24.04	304.14	9.66	12.27
2015年	22.28	336.13	10.04	11.36
2016年	—	—	—	10.06

資料來源：世界銀行數據庫。

三、國內信用評級

由於巴基斯坦近年來經濟持續復甦，償債來源結構趨於改善，政府債務負擔穩步下

降，國際評級機構紛紛提高了巴基斯坦的信用評級等級，由 B-提升至 B，而全球清廉指數也由 2015 年的 117 名提升至 2016 年的 116 名（如表 2.7 所示）。各評級機構認為國際貨幣組織針對巴基斯坦制定的改革計劃以及中巴經濟走廊合作的加深，有效提升了巴基斯坦 2016—2017 財年的經濟增長率，成為信用評級提升的主要原因。同時需要注意的是，持續不斷的恐怖襲擊、公共債務占 GDP 比率較高、不良貸款居高不下都對巴基斯坦評級形成制約。

表 2.7　　　　　　　各評級機構對巴基斯坦最新的信用評級

評級機構	評級時間	主權信用評級	展望
惠譽	2017.2	B	穩定
標普	2016.10	B	正面
穆迪	2017.7	B3	穩定
中國信保	2015.10	B（6/9）	穩定
2016 年全球清廉指數		116/176	
2017 年世界銀行營商便利度排名		144/190	

資料來源：根據各評級機構報告整理。

四、證券市場

2016 年 1 月，巴基斯坦原有的 3 大證券交易所整合為一家，即統一了巴基斯坦的證券交易所。據世界銀行統計，2016 年巴基斯坦 S&P 全球股票指數年變化率為 33.3%，KSE100 指數 2016 年年底為 48,300 點，股市取得 45%的漲幅，被評為全球第 5 佳股票市場。截至 2016 年 5 月，巴基斯坦國內上市公司有 583 家，總市值約 51,547.4 億盧比。2017 年 6 月 1 日，巴基斯坦股市正式迴歸 MSCI 新興市場指數，燃起了投資者對巴基斯坦證券市場的信心。據巴基斯坦政府 2015 年修訂的證券法規定，本國投資者按巴基斯坦《公司法》依法成立並且實收資本高於 2 億盧比便可上市；對於國外投資者，巴基斯坦證券市場完全開放，除了必要的開戶審查外，不存在特殊的限制條件，資本可以自由匯出，投資者可以在網上自由買賣股票，並享有與本國投資者相同的權利，這一利好條件吸引了一些境外的證券經紀機構及個人投資者，他們成為巴基斯坦證券期貨市場的重要力量。與中國不同的是，儘管巴基斯坦股市操盤手知識老化、年齡偏大，但是其股市架構完善，因此，很少存在大股東操縱市場的現象。對於國外投資而言，除了需要充分瞭解一些特殊交易規則和監管規定外，還需多關注巴基斯坦國內政治的動盪情況，以降低投資風險。

五、融資環境

巴基斯坦政府積極吸引外資對本國的投資，因此外資企業在巴基斯坦的融資條件較為寬鬆，與當地企業享有同樣的待遇。但對於工程承包項目，巴基斯坦政府不僅要求外

資企業開設美元帳戶並向當地金融機構提供擔保，還要求巴基斯坦銀行對單一客戶的擔保額度不能超過客戶淨資產的30％，且不能超過該銀行註冊資本的30％。巴基斯坦對於融入資金的使用監管相對自由，因此外資企業能夠靈活使用流動資金。從融資成本來看，由於受國內通貨膨脹的影響，2016年巴基斯坦央行下調基準利率至5.75％，目前融資成本在10％左右。

從融資方式來看，融資方可以通過五種方式進行：①巴基斯坦本土銀行；②巴基斯坦國內外資銀行，最好是全球性銀行；③以境內註冊機構為擔保人，向境外註冊機構進行融資；④利用集團財務公司進行融資；⑤基於在巴基斯坦上市的寬鬆條件，亦可在巴基斯坦進行IPO。

六、外匯管理

根據巴基斯坦外匯帳戶法案，外資企業可不經央行批准開設外匯帳戶，這些帳戶可以從境外匯款亦可以從本地存入現金。外國投資者對於經營成果及資本可以自由匯入或匯出，但需繳納10％的匯出代扣稅。對於企業對外借款，規定製造業可無限制地從國內借款，而半製造業和非製造業則限制了借款額度，分別為實繳資本的75％和50％。此外，有些資金的匯入需要向巴基斯坦央行備案，如特許權使用費和技術服務費以及用於購買機械設備的資金。

另外，巴基斯坦政府近年來進一步強化外匯管理業務。2013年巴基斯坦出抬了新的外匯管理規定，要求超過2,500美元的交易需提供有效的外國居民身分證件，超過10,000美元的交易需提供稅號，而超過25,000美元則不能進行現金交易，需通過支票或者匯票等方式進行交易。

七、中巴金融合作現狀及走向

隨著中巴經濟走廊與「一帶一路」倡議的發展，中巴兩國的金融合作發展速度加快。2015年，中巴簽署了《中華人民共和國政府和巴基斯坦伊斯蘭共和國政府自由貿易區服務貿易協定銀行業服務議定書》，推動了兩國金融業的合作。目前，中國工商銀行已進駐巴基斯坦，並設立了多家分支機構，致力於為巴基斯坦提供基礎設施、能源、交通等方面的資金幫助。巴基斯坦多家銀行亦在中國設立了分支機構，包括國民銀行、Askari銀行、聯合銀行（UBL）。2016年6月，中國國家開發銀行與巴基斯坦聯邦銀行簽訂《關於金融合作的諒解備忘錄》，整合兩行資源，通過優勢互補，全力推動中巴經濟走廊建設，同時，雙方還啓動了金融機構間授信轉貸的有關談判。2017年1月，以中國交易所為首的聯合團體收購了巴基斯坦證券交易所40％的股票，該聯合體成員為中國金融期貨交易所、上海證券交易所、深圳證券交易所、中巴投資有限責任公司和巴基斯坦哈比銀行，其中，中方交易所占股30％。此次收購為中國交易所在海外的發展和擴張帶來有利影響，與此同時，巴基斯坦交易所也可以學習引入中國交易所的管理經驗、模式、資本和產品等，從而為「一路一帶」倡議提供長期的資金來源。

在保險業的合作上，2015年巴基斯坦EFU財產保險有限責任公司與中國太平洋保

險公司達成合作意向，雙方的合作主要服務於中企在巴基斯坦項目的保險業務。隨著中巴貿易地不斷發展，雙方金融領域的合作將涉及銀行互通、人民幣專項貸款、人民幣海外投資等多個方面，並打造多層次的金融平臺。

第四節 法律環境分析

一、巴基斯坦屬於伊斯蘭法系國家

伊斯蘭國家和阿拉伯國家有其獨特的歷史和文化傳統，這些歷史的印記也體現在這些國家的法律中，共同構成了伊斯蘭法系的特點。伊斯蘭法系最大的特點是以伊斯蘭教義法為基礎。而伊斯蘭教義又由《古蘭經》和先知穆罕默德的《聖訓》以及後來的教義學組成。伊斯蘭教法兼具宗教和道德規範性質，對穆斯林日常生活、行為和交易習慣做出法律規定，內容極為廣泛。而且，伊斯蘭法系在現代社會仍然發揮著不容忽視的作用，是東方三大法系（伊斯蘭法系、印度法系和中華法系）中唯一現存的活法系。但隨著19世紀以來西方文化對伊斯蘭國家的影響，伊斯蘭法系內的國家也發生了不同程度的變化。一些原本長期信奉伊斯蘭教義法的國家放棄了伊斯蘭法，轉為啟用其他法系的法律制度，如土耳其。另外一些伊斯蘭國家雖然從整體的角度保留了伊斯蘭教義的地位，但是也接受了西方的法律制度，成為混合法系的國家，如巴基斯坦。

二、巴基斯坦訴訟體系

在與巴基斯坦企業進行商務往來的過程中，如遇法律糾紛，可以採用訴致法院尋求解決的方式或者通過仲裁解決糾紛。同時，還可以尋求國際投資爭端解決中心的幫助。

（一）巴基斯坦民事訴訟制度

根據《1908年民事訴訟法典》（ThE Code of Civil Procedure, 1908）第三條的規定，在巴基斯坦享有民事管轄權的法院自下而上包括小案件法院（Court of Small Causes）、地區法院（District Court）、高級法院（High Court）和最高法院（Supreme Court）。

上述法院的民事審判庭享有該國民事案件的管轄權。就具體案件而言，每一個案件的初審必須在有管轄權的、級別最低的法院進行。根據《1908年民事訴訟法典》和《1887年小案件法院令》（The Small Cause Act, 1887）的規定，以下案件由小案件法院管轄：①標的金額不超過25,000塔卡（一種舊貨幣單位）的民事案件；②金額超過25,000塔卡，但不超過30,000塔卡的民事案件在有政府書面許可的情況下由小案件法院管轄。此外，有些類型的案件被絕對排除在小案件法庭的管轄權範圍之外，如涉及妨礙公眾利益（public nuisances）和公共慈善（public charities）的案件。不由小案件法院管轄的案件在地區法院進行初審。巴基斯坦各省均設有高級法院，處理地區法院的上訴案件。最高法院在處理高級法院的上訴的同時，擁有重要案件的初審權。但該法院在民事審判中的作用主要體現在對法庭規定的制定。案件初審結束後，均可進行上訴。提起

上訴的方式包括原審當事人提起上訴和依據命令進行上訴兩種。可以做出上訴決定命令的法院包括原審法院和有上述管轄權的法院。

此外，《1908年民事訴訟法典》還明確了外國判決的效力。根據該法第十三條規定，外國法院的判決應該在當事人之間形成既判力，除非存在以下情況之一：①外國法院沒有管轄權；②外國法院沒有分清案件的是非曲直；③從國際法的角度，外國法院判決存在法律錯誤或拒絕承認孟加拉國法（註：該法典的頒布早於巴基斯坦建國）；④外國判決的結果違反自然正義；⑤因詐欺獲得外國判決；⑥違反國家強行法。如果外國法院判決沒有上述情形，即可在小案件法院獲得相應的效力證明文件。

(二) 巴基斯坦仲裁制度

在國際合作日漸頻繁的今天，更高效、更專業、更私密，也更和睦的仲裁是訴訟的替代方式之一。巴基斯坦政府在1940年頒布了《仲裁法令》（The Arbitration Act, 1940）對仲裁的程序做出了規定。

根據該法，在巴基斯坦，有三種提起仲裁的方式：第一種方式是根據仲裁協議，在沒有法院介入的情況下提起仲裁（arbitration without intervention of a court）。這種方式也是其他國家法律中最常見的仲裁方式。但是，與中國等國家差別較大的是，巴基斯坦國法院保留了較多對這種仲裁方式的干預。例如，該法第十一條保留了法院在一定情況下更換仲裁員的權力；第十五條保留了法院在仲裁裁決出現錯誤的情況下改變裁決的權力；第十六條保留了法院將仲裁裁決發回重審的權力。第二種方式是當不存在未決訴訟時，由法院介入仲裁（arbitration with intervention of a court where there is no suit pending）。根據1940年《仲裁法令》第二十條的規定，即使在存在仲裁協議的情況下，雙方仍然可以就該協議標的的任意部分向法院提起訴訟。此處，應注意巴基斯坦等受英美法系影響的國家普遍認為仲裁協議並不包含如傳統大陸法系國家同類協議般絕對的排除訴訟的效力。第三種方式是訴訟中的當事人可以選擇將訴訟中的任意爭議部分交付仲裁機構審理。當事人以上述三種方式之一提起了仲裁並獲得裁決後，如對裁決不服，可依法向有權審理的法院提起上訴。

同時，巴基斯坦還是國際投資爭端解決中心（該中心是依據《解決國家與他國國民間投資爭端公約》而建立的）的成員國，並針對該公約制定了2011年《（國際投資爭端）仲裁法令》。這一法令進一步豐富了該國解決法律糾紛的機制。在該爭端解決體制下，當事人可以選擇適用國際上熟知的國際投資爭端解決中心的仲裁規則、國際商會仲裁規則（ICC Rules of Arbitration）或國際貿易法委員會仲裁規則（UNCITRAL Arbitration Rules）處理爭議事項。

第三章　巴基斯坦併購規範

　　20世紀90年代中期以後，隨著經濟全球化的不斷深入和各國資本市場的日趨完善，企業間的併購活動日漸增加，併購金額屢創新高。併購儼然已經成為拉動一國經濟增長、促進該國生產率提高的積極因素。其中，作為國際直接投資主要形式之一的國際間併購，對東道國的經濟起著積極的促進作用。跨國併購在為東道國帶來資金、先進的管理技術和生產技術的同時，能激化一國國內市場的競爭，進而促進該國生產率及國際競爭力的提高。然而，併購可能帶來的上述積極作用都有賴於有效的競爭規則的存在和運行。缺乏完善競爭制度的市場無異於英國作家約瑟夫·魯德亞德·吉卜林筆下的野蠻叢林，滿眼都是弱肉強食，最後的結果是消滅競爭，帶來壟斷，這並不能增加整個社會的福利。

　　為了享受有序競爭給本國市場帶來的促進作用，避免無序競爭給市場和市場參與者帶來的災難性打擊，近年來，世界各國（地區）爭相制定、修改競爭法律制度，使之符合本國國情。本章將主要討論巴基斯坦的併購法律規範，重點分析跨國併購的相關法律制度，並將其與美、歐、中併購法律規範進行對比分析。此外，跨國併購屬於國際直接投資的形式之一，一國的經濟法律制度和外商投資政策也會影響到跨國併購的可行性，因此本章我們將首先陳述和分析巴基斯坦的外商投資相關政策和制度。

第一節　巴基斯坦外商投資政策

一、巴基斯坦主要外商投資政策概述

　　巴基斯坦政府和民間一直對外商投資抱以積極的歡迎態度，大力推行經濟改革和經濟自由化、私有化政策，制定了較寬鬆、自由的投資政策，希望通過改善政策體系、提供優惠待遇、設立經濟特區來增強吸引外資方面的競爭力。下面，我們將從七個方面簡單說明巴基斯坦政府在外商投資方面的相關政策，可以充分看出其自由度和寬鬆度。

　　（一）投資主管部門

　　巴基斯坦投資部是聯邦政府負責投資事務的部門，下轄的職能部門投資局主要職責包括在投資商與其他政府部門之間發揮聯絡和紐帶作用；建立投資對接數據庫，提供投

資商所需的必要信息和諮詢服務。巴基斯坦投資局在各省均有分支機構。

（二）投資行業的規定

自1997年以來，巴基斯坦在投資便利化和行業開放方面採用自由投資制度，根據巴基斯坦2013年的投資政策，除非由於國家安全和公共安全的原因特別禁止或限制，聯邦政府宣布允許外國投資者投資所有經濟領域，限制投資的5個領域為：武器、高強炸藥、放射性物質、證券印製和造幣、酒類生產（工業酒精除外）。另外，由於巴基斯坦是伊斯蘭國家，外國企業不得在當地從事夜總會、歌舞廳、電影院、按摩、洗浴等娛樂休閒業。

此外，在投資限額方面，巴基斯坦政府對任何領域的外國股權投資金額都沒有最低要求。除航空、銀行、農業、媒體等特定部門外，外國股權比例也沒有上限，可以持股100%。

（三）平等待遇

根據巴基斯坦1976年《外國私人投資（促進與保護）法案》、1992年《經濟改革促進和保護法案》以及巴基斯坦投資優惠政策規定，外資與本國投資者享有同等待遇。

（四）投資方式的規定

外商可以採取「綠地投資」或者併購等方式在巴基斯坦投資，有關公司註冊管理及上市等工作均由巴基斯坦證券交易委員會（SECP）負責。巴基斯坦對外國自然人在當地開展投資合作並未另行做特殊規定，自然人可以獨資（Sole Proprietorship）、合夥（Partnership）或成立公司（Company）的方式進行投資合作，並遵守相關法律規定。

巴基斯坦管理公司的主要立法是「1984年公司條例」，其中規定了以下類型的公司：

（1）單一成員公司：擁有單一成員和單一董事的私人公司；

（2）私人有限公司：

a. 股份轉讓的權利受到限制；

b. 成員人數限制為50人（不包括在公司工作的人員）；

c. 禁止邀請公眾認購公司的股份或債券。

（五）外資投資優惠政策

1. 優惠政策框架

巴基斯坦制定了1976年《外國私人投資（促進與保護）法案》、1992年《經濟改革促進和保護法案》以及2013年《巴基斯坦投資政策》。其中，2013年《巴基斯坦投資政策》主要關注降低經商成本和減少步驟，從而加強本國競爭力。該政策提出提高投資者便利度、投資保護、去除監管障礙、公私合營和加強各方協調等在內的經濟自由化措施。

此外，巴基斯坦已與中國簽署了雙邊投資協定和避免雙重徵稅協定。

2. 行業鼓勵政策

巴基斯坦對外商投資鼓勵行業享受設備進口關稅、初期折舊提存、版權技術服務費

等方面優惠政策①，具體見表 3.1 所示：

表 3.1　　　　　　　　　　巴基斯坦行業鼓勵政策

政策內容	製造業	非製造業		
		農業	基礎設施/社會領域	服務業
政府批准	除了武器、高強炸藥、放射性物質、證券印製和造幣、酒類生產外無須政府批准	無須政府批准，但有些需要從有關機構取得證書		
資本、利潤、紅利匯回	允許	允許		
外商投資上限	100%	100%	100%	100%
機械設備進口關稅	5%	0%	5%	0%~5%
稅收優惠（初始折舊占廠房設備）	25%	25%		
特許權和技術使用費	對支付特許權和技術使用費無限制	按有關規定允許，第一筆不超過10萬美元；在前5年內不超過淨銷售額的5%		

3. 地區鼓勵政策

在全國投資政策基礎上，巴基斯坦各省區在投資政策方面享有一定的靈活性。占巴基斯坦國內經濟總量絕大部分的旁遮普省和信德省，均有本省的投資管理機構，負責投資鼓勵政策制定和管理。

（1）旁遮普省主要的外資政策。允許外資 100% 持有股權；預約稅務指示制度，即納稅人詳細陳述所有交易事項，稅務機關根據納稅人提供的資料，給出特定的稅務意見；對無法在本省生產或購得的零部件徵收 5% 關稅；機械進口零銷售稅；工廠、機械和設備成本 50% 的首次折舊率；用於出口加工的原材料零稅率。

（2）信德省主要的外資政策。信德省工業促進委員會、信德省投資委員會、投資諮詢部門等機構專門負責解決投資者投資建廠所面臨的問題；該省設有較多的工業區、工業園區和出口加工區等，提供相應優惠政策；信德小企業發展促進機構（Sindh Small Industries Corporation）提供各種融資方式，如信貸計劃、個體經營融資計劃等，滿足中小企業的融資需求。

（六）投資調回規定

根據 1947 年《外匯管理法》，1954 年 9 月 1 日以後設立，並經聯邦政府批准的工業企業中的外國投資人可以在任何時間以投資來源國貨幣形式調回原始投資範圍內的外國私人投資，該投資獲取的利潤以及從再投資利潤或者資本投資升值中產生的任何額外資

---

① 巴基斯坦針對鼓勵投資的詳細政策請參見巴基斯坦投資局網站：http://boi.gov.pk/InvestmentGuide/InvestmentGuide.aspx

金數額，並且以上所稱的工業企業的債權人可以依照貸款條款和條件調回由聯邦政府批准的外國貨幣貸款及其利息。

（七）外資投資審查部門

對於從事特殊類型業務的外國投資者，需要遵循特殊的審批，要經過特定部門批准，如表3.2所示。

表3.2　　　　　　　　特殊行業的外國投資者審批部門

公司類型	審批部門
投資於限制性行業［如武器、高強炸藥、放射性物質、證券印製和造幣、酒類生產（工業酒精除外）］的公司	工業和投資委員會
銀行公司	巴基斯坦國家銀行和財政部
租賃公司，投資公司，資產管理和風險投資公司，保險公司	巴基斯坦證券交易委員會

二、巴基斯坦外商投資政策的背景分析

這種敞開懷抱歡迎外國投資的政策導向，自然有著巴基斯坦國內現實的經濟背景：

一是巴基斯坦本身的經濟發展狀況並不理想。從2009財年到2013財年，巴基斯坦年經濟增長率低於3%。2013年，巴基斯坦經濟凋敝，處於債務違約邊緣，不得不接受國際貨幣基金組織（IMF）新的救助貸款，並按IMF要求採取高強度的緊縮政策。通過近幾年的結構性改革，巴基斯坦經濟逐漸趨穩。2016—2017財年，巴基斯坦國民生產總值（GDP）約合3,044億美元，經濟實際增長率為5.28%，增速創2006—2007財年以來的新高；但是，根據巴基斯坦國家統計局2017年8月25日公布的人口普查報告，巴基斯坦總人口約為2.08億，按此測算的年人均GDP不足1,500美元。可見，巴基斯坦目前雖然延續經濟總體向好的趨勢，但經濟實力仍比較薄弱，振興經濟還有很長的路要走。

二是巴基斯坦國內電力短缺、基礎設施建設相對落後。這些因素會制約經濟的發展，急需大量的資金投入解決這一發展瓶頸，但由於巴基斯坦國內經濟造血功能不足，單純依靠國內資金發展基礎設施建設是「心有餘而力不足」。基礎設施落後和投資不足容易陷入惡性循環，即基礎設施落後難以吸引投資，加劇了投資不足，投資不足又進一步使得基礎設施建設成為無源之水，基礎設施落後的狀況就遲遲得不到改善。

三是巴基斯坦政府債務持續攀升、負擔沉重。巴基斯坦財政部常務秘書阿里夫在接受議會質詢時表示，2017—2018財年末政府債務將達到24萬億盧比，債務占GDP比重預計將最高達到70.1%，這一數據創近15年來最高值。這一比例超過了《巴基斯坦財政責任和債務限制法》制定的60%最高臨界值，也比發展中國家可持續發展比例高出20%。受不斷擴張的債務壓力影響，巴基斯坦政府償還債務的支出占國家財政支出的比例已經連續多年高於30%的合理水準，極大擠占了國家對教育、醫療和基礎設施建設等

領域的投入。

從上述分析可以看出，發展資金不足是巴基斯坦當前的經濟發展的瓶頸之一，在國內資金供應不足、國家債務難以持續擴張的背景下，大力爭取國外直接投資成為解決現實問題的思路之一，正如歷史上中國改革開放、吸引外資的實踐一樣。

三、巴基斯坦外商投資政策的效果分析

巴基斯坦政府出於國內經濟發展的現實考慮，出抬了寬鬆的鼓勵外商投資的政策，那麼這些政策的實際效果如何呢？

2008 財政年度，巴基斯坦外商直接投資淨流入 54 億美元，但在其未來的五年裡下降了 73%。直到巴基斯坦穆斯林聯盟——納瓦茲政府於 2013 年 6 月上臺，經過一系列鼓勵投資政策的出抬，外國直接投資才開始有所改善，至 2015 年扭轉了下滑趨勢。聯合國貿發會議發布的 2017 年《世界投資報告》顯示，2016 年，巴基斯坦吸收外資流量為 20.06 億美元，吸收外資存量為 390.17 億美元。另外，巴基斯坦利用外資的領域相對比較集中，2015/16 財年前三大外資利用領域是電力行業（5.67 億美元）、油氣開發（2.61 億美元）、電訊行業（2.10 億美元）。

儘管依靠寬鬆的投資政策，巴基斯坦止住了外商直接投資下滑的勢頭，取得了一定成效。但我們也看到巴基斯坦吸收外國直接投資當中存在的問題。

第一，外商直接投資來源國有嚴重依賴性。巴基斯坦央行指出，來自中國的大額投資是巴基斯坦外商直接投資數據向好的主要原因，其中，中巴經濟走廊是巴基斯坦吸引外資的最大單一項目。如果扣除中國投資的部分，巴基斯坦外商直接投資較上財年（註：2014—2015 財年）實際上有所下滑。從這裡可以看出巴基斯坦投資政策吸引外資的效果有限。由於中國和巴基斯坦保持著長期的友好關係，是全天候戰略合作夥伴，巴基斯坦的地理位置也符合中國的國際戰略佈局，因此中國對巴基斯坦的直接投資有時是帶著國家戰略意圖在其中，並不看重短期利益，尤其是在中國倡導「一帶一路」倡議的背景下，巴基斯坦作為一帶一路上的重要節點國家，中國對其投資的力度和熱情都會增強，無疑在未來的幾年間，中國仍然會是巴基斯坦主要的外資來源國。這和巴基斯坦的外商投資政策的鬆緊無關，只和國家戰略有關。因此很難說巴基斯坦政府所推出的寬鬆投資政策起到了很好吸引外資的效果。

第二，目前利用外資領域有限，未必能夠完全達到巴基斯坦政府的發展意圖。如前所述，巴基斯坦經濟發展當中一個突出問題是電力短缺，因此發電、供電是巴基斯坦亟待發展的行業，這就不難理解為何電力行業是該國利用外資最多的行業，這充分顯示了利用外資發展國民經濟短板的思路，估計巴基斯坦政府在該行業的外資引入是較為積極的，樂見其成的。油氣開發也屬於能源領域，在巴基斯坦外資利用當中位列第二，這也是一些國家在有資源但缺乏技術和資金的情況下，利用外資發展該行業的舉措，也無可厚非。自從 2014 年巴基斯坦拍賣了 3G／4G 頻譜之後，電訊行業吸引了外國投資的關注，因此排名利用外資領域第三。我們需要注意的是，油氣資源屬於國家戰略資源，電訊行業則涉及國家信息安全問題，因此這兩個行業充分利用外資發展，只能作為在資金

饑渴的情況下短期的權宜之舉，很有可能未來這兩個投資領域會增加門檻，對外資做出一定的限制和選擇。除了上述三個領域，金融服務業和食品行業也吸引了一定的外資。從以上分析我們可以看出，巴基斯坦在能夠提高技術發展水準、吸收較多就業人口的生產製造業領域吸引外資有限，這可能與該國製造業配套產業不足及符合標準的勞動力供應不足有關。

第二節　巴基斯坦併購法律規範

巴基斯坦在併購方面的法律制度主要集中在 1984 年《公司法令》（The companies ordinance，1984）、2007 年《競爭（併購管制）規則》[Competition（Merger control）Regulation，2007]、2010 年《競爭法令》（The Competition Ordinance，2010）、2015 年《證券法》（Securities Act，2015）以及 2017 年《上市公司（有表決權股份之重大收購與接管）條例》（Listed companies（Substantial Acquisition of Voting Shares & Take overs）Regulations，2017）。同時，2000 年《私有化委員會法令》（Privatizations Commission Ordinance，2000）以及 2001 年《投資審查委員會法令》（Board of Investment Ordinance，2001）也包含了部分涉及投資併購事項的法規。

由上述法令文件確定的，負責巴基斯坦境內併購事務管理的主要機構是巴基斯坦競爭委員會（Competition Commission of Pakistan，CCP）。同時，根據擬併購的企業類型不同，併購雙方可能會受到來自巴基斯坦高等法院（High Court）或巴基斯坦證券交易委員會（Securities and Exchange Commission of Pakistan，SECP）等機構的管轄與約束。外國企業併購巴基斯坦企業的時候，也有可能受到該國私有化委員會（Privatization Commission）的監管。

一、巴基斯坦主要併購法律規範概述

併購（Mergers & Acquisitions），是收購與兼併的簡稱，是指一個企業將另一個正在營運的企業納入自己企業中間或實現對其控制的行為。由於其對政治或經濟層面可能產生的影響，併購從來不是一個輕鬆而純粹的話題。對併購的審查更是極有可能融入政治的因素。但是，由於併購極有可能帶來的好處，如對資源的優化整合、對成本的降低和對企業發展的激勵作用，使得大部分併購法律制度的目的定位於識別並清除那些對競爭的抑制作用大於促進作用的併購行為。巴基斯坦的法律制度通過事前審查的方式，排除上述負面意義大於正面意義的併購行為。

巴基斯坦主要的併購法律制度集中體現在 2007 年《競爭（併購管制）規則》（Competition（Merger control）Regulation，2007）和 2010 年《競爭法令》（The Competition Ordinance，2010）。這兩部法律使得該國擁有與世界其他國家接軌的、現代的競爭規制制度。其中，2007 年《競爭（併購管制）規則》明確了具體細化的操作性規定；2010 年《競

爭法令》則在前者的基礎上搭建了併購規則制度的總體框架。①

（一）2010年《競爭法令》中包含的巴基斯坦併購制度

以「促進公平競爭、提高經濟效率以及保護消費者免受反競爭行為之侵害」為主要目的的巴基斯坦2010年《競爭法令》為該國構建了一個現代化的併購規制制度。該法令中，與併購制度息息相關的內容主要涉及「併購」「市場支配地位」等關鍵概念的明確以及作為併購行為主管機關的競爭委員會的權力之明確。

1. 競爭法令當中與併購相關的重要概念界定

（1）併購（Merger &Acquisition）的定義。

如前所述，併購包涵「合併」及「收購」這兩個緊密聯繫又相互區別的概念。巴基斯坦2010年的《競爭法令》在《前言》中明確該法規制的併購是指「兩個或兩個以上的企業或者它們的一部分以合併、收購、混合、聯合的方式加入一個已經存在的企業或成立新的企業的行為」。同時，該法明確「收購」是指通過購買股票、財產或其他方式進行的企業控制權的變動。上述「合併」及「收購」的行為是巴基斯坦併購法律制度的規制對象。同時，該國通過2007年《競爭（併購管制）規則》對此概念進行了更詳細、更明確的定義。

（2）市場支配地位（Dominant Position in market）的界定。

經濟學家普遍認為，併購規模太小或目標市場進入容易的併購行為不會對經濟產生明顯不良的影響。因此，各國在限制併購行為之時，都僅著眼於對市場競爭現狀極有可能產生影響的大型併購行為，即「可能通過形成或增強在相對市場的支配地位的方式抑制競爭」②的併購行為。巴基斯坦競爭法明確禁止任何企業進行上述併購行為。換言之，只有達到滿足上述條件的併購行為才是該國競爭法規制的對象。

根據巴基斯坦2010年《競爭法令》的規定，當該企業或多個企業擁有不顧其競爭者、消費者及供應商而獨立行動的能力時，應當認定其在相對市場應處於支配地位。同時，如果一個企業或多個企業在相對市場占據的市場份額大於百分之四十，將被推定為擁有市場支配地位。

（3）相對市場（Relevant Market）的明確。

根據巴基斯坦2010年《競爭法令》，該法所指的「相對市場」是指由該國競爭委員會在參考產品市場和地理市場因素的前提下確定的市場。該「產品市場」包含所有從消費者的角度上看可相互替代的產品或服務（上述產品或服務的可替代性是由它們的特徵、價格或潛在用途決定的）。而「地理市場」則指有關企業提供產品或服務包括的區域、競爭條件足夠同質化的區域以及由於競爭條件不同，可以與鄰近區域相區別的所有地域。在衡量某一特定併購行為對競爭的影響之際，各方根據該企業或企業群在巴基斯坦競爭委員會確定的相對市場內所占的市場份額，評估該行為可能對該國經濟造成的影響。

---

① 考慮到2010年《競爭法令》在巴基斯坦併購法律規範中的基礎性地位，下文先介紹2010年《競爭法令》的主要內容，再介紹2007年《競爭（併購管制）規則》中的具體規定。

② 資料來源：2010年《競爭法令》第11節第1條［Section 11（1）］。

2. 法令明確了競爭委員會審查併購行為的權力

巴基斯坦競爭委員會是該國負責審查併購行為的主要機構。任何企業不得在未取得該委員會同意之前從事併購行為。該國 2010 年《競爭法令》第 11 節 (Section 11) 明確了該委員會針對併購行為進行審查之際的權力及該審查的具體程序。

根據上述法律制度，一個企業在有意圖購買另一個企業的股份和財產之時或者兩個及兩個以上企業有意全部或部分合併它們的經營行為之時，有關企業應在達成併購的大體合意或簽署無約束力的併購協議書之後，盡快告知競爭委員會。上述企業在沒有得到後者許可之前，不得進行併購。

相關企業必須按照該國競爭法的要求提供相依的併購申請材料。競爭委員會將根據該國 2010 年《競爭法令》第 31 節 (Section 31) 的規定，在收到併購行為審查申請之日起 30 天內，以行政命令的方式明確受審查的併購行為是否存在該法第 3 節 (Section 3) 中明確禁止的濫用市場支配地位的情形。該條款所指的「濫用市場支配地位的行為」是指在相對市場排除、限制、減少或摧毀競爭的行為。上述條款以列舉的方式明確濫用市場支配地位的行為包括但不限於限制產量、實行價格歧視、無理由拒絕交易等行為。對競爭不構成實質威脅的併購計劃將獲得該委員會的批准。

如果，在「第一階段」(first phase) 的併購事前審查中，預計進行的併購行為被認定為存在「以創造或增強市場支配地位方式對競爭起到實質限製作用」的情況下，「第二階段」(second phase) 的審查將被啟動。在第二階段中，相關企業必須按照競爭委員會的要求，向其提供該委員會需要的資料，以輔助後者做出最後的決定。該委員會必須在收到企業再次提供的資料之日起 90 天內做出決定。在該階段的審查中，相關企業可以提供證據證明預計進行的併購行為對經濟發展的促進作用大於其對競爭的負面影響。正如前文中提到的，併購行為雖然在一定程度上可能產生限制競爭的效果，但此類行為也不乏對經濟發展的促進作用。而進行併購事前審查的目的在於定位於識別並清除那些對競爭的抑製作用大於促進作用的併購行為。對於促進經濟發展的併購行為，執法機關一般不會干預。因此，根據 2010 年《競爭法令》第 11 節第 10 條 [Section 11 (10)] 的規定，企業可以向競爭委員會證明以下情形之一，以換取後者對併購行為的許可：①該行為對生產效率、銷售或提供服務的效率有實質性的貢獻；②上述貢獻無法通過一個對競爭限制較小的方式實現；③該行為對效率的促進作用明顯大於對競爭的限制；④預計進行的併購行為是可選擇的經營行為中對競爭損害最小的一種。

當競爭委員會認為「第二階段」審查的併購行為不存在上述第 11 節第 10 條（即對經濟補償作用）列明的情況，該委員會可以做出如下決定：①禁止進行該併購行為；②附條件（委員會明確的條件）的同意該併購行為；③附條件的同意該併購行為，此時，相關企業不得簽署該委員會特別指出的某一協議。在上述附條件同意的情況下，競爭委員會保留在一年後，對所附屬的條件執行情況進行檢查的權力。

（二）2007 年《競爭（併購管制）規則》中明確的細化規定

在 2010 年《競爭法令》的併購規範框架下，2007 年《競爭（併購管制）規則》對巴基斯坦企業的併購行為做出了更為詳盡的細化規定。

1. 併購定義的細化規定

根據 2007 年《競爭（併購管制）規則》第 3 節（Section 3）的規定，併購指的是下列情況之一：①兩個或兩個以上原先彼此獨立的企業合併為一個新的企業；②一個企業被另一個企業兼併；③一個或一個以上的個人（或企業）控制另一個或多個企業或者直接（間接）控制一家或多家企業；④一個或一個以上的個人或企業直接購買或間接控制另一個（或多個）企業的全部或部分；⑤一個企業購買另一個企業的財產或股份的行為之結果是使第一個企業在商業上取代或實質取代第二個企業；⑥兩個或兩個以上的企業簽署以達到某一共同目標為目的而共享資源的協議；該協議必須滿足以下條件：其目的是聯合控制；是獨立的實體間的行為；有長期合作的基礎。較之上文提及的 2010 年《競爭法令》中包含的併購定義，2007 年《競爭（併購管制）規則》的定義更為詳盡地羅列了實踐中可能存在併購情形，力爭將更可能多的行為納入併購審查的範圍中。

2. 規制門檻的詳細規定

併購審查向來以「抓大放小」著稱，2007 年《競爭（併購管制）規則》第 4 節（Section 4）更是為該國的併購事前審查設置了清晰的門檻。在進行所有併購行為之前，相關當事方均需通知競爭委員會。但只有達到下列條件之一的併購行為才需要進行該規則第 11 節（Section 11）規定的「第二階段」的審查：①企業的總資產（不包含商譽）大於 3 億盧比以及（或者）涉及的所有企業的總價值或併購涉及的股票價值大於 10 億盧比；②企業上一年度交易額不低於 5 億盧比以及（或者）所有相關企業的總年度交易額不少於 10 億盧比、擬併購的股份（擬併購的企業的股份）不少於 10 億盧比；③交易涉及購買價值 10 億盧比以上的股份或財產；④在購買企業股份的情況下，交易後買方將擁有賣方全部有表決權的股份的 10% 及以上的；⑤針對資產管理公司的特殊規定：該公司披露的以及在其全部業務中涉及某一實體超過 25% 的有表決權股份。該條款保留該國競爭委員會隨著經濟發展調整上述門檻的權力。

3. 併購審查的豁免

為了鼓勵市場的正常運作並將行政或司法資源集中使用在最有可能抑制競爭的行為上，各國競爭法都會明確併購審查的個別豁免或行業豁免。巴基斯坦 2007 年《競爭（併購管制）規則》第 4A 節（Section 4A）也列舉了不需要事先告知競爭委員會的併購行為：①一個控股公司（巴基斯坦境內或境外註冊的）增加其在子公司的股份或它的子公司之間相互購買股份或增加相互間的投資的行為；同時，母公司併購子公司以及子公司間的相互併購均享受豁免；②因繼承獲得股份；③根據權利問題分配有表決權的股份，但該行為並不直接或間接增加取得人佔發行者有表決權股份的百分比的情況；④一個企業正常的市場行為包括促成交易以及為自己或他人而購買第三方企業的股份並在購買之日前六個月內以事先約定的價格出售上述股份等。競爭委員會保留對上述享有豁免權的併購進行監察的權力。

4. 對「抑制競爭作用」的詳細規定

2007 年《競爭（併購管制）規則》第 6 節（Section 6）明確，競爭委員會在定性某一行為是否存在實質性的抑制競爭作用時，需要考量（但不僅限於）以下的因素：①該

行為現實或潛在的對市場的影響程度；②進入市場的自由程度，包括關稅及行業規制障礙；③該市場經營者集中的程度和趨勢及該市場經營者集合的歷史；④對市場補償作用的大小；⑤市場動態特徵，包括增長情況、創新情況以及產品差異情況；⑥所涉及的商業行為或併購行為是否存在失敗的可能；⑦併購是否會導致一個有效競爭者被排除出市場。

5. 對競爭委員會決定的上訴

為了保障市場經營者的權力，不過度打擊其積極性，各國一般允許併購申請人對主管競爭事務的行政機關的決定提出上訴。根據巴基斯坦 2007 年《競爭（併購管制）規則》第 26 節（Section 26）的規定，併購申請人在不服競爭委員會決定的情況下，有權向該委員會的上訴部門提出上訴。

（三）其他與併購有關的制度

巴基斯坦 2010 年《競爭法令》和 2007 年《競爭（併購管制）規則》構成了該國併購審查的主要法律制度。與此同時，還有部分特殊的併購行為還受到 1997 年《證券交易委員會法令》（Securities and Exchanges Commission of Pakistan Act, 1997）、2001 年《投資委員會法令》（Board of Investment Act, 2001）等法律的約束。

1. 證券交易委員會參與的併購規制制度

根據 1997 年《證券交易委員會法令》第 20 節（Section 20）的規定，證券交易委員會（Securities and Exchanges Commission, SECP）有權制定與股票重大交易、併購及公司接管相關的法律制度。基於上述立法權限，該機構制定了大量法律文件。其中，涉及併購的最新法律規定是 2017 年《上市公司（有表決權股份重大交易和公司接管）規則》（Listed Companies (Substantial Acquisition of Voting Shares & Takeover Regulations, 2017)）。該法律文件明確了購買上市公司有表決權股份時應遵守的法律制度。而通過購買一個公司的股份取得其控制權正是最古老且最頻繁的併購形式，因而有必要在本章對該制度進行簡要的介紹。

在這裡，我們主要介紹接受證券交易委員會監管的併購行為的範圍。根據 2017 年《上市公司（有表決權股份重大交易和公司接管）規則》第 4 節（Section 4）的規定，在發生以下情形的兩個工作日內，相關公司必須將情況書面告知證券交易委員會，即任何有表決權股票的購買者擁有的某上市公司此類股票的數量超過該公司總有表決權股票的 10% 的情況。該條款同時規定，在不超過該上市公司有表決權股票總量 30% 的範圍內，上述買方可以在第一次購買有表決權股份的二十四個月再買入此類股票而無須再次向證券交易委員會披露交易。2015 年《證券法令》（Securities Act, 2015）第 111 節（Section 111）規定，當某一上市公司 30% 的有表決股票被同一實體購買後，其他人不得再購買該公司的此類股票。同時，當一個實體擁有某一上市公司超過 30% 但不超過 50% 的有表決權股票時，該實體可能需要進行該國《證券法令》規定的強制併購。

2. 與巴基斯坦投資委員會相關的制度

巴基斯坦投資委員會（Board of Investment of Pakistan, BOI）是該國貿易信息的提供機構，也是該國貿易政策的提出機構之一。中國企業計劃併購該國企業的時候可以向該

機構進行諮詢，同時該機構也會提供相應的投資機會的信息。

巴基斯坦2001年《投資委員會法令》(Ordinance of the Board of Investment, 2001) 是指導該國投資委員會工作的主要法律文件。該法第9節（Section 9）列舉了該委員會的各項職能，條文中雖然規定了該委員會有「通過、評估及促進各項外資投資計劃」的權力，但該委員會並不會針對該國企業的併購行為設置具體的障礙。在這點上，巴基斯坦投資委員會與美國等西方國家的投資委員會在職能上還是有區別。

二、巴基斯坦併購法律規範評價

對於巴基斯坦來說，其併購法律規範（主要是指競爭法令）受到當今世界普遍規則的影響，並不是自成體系的。因此，瞭解當前世界三大競爭法體系，有助於我們更好地分析說明巴基斯坦併購法律規範的特點。

（一）對美國、歐盟、中國併購法律規範的分析

美國、歐盟和中國共同組成了當今世界三大競爭執法區，三者的競爭法律制度都反應著該國的特色和需求。在競爭法領域最受關注，同時也是最敏感的併購制度（或具體到跨國併購制度）就更是一國政治取向和經濟需求的集中反應。

1. 美國併購制度簡介

世界上第一部競爭法律是美國在1890年頒布的《謝爾曼法》(Sherman antitrust Act of 1890)。該法開創了一個全新的法律領域——以維護競爭秩序、保證經濟持續發展為己任的競爭法。可以這樣說，美國是競爭法和併購制度的開山鼻祖，在這個領域裡面，中國和歐盟大多向美國看齊。

《謝爾曼法》第1條就涉及併購法律制度。該條款指出「任何限制洲際或外國之間的貿易或商業的契約，以托拉斯形式或其他形式的聯合，或合謀，都是非法的。」直到20世紀50年代，美國法院和政府一直試圖使用該條款規制可能對競爭產生不利影響的併購行為。但是，在一次又一次的司法實踐中，執法者一再發現《謝爾曼法》在規制有害併購行為時的有心無力。例如，United States v. Columbia Steel Co. (1948) 案中，執法者竟然無法用《謝爾曼法》的規定避免一個「不以激烈價格競爭聞名的產業中的最大公司能夠買下它最大的競爭對手」。這一情況促使美國立法機關修訂原本的《克萊頓法》第7條，使之成為新的規制併購行為的有效工具。該條款明確了美國併購審查制度的大框架：

《克萊頓法》第7條A規定，任何人不得在未提前申報並通過等待期之前直接或間接取得其他人的投票權證券或資產。同時，該條款明確併購行為涉及以下情形之一的，必須進行事前申報：①取得人或投票權證券、資產被取得的人是從事商業或從事影響商業的活動；②擁有總資產或總資產1,000萬美元以上的製造業公司的投票權證券或資產；擁有總資產或年淨銷售額1億美元以上的人，取得另一家總資產1,000萬美元以上的非製造業公司的投票或證券或資產；擁有總資產或年淨銷售額1,000萬美元以上的人，取得另一家總資產或年淨銷售額1億美元以上的人的投票權證券或資產；③由於上述取得，取得方將擁有上述①被佔有人的15%以上的投票權證券或資產。《克萊頓法》

第 7 條 B 規定，明確併購行為事前審查的機構為聯邦貿易委員會和司法部。《克萊頓法》第 7 條 C 則列舉了不需要通過事前審查的併購行為。

在《克萊頓法》之後，美國和世界經濟不斷發展，新的經濟局勢促使美國進一步完善其併購審查制度，尤其是跨國併購制度。具體而言，到了 20 世紀 80 年代，美國經濟的比較優勢逐漸減弱，大量外資尤其是日本資金湧入美國。美國社會在享受外資好處的同時，對外資併購表現出極大的擔憂，擔心外資會深度介入敏感行業以致危機美國國家安全。在此情況下，1988 年，美國國會通過了《埃克森-弗羅里奧修正案》(Exon-Florio Amendment)。該法案開創了美國併購制度中最具特色的併購安全審查制度。該機制主要由美國外國投資委員會和總統負責，所有可能威脅美國國家安全的外資併購都要經過此審查。根據該法的規定，上述兩機構從以下五方面出發，權衡擬進行的併購是否對美國國家安全造成不利影響：①國內生產需要滿足將來國防需求；②國內產業用以滿足國防需求的能力，包括人力資源、產品、技術、材料及其他供給和服務；③外國公民對國內產業和商業活動的控制及其對滿足國防需求能力所帶來的影響；④向支持恐怖主義或者擴散導彈技術或化學與生物武器的國家銷售軍用物資、設備或技術的潛在影響；⑤交易對美國技術領導地位潛在的影響。

雖然在之後的執法過程中，美國政府部門對併購安全審查的態度逐漸變得不那麼嚴苛，但仍然有不少外國企業在該審查的過程中遭遇「滑鐵盧」，不得不放棄擬進行的併購計劃。如中國企業華為擬在美進行的併購就多次未能通過安全審查。併購安全審查是美國特有的制度，也反應了美國對待外資併購的態度。但是，嚴格的法律制度並沒有打消投資者的激情，根據統計，在 2016 年美國仍是承接國際直接投資最多的國家。可見，投資者在選擇投資目標國之時不單考慮該國法律制度要求的繁簡，市場的繁榮穩定和政治安全才是投資者考慮的首要因素。

2. 歐盟併購制度簡介

併購制度是歐盟競爭法不可或缺的組成部分。規範歐盟併購制度的主要法律文件包括歐盟於 1989 年 12 月 21 日頒布的第 4046/89 號條約〔Council Regulation (EC) No. 4046/ 89 of 21 December 1989 on the control of concentrations between undertakings〕、於 2014 年 4 月 7 日頒布的第 802/2004 號條約〔Council Regulation (EC) No. 139/ 2004 of 20 January 2004 on the control of concentrations between undertakings the EC Merger Regulation〕以及 2008 年 11 月 20 日頒布的關於併購的第 1033/2008 號條例〔Council Regulation (EC) No. 1033/2008 of 20 october 2008 about implement of the EC Merger Regulation〕。根據上述法律文件，歐盟（或成員國）併購審查制度是一個必經的事前審查制度。

歐盟併購審查制度最顯著的特徵是歐盟法與成員國法的並軌存在。根據歐盟 2014 年第 802/2004 號條約的規定，歐盟競爭委員會（European Union Competition Commission）對有可能影響整個歐盟市場的併購行為享有審查權；只對某一成員國可能產生影響而對整體歐盟市場並無影響的且規模較小的併購行為之審查權由各成員國競爭審查機構享有。該條約第 1 條明確了存在下列情形的併購行為由歐盟競爭委員會管轄：擬開展的併購所涉及的所有企業的全球年營業額達到 50 億歐元以上；而且，擬開展的併購所涉及

的企業中至少有兩個企業在歐盟內年營業額達到 250 萬歐元以上（除非每一個上述企業有三分之二以上的年營業額是在同一個歐盟成員國內實現的）。沒有達到上述條件的企業之間的併購如果存在以下情形之一，也有可能被納入歐盟競爭委員會的管轄：①擬開展的併購所涉及的所有企業的全球年營業額達到 25 億歐元以上；②擬開展的併購所涉及的所有企業在至少三個以上歐盟成員國實現的營業額達到 100 萬歐元以上；③在上一條件中的三個成員國裡，至少兩個以上擬開展的併購的企業的營業額達到 25 萬歐元；④至少兩個以上擬開展的併購的企業的營業額達到 100 萬歐元。

在確定併購審查的管轄權後，歐盟競爭委員會的審查也分為「初審」和「正常程序」兩個階段。在初審中，競爭委員會評估擬進行的併購行為是否會對競爭造成嚴重的影響。如果沒有這個可能，併購計劃將被許可；如果有這個可能，第二階段即正常審查程序將被啟動。但第二階段審查的目的不在於凍結有可能對競爭產生影響的併購行為，而在於與相關企業一起尋求消除這一對競爭負面影響的方式。

3. 中國併購制度簡介

中國的立法機關在制定反壟斷法時將「經營者合併」「經營者通過取得股權或者資產的方式取得對其他經營者的控制權」「經營者通過合同等方式取得對其他經營者的控制權或者能夠對其他經營者施加決定性影響」統稱為「經營者集中」。①

根據中國國務院 2008 年公布的《關於經營者集中申報標準的規定》第三條，達到以下標準之一的經營者應當事先向國務院商務主管部門申報，未申報的不得實施集中：①參與集中的所有經營者上一會計年度在全球範圍內的營業額合計超過人民幣 100 億元，並且其中至少兩個經營者上一會計年度在境內的營業額均超過人民幣 4 億元；②參與集中的所有經營者上一會計年度在境內的營業額合計超過人民幣 20 億元，並且其中至少兩個經營者上一會計年度在境內的營業額均超過人民幣 4 億元。

根據《中華人民共和國反壟斷法》第二十七條的規定，中國競爭執法機構在綜合考慮下列因素之後對經營者集中審查做出同意、附條件同意和不同意的決定：①參與集中的經營者在相關市場的市場份額及其對市場的控制力；②相關市場的市場集中度；③經營者集中對市場進入、技術進步的影響；④經營者集中對消費者和其他有關經營者的影響；⑤經營者集中對國民經濟發展的影響；⑥國務院反壟斷執法機構認為應當考慮的影響市場競爭的其他因素。

除了適用於所有併購行為的法律制度之外，中華人民共和國商務部、國務院國有資產監督管理委員會、國家稅務總局、國家工商行政管理總局、證券監督管理委員會、國家外匯管理局等六部委於 2006 年公布了《外國投資者併購境內企業暫行規定》（以下簡稱《規定》），並於 2009 年進行了修訂。該《規定》在總則中明確，外國投資者併購境內企業應遵守的法律、行政法規和規章，須遵循公平合理、等價有償、誠實信用的原則，不得造成排除或限制競爭，不得擾亂社會經濟秩序和損害社會公共利益，不得導致國有資產流失。同時，外國投資者併購境內企業，應遵守關於投資者資格的要求、產

---

① 中華人民共和國《反壟斷法》第二十條。

業、土地及環保等方面的法律法規。依照《外商投資產業指導目錄》不允許外國投資者經營的產業，併購不得導致外國投資者持有企業的全部股權；需由中方控股的產業，該產業的企業被併購後，仍應由中方在企業中占控股地位或相對控股地位；禁止外國投資者經營的產業，外國投資者不得併購從事該產業的企業。該法律文件明確了外國投資者在通過購買股權和資產併購境內企業的公司決議和行政審判程序。此外，該《規定》第五十一條規定，有以下情形的，外國投資者應就所涉情形向商務部和國家工商行政總局報告：①併購一方當事人當年在市場營業額超過人民幣 15 億元；② 1 年內併購國內關聯行業的企業累計超過 10 個；③併購一方當事人在國內的市場佔有率已經達到 20%；④併購導致併購一方當事人在的佔有率已經達到 25%。對於未達到上述條件的併購事宜，商務部或國家工商行政總局認為外國投資者併購涉及市場份額巨大，或者存在其他嚴重影響市場競爭等重要因素的，也可以要求外國投資者做出報告。

另外，中國也存在類似於美國外資併購安全審查的制度。根據國務院於 2011 年公布的《外資併購境內企業安全審查制度》的規定，外國投資者併購境內重點行業、存在影響或可能影響國家經濟安全因素的，應向商務部進行申報。如併購軍工及軍工配套企業，重點、敏感軍事設備周邊企業等企業以及關係國家安全的重點農產品、重要能源和資源、重要基礎設施、重要運輸服務等企業。

（二）對巴基斯坦併購法律規範的對比分析與評價

從上述對美、歐、中三個經濟體的併購法律規範的簡要說明可以看出，美國併購法律規範的特點在於「併購安全審查制度」；歐盟的特徵在於「歐盟法與成員國法的並軌存在」；中國則在反壟斷方面不是非常成熟，對外資併購的審查充滿不確定性。我們認為，總體來說，美、歐、中對外資併購呈現出一種相對審慎的態度。原因在於，儘管各國都在積極吸引外資促進本國經濟發展，對外商投資持歡迎態度，但是綠地投資比跨境併購的形式更受東道國政府的歡迎。因為綠地投資能帶來更多增量資本，吸收更多就業人群，增加新的廠商促進市場競爭；而併購通常是對原有資本的重新整合，可能增加了金融資本，但是生產性資本增量較少，並且併購後通常面臨裁員，難以增加就業，還可能因為併購造成了資源進一步集中從而形成壟斷，這些都是東道國政府不願意看見的。這就不難理解美、歐、中這些較為成熟的經濟體對外資併購的審慎態度了。

與有「三大競爭法執法專區」之稱的美國、歐盟以及中國的併購法律規範相比，巴基斯坦的併購法律規範體現出對外資併購更多的寬容，不失為一個現代化的、較為完善又不失簡潔的、可操作性強的法律制度。主要體現在以下幾點：

（1）關於市場支配地位，在市場份額超過百分之四十就會被「推定」為擁有支配地位，且該份額不會因為相關企業數量增減而變化。可見，巴基斯坦規制的門檻是比較低的，企業的併購行為很容易被納入被審查範圍內。但相關企業可以進行反證推翻該推定。

（2）關於競爭委員會的職權和辦事流程（「第一階段」「第二階段」）與世界上的其他國家別無二致，可以做出的決定也是中規中矩。可見，巴基斯坦競爭法國際化程度很高，非常便於外國企業對該國企業進行併購。

（3）關於相對市場，巴基斯坦的法律在考察市場的產品因素和地理因素，並沒有明確提出會考慮時間因素。因此，認定相對市場及支配地位在一定程度上的不確定性。

（4）關於涉及證券交易委員會的併購，即通過購買上市公司有表決權股票方式進行的併購，巴基斯坦也和世界上其他國家一樣（如美國、中國），為了保護中小投資者和市場的安全，將擁有「30%的有表決權股票」（經濟學認為某一實體擁有上市公司表決權超過30%即可控制該公司）視為紅線，必須向監管機關披露；將「50%的有表決權股票」視為底線，極有可能引發強制併購（強制擁有控制權的實體買下其他的表決權，承擔全部的風險）。

在證券法上巴基斯坦雖然沒有進行法律制度的創新，但是實現了經濟法體系內部的銜接。可見，該國擁有一整套完善、現代化、國際化的併購制度。該國政府並沒有在法律層面給外國投資者的併購行為設置過多的障礙。

第四章　巴基斯坦稅收規範

第一節　巴基斯坦稅收規範概況

中國和巴基斯坦均屬於發展中國家，得益於中巴經濟走廊建設，中國在巴基斯坦的電力、油氣開發、交通運輸業等領域投入巨大。根據巴基斯坦 2016—2017 財年經濟運行情況數據顯示，中國對巴基斯坦直接投資 11.86 億美元，較上年 10.64 億美元增長 11%，連續 3 年在巴基斯坦外國直接投資（FDI）來源國中排第一位，是巴基斯坦實現 FDI 增長的主要力量。現階段，巴基斯坦正在通過稅收優惠、稅收抵免、折舊和資本支出的特殊津貼、對外國直接投資的稅收條約和減少關稅等稅收制度或稅收政策來吸引投資。因此，對中國和巴基斯坦稅收進行詳細比較分析，有利於中國企業和中國投資者熟悉和遵守當地法律制度，並為中國企業和中國投資者進行合理的納稅籌劃提供依據。

巴基斯坦稅收的主管部門為巴基斯坦聯邦收入委員會（Federal Board of Revenue），隸屬於巴基斯坦財政部，該部門負責制定和實施稅收政策，以及聯邦稅收的徵收和管理。巴基斯坦稅收主要分為所得稅、財產稅、資本利得稅、註冊和執照稅以及貨物和勞務稅 5 大類，其中，銷售稅、所得稅、消費稅和關稅為其主體稅。巴基斯坦現行公司所得稅法為 2001 年《所得稅法令》和 2002 年《所得稅規則》；巴基斯坦現行銷售稅法為 1990 年《銷售稅法》及各省級服務銷售稅法。此外，稅務局還頒布了各項具體規則，有 2001 年《出口關稅和稅費減免規則》、2005 年《認可農用拖拉機製造商退稅申請規則》、2006 年《針對地震災後重建國際招標的免稅供貨規則》、2006 年《銷售稅規則》、2007 年《銷售稅特別規則》、2007 年《銷售稅特別程序（預扣規則）》、2008 年《出口型單位和中小企業規則》、2008 年《向阿扎德查謨和克什米爾登記人退還銷售稅規則》、2013 年《關於（汽水）產能的聯邦消費稅和銷售稅規則》等；巴基斯坦聯邦消費稅法為 2005 年《聯邦消費稅法》和 2005 年《聯邦消費稅規制》；巴基斯坦關稅法為 1969 年《關稅法》（1969 年第四部）和 2001 年《關稅準則》。除上述主體稅種之外，還有其他

小稅種，具體包括印花稅、資本利得稅、未分配利潤稅等。巴基斯坦主要稅收結構見圖 4.1。

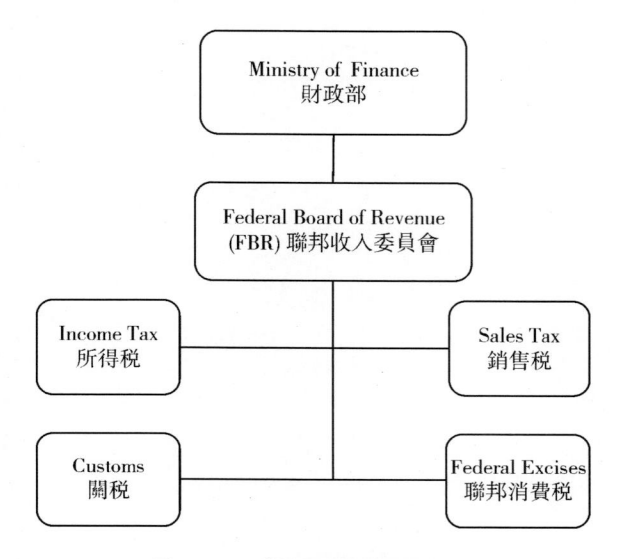

```
         ┌─────────────────┐
         │ Ministry of Finance │
         │      財政部       │
         └────────┬────────┘
                  │
         ┌────────┴────────┐
         │Federal Board of Revenue│
         │ (FBR) 聯邦收入委員會 │
         └────────┬────────┘
        ┌─────────┼─────────┐
   ┌────┴───┐          ┌────┴───┐
   │Income Tax│         │Sales Tax│
   │ 所得稅  │          │ 銷售稅 │
   └────────┘          └────────┘
   ┌────────┐          ┌────────┐
   │Customs │          │Federal Excises│
   │ 關稅   │          │ 聯邦消費稅 │
   └────────┘          └────────┘
```

圖 4.1　巴基斯坦主要稅收結構圖

　　巴基斯坦聯邦收入委員會由委員會主席、7 位總主管、操作性部門、支持性部門和職能性部門構成。其中，操作性部門包括海關部門和稅務局；支持性部門包括戰略策劃部門、法律援助部門、行政管理部門、稅收政策部門和信息技術部門；職能性部門包括納稅人培養及簡化組織部門、執法部門、納稅人審計部門、內部審計部門和人力資源管理部門，具體見圖 4.2。

　　由於巴基斯坦為聯邦制國家，稅收又分為聯邦、省、地三級，其中聯邦稅約占總稅收收入的 70%，其中商品和服務稅占財政收入的比重約為 30%，且整體呈上升趨勢，具體見圖 4.3。

　　從巴基斯坦商品和服務稅占財政收入比重來看，涉及商品和服務的稅種對巴基斯坦財政收入有舉足輕重的作用，因此對巴基斯坦相關稅收進行詳細分析對中國企業和中國投資者有重要實踐意義。本章將依據巴基斯坦稅法對企業所得稅、銷售稅、消費稅和關稅四大主體稅進行詳細分析，對其他小稅種進行簡要概述，為中國企業和中國投資者瞭解和掌握巴基斯坦有關稅收體系和相關法規提供借鑑。

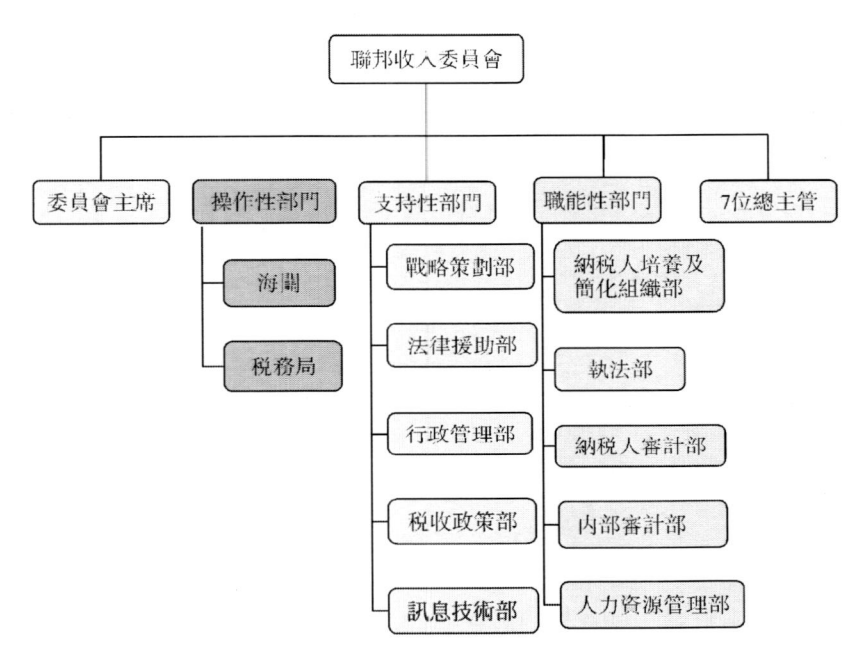

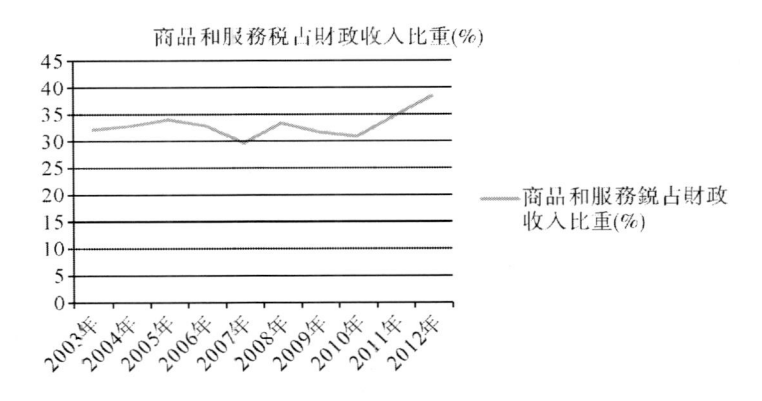

图 4.2 巴基斯坦联邦收入委员会结构图①

图 4.3 巴基斯坦商品和服务税占财政收入比重图

资料来源：《国际统计年鉴》2003—2012 年数据。

---

① 资料来源：巴基斯坦联邦收入委员会网站，http://www.fbr.gov.pk/Contents/Organogram-of-FBR/59

第二節　巴基斯坦公司所得稅

巴基斯坦公司所得稅是聯邦政府的主要稅種之一，是對巴基斯坦公司生產經營所得和其他所得徵收的一種直接稅。巴基斯坦現行公司所得稅法為 2001 年《所得稅法令》和 2002 年《所得稅規則》。

一、納稅義務人、徵稅範圍與稅率

（一）納稅義務人

根據巴基斯坦 2001 年《所得稅法令》的規定，納稅人士包括：個人；在巴基斯坦或其他地點註冊、成立、組織或建立的公司或組織；聯邦政府、外國政府、外國政府的政治分支機構，或者國際公共組織。

1. 公司所得稅的納稅義務人

公司所得稅法的納稅人士及納稅義務人為「公司」，公司有義務獨立於其股東，單獨進行納稅。「公司」具體是指：

（1）1984 年《公司法》界定的公司；

（2）根據巴基斯坦現行法律成立法人團體；

（3）盈利分享實體；

（4）根據巴基斯坦以外國家公司法註冊成立的機構；

（5）合作社團、融資社團，或者其他社團；

（6）非營利組織；

（7）根據當前實行的法律建立或組建的信託、實體或團體；

（8）由稅務局通過一般命令或特別命令宣布屬於 2001 年《所得稅法令》範疇之內的外國協會；

（9）省級政府；

（10）巴基斯坦地方政府；

（11）2001 年《所得稅法令》界定的小公司。

2. 居民公司與非居民公司

（1）居民公司。

任何公司在某個納稅年度若符合下列情形，則構成該年度的居民公司：①根據巴基斯坦現行的法律註冊成立或組建而成；②公司事務的控制及管理部門在年度任何時間完全位於巴基斯坦；③巴基斯坦的省級政府或地方政府。

（2）非居民公司。

根據 2001 年《所得稅法令》，公司如果在某個納稅年度並非居民公司，則在該年度構成非居民公司。

（二）徵稅範圍

根據 2001 年《所得稅法令》中的規定，公司所得稅的主要徵稅範圍如下：

1. 對應納稅所得額徵稅

在符合 2001 年《所得稅法令》規定的前提下，納稅人在納稅年度獲得應納稅所得額的，均應當按照 2001 年《所得稅法令》中規定的一個或多個稅率，繳納該納稅年度的所得稅。應繳納所得稅的具體辦法是納稅人在該年度的應納稅所得額乘以所得稅稅率（2001 年《所得稅法令》中規定的一個或多個稅率），然後從所得金額中減去該納稅人在該年度享有的稅收抵免。

2. 對股息徵稅

在符合所得稅法規定的前提下，納稅人獲得公司股息，均應按照規定的稅率繳納股息稅。股息稅稅款金額等於股息總額乘以相應稅率。附加費的繳付、徵收、扣繳和預繳應當按照所得稅法規定的時間和方式進行。

3. 對未分配儲備金徵稅

在符合所得稅法的前提下，公眾公司在納稅年度獲得利潤但在該納稅年度結束後六個月內未分配現金股息或者在分配了股息之後，儲備金超過其繳清股本的百分之百的儲備金，應當被視為公司的收益進行處理。

如果公司納稅人滿足下列條件，則不需要對未分配的超額儲備金進行納稅：

（1）在納稅年度結束後六個月內，所分配的利潤等於稅後利潤百分之四十或者繳清股份的百分之五十的公眾公司；

（2）符合 2001 年《所得稅法令》規定的免稅公司；

（3）至少百分之五十的股份由政府持有的公司

上述規定中的「儲備金」包括從收益或其他盈餘中計提的金額，但不包括資本儲備金、股份溢價以及法律法規要求設立的儲備金。

4. 對非居民獲得特定付款徵稅

在符合所得稅法規定的前提下，任何非居民獲得任何來源於巴基斯坦的專利權使用費或技術服務費的，均應按照指定的稅率繳納相應稅款。

下列三種情況的專利權使用費和技術服務費不適用 2001 年《所得稅法令》：

（1）如果產生的專利權使用費的財產或權利與該非居民在巴基斯坦的常設機構存在關聯；

（2）產生技術服務費的服務通過該非居民在巴基斯坦的常設機構提供；

（3）屬於法令規定可免稅的專利使用費或技術服務費。

（三）公司所得稅稅率

1. 公司應納稅所得額徵稅的稅率

（1）銀行公司以外公司的應納稅所得額的稅率在 2018 年這一納稅年度及後續年度應為 30%；

（2）如果納稅人為所得稅法界定的小企業，則應適用 25% 的稅率。

2. 股息稅及附加稅稅率

（1）股息稅稅率。

根據所得稅法令規定，對公司納稅人獲得的股息應按下列稅率計算應繳納稅款：對

於 WAPDA 私有化電力項目購買者宣布派發或分發的股息，或者為發電目的成立公司股份的股息，或者負責專門為發電項目供應煤炭的公司的股息，應按 7.5%稅率計算；納稅人從共同基金獲得的股息，應按 10%計算應納稅款；不滿足上述兩種情形，則按 12.5%納稅；自 2015 納稅年度起，公司納稅人從股票型基金以外的集體投資計劃、REIT 計劃或共同基金獲得股息，應按 25%的稅率應稅。

（2）附加稅稅率。

不同納稅人的附加稅稅率如表 4.1 所示。

表 4.1　　　　　　　　　　附加稅稅率表

納稅人	附加稅稅率
銀行公司	所得額的 4%
銀行公司以外的、所得額等於或超過 5 億盧比的納稅人	所得額的 3%

3. 針對向非居民支付特定款項的稅率

向非居民支付的特定款項徵收的稅率，應當為專利權使用費或技術服務費總額的 15%。

4. 通過處置證券獲得的資本收益

根據所得稅法規定，通過處置證券獲得的資本收益應按表 4.2 中的稅率計算應繳稅款：

表 4.2　　　　　　　　　　證券投資收益稅率表

序號	期間	2016 納稅年度稅率
1	如果證券持有期少於十二個月	15%
2	如果證券持有期多於十二個月，但少於二十四個月	12.5%
3	如果證券持有期達到二十四個月或以上，但少於四年	7.5%
4	如果持有期超過四年	0%

5. 通過處置不動產獲得的資本收益

根據所得稅法規定，通過處置不動產獲得的資本收益應按表 4.3 中的稅率計算應繳稅款：

表 4.3　　　　　　　　　　不動產投資收益稅率表

序號	期間	稅率
1	如果不動產持有期不超過一年	10%
2	如果不動產持有期超過一年，但不超過二年	5%
3	如果不動產持有期超過兩年	0%

二、應納稅所得額的計算

按照巴基斯坦聯邦政府公布的 2001 年《所得稅法令》規定，應納稅所得額是任何納稅人在某個納稅年度的所有收入科目下的收入總和，扣除該納稅人根據規定的該年度全部可扣除的免稅額。

（一）收入總額

為便於徵稅和計算收入總額，2001 年《所得稅法令》規定所有收入均應按相應收入科目進行歸類：工資、財產收入、業務收入、資本收益和其他來源收入。其中，在公司所得稅應納稅額的計算中，收入科目主要包括業務收入、資本收益和其他來源收入。在符合規定的前提下，上述某個收入科目的金額，應是該納稅人在某個納稅年度獲得的該科目下的應稅金額之和，減去該納稅人在該科目下可扣除的全部金額。如某科目下的可扣除金額超過其應稅金額，則該科目在該納稅年度出現虧損，虧損金額等於超出的金額。如果納稅人為巴基斯坦居民，則在計算期收入時，應考慮到來源於巴基斯坦國內和國外的收入總額；而在計算非巴基斯坦居民收入時，僅考慮其來源於巴基斯坦境內的收入金額。

1. 收入科目：業務收入

（1）一般業務的收入。

2001 年《所得稅法令》中的業務收入是指巴基斯坦公司在某個納稅年度的下列金額之和，包括營業收入、租金收入、債務利息收入：

① 營業收入。

營業收入一般指企業通過銷售貨物和提供勞務獲得的收入。按巴基斯坦 2001 年《所得稅法令》規定，營業收入為巴基斯坦公司在該納稅年度的任何時間內經營的任何業務的利潤及利益。任何貿易組織、行業組織或類似組織通過向其成員銷售貨物或提供服務而獲得的收入。

② 租金收入。

租金收入是指通過租賃有形資產而獲得的收入。按規定，如果銀行、發展金融機構、盈利分享實體或租賃公司等出租人向其他人士或企業出租任何資產，不論其是否擁有所有權，承租人支付或應付的該資產的租金應計入業務收入科目下應稅。

③ 利息收入。

銀行或非銀行金融機構公司的、共同基金或者私募股權與風險投資基金使用其債務利息收入分配的金額，應計入在「業務收入」科目。

④ 其他業務收入。

根據規定，任何巴基斯坦公司在過去、目前或潛在的某種業務關係的過程中，或者憑藉該業務關係而獲得任何利益或津貼，無論其是否可以轉換為現金，都應將該筆利益或津貼計入公司所得稅應稅收入中。

（2）投機業務。

2001 年《所得稅法令》中的投機業務者商品購銷合同以商品的實際交付或轉讓之

外的方式定期交割或最終交割的業務，其中商品既包括實物商品也包括股票及股份。該業務在某個納稅年度取得的、按照2001年《所得稅法令》計算的利潤及收益應當計入該公司在該納稅年度內的「業務收入」科目中，但是需要與該公司經營的其他業務收入進行區分，相互獨立。

下列為避免遭受損失開展的業務不包括在投機業務範疇內：

① 任何公司在製造或買賣業務的過程中，為避免因原材料或商品未來價格變動帶來的損失，履行其關於實際交付待生產貨物或待售商品的合約而簽訂的合同；

② 經銷商為規避其持有的股票或股份由於價格波動帶來損失而簽訂的關於股票及股份有關合同；

③ 公司以期貨市場或證券交易員的身分開展正常業務過程中，為避免遭受損失而簽訂的套利性質的合同。

2. 收入科目：資本收益

資本收益，是指2001年《所得稅法令》中的「計算在處置證券時獲得的資本收益」。除該2001年《所得稅法令》列明的免稅收益外，任何巴基斯坦公司在某個納稅年度通過處置資產而實現的收益，都應當計入該年度的「資本收益」科目計算應納稅所得額。

（1）通過處置資本資產的收益。

① 資本資產的含義及內容。

「資本資產」是指任何公司持有的任何類型的財產，無論是否與其業務相關。但不包括下列財產：

a. 未完成公司經濟業務目的而持有的存貨、消耗品或原材料；

b. 持有者有權扣除折舊的財產，或有權扣除攤銷額的財產；

c. 為個人目的而持有的不動產。

② 資本資產收益的計算。

「資本資產」收益的計算方式如下：

資本資產收益＝某公司通過處置資本資產而獲得的對價－該項資產的成本

在採用上述公式計算資本資產收益時，除公眾公司的股份外，公司持有該資產達一年以上的，需要按處置資產收益的四分之三核算其資本資產收益。

在核算上述公式中「該項資產的成本」時，需要注意以下幾個問題。按規定，資本資產持有下列的支出金額不得列入資本資產的成本中：依據規定而扣除或者可扣除的開支；依據規定，在計算「業務收入」科目下的應稅收入時，不允許扣除的款項；如果某項資本資產是通過餽贈、捐贈或遺囑，繼承、遺傳或法定轉移，某組織解散時分配的資產以及某公司清算時分配的資產，則應將在被持有主體轉讓或收購日的該資本資產的公允市場價格作為該項資產的成本。

（2）通過出售證券實現的資本收益。

① 基本概念。

證券：根據規定，證券指公眾公司的股份、巴基斯坦電信公司的票證、盈利分享證

書、可贖回的資本工具、債券和衍生產品。

債券：包括企業債券（例如：定期融資證書、記名債券、商業票據或者在巴基斯坦註冊的企業發行的各種債務工具），以及政府債券（例如：短期無息國庫券、聯邦投資債券、外幣債券以及法定機構發行的各種債務工具）

② 出售證券收益的計算。

公司（不包括銀行機構和保險公司）通過處置證券，除 2001 年《所得稅法令》免稅收益外，獲得的資本收益，應按下列公式計算：

出售的證券收益＝持有公司通過處置該證券而獲得的對價−該證券的收購成本

在計算收益時需要注意，某證券持有者在某個納稅年度處置證券時出現損失，則該項損失只能用其持有主體的其他應稅證券收益進行抵消，不得轉至下一納稅年度。

3. 收入科目：其他來源的收入

公司在某繳稅年度獲得的各種類型的收入若未計入其他科目中（根據規定免稅的收入除外），則應在該年度計入「其他來源的收入」科目。

「其他來源的收入」科目具體包括：

（1）股息；

（2）專利權使用費；

（3）債務利息、稅法規定的退稅延遲補償款；

（4）地租；

（5）通過轉租土地或建築物而獲得的租金；

（6）通過租賃建築物及配套設備或機器而獲得的收入，以及通過提供與建築物租賃相關的便利設施、公用事業服務或者其他服務而獲得收入；

（7）因提供財產或其他使用或利用機會（包括授予關於探索或利用自然資源的權利）而獲得的其他對價金額。

（二）稅前扣除

1.「業務收入」科目的稅前扣

（1）「業務收入」科目稅前扣除的一般原則。

在計算「業務收入」科目的應稅收入時可扣除項目：在符合所得稅法令的前提下，在計算公司納稅人在某個納稅年度的「業務收入」科目下的應稅收入時，可扣除其在該年度、基於商業目的而產生的開支。具體如下：如果被用於商業目的的動物死亡或永久性地無法用於該目的，則這些動物的實際成本與其實際金額之間的差額可予以稅前扣除；如果納稅人發生的開支是在收購使用壽命超過一年的資產或無形資產的過程產生，或者開業前發生的成本，則納稅人應對此部分開支計提跌價準備或者予以攤銷；如果任何開支是由某個合併後的公司為獲得法律及金融諮詢服務而產生，或者是為實現合併計劃而發生的管理費用，則可在「業務收入」科目予以稅前扣除。

在計算「業務收入」科目的應稅收入時不允許扣除項目：納稅人在巴基斯坦或其他國家已繳納或應繳納的、其業務利潤或收益被徵收的或被估定的地方稅、稅費或稅款；符合「源頭扣除」規定的匯款，即從所取得的金額中扣除的稅款；納稅人向非居民支付

的、須扣除稅款的工資、租金、仲介費或佣金、利潤利息或其他款項；超過所規定的限額或違反所規定條件的娛樂開支；公司納稅人為滿足雇員利益而設立的任何公積金或其他基金中繳納的款項；公司納稅人因違反法律、法規或條例而繳納的或者應繳納的罰款或罰金；結轉至某項準備金或者以任何方式資本化的金額；在某個帳戶科目下支付或應付的，總計超過五萬盧比，並通過載明公司納稅人業務銀行帳號及轉帳金額的劃線支票、銀行劃線匯票、劃線支款憑證或其他任何銀行劃線單據以外的方式支付的交易開支。

（2）「業務收入」科目稅前扣除的特殊規定。

① 折舊。

在符合 2001 年《所得稅法令》的前提下，公司納稅人在納稅年度的業務中使用的應計提折舊資產的折舊可予以扣除，可扣除的折舊額應按年納稅年度期初的資產減記價值乘以指定稅率計算（折舊稅率見表 4.4）。如果某個納稅年度使用的應計折舊資產，部分用於獲取應稅業務收入，部分用於其他用途，則允許在該年度扣除的折舊，僅限於當該資產完全被用於獲取應稅業務收入的情況下允許扣除金額中的合理部分。

表 4.4　　　　　　　　　　　　　　**折舊稅率表**

資產類別	描述	減記價值的稅率（%）
	建築物	
I	建築物（制定範圍以外的）	5（一般稅率）
II	工廠、車間、電影院、酒店和醫院	10
III	職工住宅小區	10
	家具	
IV	家具（包括配件）	10
	機械設施	
V	機械設施（指定範圍以外）	10（一般稅率）
VI	計算機硬件（包括打印機、顯示器及外圍配件）	30
VII	技術或專業書籍	20
VIII	船舶	
.	（i）新船舶	5
	（ii）二手船舶	
	在收購時的船齡：	
	（a）不超過 1 年	10
	（B）十年以上	20
IX	機動車輛（所有類型）	20
X	飛機、航空器發動機，以及航空攝影裝置	30

表4.4(續)

資產類別	描述	減記價值的稅率（%）
XI	礦油中的地下設施	100
XII	近海礦油工程的地下設施	100
XIII	礦油工程中的近海平臺及生產設施	20
V	供殘障人士使用的斜坡（不超過250,000盧比/個）	100

　　上述規定中的「應計折舊資產」是指任何納稅人擁有的符合下列條件的動產、不動產（未整修的土地除外），或者不動產的結構性改造：正常使用壽命超過一年；可能因正常磨損或報廢而失去價值；由納稅人完全或部分用於獲取應稅的業務收入，如果某項資產在該納稅年度的收購或改造成本在其他收入科目中已被扣除，則在「業務收入」科目中不應重複扣除。

　　上述規定中的「應計折舊資產的減記價值」應當為：如果該資產在納稅年度獲得，則為納稅人實際獲得該資產的成本減去資產的初期免稅額；在任何其他情況下，則用納稅人實際獲得該資產的成本減去納稅人在前幾個納稅年度可扣除的資產計提的折舊（包括初期免稅額）。且資產的減記價值應當基於該資產完全用於獲取應稅業務收入來進行計算。

　　如果納稅人在納稅年度內處置某項應計折舊資產，則該資產的折舊費用不得在本年度內扣除；處置固定資產所獲得的對價超出了該資產在被處置之前的減記價值，則超出的部分應計入該納稅年度「業務收入」科目的應稅收入；如果所獲得的對價低於減記價值，則在計算該公司納稅人本年「業務收入」科目下的應稅收入時，可將此差額扣除。

　　在稅前扣除折舊額時，除上述要求外，還須遵守以下特殊規定：用於招攬生意的客運交通工具的應計折舊資產的成本，不得超出2.5萬盧比；不動產或其結構性改造的成本不得包括土地成本；租賃公司、投資銀行、盈利分享實體、表列銀行或開發融資機構擁有的、租賃給其他主體的資產，被視為用於該公司納稅人的業務；如果處置不動產時獲得的對價超出改不動產的成本，則所獲得的低價應當被視為該財產的成本；如任何企業在巴基斯坦使用的應計折舊資產被出口或者轉移至巴基斯坦境外，則被視為該納稅人已在出口或者轉移資產之時，以所獲金額等同於該資產成本的對價處置該資產。

　　② 初期免稅額。

　　如某項符合條件的應計折舊資產是由納稅人首次為其業務目的或在啟動商業生產的第一個納稅年度（以較晚者為準）中使用，且該納稅人在本年度首次在巴基斯坦啟用該資產，則可扣除初期免稅額。其金額等於該項應計折舊資產的成本乘以附錄中相應類型資產的稅率。

　　上述規定中的「符合條件的應計折舊資產」是指下列各項以外的應計折舊資產：道路運輸工具（用於招攬生意的除外）；家具（包括配件）；正在巴基斯坦使用過的設備或機器；如果某設備在其被收購的納稅年度已經在其他收入科目中扣除過全部成本，則

該設備或機器也不屬於「符合條件的應計折舊資產」範疇。

③ 首年免稅額。

在指定的農村及不發達區域建立的，或者從事製造移動電話，並且符合規定的具有免稅資格的工業企業所安裝設備及其設施，可按相應資產類別的稅率，從 2008 年 7 月 1 日之後投入使用的「符合條件的應計折舊資產」的成本中扣除首年免稅額。

④ 替代能源項目的加速折舊。

如果在巴基斯坦建立的工業企業，是為生成替代能源而安裝的，由某個公司使用並管理的任何設備、機器及設施，可按相應稅率，從 2009 年 7 月 1 日之後投入使用的符合條件的應計折舊資產的成本中扣除首年免稅額。

⑤ 無形資產。

納稅人持有的同時滿足下列兩項條件的無形資產在某個納稅年度產生的成本可以按規定扣除攤銷：由納稅人完全或部分用於該年度獲取應稅業務收入；正常使用壽命超過一年，但如果在該納稅年度內，某項無形資產的全部成本已經在其他收入科目中扣除，則不允許在「業務收入」科目中重複抵扣。根據所得稅法規定，在某納稅年度被允許扣除的無形資產攤銷額等於該無形資產的成本除以其正常使用壽命。如果某項無形資產正常使用壽命超過十年，或不能準確預估其正常使用壽命，則其正常使用年限被視為十年。

在上述規定中，「無形資產」是指專利、發明、設計或模型、保密配方或工藝、版權、商標、科學或技術知識、計算機軟件、電影膠片、出口配額、特許經營權、許可、知識產權或者其他類似的權利。無形資產的「成本」，是指在收購或創建該無形資產及改進或更新該資產過程中產生的支出。

如果某個納稅年度使用的無形資產，部分用於獲取應稅業務收入，部分用於其他用途，則允許在該年度扣除的攤銷，僅限於當該無形資產完全被用於獲取應稅業務收入的情況下允許扣除金額中的合理部分。如果該無形資產並非在整個納稅年度都用於獲取應稅業務收入，則應按該資產被用於獲取應稅業務收入的天數占其納稅年度天數的比例，計算其當年應扣除的攤銷額。如果某項無形資產在該納稅年度中被處置，則相應扣除規定請參照「符合條件的應計折舊資產」的處理方式。

⑥ 科研開支。

任何納稅人不得扣除其在某納稅年度內在巴基斯坦境內完全、專門為獲取應稅業務收入而產生的科研開支。但下列過程中產生的開支可被扣除：收購任何應計折舊資產或無形資產；收購不動產。

在上述規定中，「科學研究」是指為開發人類知識而在巴基斯坦開展的自然科學或應用科學領域的任何活動。「科研支出」是指任何納稅人為開發其自身業務而開展的科學研究的過程中產生的開支，包括聘請某科研機構為納稅人某一應稅業務而開展科學研究，納稅人為此支付的費用。

⑦ 雇員培訓及設施。

納稅人可扣除某納稅年度內由下列事項而產生的開支（資本支出除外）：

納稅人在巴基斯坦為其雇員及其家屬而建立的教育機構或醫院；

納稅人在巴基斯坦為產業工人提供培訓而建立的、由「聯邦政府」或升級政府或當地政府認可、協助或運行的機構已獲稅務局批准的、出於為雇員提供培訓而制定的方案，且對巴基斯坦本土雇員提供相關培訓。

⑧ 債務利息、財務成本及租賃付款。

在符合所得稅法規定的前提下，在任一納稅年度均可扣除下列項目：納稅人在納稅年度產生的債務利息，且債務收益或利益被用於業務目的；納稅人在納稅年度內為開展業務而使用的資產所產生的租金；納稅人在納稅年度內為開展業務而借入和使用的資金所產生的費用；由根據1952年《住房建設融資企業法》組建的住房建設融資企業，在某納稅年度結欠巴基斯坦國家銀行的金額；某中小企業銀行在該納稅年度結欠巴基斯坦國家銀行的金額；納稅人在納稅年度，以股本參與方案結欠某銀行公司的金額；納稅人在某納稅年度，以某項經證券交易委員會和宗教事務局批准的股本參與方案，結欠某個根據1980年《盈利分享公司與盈利分享實體（募資與控制）法》組建的證書持有人的金額。

⑨ 壞帳。

納稅人可扣除在納稅年度產生的、且符合下列條件的壞帳，但扣除的金額不能超過該納稅人在本年度的債務帳戶中被核銷的金額：該項債務的金額之前被計入納稅人的應稅業務收入中；某融資機構為獲取應稅業務收入而解除的資金；在納稅人某納稅年度的帳戶中，該項債務或其中一部分被核銷有合理理由認為，該項債務無法收回。

根據上述所得稅法，如果納稅人在某年度可扣除某項壞帳，並且在之後的某個納稅年度就該項債務而獲得現金或實物形式的金額，則應遵從下列規則：

如果所獲得的金額超出此項壞帳的總額與之前扣除金額之間的差額，則超出部分應計入納稅人獲得此項金額的納稅年度的「業務收入」科目下；

如果所獲金額低於該項壞帳總額與已扣除金額之間的差額，則在計算該納稅人在當期的納稅年度的「業務收入」科目時，應將此不足部分作為壞帳予以扣除。

2.「資本收益」科目的稅前扣除

在符合所得稅法的前提下，在計算納稅人某納稅年度的「資本收益」科目下的應稅收入時，可扣除其在該年度處置資本資產時發生的損失。但如果通過處置資產而實現的收益屬於非應稅項目，則該損失不得扣除。如果處置的資本資產為油畫、雕塑、素描或其他藝術作品、珠寶首飾、稀有手稿、簿冊或書籍、郵票或首日封、硬幣或獎章、古董時，也不得確認任何損失。

在計算處置某項資本資產時發生的損失應按以下公式計算：

某項資本資產時發生的損失＝資本成本－處置該資產獲得的對價

3.「其他來源的收入」科目的稅前扣除

在符合2001年《所得稅法令》規定的前提下，計算「其他來源的收入」科目下的應稅收入時，可扣除納稅人在該納稅年度為獲取該科目應稅收入而支付的開支（資本開支除外），包括固定資產的折舊、設備或機器的初期免稅額等。

在計算納稅人在其他收入科目應稅收入時已扣除的開支，在計算「其他來源的收入」科目時不得再次扣除。

正常使用壽命超過一年的開支屬於資本開支。

(三) 稅收減免

根據 2001 年《所得稅法令》相關條款，下列收入項目可享有稅收減免：

1. 巴基斯坦工業企業應付的債務利潤

巴基斯坦工業企業應付的下列債務利潤可享有稅收減免：

（1）該企業經批准（聯邦政府通過一般命令或特殊命令批准的）與外國金融機構簽訂的貸款協議借入資金產生的債務利潤；

（2）該企業在外國為在巴基斯坦境外購買資本設備及機器計入的資金或產生的債務所產生的債務利潤。該債務利潤可被允許減免稅款的前提條件是，該筆貸款或債務必須經過聯邦政府的批准。

2. 中國海外港口控股有限公司通過瓜達爾港口業務，在自 2007 年 2 月 3 日開始的 23 年內獲得的收入可予以稅收減免。

3. 納稅人在 2008 年 7 月 1 日（含）至 2013 年 6 月 30 日（含）在拉爾卡納工業區建立的工業企業，在該工業企業建立當月或投入商業生產當月（以較晚者為準）開始的 10 年內獲得利潤及收益可獲得稅收減免。

4. 2012 年《經濟特區法案》界定的特區企業在自開發商證明該區域企業已開始投入商業營運之日起 10 年獲得的收入以及區域開發商從該區域被聯邦政府宣布為經濟特殊並簽署開發協議之日起 10 年收入均為免稅收入。

5. 納稅人在 2016 年 12 月 31 日前建立的、從事製造機器、設備及機械等專用於產生太陽能、風能等可再生能源的工業企業，自 2015 年 7 月 1 日起 5 年內獲得的利潤及收益將享有稅收減免。

6. 納稅人通過由巴基斯坦通信局正式認證、從事於製造蜂窩移動電話的工業企業，該工業企業必須是在 2015 年 7 月 1 日至 2017 年 6 月 30 日期間建立並投入生產，且並非通過拆分、重建或重組既有業務，亦非通過在某項新業務開始之前的任何時間，由新的業務部門轉讓正在巴基斯坦經營的業務中使用的機器設備而成立的。符合上述規定的工業企業，在其投入商業生產之日起 5 年內獲得的利潤及收益可予以稅收減免。

三、企業損失的稅務處理

(一) 概述

在符合所得稅法的前提下，如果納稅人在納稅年度的任何收入科目出現損失，則納稅人可以用其在該年度內其他收入科目的應稅收入來抵消該損失（工資和財產科目除外）。如果不能按上述方法抵消，則損失額不得結轉至下一個納稅年度。當某一納稅年度中，納稅人的「業務收入」和其他收入科目同時出現虧損時，應優先抵消其他收入科目下的損失。

如果在計算納稅年度的應納稅所得額時，因該年度不存在任何應稅利潤或收益，導

致無法扣除前文所述的折舊、初期免稅額、無形資產、開業前開支等項目的全部或部分金額，則應將未扣除部分計入下一年度的扣除額，以此類推。

（二）結轉業務損失

如果納稅人在某納稅年度的「業務收入」科目出現損失，並且無法按上述規定予以抵消，則該部分損失中未被抵消的部分應結轉至下一納稅年度，並用其「業務收入」科目的應稅收入進行抵消，以此類推。但自首次計算的損失金額對應的納稅年度起，任何損失均不得結轉超過六個納稅年度。

（三）抵消合併後的業務損失

合併企業在發生合併的納稅年度的評定損失（不包括結轉損失和資本損失），應使用被合併公司在合併年度的業務利潤及收益予以抵消。如果損失未用當年利潤及收益進行抵消，則未經調整的損失應自合併年度起，結轉到下一年度，以此類推，但不得結轉超過六個納稅年度。

（四）結轉投機業務的損失

納稅人在納稅年度經營的投機業務如果出現損失，則該損失僅能使用納稅人本年的其他應稅的業務收入予以抵消。如果損失發生當年不能全部抵消投機業務損失，則結轉到下一納稅年度，以此類推，但不能結轉超過六個納稅年度。

（五）結轉資本損失

納稅人在納稅年度的「資本收益」科目如果出現損失，則該損失不允許用當年的其他收入科目下的應稅收入進行抵消，而是應當結轉到下一個納稅年度，用該年「資本收益」科目的應稅收入予以抵扣。如果在下一個納稅年度損失仍未被全部抵消，則繼續結轉，但不得超過六個納稅年度。

（六）集團納稅及稅額減免

1. 集團納稅制度

僅在符合巴基斯坦證券交易委員會規定的企業治理要求和集團指定規則及條例，並被指定為有權享受集團納稅政策的集團公司，方有資格決定是否選擇採用集團納稅制度。

巴基斯坦 2001 年制定的《所得稅法》中的「集團納稅制度」是指，控股公司及其全資子公司組成的集團可選擇將其整體作為一個納稅單位進行納稅，且一旦選擇，不可撤銷。在此情況下，除了必須編製 1984 年的《公司法》規定的合併集團帳目外，該集團還應當為稅務目的計算收入和繳納稅款。

2. 集團稅額減免

在符合所得稅法的前提下，集團下的任何子公司均可將其在某納稅年度被評定的損失（不包括資本損失和結轉損失）交由其控股公司或其他子公司，以某種有利於它們的方式予以處理。

執行上述規定應滿足以下條件：

（1）如果集團中的某個公司是在巴基斯坦註冊的證券交易所上司的公眾公司，則控股公司應當直接持有該子公司高於或等於百分之五十五的股份。如果集團中沒有任何公

司是公眾公司，則控股公司應當直接持有子公司百分之七十五及以上的股份。

（2）集團納稅制度下的稅額減免規定僅適用於集團在其成立之後出現的損失。

依據規定，控股公司或其他子公司可以領取某子公司的損失，並用其在該納稅年度及後續兩個納稅年度的「業務收入」科目下的應稅收入予以抵消，但必須滿足下列條件：

① 前者持續五年擁有出現損失子公司百分之五十五（公眾公司）或者百分之七十五及以上（其他公司）的股份；

② 集團中的從事貿易業務的公司無權利用集團的稅額減免；

③ 控股公司是擁有百分之七十五股份的私人有限公司，並在領取該損失之年起，三年內上市；

④ 集團各公司均是根據1984年制定的《公司法令》在當地註冊的公司；

⑤ 放棄損失和領取損失的相關事宜均獲得相應公司董事會的批准；

⑥ 該子公司在上述三年內繼續經營相同的業務；

⑦ 集團各公司均應遵守巴基斯坦證券交易委員會適時規定的企業治理要求和集團指定規則及條例，並被指定為有權利用集團稅額減免的公司。

如果某子公司放棄其在某納稅年度的損失，轉而利用控股公司的收入進行抵消，則不能超過三個納稅年度。若控股公司在三個納稅年度內，未能用其自身收入對子公司放棄的損失進行調整，則子公司應將未被抵消的損失結轉到下一納稅年度，且最多不能結轉超過六個納稅年度。如控股公司在領取子公司損失的五年期限內，處置股份導致其持股比例降到法令規定的標準以下，則該控股公司必須在處理股份的納稅年度提供其因抵消領取的子公司損失而尚未納稅利潤的金額。

四、可扣除的免稅額和稅額抵免

（一）可扣除的免稅額

1. 天課（Zakat）

納稅人在某納稅年度按照1980年制定的《天課與什一稅法》（Zakat and Ushr Ordinance, 1980）繳納了天課，均能享有與天課金額相等的免稅額。根據所得稅法規定，如果納稅人在某納稅年度享有的免稅額或其中一部分無法按照該法進行扣除，則不得退換、結轉至下一納稅年度或者轉回上一納稅年度。

2. 職工福利基金

納稅人在某納稅年度按照1971年制定的《職工福利基金法令》的規定，繳納了職工福利基金的，均能享有與繳納基金數額相等的免稅額。

3. 職工參與基金

納稅人在某納稅年度按照1968年制定的《公司利潤（職工參與）法》的規定，支付了職工參與基金的，均有權享有與支付基金金額相等的免稅額。

(二) 稅額抵免

1. 慈善捐贈

（1）慈善捐贈稅額抵免的一般要求。

納稅人在某納稅年度向特定組織支付任何捐贈金額或提供任何捐贈財產的，均可享有相應的稅額抵免，所得稅法規定的特定組織包括：

① 依據聯邦法律或省級法律，在巴基斯坦建立的任何教育委員會或大學；

② 由聯邦政府、省級政府或地方政府在巴基斯坦建立或營運的任何教育機構、醫院或救援基金；

③ 任何非營利組織。

（2）慈善捐款稅額抵免金額的計算。

符合所得稅法規定的慈善捐款稅額抵免條件的抵免金額，均按以下公式進行計算：

（享有慈善捐款稅額抵免權利之前的該納稅年度的應納稅額÷該年度應納稅所得額）×（下列兩項金額中較小的一項）

① 納稅人在當年提交的捐贈總金額（包括捐贈財產的公允市場價值）；

② 納稅人企業在當年的應納稅所得額的百分之二十。

2. 針對債務利息的可扣除的免稅額

公司納稅人在納稅年度中，受巴基斯坦證券交易委員會監管，或者由聯邦政府、地方政府、某個法定機構或者在巴基斯坦註冊的證券交易所上市的公眾公司資助的銀行或者非銀行金融機構提供的用於建造或購買新房屋的貸款，支付利息或房屋租金分攤額及房屋分攤額的，均有權享受相應的稅額抵免。如果該納稅人當年享有的免稅額或其中一部分免稅額無法進行扣除，則不得結轉至下一納稅年度。

3. 針對製造商提供的就業機會的稅額抵免

根據所得稅法規定，任何為建立並營運新製造車間而組建的公司納稅人，如果在 2015 年 7 月 1 日至 2018 年 6 月 30 日（含當日）內建立一個新的製造車間，則有權在未來期間內享有稅額抵免。且稅額應當等於該納稅年度在省級政府的雇員養老福利機構或雇員社會保障機構註冊的每五十個雇員的應納稅額的百分之一，同時不能超出公司納稅人當年應納稅額的百分之十。

公司納稅人只有在同時滿足以下條件的基礎上，方可利用上述稅額抵免：

（1）公司納稅人註冊時間以及製造車間的建立時間均在 2015 年 7 月 1 日至 2018 年 6 月 30 日（含當天）內；

（2）在省級政府的雇員養老福利機構和雇員社會保障機構註冊的雇員人數超過 50 個；

（3）製造車間由某個為營運該製造車間而組建、根據 1984 年《公司法》註冊且註冊辦公地位於巴基斯坦的公司管理；

（4）製造車間並非通過對某項既有企業進行拆分、結構調整或重組，或者通過轉讓 2015 年 7 月 1 日之前在巴基斯坦組建的某個企業的機器或設備而組建。

4. 針對上市的稅額抵免

如果納稅人企業選擇在任意一家在巴基斯坦註冊證券交易所上市，則在上市當年，該納稅人將享有金額等於應繳稅款百分之二十的稅額抵免。

五、預付稅和源頭扣稅

（一）公司納稅人繳付的預付稅

1. 預付稅款的計算公式

公司納稅人應該按下列公式計算各季度應繳納的預付稅額：

$$(A \times B / C) - D$$

上述公式中：

A 是該公司納稅人在該季度的營業額；

B 是該公司納稅人上個納稅年度被評定的稅額；

C 是該公司納稅人上個納稅年度營業額；

D 是在該季度繳納的有稅額抵免的稅款。

2. 公司納稅人繳付預付款的特殊規定

根據所得稅法的規定，必須繳納預付稅的公司納稅人，應當在第二次分期款到期之前，估算相應納稅年度的應稅款。如果應繳稅款可能多於該納稅人根據 2001 年《所得稅法令》核算出的須繳納金額，則該公司納稅人應當在第二季度的到期日或之前，向稅務專員提供其應繳納稅款的預估結果，在對照按照規定的應繳金額做出調整後，再在該納稅年度到期日之前，繳付該金額的百分之五十。預估金額的剩餘百分之五十應在第二季度之後，分兩期等額繳付。

3. 公司納稅人繳付預付稅的時間

公司納稅人應在表 4.5 中所列的時間，向稅務專員繳納相應的預付稅款：

表 4.5　　　　　　　　　　公司納稅人繳付預付稅時間表

時間	繳付預付稅時間
9 月 15 日或之前	繳付第三季度預付稅
12 月 15 日或之前	繳付第四季度預付稅
3 月 15 日或之前	繳付第一季度預付稅
6 月 15 日或之前	繳付第二季度預付稅

4. 資本收益應調整的預付稅款

通過出售證券獲得的資本收益，應按下列要求調整預付稅：

（1）證券持有期未超過六個月，則應繳納的預付稅為該季度獲得的資本收益的 2%；

（2）證券持有期超過六個月但少於十二個月，則應繳納的預付稅為該季度獲得的資本收益的 1.5%。

(二) 源頭扣稅

1. 工資

每個有責任向雇員支付工資的納稅人，如出現下列情形時，應當在支付公司時，按該雇員的平均稅率，針對該雇員在支付工資的納稅年度的「工資」科目的預提稅和根據所得稅法的規定，從所支付工資金額中進行抵扣：

（1）該雇員根據本法在該納稅年度預扣稅款；

（2）因之前的扣除而產生的扣除過量或不足；

（3）未能在該年度做出扣除。

2. 股息

（1）股息預付稅稅率。

任何支付股息的納稅人，按以下稅率，從所支付的股息總額中進行扣稅：對於 WAPDA 私有化電子項目購買者宣派或分發的股息，或者為發電目的成立的公司股份的股息，或者負責專門為發電項目供應煤炭的公司的股息，按 7.5% 稅率計算；上文第 1 項所述範圍以外的申報人，按 12.5% 計算；上文第 1 項所述範圍以外的非申報人，按 17.5% 計算。

（2）股息預付稅的其他規定。

公司納稅人按上述稅率計算股息預付稅須滿足以下條件：公司納稅人的股票型基金稅率為 10%，貨幣市場基金、收益型基金或 BEITH 計劃；任何基金須扣除稅款的稅率應當為 25%；對於股票型基金，如果從該基金獲得的股息超過資本收益，則應當按 12.5% 的稅率扣稅。

3. 債務利息

根據所得稅法規定，滿足下列任意條件，則利息的支付人在向接收者支付利息時，應按 10%（申報人）或 17.5%（非申報人）的稅率，從所支付的收益或利息總額中進行扣稅：

（1）如果納稅人有責任支付國民儲蓄計劃或郵政儲蓄帳戶下某個帳戶、存款或證書的收益；

（2）銀行公司或者金融機構支付債務利息；

（3）聯邦政府、省政府或地方政府向納稅人支付該政府或機關發行的任何證券的利息；

（4）銀行公司、金融機構或融資社團向金融機構以外的納稅人支付任何擔保債券、證書、無擔保債券、證券或任何類型的文書的利息。

第三節　巴基斯坦銷售稅

一、銷售稅概述

銷售稅[①]是巴基斯坦聯邦政府對銷售、生產、製造或消費貨物，提供或接收應稅勞務，以及進出口貨物徵收的一種流轉稅。銷售稅費包括：徵收的稅款、附加稅或欠稅附加費；施加或收取的罰金、罰款或費用；根據法律或相關規則的規定應支付的其他款項。

銷售稅法是巴基斯坦調整銷售稅徵收與繳納之間權益以及義務關係的法律規範。巴基斯坦現行銷售稅法有1990年《銷售稅法》及各省級服務銷售稅法。

根據巴基斯坦的相關法律法規，銷售稅的徵收管理權分由聯邦和地方享有，其中，聯邦負責徵收貨物銷售稅，地方（省和直轄區）負責徵收服務銷售稅。

（一）（聯邦）貨物銷售稅

1990年制定的《銷售稅法》是對巴基斯坦範圍內銷售、進口、出口、生產、製造或消費貨物徵稅的法律。貨物包括可進行訴訟的申索、款項、股票、股份和證券以外的各類動產。

此外，稅務局還頒布了各項具體規則，有2001年制定的《出口關稅和稅費減免規則》、2005年制定的《認可農用拖拉機製造商退稅申請規則》、2006年制定的《針對地震災後重建國際招標的免稅供貨規則》《銷售稅規則》、2007年制定的《銷售稅特別規則》《銷售稅特別程序（預扣規則）》、2008年制定的《出口型單位和中小企業規則》《向阿扎德查謨和克什米爾登記人退還銷售稅規則》、2013年制定的《關於（汽水）產能的聯邦消費稅和銷售稅規則》等。

（二）（省）服務銷售稅

巴基斯坦行政區劃包括四個省（俾路支省、開伯爾-普什圖省、旁遮普省、信德省）和兩個聯邦直轄區（伊斯蘭堡首都區、聯邦直轄部落地區）。依照1973年巴基斯坦伊斯蘭共和國憲法，各省與直轄區有特權徵收、管理和執行服務銷售稅。省服務銷售稅是指根據省級法律或伊斯蘭堡首都區的法律，對提供、接收或消費的服務徵收的稅項。服務是指除貨物以外的任何事物，或貨物供應以外的其他項目供應。提供服務過程中涉及使用、供應、處置或消耗貨物，且該貨物作為提供服務的重要或附帶方面，則仍需視作服務。

截至2015年度，巴基斯坦各省與伊斯蘭堡首都區發布的服務銷售稅法和相關規則有2001年制定的《伊斯蘭堡首都直轄區（服務稅）法》、2011年制定的《信德省服務

---

① 資料來源：巴基斯坦聯邦收入委員會網站公布的1990年《銷售稅法》(The Sales Tax Act, 1990), http://www.fbr.gov.pk/Downloads#Acts。

銷售稅法》《信德省服務銷售稅規則》、2012 年制定的《信德省稅收稅務局（獎勵）規則》《旁遮普省服務銷售稅法》《旁遮普省服務銷售稅規則》、2013 年制定的《開伯爾—普赫圖赫瓦省服務銷售稅法》、2014 年制定的《信德省銷售稅特殊程序（預扣）規則》、2015 年制定的《俾路支省服務銷售稅法》。

二、徵稅範圍

（一）貨物銷售稅的徵稅範圍

對於以下各項，須按其價值的 17% 收取、徵收和繳付銷售稅：

（1）在登記人開展的應稅活動或促進此活動的過程中，供應應稅貨物。

（2）進口到巴基斯坦的貨物。

應稅活動是指開展的任何經濟活動，不論目的是否在於獲利，包括：

①以業務、貿易或製造形式開展的活動；

②涉及向他人供應貨物、給予他人或向他人提供服務的活動；

③貿易性質的一次性買賣或事務；

④在經濟活動開始或終止期間做出或進行的任何事情。

但不包括：

①雇員向雇主提供服務的活動；

②個人作為私人休閒追求或愛好而進行的活動。

應稅貨物是指進口商、製造商、批發商（包括經銷商）、分銷商或零售商供應免稅貨物以外的其他貨物，包括供應零稅率的貨物。

巴基斯坦稅務局可在官方公報上發布通知，按其他方式徵收和收取稅款：

①按生產或製造應稅貨物的廠房、機械、企業、機構或裝置的生產能力徵收稅款；

②按不同業務性質，向能夠收取稅款的任何人徵收定額稅款。

（二）貨物銷售稅的徵稅範圍

巴基斯坦各省與直轄區有權對應稅服務的價值發布徵收和收取稅款。此外，稅務局可官方公報通知，對於登記人或某類登記人提供的任何應稅服務，按照納稅期間（為期 1 個月的期間，或稅務局借官方公報通知指明的其他期間）較高、較低的一項或多項稅率徵收和收取稅款。

納稅義務人在一段時間內提供服務，定期收取服務款項，則提供該服務須視作由兩項或多項不同的服務構成，每一項對應服務的一部分。例如：保險公司為客戶提供的保險單為期 5 年，按年收取保險費，每一筆保險費涉及獨立的服務。

三、納稅義務人和扣繳義務人

（一）納稅義務人

1. 貨物銷售稅納稅義務人

在巴基斯坦從事應稅供貨（包括零稅率供貨）的製造商、進口商、出口商、批發商、經銷商或分銷商，為貨物銷售稅的納稅人。包括：

（1）不經營家庭手工業的製造商；

（2）有責任繳付銷售稅的零售商，但不包括通過電費單繳付銷售稅的零售商；

（3）進口商；

（4）有意就其零稅率供貨取得銷售稅退稅的出口商；

（5）批發商、經銷商或分銷商；

（6）根據任何其他聯邦法律或省級法律，須就收取或支付的任何關稅或稅款登記的人。

2. 服務銷售稅納稅義務人

在巴基斯坦各省或伊斯蘭堡首都區提供服務、接收或消費服務的納稅登記人，為服務銷售稅的納稅人。包括：

（1）居民；

（2）在巴基斯坦各省或伊斯蘭堡首都區營業地點或註冊辦事處提供服務的人；

（3）接收和消費服務的人；

（4）稅務局在網站上公布的登記人。

（二）扣繳義務人

1. 貨物銷售稅扣繳義務人

（1）如果屬於供應貨物，進行供貨的人負責繳稅（聯邦政府可在官方公報上發布通知，指明扣繳義務人為收貨人）；

（2）如果屬於向巴基斯坦進口貨物，進口貨物的人負責繳稅；

（3）特殊情況下的進口和供應貨物的銷售稅，須按照稅局指明或規定的其他稅率、方式和時間徵收、收取和繳付，並且稅局可以規定徵收、收取和繳付稅款的責任人。

（4）聯邦政府還可按額外的稅率或金額徵稅，但不能超過規定貨物價值的17%；聯邦政府可對規定的人，按其規定的形式、方式和時間，以及條件和限制徵稅。

（5）對稅率為17%的應稅貨物，聯邦政府或稅務局可在官方公報上發布通知，徵收和收取其認為適合的稅額，還可指明繳稅形式、方式和時間。

（6）聯邦政府可在官方公報上發布通知，指明任何人或任何類別的人作為扣繳義務人，按照聯邦政府規定的方式、條件或限制，按照指定稅率扣繳稅款。

2. 服務銷售稅扣繳義務人

（1）納稅義務人提供服務，無論服務對象是居民還是非居民，扣繳義務人為提供服務的登記人；

（2）非居民向居民提供服務，扣繳義務人為接受服務的人；

（3）稅務局可發布官方公報通知，指明一項或多項服務的扣繳義務人為應稅服務提供者或接受者或其他人；

（4）未繳稅情形下，接受服務的人與提供服務者承擔連帶扣繳責任。

四、銷售稅稅率

（一）貨物銷售稅稅率

1. 基本稅率

銷售稅納稅人製造、銷售或進口貨物，發生應稅行為，按17%的基本稅率徵收和繳付銷售稅。

2. 低稅率

銷售稅納稅人銷售或者進口表4.6中的貨物，按低於17%的低稅率（5%、6%、7%、10%、16%）徵收和繳付銷售稅。

表4.6　　　　　　　　　　低稅率應稅貨物稅率表

貨物描述	稅率（%）
大豆、調味奶、酸奶、奶酪、黃油、奶油、德西酥油、乳清、牛奶（濃縮、加糖或其他甜物質）	10
磨碎或顆粒狀的油渣餅及其他固體殘留物、播種用油籽、籽棉和皮棉	5
並非本地製造的機器與設備，沒有可兼容的本地代替品；農用拖拉機	10
家禽飼料和牛飼料（不包括豆粕、油餅或棉籽）	5
處理廢物管理的焚化爐，電動清掃車和掃雪機	5
暫時出口到巴基斯坦外的國外產貨物再進口	5
再回收鉛、廢紙、二手舊衣服或鞋子	5
生物柴油機的設備、機械、設備及具體項目	5
油菜花籽、葵花籽、油菜籽	16
大豆種子	6
耕作和苗床整地設備；播種或種植設備；灌溉、排水及農業化學應用設備；收穫後搬運、處理機械和其他機械	7
農藥及其活性成分，穩定劑、乳化劑和溶劑	7

如果向未獲得登記號的人銷售應稅貨物，除按照指明的稅率繳稅之外，還須按貨物價值的2%的稅率徵收和繳付額外稅款。

3. 按稅務局官方公報指明的方式徵收或收取稅款

（1）按生產或製造應稅貨物的廠房、機械、企業、機構或裝置的生產能力徵收和收取稅款。

（2）特殊業務性質的，由稅務局指定向能夠收取該稅款的任何人徵收定額稅款。

4. 按聯邦政府官方公報的方式徵收或收取稅款

（1）聯邦政府可在官方公報上發布通知，聲明對於任何應稅貨物，按通知中指明的較高或較低的一項或多項稅率徵收、收取和繳付稅款。

（2）聯邦政府可在官方公報上發布通知，聲明對於進口到或產自巴基斯坦的任何貨物、任何類別的貨物，或納稅義務人所做的任何應稅供貨，須按通知中指明的較高或較低的一項或多項稅率徵收、收取和繳付稅款。

5. 聯邦政府以其他方式徵稅

（1）聯邦政府可按額外的稅率或金額徵稅，但一般不超過規定的貨物或規定類別的貨物價值的17%。

（2）聯邦政府或稅務局可在官方公報上發布通知，對任何供應、任何類別的供應或任何貨物、任何類別的貨物徵收和收取其認為適合的稅額，還可指明繳稅形式、方式或時間。

（3）進口和供應表4.7中的貨物，須按規定的稅額徵收和繳付銷售稅。

表4.7　　　　　　　　　　移動營運商銷售稅費表

序號	貨物描述/規格	進口或本地供貨銷售稅	銷售稅（蜂窩移動營運商在註冊國際移動設備標示號時徵收）	供貨銷售稅（在蜂窩移動營運商供貨時繳納）
1	用戶識別模塊（SIM）卡	—	—	250盧比
2	A. 低價蜂窩移動電話或衛星電話 i. 所有攝像機：200萬像素或更低 ii. 屏幕尺寸：2.6英吋或更少 iii. 鍵盤	300盧比	300盧比	
	B. 中等價格的蜂窩移動電話或衛星電話 i. 一個或兩個攝像頭：210萬~1,000萬像素 ii. 屏幕尺寸：2.6~5.0英吋 iii. 微處理器：小於2GHz	500盧比	500盧比	
	C. 智能蜂窩移動電話或衛星電話 i. 一個或兩個攝像頭：1,000萬像素及以上 ii. 觸摸屏：5.0英吋及以上 iii. 4GB或更高基本內存 iv. 操作系統是IOS，安卓v2.3，Android Gingerbread（安卓姜餅）系統或更高版本，Windows8或黑莓RIM v. 微處理器：2GHz或更高，雙核或四核	1,000盧比	1,000盧比	

6. 零稅率

下列貨物須按零稅率徵稅：

（1）出口貨物；

（2）表4.8中指明的貨物；

表 4.8　　零稅率應稅貨物

序號	貨物描述
1	供應、維修和維護任何船舶，其中船舶並非：①總噸位小於 15 輕噸的船舶；②專為娛樂或消遣而設計或改裝的船舶 供應、維修或維護任何飛機，其中飛機並非：①重量小於 8,000 千克的飛機；②專為娛樂或消遣而設計或改裝的飛機 為船舶和飛機供應備件和設備 供應引航、打撈和拖航的設備和機器 供應航空導航服務的設備和機器 供應為在港口或海關機場處理船舶或飛機而提供的其他服務所用的設備和機器
2	向議會通過的或巴基斯坦政府發布或同意的各種法案、命令、規則、法規和協議所指的外交官、外交使團、特權人員或特權組織供貨
3	向免稅店供貨
4	供應原材料、組件和貨物，用於進一步在出口加工區製造貨物
5	在聯邦政府官方公報通知指定的條件和限制下，向石油和天然氣行業的勘探和生產公司及其承包商和分包商供應通知指明的本地製造的機器與設備
6	向出口加工區的製造商供應以下規格的本地製造的機器與設備： ①供該製造商製造或生產貨物的任何種類的動力操作機器與設備； ②專門或經改裝以供與第①款中的機器配合使用的儀器、器具和設備； ③旨在或經改裝以供與第①款中的機器配合使用的機械和電氣控制和傳動齒輪； ④第①、②和③款中指明的可辨識用於機器或配合其使用的機器部件。 條件、限制和程序： ①機器的供應商是根據 1990 年《銷售稅法》登記的納稅義務人； ②提交適當的出口單，標明登記號； ③機器的買方是位於出口加工區的成熟製造商，並持有出口加工區管理局示明此意的證書； ④買方向稅務局提交賠償保證，保證在機器進入出口加工區之日起滿 5 年前，不得將機器售賣、轉讓或以其他方式轉移到出口加工區以外； ⑤如機器被運至巴基斯坦的關稅區，須對報關單上的估值徵收銷售稅； ⑥違反此處指明的任何條件，除追討銷售稅金額及所涉及的欠稅附加費和罰款外，還將導致法律訴訟。
7	向出口商供貨
8	向瓜達爾經濟特區進口或供貨，不包括巴基斯坦海關稅則稅目 87.02 項下的車輛
9	製造商出口的免稅貨物
10	石油原油
11	進口或本地購買的，用於製造可按零稅率徵收銷售稅的機器與設備的原材料、組件、子組件和零件（進口商和買方均須持有有效的銷售稅登記證，顯示其登記類別為「製造商」）

（3）按 1969 年《海關法》（1969 年第 4 號）第 24 節規定，供應庫存材料和補給品供海外消費，向巴基斯坦境外目的地運送；

（4）聯邦政府官方公報通知中指明的其他貨物；

（5）聯邦稅務局向從事製造和供應按調減的銷售稅稅率供應的納稅義務人發布一般命令，指定的其他貨物；

（6）零稅率不適用於以下貨物：①出口貨物，但已重新進口到或打算重新進口到巴基斯坦；②根據 1969 年《海關法》（1969 年第 4 號）第 131 節規定供出口，但未出口的貨物；③出口到聯邦政府在官方公報上發布通知，指明的國家。

7. 稅率變動的影響

銷售稅稅率發生變動，納稅義務人提供的應稅貨物須按供應時施行的稅率徵稅。

進口貨物須按以下日期施行的稅率徵稅：

（1）貨物進口供國內消費的，根據提交貨物報關單之日的稅率徵稅；

（2）貨物從倉庫清關的，按貨物清關之日的稅率徵稅；

（3）若提交貨物報關單的時間早於進口貨物的運輸工具抵達之時，須按運輸清單交付之日施行的稅率徵稅；

（4）如提交貨物報關單的天內未繳稅，則須按實際繳稅之日施行的稅率徵稅。

（二）服務銷售稅稅率

1. 稅率

巴基斯坦各省或伊斯蘭堡首都區稅務局對應稅服務的價值徵收和收取稅款，按 14%～19.5%的稅率計徵服務銷售稅（如表 4.9 所示）。

表 4.9　　巴基斯坦各省及伊斯蘭堡首都部分服務銷售稅稅目和稅率

服務描述	信德省	旁澤普省	開伯爾—普赫圖赫瓦省	俾路支省	伊斯蘭堡首都
	稅率				
電信、電話、電話卡、互聯網、寬帶、尋呼、無線電、數據通信網絡、車輛跟蹤、防盜報警等服務	19.5%	16%	19.5%	19.5%	呼叫中心 8.5%
酒店、婚禮大堂、餐廳、俱樂部、廣告、保險、美容院、洗衣店和干洗店、快遞、管理顧問、銀行、足療、按摩等服務	14%	16%	16%	15%	16%

2. 稅率變動的影響

如稅率發生變動，應稅服務須按提供服務時施行的稅率徵稅。

五、應納銷售稅的計算

（一）銷項稅額的計算

銷售稅額＝應稅貨物/應稅服務的價值×適用稅率

應稅貨物/應稅服務的價值是指提供者（不含稅額）向接受者收取的價款，包括所有聯邦和省級關稅和其他稅項。

（1）貨物/服務代價為實物或部分實物、部分現金，貨物/服務的價值指其公開市場價格，不含稅額；

（2）提供者與接受者屬於關聯方，且提供者不收取代價，或代價低於公開市場價格，則貨物/服務的價值指其公開市場價格，不含稅額；

（3）提供者按加價或欠稅附加費的價格，以分期付款的方式向接受者提供貨物/服務，且價格高於公開市場價格，則貨物/服務的價值指其公開市場價格，不含稅額；

（4）提供者給予商業折扣，則貨物/服務的價值為折後價格，不含稅額；

（5）難以確定貨物/服務價值的特殊性質的交易，採用公開市場價格；

（6）進口貨物的價值包括徵收的關稅和中央消費稅金額；

（7）供應應稅貨物以外的貨物用於生產加工，則完工產品的價值指產品的預計銷售價格，不含稅額；

（8）稅務局可在官方公報上發布通知，確定任何進口貨物、應稅貨物/服務或任何類別的貨物/服務的價值。

（二）進項稅額的確認

在納稅期間，納稅義務人對進項稅額的調整不得超過有關納稅期間銷項稅額的90%，固定資產或資本貨物除外。

1. 準予從銷項稅額中抵扣的進項稅額

納稅義務人有權從銷項稅額中扣除在納稅期間就其已做出或將做出的應稅供貨已付或應付的進項稅。納稅義務人在有關納稅期間內未扣除進項稅額的，可持以下憑證，在隨後6個納稅期間的納稅申報表中申索該稅款：

（1）申索應稅供貨涉及的進項稅，納稅義務人須持有納稅申報表中所涉貨物的稅務發票，發票以其名義開具並載有其登記號；

（2）進口到巴基斯坦的貨物，納稅義務人持有以其名義登記，顯示其銷售稅登記號，根據1969年《海關法》（1969年第4號）第79條、第81條或第104條經海關正式放行許可的報關單或貨物報關單；

（3）通過拍賣購得的貨物，納稅義務人持有以其名義登記並載有其登記號的國庫憑證，表示已繳納銷售稅。

申索進項稅所針對的貨物與服務包括：

（1）進口或購買的目的在於納稅義務人繳稅後進行銷售或轉售；

（2）由納稅義務人在製造或生產應稅貨物中直接用作原材料、配料、零件、部件或包裝材料；

（3）在納稅義務人申報的營業場所內，為製造、生產或供應應稅貨物直接消耗的電力、天然氣和其他燃料；

（4）在納稅義務人申報的營業場所內，為製造、生產或供應應稅貨物而使用的廠房和設備。

聯邦政府可下達特別命令，在其中規定的條件及限制下，允許納稅義務人從已確定或擬確定應由其繳付的銷售稅額中扣除已付的進項稅額。

聯邦政府可在官方公報上發布通知，規定在通知指明的條件及限制下，允許納稅義務人或某類納稅義務人從銷項稅中扣除通知中指明的進項稅金額。

2. 不允許的稅收抵免

納稅義務人無權索回或扣除就以下各項繳付的進項稅額：

（1）用於納稅義務人做出的應稅供貨以外的任何用途的貨物或服務；

（2）聯邦政府在官方公報上發布的通知，指明的任何其他貨物或服務；

（3）各供應商未在國庫繳存銷售稅涉及的貨物或服務；CREST（電算化銷售稅風險評估）指明存在差異，或在供應鏈中無法證實進項稅的採購；

（4）虛假發票；

（5）納稅義務人已做採購，但未能提供稅務局通知要求的信息；

（6）與納稅義務人所做應稅供貨無關的貨物與服務；

（7）採購用於個人或非商業消費的貨物與服務；

（8）用於或永久附屬於不動產的貨物，如建築物和建築材料、塗料、電器、衛生潔具、管道、電線和電纜，但不包括預制構造的建築物及用於銷售或轉銷的貨物，或者直接用於生產或製造應稅貨物的貨物；

（9）1969年《海關法》中特殊規定的車輛、車輛配件、電氣器具、家具、陳設和辦公設備（不包括電子收款機），但不包括用於銷售或轉銷售的貨物；

（10）各省級銷售稅法律禁止調整的進項稅所涉的服務；

（11）進口或購買按7%的稅率徵收銷售稅的農業機械或設備。

3. 其他進項稅額抵免的規定

（1）從稅務局通知的日期起，在買方提交納稅申報表時，供應商未在其納稅申報表中申報的貨物與服務，不允許抵免進項稅額。

（2）納稅義務人同時經營應稅和非應稅供貨，僅可按稅務局指定的方式，索回稅務局指定的可歸屬於應稅供貨的進項稅額。

（3）除納稅義務人外，其他人不得就納稅義務人已做出或擬做出的應稅供貨進行任何扣除或索回進項稅額。

（4）聯邦政府可在官方公報上發布通知，指明納稅義務人不得向未進行納稅登記的任何人供應的任何貨物或任何類別的貨物。

（三）豁免

1. 貨物銷售稅豁免

在聯邦政府指定的條件下，供應或出口表4.10中的貨物，可豁免繳稅。

表 4.10　　　　　　　　　部分豁免繳稅貨物

序號	貨物描述
1	活牲畜和活家禽
2	新鮮、冷凍或以其他方式保存的牛屬動物、綿羊和山羊的肉，不包括禽肉和內臟；進口牛屬動物的清真可食用內臟
3	新鮮、冷凍或以其他方式保存的魚和甲殼類動物，不包括活魚
4	蛋類，包括供孵化之用的蛋
5	活植物，包括鱗莖、根莖和類似物
6	新鮮、冷凍或以其他方式保存（例如冷藏）的食用蔬菜，包括根和塊莖，除馬鈴薯和洋蔥外，不包括瓶裝或罐裝食品
7	豆類
8	新鮮、冷凍或以其他方式保存的食用水果，不包括進口的水果（從阿富汗進口的水果除外），不包括瓶裝或罐裝食品
9	紅辣椒，不包括標明品牌名稱和商標、以零售包裝銷售的產品
10	姜，不包括標明品牌名稱和商標、以零售包裝銷售的產品
11	姜黃根粉，不包括標明品牌名稱和商標、以零售包裝銷售的產品
12	穀物及加工工業製品
13	用於播種的種子、果實和類似孢子
14	金雞納皮樹
15	甜菜、甘蔗
16	食用油和植物酥油
17	新鮮、冷凍或以其他方式保存的果汁，不包括瓶裝、罐裝或包裝的果汁
18	冰和水，不包括標明品牌名稱或商標銷售的產品
19	精製食鹽（含碘食鹽），不包括標明品牌名稱或商標、以零售包裝銷售的鹽；進口及供應帶有品牌名稱和商標的加碘食鹽，不論是否以零售包裝銷售
20	玻璃手鐲
21	古蘭經全本或分冊，帶或不帶翻譯；在任何模擬或數字媒體上記錄的古蘭經詩篇；其他的聖書
22	新聞印刷品、報紙、期刊和圖書，但不包括目錄
23	紙幣、銀行票據、股票、證券和債券
24	未加工過的銀、未加工過的金和貨幣黃金
25	葡萄糖和生理鹽水輸液裝置、連同輸液用的無毒空袋、葡萄糖和生理鹽水輸液裝置、人造器官、眼內透鏡和血糖監測設備

表4.10(續)

序號	貨物描述
26	向聯邦或省級政府經營的醫院，或設有50張或更多床位的慈善經營醫院，設有200張或更多床位的法定大學附屬醫院供應的貨物
27	根據各種行李規則進口並免繳關稅的
28	由非居民企業家和在交易會和展覽會上購買的貨物與服務，但須符合互惠條件及稅務局指明的條件和限制
29	未烹煮的禽肉
30	牛奶和奶油，濃縮、加糖或其他甜物質，不包括標明品牌名稱以零售包裝銷售的品牌
31	調味奶、酸奶、乳清、黃油、德西酥油、奶酪、不磨碎或磨成粉狀的加工奶酪，不包括標明品牌名稱以零售包裝銷售的品牌
32	棉花籽
33	冷凍、制備或保藏的香腸及用家禽肉或雜碎制成的類似產品
34	肉類和由預加工、冷凍肉或腌肉，或所有類型的雜碎肉（包括禽肉和魚肉）制成的類似產品
35	供嬰幼兒使用的零售包裝制劑
36	含脂牛奶
37	成套的顏料（廣告用顏料）
38	書寫、繪圖和標記油墨
39	橡皮擦、練習冊、卷筆刀、節能燈、家用縫紉機、自行車、輪椅、其他制圖、標示或數學計算工具（立方體）、鋼筆、圓珠筆和鉛筆（包括彩色鉛筆）
40	供拆卸的船舶
41	本地生產和供應的堆肥（非化學堆肥）
42	向瓜達爾出口加工區的投資者和瓜達爾出口加工區提供的建築原材料，用於開發區域的基礎設施
43	節能燈的組件或子組件
44	經伊斯蘭堡替代能源發展局（AEDB）認證，專門利用太陽能、風能等可再生能源的太陽能光伏板、LVD無極燈、風力渦輪機、太陽能手電筒、光伏組件和相關組件
45	白砂糖
46	心臟病/心臟手術、神經血管、電生理、內窺鏡檢查、內窺鏡治療、腫瘤、泌尿外科、婦科耗材和其他設備；結腸造口術器具；結腸造口和尿道造口袋；診斷試劑盒或設備
47	高效灌溉設備
48	溫室栽培和其他溫室設備
49	進口工業裝置、機械和設備
50	管狀採光裝置

表4.10（續）

序號	貨物描述
51	進口或租賃形式獲得的飛機；飛機、教練機或模擬器使用的備件
52	機械、設備及工具，用於航空部門認可的 MRO 公司成立維護、修理和大修（MRO）車間
53	一次性操作工具、機械、設備和家具及固定裝置，用於航空部門新建機場；航空部門授權的航空公司進口的航空模擬器
54	進口工業裝置、機械和生產線設備，供巴基斯坦電信管理局正式認證的本地手機製造商製造的手機

2. 服務銷售稅豁免

經省政府批准及在省政府通過官方公報通知的條件和限制下，稅務局可以：

（1）對任何應稅服務免徵應收的全部或任何稅款；

（2）豁免特定的人或某類人提供的任何應稅服務的全部或部分稅款；

（3）豁免服務接受者（包括國際組織和機構）繳納的全部或部分稅款；

（4）豁免任何人或某類人繳納的全部或部分應付服務的稅款。

六、納稅登記及管理

（一）納稅登記

（1）在巴基斯坦從事應稅供貨（包括零稅率供貨）的人，在開展任何應稅活動或促進此類活動的過程中，須進行納稅登記；

（2）在巴基斯坦不從事應稅供貨的人，如需為進口或出口辦理登記，或根據1990年《銷售稅法》的規定或其他聯邦法律須予登記，可申請登記。

（3）登記人須按照稅務局在官方公報上發布通知指明的方式進行登記。

（二）取消登記、列入黑名單和暫時吊銷登記

（1）無須根據1990年《銷售稅法》登記的登記人或某類登記人，稅務局或在此方面授權的任何官員，可在符合規定的條件下，取消其登記。

（2）登記人開具假發票，或在其他方面有稅務詐欺行為，稅務專員可按照稅務局在官方公報上發布通知規定的程序，將此人列入黑名單或暫時吊銷其登記。

（3）暫時吊銷登記期間，不得受理此人開具的發票，一旦此人被列入黑名單，針對其所開發票所申索的退稅或進項稅抵免，不論發生在此人被列入黑名單之前或之後，須通過發布說明判令原因並可上訴的命令，予以拒絕，但須事先給予此人陳詞機會。

（）4 若稅務局、有關稅務專員或稅務局在此方面授權的任何官員有理由相信，登記人涉及開具假發票或虛報發票，申請虛假進項稅額或退稅，或犯有任何其他欺騙性活動，稅務局、有關稅務專員或授權官員作書面記錄後，可阻止此人的退稅或進行進項稅額調整，並指示具有司法管轄權的有關稅務專員開展進一步調查，並採取適當的法律行動。

（三）積極納稅人名單

税務局有權按規定的方式備存積極納稅人名單。積極納稅人是指不屬於以下任何類別的登記人：

（1）被列入黑名單，或登記被暫時中止或阻止；
（2）連續2個納稅期間，在截止日期前未能報送納稅申報表；
（3）在截止日期前，未能報送所得稅申報表；
（4）連續2個月未能報送月度預扣稅報表，或未能報送年度預扣稅報表。

七、銷售稅的徵收管理

（一）納稅義務發生的時間

進口到巴基斯坦的貨物及其涉及的稅款，徵繳方式和時間與1969年《海關法》規定的應付關稅無異。

應稅供貨所涉及的稅款，須由納稅登記人在報送該期間的納稅申報表之時繳付。

稅務局可在官方公報上發布通知，指明應稅貨物涉及的稅款，須按通知中的其他方式或時間徵收和繳付。

（二）納稅申報管理

1. 納稅申報表

所有納稅登記人須在到期日前，按規定格式向稅務局指定的銀行或其他辦事處提交真實無誤的納稅申報表，寫明納稅期間所做的進貨和供貨（提供和接受的服務）、到期應繳和已繳稅款，以及稅務局訂明的其他信息和細節。

稅務局也可借官方公報通知，要求任何人士或任何類別的人士按月度或季度提交納稅申報表，同時按年度提交規定的納稅申報表。

通過網頁、磁介質或稅務局指定的任何其他計算機可讀的介質，以電子形式提交的納稅申報表，須由稅務局在官方公報上發布通知，制定相關規則。電子仲介須將納稅申報表的數據數字化，並加蓋電子仲介的數字簽名，以電子形式傳輸。

如納稅期間稅率發生變動，須提交納稅期間各部分的單獨的納稅申報表，指明適用的不同稅率。

登記人報送納稅申報表中有任何遺漏或錯誤申報，可在報送納稅申報表的120天內提交經修改的納稅申報表，糾正其中的遺漏或錯誤申報，並繳存少繳的稅款金額。

2. 特別納稅申報表

稅務局可在官方公報上發布通知，要求納稅登記人按通知指明的格式提交特別申報表，註明納稅期間內製造或生產的數量、所做的進貨、供貨的貨物或支付欠款等信息。

稅務局專員可以要求任何人（無論登記與否）按規定的格式提交納稅申報表（不論是作為其代表、代理人或受託人提交），此人須在為此指定的日期前提交納稅申報表。

3. 最終納稅申報表

申請取消登記，須在取消登記之前，採用稅務局或稅務專員指定的格式、方式和時間，向稅務局或稅務專員提交最終的納稅申報表。

4. 視為已做出申報

由正式委任的代表或代理人代為做出的納稅申報表，須視為委託人或在其授權下已做出申報。

（三）納稅期間

納稅期間是指為期 1 個月的期間，或聯邦政府在官方公報上發布通知指明的期間。

（四）繳稅方式

到期的應繳稅款須按以下任意一種方式繳付：

（1）在稅務局指定的銀行繳存；

（2）通過稅務局指定的其他模式和方式繳付。

（五）欠稅附加費

1. 繳納欠稅附加費的違法行為

納稅登記人發生下列行為的，除須繳納到期應繳稅款外，還須繳納欠稅附加費：①未及時按照銷售稅法指定的方式繳納到期應繳稅款（不包括罰款金額）或其中任何部分；②登記人申請其沒有資格享有的稅收抵免、退稅或做出納稅調整；③登記人對其所做的供貨，錯誤地適用零稅率。

2. 欠稅附加費的繳納費率

（1）應繳付任何稅款、費用或誤退稅額的人須按卡拉奇同業銀行拆借利率（KIBOR）加上應繳稅款或誤退稅額每年 3% 的費率，繳納欠稅附加費；

（2）稅收詐欺導致欠稅的，有稅收詐欺行為的人須按逃稅金額或謊報退稅金額每月 2% 的費率繳納欠稅附加費，直至包括欠稅附加費在內的全部負債悉數清償。

3. 欠稅期

（1）不可接納的進項稅抵免或退稅，欠稅期須從該抵免調整或收到退稅之日起計；

（2）未繳付稅款或其中任何部分，欠稅期從欠稅所涉納稅期間到期日後當月第 16 天起計，到實際繳付到期應繳稅款之日的前一天為止。

（六）稅務審計

稅務專員授權的稅務局官員可以每年對應稅供貨的登記開展一次審計。如果登記人涉及稅收詐欺或逃稅，稅務專員可授權職級不低於助理專員的稅務局官員展開查究或調查。

按照銷售稅法的規定完成審計後，登記人就審計中指出的所有問題給出解釋，稅務局官員之後下達稅額評定的命令，包括是否對登記人處以罰款或欠稅附加費。

（七）稅務處罰

如納稅義務人犯有表 4.11 中所列的罪行，除接受法律規定的懲罰，且在不減損該等懲罰的情況下，還須繳納銷售法中規定的罰款金額。

表 4.11　　違反銷售稅法的罪行及對應的罰款

序號	違反銷售稅法的行為	罰款
1	未在到期日內提交納稅申報表	須繳納 5,000 盧比的罰款 但若在到期日的 10 天內提交納稅申報表，每遲交 1 天，須支付 100 盧比的罰款
2	非法開具指明稅額的發票	須繳納 1 萬盧比的罰款，或所涉稅額的 5%，以較高者為準
3	未按銷售稅法的規定備存記錄	
4	未通知應稅活動登記詳情發生的重大變動	須繳納 5,000 盧比的罰款
5	未按銷售稅法規定的時間或方式，繳存到期應繳稅款或其中任何部分的款項	須繳納 1 萬盧比的罰款，或所涉稅額的 5%，以較高者為準 如在到期日後 10 天內仍未繳納稅額或其中任何部分，拖欠稅款人每拖欠一天，須支付 500 盧比的罰款 此外，1 年內首次誤算不予罰款 在職級不低於稅務局助理專員的稅務局官員發出繳稅通知的 60 天屆滿後，到期應繳稅款仍未繳付，須根據特別法官的定罪，進一步接受最長 3 年的監禁，或繳納最高相當於所涉稅額的罰金，或兩者兼而有之
6	根據銷售稅法須申請登記的，在做出應稅供貨前未提出登記申請	須繳納 1 萬盧比的罰款，或所涉稅額的 5%，以較高者為準 但須根據銷售稅法進行登記，未能在開始應稅活動的 60 天內登記的人，還須根據特別法官的定罪，接受最長達 3 年的監禁，或繳納最高相當於所涉稅額的罰金，或兩者兼而有之
7	首次收到審計通知，登記人無任何合理理由未出示記錄	須繳納 5,000 盧比的罰款
	第二次收到審計通知後，仍未出示記錄	須繳納 1 萬盧比的罰款
	第三次收到審計通知後，仍未出示記錄	須繳納 5 萬盧比的罰款
8	未按稅務局在官方公報發布的通知要求，提供進口、進貨和供貨的摘要、詳細資料和細節方面的信息	須繳納 1 萬盧比的罰款
9	向稅務局的任何人員提交虛假或偽造文件	須繳納 2.5 萬盧比的罰款，或所涉稅額的全額，以較高者為準。還須根據特別法官的定罪，進一步接受最長 3 年的監禁，或繳納最高相當於所涉稅額的罰金，或兩者兼而有之
10	銷毀、修改、毀壞或偽造包括銷售稅發票在內的記錄	
11	故意或欺騙性地做出虛假聲明、虛假申報、虛假陳述、虛假化身或提供任何虛假信息，簽發或使用偽造或虛假文件	

表4.11(續)

序號	違反銷售稅法的行為	罰款
12	拒絕或阻礙獲授權稅務官員訪問保存記錄的營業場所、註冊辦事處或任務其他地方，或拒絕其查閱存貨、帳目或記錄，或未能予以展示	須繳納2.5萬盧比的罰款，或所涉稅額的全額，以較高者為準。還須根據特別法官的定罪，進一步接受最長5年的監禁，或繳納最高相當於所涉稅額的罰金，或兩者兼而有之
13	犯下、促使犯下或試圖進行稅收詐欺，教唆或放任稅收詐欺行為	
14	觸犯在稅款追收方面對貨物搬運施加的禁令	須繳納2.5萬盧比的罰款，或所涉稅額的10%，以較高者為準。還須根據特別法官的定罪，進一步接受最長1年的監禁，或繳納最高相當於所涉稅額的罰金，或兩者兼而有之
15	在無合法權限的情況下，故意訪問或試圖訪問電算化系統	須繳納2.5萬盧比的罰款，或所涉稅額的全部，以較高者為準。還須根據特別法官的定罪，進一步接受最長1年的監禁，或繳納最高相當於所涉稅額的罰金，或兩者兼而有之
	未經授權地使用、披露、公布或以其他方式散步從電算化系統中取得的信息	
	對電算化系統中存儲的任何記錄或信息進行偽造	
	故意或不誠實地損壞或損害電算化系統	
	故意或不誠實地損壞或損害保存或存儲從電算化系統取得的任何信息的任何複製磁帶、光盤或其他介質	
	未經授權地使用任何其他登記用戶的唯一用戶標示符、驗證向電算化系統的信息傳輸	
	未能遵守或違反為唯一用戶標示符的安全性而訂明的任何條件	
16	妨礙獲授權的稅務官員執行公務	須繳納2.5萬盧比的罰款，或所涉稅額的全額，以較高者為準
17	未按消費稅法的規定開具發票	須繳納5,000盧比的罰款，或所涉稅額的3%，以較高者為準
18	在1年內，納稅申報表中多次計算錯誤，繳納的稅額少於實際應繳稅款	
19	未按銷售稅法規定的方式支付款項	
20	未能滿足銷售稅法相關規定中所訂明的任何條件、限制或約束	
21	其他違反銷售稅法規定的罪行	
22	上述違法行為，情節嚴重	須繳納上述相應罰款金額的2倍

（八）稅務行政訴訟

1. 上訴

銷售稅部門外的任何人，在收到稅務局官員做出的決定或命令之日的 30 天內，可向稅務局稅務專員提出上訴。上訴時須按稅務局規定的方式，繳納 1,000 盧比的費用。

稅務局稅務專員給予上訴雙方陳詞的機會，並在提交上訴之日起的 120 天之內下達其認為合適的命令，即確認、更改、修改、取消或廢止上訴所針對的決定和命令。

2. 向上訴審裁處上訴

任何人，包括職級不低於附加稅務專員的稅務局官員，對稅務局專員就上訴下達的命令持反對意見的，可在收到該決定或命令的 60 天內，向上訴審裁處提出上訴，並繳納 2,000 盧比的費用。上訴審裁處應當在上訴提交之日起 6 個月內予以裁定，並將其裁決結果告知納稅人和稅務專員。

3. 向高等法院移送

上訴審裁處下達裁決的 90 天內，受害人或稅務局官員可按規定向高等法院提出申請，提交案件陳訴書，列明有關事實、上訴審裁處的裁定和因此引起的法律問題。提出申請，須繳納 100 盧比的費用。若高等法院在收到申請書後確信產生了法律問題，則著手審理案件。高等法院審理移送案件後，對移送案件提出的法律問題做出並下達判決，並將加蓋法院印章的判決書副本發至上訴審裁處。審裁處的裁定應當按照該判決做出相應的修改。向高等法院移送的費用由法院酌情決定。

即使向高等法院移送，受害人仍須按照上訴審裁處的命令繳納稅款。若稅額因高等法院的判決而調減的，高等法院裁定可退還稅款。若高等法院下令暫緩追收稅款，則該命令在下令之日後 6 個月期間屆滿失效。

八、銷售稅發票的使用及管理

（一）稅務發票

（1）做出應稅供貨的納稅登記人須在供貨時開出連續編號的稅務發票，一筆應稅供貨不得開具多張稅務發票。稅務發票包含以下內容：

①供應商名稱、地址和登記號；
②收貨人名稱、地址和登記號；
③發票的簽發日期；
④貨物的說明與數量；
⑤不含稅價值；
⑥銷售稅金額；
⑦含稅價值。

（2）稅務局可在官方公報上發布通知，指明適合不同人士或不同類別人士的改良發票。

（3）納稅登記人以外的其他人，不得開具稅務發票。

（4）稅務局可在官方公報上發布通知，指明做出應稅供貨的納稅登記人按通知中指

明的條件，向另一納稅登記人、稅務局及指定的稅務專員開具電子發票。

（5）稅務局可在官方公報上發布通知，規範稅務發票開具和驗證的方式和程序。

（二）稅務記錄

（1）做出應稅供貨的納稅登記人須在其營業場所或註冊辦事處備存和保存由其或其代理人提供的以英語或烏爾都語編製的購買、進口和供應的貨物（包括零稅率和免稅供貨）的記錄，並據以確定其在納稅期間的納稅責任。

①供貨記錄須註明貨物的說明、數量和價值，收貨人的姓名、地址以及徵稅稅額；

②購貨記錄須註明貨物的說明、數量和價值，供應商的地址和登記號，以及購貨產生的稅額；

③進口貨物記錄須註明貨物的說明、數量和價值，以及進口繳付的稅額；

④零稅率和免稅供貨的記錄；

⑤復式記帳制銷售稅帳目；

⑥發票、貸記通知單、借記通知單、銀行結單、銀行票據、庫存記錄、水電費帳單、薪金和人工費帳單、租用協議、購銷協議和租約；

⑦關於通行證或進出境以及運輸收據的記錄；

⑧稅務局指定的其他記錄。

（2）稅務局可在官方公報上發布通知，要求納稅登記人須按稅務局規定的方式，使用稅務局批准的電子稅控收款機。

（3）稅務局可在官方公報上發布通知，規定以電子方式備存記錄、提交納稅申報表或辦理退稅及其他稅務事項使用的程序或軟件，或批准納稅登記人開具電子備存記錄和填寫納稅申報表使用的任何軟件。

根據1984年《公司法》，帳目須接受審計的登記人須提交年度經審計帳目副本，連同審計師出具的證明書，證明登記人已繳納應繳稅款。

（三）稅務記錄留存期限

在稅務記錄或文件所涉納稅期間結束後，須將這些記錄或文件留存6年或更長時間，即保存到任何法律程序（包括關於評估、上訴、修改、移送或呈請的法律程序）做出的最後判決為止。

第四節　巴基斯坦聯邦消費稅

巴基斯坦聯邦消費稅[①]是其主體稅種，也是一種聯邦稅。巴基斯坦聯邦消費稅法是指對在巴基斯坦製造、生產、進口或消費的貨物及在巴基斯坦提供或給予的服務徵收消費稅的法律規範。巴基斯坦聯邦消費稅的依據是2005年《聯邦消費稅法》和2005年

---

① 資料來源：巴基斯坦聯邦收入委員會網站公布的《聯邦消費稅法》（2005）（Federal Excise Act, 2005），http://www.fbr.gov.pk/Downloads#Acts。

《聯邦消費稅規制》，由聯邦政府通過中央稅務委員會進行管理。除一般商品和服務外，巴基斯坦對部分應稅商品和應稅服務做出特殊規定，均自 2005 年 7 月 1 日起生效。消費稅以消費品為課稅對象，屬於間接稅，稅收隨價格轉嫁給消費者負擔，消費者是實際負擔者。

一、徵稅範圍與納稅義務人

（一）徵稅範圍

巴基斯坦聯邦消費稅是對本國生產的產品、進口商品①、在巴保稅區生產但銷往巴基斯坦非保稅區的貨物徵稅。除此之外，聯邦政府在官方公報上發布通知指明的貨物，此類貨物在非關稅區生產或加工，而後運至關稅區，在關稅區內出售或消費的貨物，以及在巴基斯坦提供的服務，包括源於巴基斯坦境外，但在巴基斯坦提供的服務。

巴基斯坦聯邦消費稅的依據是 2005 年《聯邦消費稅法》和 2005 年《聯邦消費稅規制》，除一般商品和服務外，巴基斯坦對部分應稅商品和應稅服務做出特殊規定，其中應稅商品包括食用油、菜油和烹調油、所有形式加氣飲料濃縮物、汽水、含糖或含其他甜物質或含調味料的汽水、純蔬果汁汽水、未加工的菸草、菸草或菸草代用品、本地生產的卷菸、在非關稅區直接或間接生產的卷菸、水泥、液化天然氣、液化丙烷、液化丁烷、液化乙烯、丙烯、丁烯、丁二烯、其他液化石油氣、氣態烴、氣態天然氣、其他氣態石油氣、用於加氣飲料的香料和濃縮物、油籽、機動車輛、香菸濾棒。應稅服務包括閉路電視廣告服務、有線電視網絡廣告服務、報刊等廣告服務、旅行設施所提供的服務、內陸貨物航空運輸服務、運輸代理服務、電信服務、銀行等機構提供的服務、特許經營服務、股票經紀人提供的服務、港口和碼頭營運商對進口貨物提供的服務、包機服務，含種類繁多的子目。

稅務局可在官方公報上發布通知，按以下方式徵收和收取稅款：

（1）按生產或加工該等貨物的工業裝置、機械、企業、機構或裝置的生產能力徵收和收取稅款；

（2）對任何貨物或任何類別的貨物，以及對任何服務或任何類別的服務，稅務局認為合適，可向生產或加工該等貨物、提供或給予該等服務的任何機構或企業徵收其應繳的定額稅款。

（二）納稅義務人

納稅義務人包括公司、協會、由個人組成的團體（不論是否註冊）、公共或地方當局、省級政府或聯邦政府。納稅義務人需對生產、加工、進口的貨物和服務繳納聯邦消費稅，具體包括：

（1）在巴基斯坦生產或加工的貨物，由生產或加工貨物的人負責繳稅；

（2）向巴基斯坦進口貨物，進口貨物的人負責繳稅；

---

① 其中，進口到巴基斯坦的貨物涉及的稅款，徵繳方式和時間與 1969 年《海關法》（1969 年第四號）規定的應付關稅無異，須適用該法（包括第 31A 節）規定。

（3）在巴基斯坦提供或給予的服務，提供或給予服務的人負責繳稅，但如果應稅服務是由巴基斯坦以外國家的人提供的，那麼在巴基斯坦的服務接受者負責繳稅；

（4）在非關稅區生產或加工的貨物，運至關稅區，以供關稅區內出售或消費，將貨物帶至或安排帶至關稅區的人負責繳稅①。

私營公司或商業企業的納稅責任，或出售企業所有權涉及的納稅責任：

（1）除現行法律另有規定外，如果私營公司或商業企業關閉或停止營業，或不在存續，在清算前、清算期間或清算後無法向該公司或商業企業追收任何應納稅額，身為該公司或商業企業的所有者、合夥人或董事的所有人須承擔連帶、共同承擔此項納稅責任。

（2）如果向另一人（持續營運）出售或轉讓涉及任何納稅責任的業務或其中部分業務出售或所有權轉讓方須繳納應納稅額，但如果轉讓方未繳納應納稅款，未繳納的稅款由公司資產作為第一押記由由受讓方支付。

（3）如果屬於終止涉及尚未履行納稅責任放入業務或部分業務，終止該業務或部分業務的人須對尚未履行的納稅責任負責並予以繳納，如業務未終止一樣。

二、徵稅環節

（1）對於生產而言應稅消費品在生產環節徵稅。如果直接對外銷售的貨物應在生產環節徵稅；如果將生產的應稅貨物以及作為材料直接投入生產或加工的，已繳納的消費稅款可以扣除。

（2）對於貨物而言應稅消費品在出口或國內消費環節徵稅。

（3）對於服務而言應稅消費品在提供或給予服務環節徵稅。

（4）對於在 2005 年《聯邦消費稅法》所適用的區域以外的生產或加工的貨物，而後被運到該區域內售賣或消費的應稅消費品在貨物被運到該等區域消費環節徵稅。

（5）對於進口到巴基斯坦的貨物所涉稅項徵繳時間，與根據 1969 年《海關法》（1969 年第四號）應付的關稅的徵繳時間無異。

三、聯邦消費稅的稅率

（一）一般稅率

巴基斯坦聯邦消費稅的一般稅率為從價的 15%，但下表 4.12 中指明的貨物和服務除外，表中顯示聯邦消費稅的從價稅率分為 10%、11.5%、15%、16%、65%，還包括從量計徵稅額。

（二）零稅率和退稅

出口到巴基斯坦以外的貨物或聯邦政府在公報上發布通知，指明的貨物可按零稅率徵稅，依據調整消費稅稅法規定，對於該貨物可准許稅項調整。

稅務局可在官方公報上發布通知，批准在通知指明的條件和限制下，按通知所指的

---

① 「非關稅區」是指阿扎德查謨和克什米爾、北部地區及本法不適用的其他地區或區域。

一項或多項稅率，退還就某些貨物繳納的稅項，此類貨物是指用於製造在巴基斯坦內製造而後出口的任何貨物，或作為供給或庫存材料裝運，供船上或飛機上消費，前往巴基斯坦以外目的地的貨物。

儘管上述規定，但稅務局可在官方公報上發布通知，對貨物或任何指定貨物，指定類別的貨物出口到任何指定外國港口或領土，禁止支付退稅、退款或調整稅項。

（三）調整消費稅

為厘定納稅責任淨額，就任何貨物而言，就表 4.12 所指貨物以及直接作為投入貨物用於生產或加工的貨物已繳納的稅項，須從計算的應納稅額中扣除；根據 2005 年《聯邦消費稅法》，如果登記人持有有效證明，表明其已通過銀行渠道支付所購貨物價款（包括稅款），以及收到所售貨物的價款（包括稅款），須從計算的應納稅額中扣除；儘管上述規定，但稅務局可在官方公報上發布通知，禁止或限制任何貨物或任何類別的貨物的稅項調整的全部或部分金額，或以其他方式進行稅項調整。

（四）另行徵稅

在符合「稅務局可在官方公報上發布通知，禁止或限制任何貨物或任何類別的貨物的稅項調整的全部或部分金額，或以其他方式進行稅項調整」規定下，如果向未取得登記號的人供應應稅貨物和服務，聯邦政府可在官方公報上發布通知，除對通知指明的應稅貨物和服務按一般稅率和特殊稅率徵稅外，還可按貨物和服務價值的 2% 另行徵稅。

（五）豁免

對於免稅消費品，不予進行納稅調整。

經內閣經濟協調委員會的批准，在緊急情況下為保護國家安全、防禦自然災害、保護國家食品安全，在國際大宗商品價格發生異常波動的情況下保護國家經濟利益，消除稅收異常，開發落後地區和實施雙邊及多邊協議，採取緊急措施，聯邦政府可在官方公報上發布通知，在通知所指的條件下，對任何貨物、任何類別的貨物、任何服務、任何類別的服務豁免根據 2005 年《聯邦消費稅法》徵收的全部或部分稅項。

聯邦政府或稅務局可在官方公報上發布通知，出於某些原因，在通知所指條件或限制下，對任何人或任何類別的人豁免其根據「欠稅附加費」的有關規定繳納的全部或部分欠稅附加費和罰款。

（六）特殊稅率

稅務局可在官方公報上發布通知，按以下方式徵收和收取稅款：

（1）按生產或加工該等貨物的工業裝置、機械、企業、機構或裝置的生產能力徵收和收取稅款；

（2）對任何貨物或任何類別的貨物，對任何服務或任何類別的服務，按稅務局認為合適的稅款，向生產或加工該等貨物、提供或給予該等服務的任何機構或企業徵收其應納定額稅款。

（3）在不損害聯邦消費稅其他條文的原則下，聯邦政府可在官方公報上發布通知，對一類或多類貨物或服務按通知中指明的較高或較低的一項或多項稅率徵收稅項。

四、應納聯邦消費稅的計算

巴基斯坦消費稅的計稅方法分為從價計徵與從量計徵兩種。

(一) 從價計徵

應納稅額等於應稅消費品銷售價值乘以適用稅率，應納稅額的多少取決於銷售價值和適用稅率兩個因素：

應納稅額＝應稅消費品銷售價值×適用稅率

1. 銷售價值的確定

銷售價值為納稅人銷售應稅消費品向購買方收取的全部價款和價外費用。「銷售」和「購買」是指一人在一般貿易或業務過程中向另一人轉讓貨物的所有權、給予和提供服務，以收取現金、延期付款或收取其他代價。

(1) 2005年《聯邦消費稅法》中貨物的銷售價須按照1990年《銷售稅法》第2節第46分節的辦法厘定，不含應繳的稅款。

(2) 2005年《聯邦消費稅法》中服務價格為服務收費總額，包括附屬設施或公用事業，不論提供或給予該等服務有無收費、是否免費、是否享受優惠。

(3) 凡貨物在進口環節可徵稅的，按照1969年《海關法》(1969年第四號) 第25節厘定的價值（包括就此應繳的關稅）評稅和繳稅。

(4) 凡貨物可在零售價格的基礎上徵稅的，該稅項為製造商確定的零售價格，該零售價格含所有稅項、費用和稅費。根據1990年《銷售稅法》第3節徵收和收取的銷售稅除外，任何特定品牌或種類的貨物應按此價值向大眾消費者出售，或為同一品牌或種類的貨物，如果價格不止一個，取其中最高的價格。

除非稅務局另有指示，否則該零售價格須以清晰、顯著、不能擦除的標記在該等貨物的每件貨物、包、容器、包裹、封面或標籤上註明；但前提條件是，如果稅務局指定，任何貨物或任何類別的貨物應對本地產量按零售價格的百分比徵稅，經必要的變通後，適用於該貨物從國外進口的情況。

此外，稅務局可通過一般命令，為確定任何品牌或種類貨物的最高零售價格，指明地區或區域。

(5) 為徵收和收取稅項的目的，稅務局可確定任何貨物或任何類別貨物的最低價格，須據此繳納該貨物的稅項。但前提條件是，如果任何貨物或任何類別的貨物的出售價格高於稅務局確定的價格，除稅務局另有指示外，須按較高的價格徵收和收取稅項。

(6) 應稅服務的價格不包括代理人的可補償費用，如運費、引航費及泊位租賃費、入港費、貨物費用、出口貨物佣金及支付裝卸的船舶操縱費。

2. 含增值稅銷售價的換算

應稅消費品在繳納聯邦消費稅的同時，與一般貨物一樣，還應繳納銷售稅。按照1990年《銷售稅法》條文的規定，對於指定貨物或稅務局在官方公報上發布通知指明的服務，稅項以銷售稅方式支付的，生產或加工貨物、提供或給予服務的登記人有權從其應納消費稅的稅額中扣除已交納的進項稅。

應稅消費品的銷售價=含增值稅的銷售價/（1+增值稅稅率）
（二）從量計徵
應納稅額等於應稅消費品的銷售數量乘以單位稅額，應納稅額的多少取決於應稅消費品的銷售數量和單位稅額兩個因素：
應納稅額=應稅消費品的銷售數量×單位稅額
1. 銷售數量的確定
銷售數量是指納稅人在巴基斯坦製造、生產、進口或消費的貨物及在巴基斯坦提供或給予的服務的數量。
2. 計量單位的確定
根據 2005 年《聯邦消費稅法》的規定，未製成的菸草、油籽以千克為稅額單位；香菸以每千支為單位；香菸濾棒以每根為稅額單位；液化丙烷、液化丁烷、液化乙烯、液化丙烯、液化丁烯、液化丁二烯以及其他液化石油氣和氣態烴以每百立方米為稅額單位；氣態天然氣、其他氣態石油氣以每百萬英熱為稅額單位。

五、徵收管理

（一）納稅義務發生時間
（1）對於貨物而言，納稅義務的發生時間為貨物以供出口或國內消費的日期。
（2）對於服務而言，納稅義務的發生時間為提供或給予服務的日期。
（3）對於在 2005 年《聯邦消費稅法》所適用的區域以外的生產或製造，而後被運到該區域內售賣或消費的貨物，納稅義務的發生時間為貨物被運到該區域的日期。
（4）進口到巴基斯坦的貨物所涉稅項徵繳時間，與根據 1969 年《海關法》（1969 年第四號）應付的關稅的徵繳時間無異。
（二）納稅期限
1. 一般貨物、服務的納稅方式和期限
（1）每月，登記人須在到期日前，按稅務局在官方公報上發布通知，規定的方式和格式，提交真實無誤的納稅申報表。
（2）對於一個月內做出的應稅供貨或給予的服務涉及的應繳稅項，登記人在提交納稅申報表時，須在指定銀行的分行繳存。
但稅務局可在官方公報上發布通知，規定繳稅的任何方式。
（3）若在任何一個月內，稅率發生變化，則須就該月的各部分使用不同的申報表，指明適用的不同稅率。
（4）經具有司法管轄權的稅務局稅務專員批准後，登記人可在提交納稅申報表的一百二十天內提交經修改的納稅申報表，以糾正其中的遺漏或錯誤申報。
（5）稅務局可在官方公報上發布通知，要求任何人或任何類別的人，對於任何貨物或任何類別的貨物，按指定格式和方式，提交關於任何一個或多個月內的進口、購買、利用、消費、生產、銷售或處置該等貨物的摘要、詳細資料或細節，此項規定對服務經必要的變通後可予援用。

（6）稅務局可發布命令，指定為實行消費稅法或據此制定的規則，以及通過電子手段納稅，應遵循的方式和程序。

（7）凡在任何其他方面應繳的稅額，亦須按上述相同的方式，以規定的納稅申報表，在指定銀行分行繳存。

2. 應稅服務的特殊規定

（1）保險公司保單涉及的稅項，須在收到保費的當月進行核算，保險公司應按照相關規定繳稅並提交納稅申報表。保險公司收到特許會計師正式審計的年度審計報告後，須在收到的十五天內向收稅員提交一份副本，並且保險公司須在收到審計報告的十五天內，繳納該審計發現的少繳稅項。

（2）貨運代理人須就其處理的船舶向聯邦消費稅收稅員提交月度報表，在次月十五日前提交。

（3）銀行、金融機構和非銀行金融公司提供的服務應於每月繳納到期稅款。

（4）航空公司須就直至每個歷月最後工作日提供的服務，在次月第十五日前，繳納每月的到期應繳稅項。

（5）廣告代理商提供服務的，應按季度於 11 月、2 月、5 月及 8 月的 15 號之前根據上季度收取或開具的佣金金額納稅。

（6）提供電信服務的所有者、商號或公司應按以下模式和方式繳稅：如果為後付費電話服務，則在之後第二個月第二十一日前繳納稅款；如果為預付費電話服務，則在次月第二十一日前繳納稅款；如果屬於其他電信服務，則在次月第二十一日前繳稅。

提供電信服務的所有者、商號或公司的總部須在之後第二個月第二十七日前繳納到期應納稅款。

（三）納稅地點

根據 2005 年《聯邦消費稅法》須登記的人，如果在開始生產應稅貨物或給予、提供任何應稅服務之前尚未登記的，須採用表格 STR-1 向收稅員登記。

（1）如果屬於法人，即上市股份有限公司或非上市股份有限公司或私人有限公司，須向對公司註冊辦事處所在地具有司法管轄權的收稅員提出登記申請。

（2）如果屬於非法人團體，有單一的製造單位，營業場所和製造單位位於不同地區的，須向對其製造單位有司法管轄權的收稅員管區申請登記。但法人有權申請將登記轉移到對製造單位所在地具有司法管轄權的收稅員管區。

（3）如果屬於應稅服務，須向申請人的總部所在地的收稅員提出申請。

（4）如果登記申請在各方面均屬完整，收稅員或在對此方面授權的人員進行必要的核證或調查後，須向稅務局的中央登記處轉呈申請，後者將採用表格 STR-5 的形式，向申請人簽發載明登記號的登記證書。

表 4.12　　　　　　　　　　　　聯邦消費稅稅目和稅率表

應稅商品				
序號	貨物說明	稅目/子目	稅率
1	食用油（不含稅目為 15.18 項目下的環氧大豆油）	15.07, 15.08, 15.09, 15.10, 15.11, 15.12, 15.13, 15.14, 15.15, 15.16, 15.17, 15.18	16%
2	菜油和烹飪油	各稅目	16%
3	所有形式的加氣飲料濃縮物	2106.9010	15%
4	汽水	2201.1020	11.5%
5	汽水、含糖或含其他甜物質或含調味料的汽水	2201.1010	11.5%
6	純蔬果汁汽水	各稅目	11.5%
7	未加工菸草	24.01	10 盧比/千克
8	菸草或菸草代用品類的雪茄、方頭雪茄、小雪茄和卷菸	24.02	65%
9a	本地生產的卷菸，包裝上印刷的零售價格超過每千支卷菸 4,500 盧比	24.02	3,740 盧比/千支菸
10	本地生產的卷菸，包裝上印刷的零售價格不超過每千支卷菸 4,500 盧比	24.02	1,670 盧比/千支菸
10a	本地生產的卷菸，包裝上印刷的零售價格不超過每千支卷菸 2,925 盧比	24.02	800 盧比/千支菸
12	在 1994 年 6 月 10 日之後，無論是否被著色的，或以熟料形式出現的，在非關稅區直接或間接有生產任何品牌香菸的製造商，	24.02	60%
13	硅酸鹽水泥、高鋁水泥、礦渣水泥、超硫酸鹽水泥及類似的水凝水泥	25.23	1 盧比/千克
31	液化天然氣	2711.1100	17.18 盧比/百立方米
32	液化丙烷	2711.1200	17.18 盧比/百立方米
33	液化丁烷	2711.1300	17.18 盧比/百立方米
34	液化乙烯、丙烯、丁烯和丁二烯	2711.1400	17.18 盧比/百立方米
35	其他液化石油氣、氣態烴	2711.1900	17.18 盧比/百立方米
36	氣態天然氣	2711.2100	10 盧比/百萬英熱
37	其他氣態石油氣	2711.2900	10 盧比/百萬英熱

表4.12(續)

應稅商品			
序號	貨物說明	稅目/子目	稅率
41	用於汽水的香料和濃縮物	3302.1010	50%
54	油籽	各稅目	40派薩/千克
55	進口汽車、多功能運動型汽車、氣缸容量在1,800cc或以上的機動車、主要用於載人的機動車（稅目87.02項目除外），包括氣缸容量在1,800cc或以上的旅行車和賽車	87.03	10%
56	香菸濾棒	5502.0090	0.75盧比/根
應稅服務			
序號	服務說明	稅目/子目	稅率
1	閉路電視廣告服務	9802.3000	16%
2	有線電視網絡廣告服務	9802.5000	16%
2a	報刊等廣告、廣告牌、立柱招牌、標志牌上廣告）服務	9802.4000 9802.9000	16%
3	旅行設施：長途（距離>500千米）	98.03	2,500盧比
	旅行設施：短途（距離≤500千米）	9803.1000	1,250盧比
4	內陸貨物航空運輸服務	9805.1000	16%
5	運輸代理	9804.1000	200盧比/張分提單；運輸代理服務中屬於無船承運人、國際貨運代理；16%；其他各種運輸代理服務
6	電信服務	98.12	18%
8	銀行、保險公司、融資合作社、Modarbas、股本參與、租賃公司、外匯經銷商、非銀行金融機構及其他	98.13	16%
11	特許經營服務	9812.9410	10%
13	股票經紀人提供的服務	9819.1000	16%
14	與進口相關的港口和碼頭營運商服務	9819.9090	16%
15	包機	98.03	16%

第五節　巴基斯坦關稅

一、巴基斯坦關稅概況

巴基斯坦關稅法的依據為1969年《關稅法》(1969年第四部)①。該法為監管和控制所有進出口貿易的聯邦稅務總局（FBR）提供規則。海關總署在收取稅款中發揮重要作用，其運作和制度不斷完善。巴基斯坦為了調整自身的貿易差額，對一般貿易提供通關環境，為出口創造了更多的獎勵措施，該項措施使貿易逆差維持在一個相當低的水準。2017年的經濟自由指數報告指出，進出口總值占到了GDP的28%，平均適用稅率為8.9%，說明海關貿易在巴基斯坦的經濟中發揮關鍵作用。目前巴基斯坦最低的關稅稅率是3%，最高的關稅稅率為100%。

（一）巴基斯坦關稅的法律框架

一國的貿易量受到其海關總署質量的密切影響。嚴格的海關規制和關稅或許會導致腐敗、走私、造假和逃稅，這些均不利於一個國家的經濟。有效的海關意味著有效的邊境管理和有效的國家間貿易管理。

1. 關稅當局

巴基斯坦聯邦收入委員會（Federal Board of Revenue，FBR），前身為中央收入委員會，隸屬於收入司下的半自治聯邦機構。聯邦收入委員會有權制定和管理財政政策；徵稅和徵收聯邦稅；行使一種準司法性職能——審理上訴。在恰當的情況下，聯邦收入委員會也有權發布法定規則和命令（SROs）、決議、通告和指令，以執行任何財政法規和關稅。所有從巴基斯坦進出口的貨物都受聯邦收入委員會的監督和控制，聯邦收入委員會也進行稅收管理改革。

巴基斯坦海關總署有著9個地區辦事處和17個海關機構，其中有261名官員，7,465名實際操作員工及其他相關工作者，均受聯邦收入委員會的監督和控制。在巴基斯坦的主要城市，包括伊斯蘭堡、白沙瓦、拉瓦爾品第、錫亞爾科特、拉合爾、費薩拉巴德、木爾坦、奎達、瓜達爾、海得拉巴、卡西姆港等地均設有地區辦事處和海關機構。

聯邦收入委員會將巴基斯坦海關作為防範走私邊境守護者和誠信貿易的促進者。除了邊境守護者外，海關稅收對跨境貿易貨物進行徵稅，海關稅收是國家稅收的主要來源。巴基斯坦海關通過對進出口貨物徵稅，以及對進出該國貨物實施管制，來防止任何形式威脅到本國工業發展的假冒、非法、禁止或走私貨物的入侵。有效的關稅措施通過打擊此類貨物和實施積極的風險管理制度，從而促進貿易和經濟增長。

關稅收入大大增加了巴基斯坦稅收總收入，但是其優勢近年來正在削弱。這證明了

---

① 資料來源：巴基斯坦聯邦收入委員會網站公布的1969年《關稅法（第四部）》[Customs Act, 1969 (IV of 1969)]，http://www.fbr.gov.pk/Categ/Customs-Act-1969/130。

巴基斯坦為了促進商業夥伴的貿易發展而減輕在進出口活動上所徵收稅的意願。圖4.4展示了巴基斯坦關稅占總稅收的比例。該比例的變化趨勢說明了巴基斯坦關稅如何從20世紀90年代的高峰到21世紀頭十年的一個相當低的階段變化，反應出巴基斯坦關稅為促進國際貿易，也為促進新投資的戰略變化。

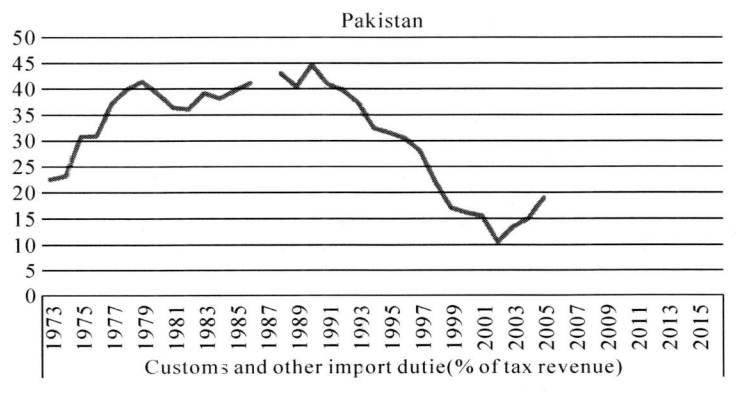

圖4.4　巴基斯坦關稅占總稅收收入的比例①

2. 關稅法

巴基斯坦關稅法由1969年《關稅法》（1969年第四部）、2001年《關稅準則》和《財政法》組成。除此之外，FBR頒布的《關稅法》由224個徵收關稅的部門組成。關稅法對部分貨物分類、關稅估價、稅率和徵收規範進行特殊規定。除了關稅法外，巴基斯坦關稅還執行了大約27項其他法律。

巴基斯坦《財政法》每年6月更新一次，7月的第一天開始實施。每年的法律修訂和變更都是按照《財政法》的規定執行。通過《財政法》的修訂，《關稅法》得以改進和更新。過去的三年，《財政法》發布關於《關稅法》的重要修正案中，包括2014年第18（1A）條的修正案，在2015年和2016年分別對第19（1）條進行連續修改。

(二) 收稅系統

在幾十年的時間裡，巴基斯坦關稅徵收系統從一個手工徵收系統改進為一個動態的、風險管理自動化系統。1992年，巴基斯坦海關引入了自動化，並在2005年採用了風險導向通關係統和巴基斯坦海關計算機系統（PACCS）。2011年，一個基於網絡的通關係統，名為「Weboc」，對進口和出口進行報關說明。在此「Weboc」的幫助下，海關部門能夠識別和攔截高風險人群和交易。隨著系統的不斷完善，海關總署的目標也不斷提高。如今，巴基斯坦海關正打算減少對移動和選擇性控制的關注。現在，海關總署的目標不是檢查每一位旅客的行李箱或集裝箱，而是把邊界推到邊界外，以便在人們的貨物達到巴基斯坦境內之前便進行主動控制、檢查和填寫資料。這是為了在更現代的海關

---

① 資料來源：世界銀行網站，https://data.worldbank.org/indicator/GC.TAX.IMPT.ZS？end = 2005&locations = PK&start = 1973。

管理系統中改善貿易條件、有效徵稅和降低營運非效率風險。

為了降低徵收稅款中腐敗風險，FBR 在 2016 年實施了一項旨在解決這一問題的改革。為了確保徵稅工作中的完整性和透明度，以及最小化海關官員與貿易商之間互動，此項改革削弱了首席稅務官的地位。此外，還需要向巴基斯坦海關官員提交一份關於違法官員的報告。在 2015 年 5 月，稅務改革委員會（TRC）對巴基斯坦海關服務效率提出嚴厲批評後，海關工作態度紀律、透明度、效率等問題成為這一改革的重點。

二、徵稅範圍和納稅義務人

（一）徵稅範圍

根據巴基斯坦 1969 年《關稅法》，進口到巴基斯坦的應稅貨物包括運輸工具、儲存和材料、行李、貨幣和可流通的票據，從國外帶來的貨物達到任何海關站（如港口、機場、邊界等），以及保稅貨物從一個海關到另外一個海關（海關法第十八章節）都需提供進口貨物完稅憑證。巴基斯坦 1969 年《關稅法》均對所有這些貨物進行了分類和列表。然而，從巴基斯坦出口的貨物卻不受出口關稅影響。這項法令跟世界上大多國家海關的做法一致，均是為了鼓勵出口。

（二）納稅義務人

由於關稅的徵稅對象涉及進出口國的貨物，因此，關稅的納稅人包括任何攜帶貨物出入境的人以及進出口貨物的所有者。然而，有些貨物是被巴基斯坦海關禁止和限制的。因此，進口或企圖從巴基斯坦出口的任何有偽造、假冒、盜版行為的貨物均被關稅條例所禁止。在巴基斯坦，禁止假冒商標或盜版版權產品，該行為有可能導致拘留、扣押、沒收，也可能被判刑。

三、關稅稅率

進口商應參照巴基斯坦關稅法中的第一列表和第五列表中所列關稅稅率對進口貨物繳納關稅。但關稅每年更新一次，公開發表，可供諮詢。目前，關稅稅率從 3% 上升到 100%。汽車和汽車零部件的進口關稅最高稅率為 100%。90% 的高稅率適用於少數產品，這些產品是政府積極勸阻進口的，包括葡萄酒、啤酒、酒精、烈性酒、烈酒和其他發酵飲料。

除海關總署徵收的關稅外，聯邦政府還可以通過正式通知宣布徵收一項附加關稅和一項特別關稅來履行監管職責。因此，關稅的淨額不得超過多邊貿易協定中所議定的費率。該監管職責適用於出口和進口貨物，但不得超過貨物價值的 100%。附加關稅不得超過貨物價值的 35%，特別關稅不得超過巴基斯坦生產或製造貨物的消費稅稅率。

當所有關稅和稅收的累計金額等於或少於 100 盧比時，不需要繳納最低關稅。

四、進出口關稅估價方法

（一）進口貨物完稅價格

對於進口貨物，巴基斯坦海關採用海關估價系統的協議，這是一種基於商品成交價

格的估價方法，即實際支付的價格或應支付的價格。巴基斯坦應用的海關估價方法與發達國家應用的制度相一致，並被認為是一種公平、統一和中立的貨物估價方式。巴基斯坦進口貨物的關稅完稅價格應該依次使用下列六種方法來確定（如表 4.13 所示）：

1. 進口貨物的成交價格

進口貨物的成交價格是指在向巴基斯坦出口商品時，支付或應付的價款。當進口商品的價格並沒有受到任何買方和賣方之間關係的影響時，成交價格的規則是可以被接受的，當進口國證明，在巴基斯坦的出口銷售時，這樣的價格是接近相同或類似貨物的成交價格。

2. 相同貨物的成交價格

當關稅價值不符合交易價值的規定時，交易價值應適用於出口到巴基斯坦的相同貨物的成交價格。相同貨物可以是標明具有相同物理特性、質量和聲譽的貨物。相同貨物的成交價格，也應包括在交易價值中所估計的所有與該商品的交易相關的所有成本和費用。在進行必要的調整時，應當考慮到這些成本和費用的顯著差異。

3. 類似貨物的成交價格

當關稅價值不能以相同商品的成交價格決定時，交易價值應當適用類似貨物的成交價格。類似的貨物可以包括具有相同功能的貨物，並且可以在商業上互換的貨物。確定相同貨物成交價格的規則，應當在確定類似貨物的成交價格基礎上進行。

4. 倒扣價格估價方法

當關稅價值不能由類似貨物的成交價格確定時，應當採用倒扣價格估價方法。在倒扣價格估價方法下，銷售價格是基於以下三種方式之一來確定的：①進口貨物或者相同或者類似的進口貨物以最大的總數量出售的單位價格；②進口貨物或者相同或者類似的進口貨物至少在進口前 90 天內作為進口條件在巴基斯坦境內銷售的單位價格；③進口貨物以最大的總數量向進口國銷售的單位價格；在巴基斯坦與進口或銷售貨物有關的佣金、運輸成本、保險費用、關稅和其他應納稅額應當予以扣除。

5. 計算價格估價方法

當關稅價值未能按倒扣價格估價方法確定時，計算價格估價方法應該被應用。計算價格估價方法下的完稅價格考慮了進口貨物生產過程中所使用的材料和製造加工的成本。

6. 其他合理方法

當海關不能按照以上任何一種方法確定進口貨物的完稅價格時，可以採用其他合理的方法。這類方法應該盡可能以上述五種方法中的一種為基礎，但可以放寬相關的運用條件。

表 4.13　　　　　　　　　進口貨物關稅完稅價格估價法

估價方法	交易價值的測定
成交價格	進口貨物支付的成本或應付費用 +運輸成本（扣除進口後的內陸運費）+保險費用 +與運輸相關的裝載、卸載和搬運費用 +佣金+容器成本+勞動力或材料的包裝成本 +特許權使用費和許可費+其他直接或間接材料與產品相關的生產和銷售成本
相同貨物的成交價格	相同進口貨物支付的成本或應付費用 +以上所提到的其他成本和費用
相似貨物的成交價格	同類進口貨物支付的成本或應付費用 +以上所提到的其他成本和費用
倒扣價格估價方法	進口貨物的單價或相同或類似的進口貨物的單價 -佣金-運輸成本-保險費用-在巴基斯坦應繳關稅和其他進口相關稅費
計算價格估價方法	進口貨物生產的原材料成本、製造成本或其他加工成本 +利潤和一般費用+所有其他相關成本
其他合理方法	—

（二）出口貨物的完稅價格

出口貨物的完稅價格是在貨物已交付給買方，貨物在銷售時的價值，而所有的包裝、佣金、運輸、裝載和其他相關費用由賣方承擔。出口貨物的完稅價格需要考慮該貨物的權利價值，當貨物在出口、銷售、其他處置或使用時，需要考慮專利發明或其認為的專利、設計或商標權的價值。確定完稅價格是貨物申報過程中關鍵步驟，因為它表明了貨物的價值。通過上面提及的估價方法來確定完稅價格非常重要，以確保賣方和買方的進口和出口貨物不相關，或即使相關，貨物的價格必須與此相關關係不受任何影響。

關稅徵收者或關稅估價長官有權通過上述的任意一種評估方法來確定完稅價格。但是，在確定完稅價格發生衝突的情況下，關稅估價長官應當確定適用的完稅價格。同樣重要的是，完稅價格可以從完稅價格確定之日起 30 天內通過呈請文件的方式進行修改。

（三）特別關稅優惠

進口的植物、機器、設備和器具，包括各行業的資本貨物，享有一些關稅豁免和特許權的規定，各行業/部門受益於這些條框，如礦產勘探項目、發電項目、移動電話製造項目和基礎設施建設項目。具體項目見表 4.14。

表 4.14　　　　　　　　　　　　特別關稅優惠項目

項目描述	關稅稅率
用於礦物勘探階段的機械、設備、材料、資本貨物 勘探階段的施工機械、設備和專用車輛 煤礦機械、設備、Thar（塔爾）煤田的進口備用煤 通過核能和可再生能源發電的機器、設備和備件 建築機械、設備和專用車輛建設工程 機械、設備和其他相關項目，包括資本貨物，位於瓜達爾 0 點附近 30 千米範圍內的項目建立的發電基礎設施 在俾路支/馬拉卡納/吉爾吉特-巴爾蒂斯坦地區建立的水果加工和植物、機器和設備的保存單位 用於製造手機的工廠、機械和生產線設備	0%
用於礦山建設階段或開採階段的機械、設備、材料、資本貨物 用於發電項目的初始安裝的機械、設備和備件 用於輸電和電網的機械和設備，包括在建項目	3%，5%
建築公司進口的專用車輛	20%

五、徵收管理

（一）納稅義務發生時間

關稅的徵收一般在貨物從一個國家輸到另外一個國家時發生，大多數國家為了促進出口，並不會在出口貨物上徵稅。在巴基斯坦，關稅的納稅義務在貨物從國外的任何海關（機場，港口，陸地邊境等）進口時履行，當保稅貨物被從一個海關運輸到另外一個亦是如此。然而，在一些特殊的情況下，關稅的部分或全部稅額在徵收時也會被巴基斯坦聯邦稅收局拖延。在拖延的情況下，一筆遞延帳戶中拖延應付的附加費將從遞延發生的當日開始使用巴基斯坦聯邦稅收局規定的方法計算。附加費的數額不應該超過卡拉奇銀行的同業拆放利率（每年 3%）。

（二）納稅期限

關稅可以在貨物到達之前、在途或到達後根據關稅條例中陳述的有關時間分配條例來申報。根據巴基斯坦 2001 年《關稅法》第 402 條的規定，貨物的信息應當至少在估計貨物到達前的 18 個小時或者在船只告知報告確認之後的任何時間添加進巴基斯坦海關管理系統。如果不遵從此關稅條例將被罰款。一般地，從任何海關的報關手續開始的第一天應該作為關稅納稅義務的履行時點。因此，在巴基斯坦貨物報關手續辦理日為納稅義務發生日，除非申報在貨物到達巴基斯坦前完成，那麼海關的運輸貨單被運送的當天為納稅義務發生日。類似地，貨物關稅稅率應該以報稅申報和清關及在報關手續一開始的時候貨物運輸被存檔的日期的稅率為準。對於郵件到達申報，進口商應該在貨物到達後的十天之內在海關辦事處填補貨物申報。

（三）納稅地點

在巴基斯坦履行關稅義務並沒有地理上的限制。通過在線網絡系統的電子填寫程

序，納稅人或者代理人能夠直接在網上繳納關稅稅金。

（四）關稅罰行和罰則

提交偽造或者錯誤的關稅申報文件是一種犯罪行為，任何故意的修改、妨礙、隱瞞或者毀壞關稅記錄也被視為一種犯罪行為。符合《關稅法》認定有罪的人將受到罰款、監禁、沒收貨物、充公、限制或銷毀的懲罰。罰款金額從二千盧比到一百萬盧比不等，人身監禁可以依照毒品走私的解決方法來處理。

第六節 巴基斯坦其他稅種

一、最低稅

當地企業、組織或個人在納稅年度的營業額超過 1,000 萬盧比時，徵收 1% 的最低稅率。當納稅年度的應納稅額低於營業額的 1% 時，就需要繳納最低稅額。在本年或前一年度虧損的，可要求免稅、退稅或補貼和減免。應納稅額超過納稅義務的，在隨後的 5 個納稅年度內進行調整。最低稅率是根據 2001 年《所得稅條例》中第一部分第九條的規定計算，具體如表 4.15 所示。

2017 年，其他項目的最低稅率從 1% 上升到 1.25%，對於那些面臨虧損的公司來說，稅率提高將加重這些公司的稅收負擔。

表 4.15　　　　　　　　　最低稅稅率

項目描述	稅率（%）
油類市場公司，巴基斯坦航空公司；家禽產業和個人經營的市場	0.5
藥劑經銷商，石油代理商，碾米機經銷商；面機經銷商	0.2
摩托車經銷商	0.25
其他	1.25

二、替代公司稅

《替代公司稅》（Alternative Company Tax，ACT）於 2014 年通過 2001 年《所得稅條例》的修正案引進。這個稅法的發布招致許多批判。一方面，多數意見認為，這對製造業的投資者來說是額外的稅收負擔。這主要是基於與企業稅收和最低稅收的平行應用程序的混淆，在納稅年度內徵收三種。另一方面，有人認為該法更像是一種阻礙企業稅收籌劃的措施，是政府收入的保護措施。

在 2011 年《所得稅條例》第 113C 條的描述中，公司應繳的企業所得稅（ACT）應高於公司稅。按會計所得的 17% 計算，應納稅所得額不包括免稅收入、在 FTR 下應納所得額、獲得 100% 股權的工業企業 100% 的稅收抵免、非營利組織的收入，信託和福利機

構的收入。

在納稅年度內繳納的企業所得稅超過繳納的稅款，可以在第二個年度繳納，但不得超過納稅年度後的 10 個納稅年度。《替代公司稅》的適用範圍並不適用於保險公司、從事石油勘探和生產的公司，以及由某些納稅人組成的銀行公司。

三、超級稅

為了滿足軍事行動的開支，並為在這種行動中暫時流離失所的人民提供資金，巴基斯坦政府通過 2015 年《財政法》徵收超級稅（Super Tax）。超級稅於 2015 年的納稅年度開始徵收，2017 年仍將繼續徵收超級稅。

2017 年《財政法》重新實施徵收超級稅。因此，在 2015 年、2016 年和 2017 年，對獲得 5 億盧比的最低收入的所有其他納稅人徵收 3% 的稅率，對銀行公司的收入徵收 4% 的稅率。

巴基斯坦政府對高收入的個人和公司延長徵收超級稅時間，這對納稅人來說是一個額外的稅收負擔；尤其對銀行部門來說，這一政策增加了在巴基斯坦經營的稅收成本。然而，持贊成意見的人士鼓勵再次徵收超級稅，以幫助政府達到在 2017—2018 納稅年度徵收約 250 億盧比稅收收入的目的。

四、印花稅

根據 1899 年《印花稅法》，在巴基斯坦執行的每一項文件都應繳納印花稅，不論是動產還是不動產的轉讓均需繳納印花稅。在《商船法》、1984 年或 1838 年的第 XIX 號法，或 1841 年《船舶註冊法》中規定，通過政府或為了銷售、轉讓或其他處置的文件均應繳納印花稅。如果文件在巴基斯坦境外執行，那麼印花稅應該在其進入巴基斯坦後的三個月內適用。

在《印花稅法》下，可計費的票據可以是匯票、本票、債券、公司債券、轉讓股份或轉讓任何由債券擔保的利息。一項適當的印花稅應用於不同種類的文書，最低應支付 1 盧比。2017 年《旁遮普財政法》（2017 第 XII）在旁遮普省的相關報導提出了 1899 年《印花稅法》公告的幾項修正案。最重要的是在不同的文件上額外徵收印花稅，以及按房產價值徵收 3% 到 5% 印花稅。在城市地區，按房產價值的 5% 徵稅，而農村地區，按房產價值的 3% 徵稅。一般來說，印花稅是由項目、製作或執行的人承擔的。

五、資本價值稅

在 2010 年的《財政法》中撤銷了資本價值稅（CVT）的應用，但在不同的省份仍然適用。在 2012 年的《財政法》中，根據 2012 年第 3 號政府通告所解釋的重要條款，CVT 的實施在國家層面上更加適用。

CVT 是對資產的資本價值徵收。它是由個人、公司、企業或個人協會購買的資產支付的一種稅。該資產可以包括不動產、超過 20 年的資產使用權、收購巴基斯坦上市公司的股票、購買 Modaraba 證書或註冊的票據。對於銀行來說，當總代理律師出售抵押財

產時，應支付資本價值稅。

在登記或者轉讓財產時，應當徵收資本價值稅，從資產的資本價值中收取一定比例，而該比率根據對資產的描述而有所不同（如表 4.16 所示）。

表 4.16　　　　　　　　　　　資本價值稅舉例

項目描述	稅率
城市地區住宅不動產	有記錄的財產價值的 2%
購買上市公司股票	購買價值的 1%
在巴基斯坦證券交易所交易的股票	不適用

六、資本利得稅

資本利得稅（CGT）適用於資本資產處置而產生的任何收益。換句話說，出售銷售不動產中獲得的利潤需要支付資本利得稅，並且由賣方支付。

類似地，2010 年 7 月後處置證券所產生的收益也要繳納資本利得稅。所得收益為所有者在處置資產或證券時所收到的，與在處置資產或證券時所支付的成本之間的差額。

不動產和證券上的 CGT 稅率取決於資產或證券的持有期限。該稅率分別在 2001 年《所得稅條例》表一第一部分中的第 8 條列明。部分例子如表 4.17 所示。

表 4.17　　　　　　　　　　　資本利得稅舉例

項目描述	稅率
不動產資本利得稅	證券資本利得稅
持有期不超過 5 年 資產處置所得的 10%	持有不超過 12 個月證券所得 申請人按 15%；非申請人則按 18%
持有期超過 5 年 資產處置所得的 0%	超過 12 個月但不超過 24 個月證券所得 申請人按 12.5%；非申請人則按 16%
2016 年 7 月 1 日或之後 資產處置所得的 10%	2016 年 7 月 1 日或以後獲得的證券所得 申請人按 15%；非申請人按 20%

七、未分配利潤稅

2015 年《所得稅條例》第 5A 條引入了對未分配準備金徵稅條例。該規定主要針對的是在納稅年度結束後的 6 個月內，未分配準備金和現金股息。該稅是由上市公司（除計劃銀行或 Modaraba）按 10%的稅率對納稅年度產生的利潤所徵的稅。

然而，在 2017 年《財政法》中修訂了這一條款，並將其改變為對未分配利潤的徵稅。新條款規定，在納稅年度結束後的 6 個月內，如果不分配 40%的利潤，則需要對稅後利潤徵稅。現行稅率按公司稅前利潤的 7.5%徵稅。利潤分配包括現金股利和分紅。對政府持有 50%股份的公司和在巴基斯坦設立的發電項目不適用該規定。

儘管稅率從 10% 降至 7.5%，但對未分配利潤徵稅被視為對巴基斯坦投資的一種抑制措施。因為為了避免未分配利潤稅，公司將被迫分配至少 40% 的會計利潤。這可能會導致投資和公司增長項目的減少，而未分配利潤可以促進項目投資。反對這一條款的批判人士呼籲政府可以重新考慮企業決策者的權利，允許他們重新利用他們的未分配利潤。

第七節　巴基斯坦併購業務稅收規範的特殊規定

一、《中華人民共和國政府和巴基斯坦伊斯蘭共和國政府關於對所得避免雙重徵稅和防止偷漏稅的協定書》對併購的規定[①]

在中巴經濟走廊和「一帶一路」倡議的背景下，巴基斯坦與中國已經簽署了避免雙重徵稅的貿易協定。最早於 1989 年 11 月 15 日在伊斯蘭堡簽訂了《中華人民共和國政府和巴基斯坦伊斯蘭共和國政府議定書》，稱為第一議定書。於 2007 年 4 月 17 日在北京簽訂了關於修訂 1989 年 11 月 15 日在伊斯蘭堡簽訂的《中華人民共和國政府和巴基斯坦伊斯蘭共和國政府關於對所得避免雙重徵稅和防止偷漏稅的協定書》，稱為第二議定書。為了進一步促進中巴經貿與投資合作，2016 年 12 月 8 日中國國家稅務總局局長王軍與巴基斯坦聯邦稅務委員會主席尼薩爾・穆罕默德分別代表各自政府簽署《〈中華人民共和國政府和巴基斯坦伊斯蘭共和國政府關於對所得避免雙重徵稅和防止偷漏稅的協定〉第三議定書》。三次議定書均對不動產所得、營業利潤、股息、利息、特許權使用費、技術服務費、財產收益、獨立個人勞務、非獨立個人勞務、董事費、退休金、政府服務和其他所得等方面的徵收對象、納稅人、納稅稅額做出明確規定。議定書將降低參與建設的中資企業融資成本，減輕其稅收負擔，為有效消除雙重徵稅和防止偷漏稅奠定基礎，能有效促進中巴經濟走廊建設和推動中巴經濟貿易發展。

二、巴基斯坦稅法對併購的規定[②]

（一）合法併購的含義

合法併購是指高等法院按照 1984 年公司條例第 182L 節的相關規定批准的併購。

（二）合法併購中應納稅

合法併購應該繳納資本利得稅和印花稅。

1. 資本利得稅

除符合豁免條件外，均需繳納資本利得稅。

[①] 參考了《口華人民共和國政府和巴基斯坦伊斯蘭共和國政府關於對所得避免雙重徵稅和防止偷漏稅的協定的議定書》(1989) 伊斯蘭堡和《中華人民共和國政府和巴基斯坦伊斯蘭共和國政府關於對所得避免雙重徵稅和防止偷漏稅的協定的議定書第二議定書》(2007) 北京。

[②] 資料來源：*Pakistan Tax Profile* (2015)，KPMG Asia Pacific Tax Centre。

2. 印花稅

根據法律規定，在協議和重建項目下的資產轉讓需要繳納印花稅。在該項目下，不得轉讓動產和創新財產。

（三）扣除併購成本

併購公司在併購過程中計劃和執行有關的在法律、財務諮詢服務和其他行政費用上的開支可以作為併購成本予以扣除。

（四）豁免

根據下列條件，在協議和重建項目下，將資產從一家公司轉至另一家公司的轉讓所得，不需繳納任何稅收，具體條件包括：

（1）受讓人承諾對所得資產承擔全部責任；

（2）在資產處置時，任何對資產的責任不超過資產轉讓人的成本。

但受讓人在處置發生的納稅年度不能豁免稅款。

該條例已於2007年7月1日由高等法院、巴基斯坦國家銀行或巴基斯坦證券交易委員會批准。此外，2007年7月1日由高等法院、巴基斯坦國家銀行或巴基斯坦證券交易委員會批准的協議和重建項目，股票發行所得或收到股票所得均無稅收。

（五）最小化稅負

一般而言，中資公司通過併購與巴方公司成立合資公司，巴基斯坦的稅法對合資公司沒有做出任何特殊規定。印花稅作為一種執行工具，合資公司必須支付印花稅。

巴基斯坦法律規定在巴基斯坦境外執行的任何法律文件都不需繳納印花稅。如果該文件在執行後帶到巴基斯坦，則必須在巴基斯坦境內第一次收到法律文件起三個月內支付印花稅。此外，在這種情況下，如果該交易文件通過電子形式執行，那麼不需繳納印花稅。

如果投資公司位於巴基斯坦稅收優惠協定管轄區內，則可以減輕轉讓稅和資本利得稅。

第八節 啟示

一、巴基斯坦稅收規範具有濃厚的伊斯蘭文化特點

巴基斯坦是聯邦制國家，其中聯邦稅收占總稅收收入的70%左右，因此巴基斯坦稅收不但有聯邦特色，更具有濃厚的伊斯蘭文化。巴基斯坦是一個多民族的伊斯蘭國家，95%以上的民眾信奉伊斯蘭教。在伊斯蘭教的文化中就有「不準飲酒」的戒律，因此，巴基斯坦明令禁酒。從巴基斯坦聯邦消費稅徵收範圍可以發現，不含酒及酒類製品。關稅中對少數產品徵收90%的高稅率，這些產品包括葡萄酒、啤酒、酒精、烈性酒、烈酒和其他發酵飲料。而在中國，酒文化源遠流長，舉世聞名，酒甚至成為中國人民日常飲食烹飪的必需品，酒類品種繁多，在銷售稅、消費稅和關稅等稅收制度中均有對酒類商

品進行詳細規定，體現了酒文化在中國的重要性。因此，中資企業和中國投資者需要深入瞭解和尊重巴基斯坦伊斯蘭文化。

二、巴基斯坦稅收徵稅範圍和稅率變化較大

巴基斯坦稅收收入是政府財政收入的重要組成部分，但由於通貨膨脹和巴政府債務壓力逐年增加，使得巴基斯坦政府嘗試從稅收出發，尋求緩解經濟壓力的渠道。在 2015 年 4 月巴基斯坦舉行的財政部會議上，巴基斯坦政府便將下一財年的稅收目標提高了 23%。巴基斯坦政府為了促進企業發展，對企業所得稅從高達 65% 的稅率降至 32% 的稅率，到 2017 年將進一步減少到 30% 的稅率，小公司稅率降低到 25%。對在俾路支/馬拉卡納/吉爾吉特-巴爾蒂斯坦地區經營水果加工的設備和機械免徵銷售稅和進口關稅。2014—2016 年巴基斯坦調整了多項聯邦消費稅稅項的稅率，如汽水、加糖或其他甜味劑或香料的汽水項目，將稅率從 2013—2014 財年的 9% 上調至 2014—2015 財年的 10.5%，再上調至 2015—2016 財年的 11.5%，三個財年稅率就提高了 2.5 個百分點。近年來，巴基斯坦稅收的徵稅範圍和稅率頻繁波動。可見，巴基斯坦政府想通過稅收政策改變現狀的決心，也反應了巴基斯坦政府通過刺激經濟增長來實現提高財政收入的目的。中資企業和中國投資者需要密切關注巴基斯坦稅收的相關法規變動。

三、巴基斯坦為吸引外資實施較多的稅收優惠政策

由於在南亞區域經濟體和一系列與其他國家的稅收條約，巴基斯坦稅收當局為了保證一些重要項目的實施，為其提供了稅率獎勵。「中巴經濟走廊」項目就受益於一個十年免稅經濟特區，在巴基斯坦的建立而實行的特別關稅處理條例，在此特區的開發商和企業都可以從此特別關稅處理條例中受益。此舉彰顯了巴基斯坦關稅在積極吸引外資行為中的靈活性。因此，中資企業和中國投資者不僅需要關注巴基斯坦對免稅期、促進特定行業、促進特定區域、促進特定項目和促進外商直接投資的相關稅收政策和稅率的變化，也需要關注投資稅收抵免（包括為就業產生的稅收抵免）、資本支出的特殊津貼、銷售稅和關稅中的稅收優惠政策。特定行業包括發電、輸電線路工程、軟件出口、液化天然氣終端營運商和終端用戶、清真肉類生產單位、蜂窩移動電話製造、在 Thar（塔爾）的煤礦項目和房地產行業。對發電行業的股東股息徵收 7.5% 的稅率，而不是 15% 的標準稅率，並對營業額免徵最低稅額。對煤礦行業的開採收入免稅、對營業額免稅、對股東在 30 年內收到的股息免稅、對進口的煤礦機械設備免稅。對其他能源相關行業的優惠政策包括，對液化天然氣終端營運商和終端用戶在 5 年內免徵所得稅，對營業額免徵最低稅和替代公司稅，並對 2015 年 7 月 1 日至 2018 年 6 月 30 日輸變線項目獲得的利潤和收益，免徵 10 年所得稅。對房地產項目允許帶框利息扣除，到 2018 年 6 月 30 日均可對供應的磚和碎石免徵銷售稅。特定區域包括在經濟特區、Gawadar 區、在俾路支/馬拉卡納/吉爾吉特-巴爾蒂斯坦地區經營水果加工的企業，以及在旁遮普省/俾路支省新工業區和拉爾卡納工業區經營的企業。特定項目包括 CPEC（中巴經濟走廊）涉及的 28 個能源項目、含雙軸心型聚乙烯對苯二甲酸乙二醇項目和雙軸取向聚乙烯對苯二甲酸

乙二醇項目的先鋒產業項目，以及由中國海外港口控股有限公司承接的 Gawadar 港的營運項目。如果投資外國股權的 50% 以上的投資項目可享受 20% 的優惠稅率。

四、巴基斯坦聯邦政府及其稅務局對稅收規範具有較大的權力

巴基斯坦的稅收條例是基於《財政法》來進行年度更新，並且允許修改法案和其他改變的存在，例如：巴基斯坦稅法中多次重複出現「聯邦政府在官方公報上發布通知」或「稅務局在官方公報上發布通知」可以指定任何人按其公報上規定的稅率、徵繳方式、時間、條件或限制扣繳稅款的規定。又如聯邦消費稅第二章就規定了「聯邦政府在官方公報上發布通知指明的貨物，此類貨物在非關稅區生產或加工，而後運至關稅區，在關稅區內出售或消費」需要按規定的方式和規定稅率繳納聯邦消費稅；銷售稅稅法中規定「稅務局按照規定稅率徵稅外，聯邦政府還可按額外的稅率或金額徵稅，不超過規定貨物價值的 17%；聯邦政府可對規定的人，按其規定的形式、方式和時間，以及條件和限制徵稅」，聯邦政府還可以通過正式通知宣布徵收一項附加關稅和一項特別關稅來履行監管職責。此舉是為了提升稅收在常規方式上的服從性，在巴基斯坦的中資企業在處理稅收問題上應該特別注意那些被巴基斯坦國家政府及其通過官方公報發布的通知、並每年更新的稅收清單上嚴令禁止的貨物。另外，巴基斯坦銷售稅法由《1990 年銷售稅法》和各省級服務銷售稅法組成，巴基斯坦各省與直轄市有特權按照當地的實際情況徵收、管理和執行服務銷售稅。這在一定程度上說明巴基斯坦管理當局的權利較大，也說明巴基斯坦稅收在徵收對象、稅率、徵收管理方面存在不確定性，需要中資企業謹慎小心。

五、巴基斯坦收稅系統網絡化、自動化程度逐漸提高

巴基斯坦不斷將稅收系統網絡化，成為一個動態的自動化系統，這使得巴基斯坦稅收逐漸減少了地理上的限制，通過在線網絡系統填報程序，便可實現網上納稅。特別是海關系統，使用了名為「Weboc」的網絡通關系統，可以直接對 90% 以上進口/出口進行報關說明。對於進口商品應該遵循一個申報的過程，即需要進口商以一個準確的方式完全公開進口商品的價值，任何其他有關的報表以及信息或者海關認為必要的有關文件每個細節，均用於海關完稅價格的決定。儲存在海關檢查站的出口商品可以被隨時清關，只要在儲存期內證明所有的租金，罰款以及其他有關收費已經被付清。海關申報過程需要出示一些包括進出口商品的進口，出口，購買，銷售，運輸，儲存的有關信息。此外，附加的文件或者記錄可以被用作進一步檢查的查詢。改進後的網絡聯通清關系統使得巴基斯坦的海關能夠提供一個獨一無二的進出口貿易處理「窗口」。該系統是一個無紙化的程序，提供一個與國際海關組織和其他相關機構共享、交換電子數據的平臺。此系統與當今世界上最先進的海關系統步調一致，亦確保了一個更有效的服務輸送，減少了清關時間、降低了進口成本和促進了出口便利化。

第五章　巴基斯坦企業會計規範

第一節　巴基斯坦會計規範概況

巴基斯坦的會計管理模式深受英國會計模式的影響，其特點是會計規範（這裡指財務會計規範，下同）主要採取法律和會計準則兩種形式，法律（尤其是《公司法》）對會計準則具有相當大的影響。

一、巴基斯坦會計準則的法律依據——《公司法》

巴基斯坦公司法起源於1913年英屬印度頒布的《公司法》，1947年巴基斯坦獨立後繼續採用該法案，直到1984年10月8日，巴基斯坦總統簽署了《公司法令》，1913年《公司法》才被廢止。作為公司法律領域的母法，1984年《公司法令》不僅為巴基斯坦的企業部門提供了法律框架，還以法律形式提出有關公司（包括上市和非上市公司）財務會計報告的相關要求，這些要求構成巴基斯坦會計準則制定的基礎，會計準則的要求不能違反公司法的規定。隨著巴基斯坦經濟環境的變化，《公司法令》(1984) 在發布後的三十多年間歷經了多次補充和修改。為使巴基斯坦的公司法律與全球法律標準更趨一致，2017年在巴基斯坦證券交易委員會（the Securities and Exchange Commission of Pakistan，以下簡稱SECP）的提議下，公司法再次進行了重大改革，最終於2017年5月31日發布了由巴基斯坦總統簽署的《公司法》(Companies Act, 2017)，取代了已有33年歷史的《公司法令》(1984) 及其相關的法律法規。

《公司法》(2017) 中對公司會計事項（如會計帳目記錄、保管、檢查的要求、財務報表的編製和披露、審計以及相應的法律責任等）做了非常詳細的規定，具體內容見表5.1。

表 5.1　　　　《公司法》(2017) 涉及會計事項的小節 (Section)①

相關小節的名稱	相關小節的序號
由公司保管的會計帳目	220
SECP 對公司會計帳目的檢查	221
對違反 221 節規定行為的懲罰	222
財務報表	223
公司的分類	224
財務報表的內容	225
編製董事會報告和承諾聲明的責任	226
董事會報告和承諾聲明的內容	227
合併財務報表	228
控股公司及子公司的財務年度	229
基金公司的財務報表及基金會計帳目資料	231
財務會計報告的批准和鑒定	232
提交給註冊登記人員的財務報表副本	233
未審計財務報表的歸檔	234
公司成員複製財務報表及審計報告的權利	235
對發行、流通或出版財務報表不當行為的處罰。	236
上市公司的季度財務報表	237
SECP 要求企業提交額外會計及其他報告的權利	238
債券持有人獲得財務報表副本的權利	239

（一）對公司財務報表的基本要求

2017 年《公司法》要求公司編製的財務報表應當能真實而公允地反應公司的狀況。公司的財務報表應包括以下組成部分：

（1）財務狀況表；
（2）損益及其他綜合收益表，或者是從事非營利性活動公司的收入費用表；
（3）所有者權益變動表；
（4）現金流量表；
（5）報表附註，包括重大會計政策及解釋性信息的概述；
（6）聯邦政府法令可能要求公司提供的其他報表。

（二）公司的分類及適用的會計準則

2017 年《公司法》第 224/225 節（Section224/225）中規定，巴基斯坦的公司應按照該法附錄 3 的規定，以每個公司的實繳資本、營業額、員工人數為標準劃分類別，不

---

① 資料來源：巴基斯坦證券交易委員會網站公布的《公司法》(2017)（Companies Act, 2017），http://www.secp.gov.pk/laws/acts/。

同類別的公司應遵循不同的會計準則來編製財務會計報表，具體分類請見表5.2。

表5.2　　　　　　　　巴基斯坦公司的分類及適用的會計規範①

公司類型	子類型	劃型標準	適用的會計準則	適用《公司法》相關附錄
（一）公眾責任公司（Publically Accountable Company）	1.公眾利益公司（Public Interest Company）	（1）上市公司	國際財務報告準則	附錄4
		（2）符合下列條件之一的非上市公司：①《公司法》定義的公共部門公司；②提供基本公共服務的公用事業類公司；③以廣大外部投資者受託人身分持有資產的公司，如銀行、保險公司、證券經紀公司、養老基金、共同基金或投資銀行等金融機構；④普通股股東人數符合規定的公司；⑤置存資產的價值超過規定的公司。		
	2.大型公司（Large Sizec Company）	（1）符合下列條件之一的非上市公司：①實收資本不少於2億盧比；或②年度營業收入不少於10億盧比；或③雇員超過750人。		附錄5
		（2）在巴基斯坦經營但註冊地在國外（即外國公司）且年度營業收入不少於10億盧比的公司		
		（3）根據公司法第42節/45節規定許可/成立且年度收入總額（包括撥款、收入、補貼、捐款及其他收益在內）不少於2億盧比的公益事業公司、非營利組織或擔保責任有限公司	國際財務報告準則和巴基斯坦非營利組織會計準則	
（二）中型公司（Medium Sized Company）		（1）符合以下條件的非上市公眾公司：實收資本低於2億盧比、營業額低於10億盧比、員工人數超過250人但少於750人。	中小企業國際財務報告準則	
		（2）符合以下條件的私人公司：實收資本超過1,000萬盧比但未超過2億盧比、營業額超過1億盧比但未超過10億盧比、員工人數超過250人但未超過750人		
		（3）年度營業收入低於10億盧比的外國公司		
		（4）年度收入總額低於2億盧比的公益事業公司、非營利組織或擔保責任有限公司	巴基斯坦非營利組織會計準則	
（三）小型公司（Small Sized Company）		實收資本不超過1,000萬盧比、營業額不超過1億盧比、員工人數不超過250人的私人公司	巴基斯坦小企業會計與財務報告準則(修訂)	

---

① 公司分類應基於上期審計後的財務會計報告；如果公司連續兩年未符合之前該類別的條件，可以對其重新劃分類別；員工人數是指公司按月計算的該財務年度的平均員工人數。

根據2017年《公司法》第225節（Section 225）的規定，在更符合公共利益的情況下，SECP有權豁免任何公司或任何類別的公司遵守上述任何相應的準則，同時允許公司自願無保留地根據國際財務報告準則（IFRS）提供財務會計報表。此外，公司法的附錄4和附錄5還給出了每類公司財務報表披露的要求。

二、巴基斯坦的會計準則規範及其制定與發布

巴基斯坦會計準則的制定，採取了類似美國公認會計原則制定的分權制，即由獨立的民間會計職業團體—巴基斯坦特許會計師協會（the Institute of Chartered Accountant of Pakistan，以下簡稱ICAP）推薦或制定會計準則，再由代表政府的巴基斯坦證券交易委員會（SECP）或巴基斯坦國家銀行（State Bank of Pakistan，以下簡稱SBP）確認批准賦予它權威性。

（一）會計準則制定與發布的法定機構

1. 巴基斯坦證券交易委員會（SECP）[①]

巴基斯坦證券交易委員會是巴基斯坦政府的一個獨立機構，負責監管巴基斯坦全國的資本市場和公司企業，它根據1997年12月巴基斯坦議會通過的《巴基斯坦證券交易委員會法案》第3節設立，並於1999年開始運作。該委員會主席由巴基斯坦聯邦政府任命，成員由5至7名來自證券市場、法律、會計、經濟、金融保險和產業領域的專家組成。根據《巴基斯坦證券交易委員會法案》（1997）的規定，SECP的宗旨是「在國際法律和最佳實踐的基礎上建立發展一個公平、高效、透明的監管體系，以保護投資者的利益、減弱系統性風險，促進巴基斯坦的企業部門和資本市場的發展」。

根據《公司法》（2017）第225節的規定，公司應遵循經SECP批准發布的會計準則，提供能真實而公允地反應公司事務的財務報告，對於不同類別的公司，編製財務報告的要求也有所不同。這一法律規定奠定了SECP在確認批准會計準則方面的法律地位，經SECP批准後發布的會計準則也就具有了權威性和法律上的效力。

2. 巴基斯坦國家銀行（SBP）[②]

巴基斯坦國家銀行（the State Bank of Pakistan，以下簡稱SBP）是巴基斯坦的中央銀行，根據《巴基斯坦國家銀行法》（1956）（the State Bank of Pakistan Act 1956）設立，負責對本國銀行業的全面監管。

《銀行機構法》（1962）（the Banking Companies Ordinance 1962）規定，巴基斯坦的銀行機構在遵守《公司法》相關條款的同時，還必須按照該法附錄2（the Second Schedule）的要求編製年度財務報表。為了適應不斷發展變化的銀行業務和監管需求，該法第34節（Section 34）賦予巴基斯坦國家銀行修訂銀行機構財務報表編報格式的權力。據此，在對銀行機構財務報告規範的監管框架中，國家銀行也承擔了部分準則制定的職能。

---

① 資料來源：巴基斯坦證券交易委員會網站，https://www.secp.gov.pk/。
② 資料來源：巴基斯坦國家銀行網站，http://www.sbp.org.pk/。

3. 巴基斯坦特許會計師協會（ICAP）[①]

1961年3月，巴基斯坦通過了《特許會計師條例》(the Chartered Accountants Ordinance 1961)，根據該條例於同年7月1日成立了巴基斯坦特許會計師協會（ICAP），目前會員已經超過7,000人。作為會計職業團體，ICAP的主要職責是規範巴基斯坦的會計職業，通過健全的教育和考試制度培養專業人才，並負責授予巴基斯坦特許會計師資格。除此之外，ICAP還與包括巴基斯坦國家銀行（the State Bank of Pakistan，簡稱SBP）、巴基斯坦證券交易委員會（SECP）、聯邦稅務局在內的重要的政策制定和監管機構合作，共同構建和加強巴基斯坦的監管框架。

巴基斯坦會計準則由ICAP下屬的會計準則理事會（Accounting Standards Board，以下簡稱ASB）負責制定。ASB成立於2017年5月，前身是ICAP下屬的會計準則委員會（Accounting Standards Committee，簡稱ASC），其宗旨是「採用和順利實施符合全球最佳做法的會計準則，確保在巴基斯坦的財務報告中披露和透明度的一致性」（ICAP網站）。由於巴基斯坦已經宣布全面採用國際財務報告準則（IFRS），因此，ASB的任務主要是審查並向SECP推薦可採納的IFRS，同時獨立制定並頒布適合本國國情的相關會計準則。為了提高公眾對準則制定透明度的信心，ASB廣泛吸收了各利益相關方來參與準則的制定工作，其成員分別來自巴基斯坦證券交易委員會（SECP）、巴基斯坦國家銀行（State Bank of Pakistan，簡稱SBP）、巴基斯坦證券交易所（Pakistan Stock Exchange）、巴基斯坦高等教育委員會（Higher Education Commission）、巴基斯坦最高審計機構（Auditor General of Pakistan）、實業界人士以及巴基斯坦特許會計師協會（ICAP）。

（二）會計準則的制定與發布

1. 國際財務報告準則的採納

如前文所述，《公司法》（2017）規定巴基斯坦的公眾責任公司和大型公司應該採用國際財務報告準則（IFRS）。從程序上來說，沒有得到一個國家監管機構的批准，國際會計準則不能適用於任何國家。因此，在運用IFRS之前，各國都會有某種形式的正式準則批准程序。在目前已經生效的IFRS中，巴基斯坦的SECP已經批准採納了除IFRS1和IFRS14之外的所有準則及解釋公告。這裡所說的IFRS是個統稱，指一整套的國際會計準則理事會（IASB）公告，既包括由IASB批准的國際財務報告準則（IFRS）及解釋公告，也包括IASB的前身——國際會計準則委員會（IASC）批准的國際會計準則（IAS）及解釋公告。

SECP通過下列程序來發布允許使用的國際財務報告準則（IFRS）：

（1）首先，由巴基斯坦特許會計師協會（ICAP）的會計準則理事會（ASB）考慮本國需要採納哪些IFRS，並確定IFRS使用過程中可能出現的問題；

（2）會計準則理事會（ASB）把相關議題交給ICAP的專業標準和技術諮詢委員會（the Professional Standards and Technical Advisory Committee，簡稱PSTAC），由PSTAC結合本國環境來決定如何促進這些準則的採納與實施。PSTAC需要考慮的問題包括過渡期

[①] 資料來源：巴基斯坦特許會計師協會網站，http://www.icap.org.pk/。

的長短以及準則的採納是否有修改本國法規的必要；

（3）如果 PSTAC 認為準則的採納需要修改本國法規，則將該問題提交給 SECP；如果對本國法規的修改影響到了銀行和其他金融機構，PSTAC 則將該問題提交給巴基斯坦國家銀行（SBP）。這一步驟由 ICAP 與 SECP/SBP 之間的協調委員會（the Coordination Committees of ICAP and SECP/SBP）來實施；

（4）在上述問題得到圓滿解決後，由 PSTAC 和巴基斯坦特許會計師協會理事會（ICAP Council）共同重新審議該準則的採納問題；

（5）巴基斯坦特許會計師協會理事會將同意採納的 IFRS 以理事會決議（decision of the Council）的方式推薦給 SECP 或 SBP，由 SECP 和 SBP 決定是否採納；

（6）最後，SECP 批准採納的 IFRS/IAS 以發布政府公告的形式發布，發布之後這些準則就具有了法律上的效力。

2. 獨立制定的會計準則

巴基斯坦在致力於追求與全球化會計標準趨同的同時，也結合本國的實際經濟和政治環境制定符合本國國情的會計準則。目前，由 ICAP 獨立制定的準則主要有：

（1）適用於小型私人公司的「小型企業會計和財務報告準則」（Accounting and Financial Reporting Stand For Small-Sized Entities，簡稱 AFRS forSSEs）；

（2）適用於伊斯蘭金融機構的「伊斯蘭金融會計準則」（Islamic Financial Accounting Standards，簡稱 IFAS）；以及

（3）適用於不以營利為目的非上市公司（根據公司法第 42 節/45 節規定成立）的非營利組織財務報告和會計準則（International Financial Reporting Standards and Accounting Standards for NPOs）。

值得一提的是，巴基斯坦是世界第二大伊斯蘭國家，伊斯蘭金融業務在近年來得到了蓬勃發展。考慮到伊斯蘭金融模式有別於傳統金融的特殊性（如金融體系必須遵從伊斯蘭教義，存款不付息，貸款不計息；交易不準涉足菸、酒、豬肉、武器以及經營色情、賭博等行業；禁止不當得利；禁止投機行為；利潤與風險共享等），巴基斯坦 ICAP 於 1999 年成立了一個小組委員會，專門研究現行法律、財政和經濟框架對採用伊斯蘭模式籌資產生哪些障礙，並考慮如何加速執行這些伊斯蘭金融模式。後來該小組委員會改組成為「金融與投資無息模式的會計與審計準則委員會（Committee on Accounting and Auditing Standards for Interest Free Modes of Finances and Investment）」，負責制定並頒布極具本國特色的伊斯蘭金融會計準則。目前，該委員會已經頒布了三項伊斯蘭金融會計準則和兩項準則徵求意見稿。

第二節 巴基斯坦公眾責任公司會計規範

一、概述

根據巴基斯坦《公司法》（2017），公眾責任公司包括公眾利益公司和大型公司兩類

（具體劃型標準見表 5.2）。這些公司在遵循 2017 年《公司法》相關會計行為規定的同時，還需要按照本國已採用的國際財務報告準則（其中，大型公益事業公司採用《非營利組織國際財務報告準則》）對經濟業務和事項進行會計處理、編製財務報告（銀行類機構、保險公司和電力企業存在少數例外情況）。

提供伊斯蘭金融服務的機構（Institutions offering Islamic Financial Services，以下簡稱 IIFS）在遵循上述一般性要求之外，對於發生的伊斯蘭金融業務則需要採用本國制定的伊斯蘭金融會計準則進行確認、計量和列報。IIFS 的主體是銀行，其中又分為兩類：一類是全部業務均屬於伊斯蘭金融的銀行，另一類是設立開展伊斯蘭金融業務分支機構（Islamic Banking Branches，IBBs）的傳統銀行。伊斯蘭金融會計準則由巴基斯坦特許會計師協會制定、由證券交易委員會予以公告，經國家銀行發布指令後由銀行執行。

二、《公司法》相關會計規定[①]

2017 年《公司法》在第七章「公司管理和監督」（Part VII Management and Administration）的第 220 條至第 239 條列明了按該法設立的所有公司（除了少數豁免情況）必須遵循的會計行為一般規定，又在附件 4（Fourth Schedule）和附件 5（Fifth Schedule）分別規定上市公司和非上市公司的財務報告披露要求。

（一）會計行為一般規定

各公司必須依法設置會計帳簿、編製年度財務報告和其他會計資料，真實、公允地反應經濟業務事項對公司財務狀況、經營成果、現金流量的影響。

各公司董事會必須在財務年度結束後 120 天之內將該年度的已審財務報告在股東大會年會上呈報，新成立公司的首次年度財務報告應在成立之日起 16 個月內呈報股東大會。實收資本不超過 100 萬盧比的私有企業［Private Company，股東不超過 50 人、本身及其母公司（若有）均不公開發行證券的公司］年度財務報告可以不經審計。

各公司應當在召開股東大會年會的 21 日前將年度財務報告、審計報告、董事會報告及合規聲明（Statement of Compliance）（上市公司還需提供董事會主席報告）等以恰當的方式送交每位股東並置備於本公司供股東查閱。

母公司必須同時提供年度個別財務報表和集團的合併財務報表。母公司和任一子公司的實收資本均不超過 100 萬盧比的集團可以不提供合併財務報表。

公司的年度財務報告必須由董事會批准，並由行政總裁和至少一名董事簽名，上市公司還必須由財務總監聯合簽名。

股東大會年會通過已審財務報告之後，上市公司應在 30 天之內、其他公司（實收資本不超過 1,000 萬盧比的私有公司除外）應在 15 天之內向註冊機構報送該等文件。實收資本不超過 100 萬盧比的私有公司應在股東大會年會結束之後 30 天之內向註冊機構報送經董事會批准的年度財務報告（可以未經審計）。

[①] 資料來源：巴基斯坦證券交易委員會網站公布的《公司法》（Companies Act, 2017），http://www.secp.gov.pk/laws/acts/。

上市公司在年度財務報告之外還需要公告季度財務報表，第 1 季度和第 3 季度的財報應在季度結束後 30 天之內公告，第二季度的財報應在季度結束後 60 天之內公告。第二季度財報中披露的半年度數字必須經審計師審閱。

會計檔案的保管期限不得少於十年。

（二）對上市公司與非上市公司的披露要求

《公司法》（2017）的附件 5（Fifth Schedule）規定了非上市公司在執行所適用會計規範（即非上市公眾責任公司採用國際財務報告準則、中型公司採用中小實體國際財務報告準則、小型公司採用本國制定的小型實體會計和財務報告準則）之外應該額外遵循的披露要求。這些要求均屬常規項目，此處不再展開。

附件 4（Fourth Schedule）規定的是上市公司在國際財務報告準則之外還需要披露的內容。與附件 5 相比，附件 4 要求披露的項目更多更詳細，上市公司應遵循的特殊披露要求主要包括以下項目：

（1）上市公司必須在證券發行之後至募集資金按計劃完成投資項目之前的年度財務報告中披露募集資金的使用情況。

（2）上市公司的母公司、子公司、合營公司或聯營公司在巴基斯坦境外註冊的，上市公司需要披露該等公司的名稱、註冊地、與本公司的關係、相關的持股比例、行政總裁的名字、經營狀況及其最近一期財務報告的審計意見等。

（3）上市公司向境外公司或機構提供借款或進行投資的，上市公司需要披露對方公司的名稱、所在地、最終控制人、借款/投資總額、交易條款、取得的回報以及處置境外投資的損益等。

（4）有出口銷售業務的上市公司必須按國別披露期末應收款項的餘額、種類、逾期欠款的客戶名稱、金額、是否存在關聯方關係以及公司採取的法律措施。

（5）遵循伊斯蘭教法的上市公司或者伊斯蘭指數公司必須披露伊斯蘭金融及投資的相關信息，包括獲得的伊斯蘭貸款/墊款餘額、擁有的伊斯蘭存款餘額、與伊斯蘭銀行（IIFS）的關係、因伊斯蘭金融服務發生的費用或取得的收益、遵循伊斯蘭教法的業務產生的收益情況等。

三、已採用的國際財務報告準則[①]

截至 2017 年 7 月，國際會計準則理事會共發布了 45 項現行有效的準則，包括 28 項國際會計準則（IAS）和 17 項國際財務報告準則（IFRS）。巴基斯坦證券交易委員會發布公告正式採用了 28 項 IAS 和 11 項 IFRS，僅有 6 項 IFRS 尚未被採用。

（一）已被公告採納的準則

1. IAS 1 財務報表列報
2. IAS 2 存貨
3. IAS 7 現金流量表

---

① 資料來源：巴基斯坦特許會計師協會網站，http://www.icap.net.pk/standards/ifrsadoption。

4. IAS 8 會計政策、會計估計變更和會計差錯

5. IAS 10 資產負債表日後事項

6. IAS 11 建造合同

7. IAS 12 所得稅

8. IAS 16 不動產、廠場和設備

9. IAS 17 租賃

10. IAS 18 收入

11. IAS 19 職工薪酬

12. IAS 20 政府補助的會計處理和報告

13. IAS 21 匯率變動的影響

巴基斯坦證券交易委員會允許電力企業不執行該準則中關於匯兌損失資本化的相關要求。

14. IAS 23 借款費用

15. IAS 24 關聯方披露

16. IAS 26 退休福利計劃的會計處理和報告

17. IAS 27 單獨財務報表

18. IAS 28 對聯營和合營企業的投資

19. IAS 29 惡性通貨膨脹中的財務報告

20. IAS 32 金融工具：列報

21. IAS 33 每股盈餘

22. IAS 34 中期財務報告

23. IAS 36 資產減值

24. IAS 37 預計負債、或有負債和或有資產

25. IAS 38 無形資產

26. IAS 39 金融工具：確認和計量

巴基斯坦國家銀行要求銀行類機構暫緩執行該準則。

27. IAS 40 投資性房地產

巴基斯坦國家銀行要求銀行類機構暫緩執行該準則。

28. IAS 41 農業

29. IFRS 2 股份支付

30. IFRS 3 企業合併

31. IFRS 4 保險合同

32. IFRS 5 持有待售非流動資產和終止經營業務

33. IFRS 6 礦產資源的勘深和評價

34. IFRS 7 金融工具：披露

巴基斯坦國家銀行要求銀行類機構暫緩執行該準則。

35. IFRS 8 經營分部

36. IFRS 10 合併財務報表
37. IFRS 11 合營安排
38. IFRS 12 在其他主體中權益的披露
39. IFRS 13 公允價值計量

（二）尚未公告採納的準則

1. IFRS 1 首次執行國際財務報告準則

巴基斯坦相關監管機構對採用該準則尚無具體日程安排。

2. IFRS 9 金融工具

國際會計準則理事會要求該準則在 2018 年 1 月 1 日及之後開始的財務年度生效。巴基斯坦特許會計師協會已經建議證券交易委員會採用該準則，並提議非銀行類企業在 2018 年 7 月 1 日及之後開始的財務年度執行、銀行類機構則在 2020 年 1 月 1 日及之後開始的財務年度執行。

3. IFRS 14 管制遞延帳戶

該項準則是國際會計準則理事會針對受政府價格管制的企業所發布的暫行準則，目前關於價格管制的綜合項目仍在進行中，同時，IFRS 14 必須和 IFRS 1 同時執行。巴基斯坦相關監管機構對採用該準則尚無具體日程安排。

4. IFRS 15 來自與客戶簽訂的合同的收入

國際會計準則理事會要求該準則在 2018 年 1 月 1 日及之後開始的財務年度生效。巴基斯坦特許會計師協會已經建議證券交易委員會採用該準則，並提議所有企業在 2018 年 7 月 1 日及之後開始的財務年度執行。

5. IFRS 16 租賃

國際會計準則理事會要求該準則在 2019 年 1 月 1 日及之後開始的財務年度生效。巴基斯坦相關監管機構對採用該準則尚無具體日程安排。

6. IFRS 17 保險合同

國際會計準則理事會要求該準則在 2021 年 1 月 1 日及之後開始的財務年度生效。巴基斯坦相關監管機構對採用該準則尚無具體日程安排。

從以上介紹可以知道，除了對特定行業實行豁免以及尚未到生效日期的準則外，巴基斯坦幾乎採納了整套國際財務報告準則體系。

四、伊斯蘭金融會計準則[①]

截至 2017 年 7 月，巴基斯坦特許會計師協會共制定了 3 項伊斯蘭金融會計準則，並發布了 2 項準則的徵求意見稿，具體如表 5.3 所示：

---

① 資料來源：巴基斯坦特許會計師協會網站發布的伊斯蘭金融會計準則及其徵求意見稿。

表 5.3　　　　　　　　　　　巴基斯坦伊斯蘭金融會計準則

準則名稱	中文譯名	發布時間
IFAS 1　Murabaha	伊斯蘭金融會計準則第 1 號——成本加利潤銷售	2005 年
IFAS 2　Ijarah	伊斯蘭金融會計準則第 2 號——伊斯蘭租賃	2007 年
IFAS 3　Profit and Loss Sharing on Deposits	伊斯蘭金融會計準則第 3 號——利潤分享存款	2013 年
IFAS 4　Diminishing Musharaka（Exposure Draft）	伊斯蘭金融會計準則第 4 號——遞減股本參與（徵求意見稿）	2017 年
IFAS 5　General Presentation & Disclosure in the Financial Statements of Institutions Offering Islamic Financial Services（Exposure Draft）	伊斯蘭金融會計準則第 5 號——伊斯蘭金融服務機構財務報表列報（徵求意見稿）	2017 年

（一）伊斯蘭金融會計準則第 1 號——成本加利潤銷售（IFAS 1）

1. 成本加利潤銷售業務

（1）交易原則。

成本加利潤銷售（Murabaha）是一種貨物銷售交易，賣方需要明確告知買方所售貨物的真實成本，雙方在此基礎上約定毛利的金額，買方按照成本與毛利之和（即售價）在約定的時間（或時期）向賣方支付貨款。

提供伊斯蘭金融服務的銀行在成本加利潤銷售中作為賣方（即資金提供方），買方則是銀行的客戶（即資金需求方）。通過這一交易安排，買方利用銀行的墊資取得了自己所需要的貨物，實現了融資的目標；同時，銀行收回的貨款包含了墊付的本金和應得的利潤（相當於傳統金融服務中的利息）。

一項合規的成本加利潤銷售不能單有銷售交易的形式，還必須嚴格遵守伊斯蘭教法（Shariah）、具有銷售交易的實質。根據巴基斯坦國家銀行伊斯蘭教法委員會（Shariah Board）批准的伊斯蘭金融產品基本原則（Essentials for Islamic Mode of Financing，以下關於各類伊斯蘭金融業務性質的論述均以該原則為依據），成本加利潤銷售有效成立的條件包括（但不限於）：

①在銷售發生時，所售貨物已經存在（達到可銷售狀態），賣方取得其所有權並實際佔有（或推定佔有）該物。換言之，銀行在向客戶銷售貨物之前必須真正承擔與所有權相關的風險。

②銷售必須即時發生並且是無條件的，不可在未來交割也不可依賴或有事項。

③售價必須絕對確定，提前或拖延付款都不得改變付款金額，不可採用現金折扣。買方違約支付的罰款不得作為銀行的收入，只能用於慈善項目。

④銷售可以是現銷或賒銷，款項可以一次付清或分期支付，但付款金額和日期必須明確固定。

（2）交易程序。

成本加利潤銷售可以採取兩種方式：一是銀行自行購入客戶需要的貨物後再向其出售，二是銀行委託客戶購買該貨物再出售。顯然，第二種方式於銀行而言更便利，其基本流程如下：

①銀行與客戶簽訂「銷售承諾書」，約定標的貨物和成本加成比例或金額；

②銀行委託客戶作為其採購代理人，雙方簽訂正式的代理合同；

③客戶作為銀行的代理人購入指定的貨物，其間發生的單據（訂購單、驗收單等）均需以銀行的名義編製，銀行承擔與貨物相關的風險；

④客戶通知銀行已經代其完成採購並向銀行提出購買要約；

⑤銀行接受要約，銷售成立，銀行向客戶開具發票，與貨物相關的風險轉移至客戶；

⑥銀行直接向供應商付款或者委託代理人（即客戶）付款。

2. 相關會計處理

（1）一般原則。

銀行針對成本加利潤銷售交易應採用歷史成本作為基本的計量原則。

（2）為成本加利潤銷售所購入的貨物。

該等貨物在被銀行出售之前，應作為銀行的存貨資產進行會計處理，適用國際財務報告準則對存貨的相關規定。具體而言，該等存貨以達到可銷售狀態之前發生的所有成本作為入帳價值，在資產負債表日按照可變現淨值與帳面價值孰低考慮計提跌價準備，在資產負債表內列示為「其他資產」（Other Assets）。

不過，巴基斯坦國家銀行（SBP）在2013年發布的監管文件（BSD Circular Letter No. 03 of 2013）中規定，銀行提供伊斯蘭金融服務形成的所有資產應單獨列示為「伊斯蘭融資及相關資產」（Islamic Financing and Related Assets）項目。2016年，SBP再次發文（BPRD Circular Letter No. 05 of 2016），對於設立伊斯蘭金融業務分支機構（IBB）的銀行，應在資產負債表中將該類資產與傳統金融服務形成的資產合併列示在「墊款」（「Advances」，含貸款資產）項目中，但在附註中披露的IBB匯總財務表內仍使用「伊斯蘭融資及相關資產」項目。

（3）收益確認。

銀行向客戶銷售貨物後，按照權責發生制原則，在合同約定的付款日確認收益。未到期付款中包含的收益不得予以確認，此時應按未到期付款總額與所對應的收益之差（即銀行墊付的本金部分）確認為資產，屬於「伊斯蘭融資及相關資產」中的一項。

但是，準則並未說明如何確定未到期付款中包含的收益，這將導致在實務中銀行可能採用多種方法進行處理，可選方法包括實際利率法和不考慮貨幣時間價值的簡單分攤法等。這一問題的存在將降低不同銀行間財務信息的可比性。

（4）因客戶違約收受的罰款。

銀行收到客戶因拖欠付款等違約行為而支付的罰款時，應將其確認為一項負債「應付慈善款」（「Charity Payable」），在資產負債表中列入「其他負債」（「Other Liabilities」）項目。銀行在將該等款項用於慈善項目時則相應減計負債。

（二）伊斯蘭金融會計準則第 2 號——伊斯蘭租賃（IFAS 2）

1. 伊斯蘭租賃

伊斯蘭租賃（Ijarah）是指資產的所有權人（出租人，資金提供方）在約定的期間內、收取約定的租金將資產的使用權讓與他人（承租人，資金需求方）。用以租賃的資產不能是消耗品（比如食品、汽油、貨幣等），因為這些物品一經使用便不復存在，無法單獨轉讓使用權。同時，出租人必須在出租之前和租賃期間始終擁有對資產的所有權；租賃期結束時，出租人可以將資產贈予或售予承租人，但這一行為必須與之前的租賃交易相獨立、不能互為條件或相互影響。另外，租金的金額及支付方式必須明確固定，不得存在或有因素。

2. 相關會計處理

（1）一般原則。

對於租賃交易，該準則並沒有從財務報告的角度區分不同類型。換言之，該準則要求所有的租賃交易適用相同的會計處理方法，沒有經營租賃和融資租賃之分。

（2）承租人的會計處理。

承租人一律不確認租入資產，只需將租金在租賃期內的各個期間按直線法確認為費用、記入損益，除非另有更系統合理的方法。租金費用的確認方法應該恰當反應承租人從租賃資產中獲取利益的時間模式，而不由支付方式決定。

（3）出租人的會計處理。

① 租賃資產。

出租人需在整個租賃期間將租賃資產確認為自身的資產，但應區別於自用的資產單獨列示於資產負債表。對於銀行，租賃交易中的租賃資產應記入「伊斯蘭融資及相關資產」項目。

除了上述列報要求，租賃資產在初始計量、計提折舊、減值測試等方面適用《國際會計準則 16 號——不動產、廠場和設備》《國際會計準則 36 號——資產減值》等相關國際會計準則的規定。

② 租賃收益。

出租人應在租金到期日確認租賃收入，除非另有系統合理的方法。相較於前文所述承租人以直線法為費用確認的一般性方法，準則要求交易雙方採用的會計處理並不對稱。

出租人發生的初始直接費用可以直接記入當期費用，也可以遞延至以後各期按租金收入的確認比例予以分攤。租賃期間發生的各項費用（包括折舊）應確認為發生當期的費用。

（4）售後租回的會計處理。

如果交易雙方簽訂的租賃協議屬於一項售後租回交易，出租人應將買入的資產確認為表內資產，並以實際售價作為入帳價值，再按照前述租賃業務的會計處理方法進行處理。

承租人（即銷售方）應該將標的資產公允價值與帳面價值的差額記入當期損益。如果售價低於公允價值，有關損失應於當期確認；但若該損失將有低於市價的未來租賃付款額補償，則應將其遞延，並在預計資產使用期限內按與租金支付相一致的比例進行分攤。如果售價高於公允價值，高出部分的金額應予以遞延，並在預計使用期限內攤銷。

在《伊斯蘭金融會計準則第 2 號——伊斯蘭租賃》（IFAS 2）出抬之前，巴基斯坦的金融機構一般採用的是國際會計準則中的融資租賃方法對租賃交易進行處理。IFAS 2 所規定的處理方法在實質上近似於經營租賃，所以，在該準則生效後，參與租賃交易的主體和參與傳統融資租賃業務或者執行國際會計準則的主體在相關會計信息方面的可比性驟降。尤其是國際會計準則理事會在 2016 年正式發布了《國際財務報告準則第 16 號——租賃》（IFRS 16），IFRS 16 將融資租賃方法作為承租人會計處理的一般性方法（出租人的會計處理仍保持區分融資租賃和經營租賃），IFAS 2 與國際財務報告準則的差異被進一步拉大。

（三）伊斯蘭金融會計準則第 3 號——利潤分享存款（IFAS 3）

1. 利潤分享存款

（1）基本定義。

由於伊斯蘭教法禁止單純基於貨幣借貸關係產生的利息，伊斯蘭金融機構均不向存款人支付利息。銀行吸收的資金可以分為兩類：一類是存款人或資金供給人完全沒有回報的業務，比如活期存款（Current Account）；另一類是資金供給人能取得可變回報。利潤分享存款（Profit and Loss Sharing on Deposits）屬於後一類，該類存款帳戶的持有人（PLS Deposit Accounts Holder，下稱「帳戶持有人」或「持有人」，相當於存款人）授權銀行全權決定帳戶資金的投資事宜，所以這類存款帳戶也稱為「無限制投資帳戶」（Unrestricted Investment Accounts）。銀行無需保證持有人能收回最初存入的資金，同時，持有人也無權獲取固定收益（即利息），而是按照與銀行事先約定的比例分享帳戶資金的投資收益、承擔投資風險。

（2）業務形式。

利潤分享存款業務常用的形式主要包括信託融資（Mudaraba）和股本參與（Musharaka）。

信託融資是一種合夥關係，合夥人一方（或多方）（即帳戶持有人）提供資金，另一方（即銀行）提供資金營運服務（相當於資金經理人），資金的投資收益按照事先約定的比例在合夥人之間進行分配，但投資損失只由提供資金的合夥人承擔（除非損失是由於經理人的失職）。如果帳戶持有人同意，銀行也可以將自有資金投入其中，這時持有人分享利潤的比例不得超過其出資比例，而投資損失則由各方按出資比例分攤。

股本參與則要求包括銀行在內的所有參與人都必須出資，各參與人按約定比例（不一定等於出資比例）分享收益、按出資比例分攤損失。

在利潤分享存款業務中，持有人可能與銀行約定：銀行作為經理人可以取得特定金額的服務報酬，該報酬與資金的投資收益無關；同時，為了激勵銀行實現更高的投資回報率，銀行可以按約定比例分享實際收益超過預計收益的部分。

2. 相關會計處理

(1) 帳戶持有人資金（Funds of PLS Deposit Accounts Holder）。

「帳戶持有人資金」是指持有人在利潤分享存款業務中享有的資產金額，包括初始存入金額和之後的變動額。其在資產負債表日的餘額具體計算如下：

帳戶持有人資金期初餘額
　加：本期新增存入額
　減：本期撤回存款額
　加：本期分配並用以再投資的投資收益
　減：本期分擔的投資損失
　加/減：其他調整項目
帳戶持有人資金期末餘額

IFAS 3 要求銀行在資產負債表中將持有人資金餘額作為「可贖回資本」（Redeemable Capital）單獨列示在負債項目和所有者權益項目之間。該準則認為：由於銀行沒有向持有人支付本金和的既定義務，這類資金不像普通存款屬於負債而是帶有權益性資本的性質；不過，銀行雖然能自主決定如何投資這些資金但並不能像自有資金那樣自由使用（比如，不能用以償付客戶的活期存款），所以也不完全符合權益的定義。

IFAS 3 對帳戶持有人資金的列報要求與國際會計準則的有關規定存在明顯差異。根據《國際會計準則 39 號——金融工具：確認與計量》和《國際會計準則 32 號——金融工具：列報》，如果利潤分享存款業務構成銀行向帳戶持有人交付現金的合同義務，那麼帳戶持有人資金應該被確認為銀行的一項金融負債，同時將該等資金投資形成的資產確認為銀行的資產；否則，銀行應將其作為資產負債表表外業務，不確認相應的負債（以及該等資金投資形成的資產）。國際會計準則並不允許將持有人資金列示為負債與所有者權益的中間項目這一選擇。

(2) 投資損益確認與分配。

① 銀行收益。

銀行運作利潤分享存款資金池（包含所有帳戶持有人和銀行共同投入的資金）產生的投資收益，按照約定比例由銀行享有的份額，應確認為銀行的當期收益。

銀行作為資金經理人所獲得的特定金額報酬可以在利潤表中單獨列示為「佣金/手續費」；也可以和利潤分享存款業務分得的收益合併列示，但要在附註中單獨披露。

② 帳戶持有人收益。

帳戶持有人按約定比例分配取得的收益尚未發放、繼續留在帳戶裡用以再投資的，記入「帳戶持有人資金」，列示為「可贖回資本」項目；持有人分配取得的收益尚未發放但不再用以投資的，銀行對其具有支付現金的現時義務，應確認為金融負債。

③ 儲備金。

根據伊斯蘭金融服務風險管理的有關要求，銀行對於利潤分享存款業務產生的投資收益在向參與各方分配之前先提取一定比例的「利潤均衡儲備」（Profit Equalization Reserve，PER），該儲備金主要用以在投資業績不佳的期間補充可供分配的利潤從而維持

業務參與方，尤其是帳戶持有人，能獲得穩定的回報。投資收益總額在提取 PER 之後再由銀行和帳戶持有人分享，其中，銀行可能對持有人分享的部分再提取「投資風險儲備」（Investment Risk Reserve，IRR）作為持有人未來可能遭受投資損失的緩衝，提取 IRR 之後的剩餘部分才是向帳戶持有人實際分配的金額。

PER 和 IRR 雖由銀行提取並決定如何使用，但其權屬是清晰的：PER 由帳戶持有人和銀行按照利潤分享比例共享，IRR 則完全歸屬於帳戶持有人。不過，IFAS 3 並沒有從財務報告的角度指明 PER 和 IRR 的性質以及確認和列報的規則，這將會導致銀行對這兩個儲備項目會計處理和報告實務的多樣化。

④ 投資虧損。

IFAS 3 要求在利潤分享存款業務發生投資損失時，損失金額先衝減 PER，PER 不足衝減的部分再衝減 IRR，如果還有剩餘損失，則按照帳戶持有人和銀行的出資比例分別減記各方在利潤分享存款資金池中的份額。但是，投資損失應該如何在銀行和帳戶人持有人之間分擔，這首先是個分配問題而不是會計問題，應由銀行根據與帳戶持有人的協議做出決定，如果銀行的決定與 IFAS 3 規定的上述順序不一致，很可能導致銀行財務報告的被迫性違規。

對於銀行失職造成的投資損失，IFAS 3 要求先全額衝減銀行享有的收益份額，不足部分再減記銀行在資金池中的份額或者確認為銀行對帳戶持有人的一項負債。

3. 生效時間

IFAS 3 的列報和披露規則對巴基斯坦的伊斯蘭金融機構現行財務報告格式提出了大量的改革要求（比如，銀行目前適用的資產負債表格式中並沒有「可贖回資本」這個項目），為了統一制訂新的報告格式，巴基斯坦國家銀行在 2015 年專門發文（BPRD Circular No. 4 of 2015）暫緩銀行執行 IFAS 3，截至 2017 年 7 月仍未發布生效公告。

（四）伊斯蘭金融會計準則第 4 號——遞減股本參與（徵求意見稿）

1. 遞減股本參與

遞減股本參與（Diminishing Musharaka, DM）是一種針對有形資產所有權的共有安排，交易雙方根據各自的出資額分別享有相應比例的資產所有權，一方共有人（資金需求方，客戶）將分期陸續購買另一方共有人（資金提供方，銀行）持有的所有權份額，直至將對方的所有份額全部買下、獨自享有該資產的完整所有權。

一項減股本參與業務主要包含以下三個步驟：

①銀行和客戶簽訂資產共有協議。

②銀行將自身持有的份額出租給客戶，客戶向銀行支付租金。即，客戶從交易成立時起就取得了資產的使用權。

③銀行將自身持有的份額分期分批出售給客戶，直至出售完畢。隨著客戶的陸續購買，銀行持有的所有權份額不斷下降，客戶支付的租金也隨之減少。

2. 相關會計處理

（1）銀行的處理原則。

銀行為共有資產墊付的款項應確認為「遞減股本參與墊款」（Advances against DM），

支付的款項在遞減股本參與已經生效並且資產的風險和報酬已經轉移至客戶時則確認為「遞減股本參與資產」(DM Assets)。徵求意見稿要求「遞減股本參與墊款」在資產負債表中列示於「伊斯蘭融資及相關資產」項目下，而「遞減股本參與資產」則作為單獨項目列示。

銀行應將每一期的銷售視作一筆獨立交易進行處理。銀行每次收受對價的公允價值與所售份額的帳面價值之差應確認為當期損益。

銀行每期收取的租金應按照權責發生制確認為當期收益，除非另有系統合理的方法。徵求意見稿特別指出銀行確認的租金收益應當與銀行當期尚未售出的所有權份額相對應，這解釋了權責發生制在此處的應用。

(2) 客戶企業的處理原則。

客戶企業應將共有資產按交易的價值總額確認為一項資產，按照與自有資產相同的方法進行後續計量並列示在資產負債表對應的項目內（但需要在附註中單獨披露），並將由銀行持有的份額確認為「可贖回資本」(Redeemable Capital)。

客戶企業應將每一期對銀行份額的購買視作一筆獨立交易進行處理。在購買發生時，該企業應減記對應比例的「可贖回資本」，將支付對價的價值與所減記可贖回資本帳面價值之間的差額確認為當期損益。企業每期應支付的租金則確認為當期費用。

(五) 伊斯蘭金融會計準則第 5 號——伊斯蘭金融服務機構財務報表列報（徵求意見稿）

目前，巴基斯坦的銀行類機構按照本國的監管要求採用的是國家銀行制定的財務報表列報格式。在現行格式下，伊斯蘭金融銀行和傳統銀行（包含設立伊斯蘭金融分支機構的傳統銀行）的財務報表項目幾乎沒有區別，除了前者在資產負債表單獨列示「伊斯蘭融資及相關資產」項目，而後者需要將該類資產並入「墊款」項目。銀行與伊斯蘭金融服務相關的信息主要是在報表附註中披露。

伊斯蘭金融業務和傳統銀行業務的模式存在很大差異，目前統一的報表格式主要還是適應傳統業務環境的產物，並不能充分反應伊斯蘭金融業務對銀行的經濟影響和後果，從而導致伊斯蘭金融銀行編製的財務報表信息含量和可理解性都較差。在這一背景下，巴基斯坦特許會計師協會在 2017 年 5 月發布了財務報表列報準則的徵求意見稿。

這份徵求意見稿提出的主表格式與現行格式相比，主要的變化包括：

1. 資產負債表

(1)「伊斯蘭融資及相關資產」(Islamic Financing and Related Assets) 項目需要列示以下明細項目：

——基於貨物購銷交易的資產（Trade based）

——基於參與經營業務的資產（Participation based）

——租金（Rental）

——其他資產（Others）

(2) 在負債和所有者權益之間新增「可贖回資本」(Redeemable Capital) 項目，在該項目下需要分別列示「無限制投資帳戶持有人資金」(Unrestricted Investment Account Holders Funds，等同於前文所提「利潤分享存款帳戶持有人資金」) 和「伊斯蘭債券」

(Sukuk) 兩個明細項目。

2. 利潤表

新增數個與無限制投資帳戶有關的項目，分別反應該類業務資金池投資形成的利潤總額、帳戶持有人分享的金額、銀行自身享有的金額等。

由於增加了伊斯蘭金融業務特有的報表要素，這份徵求意見稿實際上把財務報表的會計恆等式修改為：

資產=負債+可贖回資本+所有者權益

淨損益=收入-投資帳戶持有人享有的收益-成本費用

第三節　巴基斯坦中型企業會計規範

一、概述

中小型企業，是指在相同行業當中，比大型企業人員規模、資產規模與經營規模都較小的經濟單位。根據中小企業發展局（Small and Medium Enterprises Development Authority, SMEDA）的數據顯示，2016 年中小企業的產值占巴基斯坦整個 GDP 的比重約為 30%，吸收了全國大約 78%的非農業勞動力就業。巴基斯坦政府於 2017 年發布了「巴基斯坦中小企業 5 年發展規劃」，希望通過扶持中小企業來促進國家經濟的發展，提高出口，提供更多的就業機會，實現「巴基斯坦 2025 願景」。所以，中小企業是巴基斯坦經濟發展的主要推動力之一。

根據 SMEDA 發布的報告，2016 年中小企業發展管理局為 7,000 多個中小企業提供了服務，為私有企業投資在各個領域共扶持了 12.5 億盧比的流動資金，為 6,500 多名企業人員提供了相關培訓項目以及能力建設規劃。為了推動中小企業發展，政府亟須推出以實地調研、現場研究和創新為基礎的改革政策。而財務會計對於企業的營運管理有著關鍵性作用。企業需要正確地計量任何業務和事項，如果企業不能正確地計量，那麼其可能無法正確地進行資源優化配置。良好的會計政策可以幫助企業管理業務，同時確保其經營是符合相關標準和法定要求的。在巴基斯坦，不同類型的企業有著不同的會計和財務報告準則。在「一帶一路」倡議的背景下，越來越多的公司進入巴基斯坦進行投資，企業在計劃對中型企業進行併購時，通過瞭解不同類型企業的會計準則，可以指導併購企業評價其企業價值、財務報告數據，更有效地進行併購。

二、巴基斯坦中型企業會計規範改革歷程

（一）巴基斯坦中型企業會計準則的變化

自 20 世紀 70 年代以來，隨著國際會計準則理事會（International Accounting Standards Board, IASB）頒布國際財務報告準則（International Financial Reporting Standard, Full IFRS），巴基斯坦就使用著 Full IFRS。為了更符合中型企業的特點和需求，2009 年，巴

基斯坦頒布了中小型企業會計準則，中型企業需按照該準則準備財務報表，為投資者、雇員、借款人和供應商等提供財務信息。2015 年以後，根據巴基斯坦政府 929 條款（Statutory notifications，S. R. O.）規定，巴基斯坦特許會計師協會（Institute of Chartered Accountants of Pakistan，ICAP）規定巴基斯坦中小企業使用中小主體國際財務報告準則（International Financial Reporting Standard for Small and Medium-sized Entities，中小主體 IFRS），而 2009 年頒布的準則將不再適用。這是因為隨著全球化經濟的發展，世界各國都在逐步統一其會計準則。在 IASB 的引導下，歐盟和眾多亞洲國家都已經執行 Full IFRS，但是對於中型企業來說，Full IFRS 較為複雜、繁瑣及成本效益低。中小企業經濟業務類型相對於大型企業較為簡單，為了簡化其遵循的會計準則，縮小與國際會計準則的差距，ICAP 要求巴基斯坦中型企業執行中小主體 IFRS。一帶一路為沿線國家提供了前所未有的發展機遇，簡化了會計準則後，更加方便投資者和其他報表使用者去比較巴基斯坦中型企業的財務狀況，也減輕了企業編製財務報表的負擔。

（二）巴基斯坦中型企業遵循的會計準則

2015 年，巴基斯坦中型企業開始執行中小主體 IFRS。中小主體 IFRS 是由 IASB 於 2009 年頒布，2015 年進行了第二次修訂。準則共 28 個部分，全部適用於符合巴基斯坦規定的中型企業標準的企業。除了按照中小主體 IFRS 來進行會計處理外，中型企業在進行重估價的時候也可根據《國際會計準則第 16 號——不動產、廠房和設備》來處理。另外，在進行借款費用資本化時，企業可遵循《國際會計準則第 23 號——借款費用》來執行。中小主體 IFRS 簡化了 Full IFRS 中許多有關確認和計量的原則，這樣更加符合中型企業的成本效益原則，降低了中型企業的財務信息報告成本。同時，增強了巴基斯坦中型企業在國際化市場的可比性，為中型企業拓寬了融資渠道，降低了融資成本，使中型企業抵禦融資風險的能力提高。此外，還增強與競爭者之間的可比性，更有效地與國際投資者進行溝通交流。

三、巴基斯坦中型企業劃分標準

為了更好地執行中型企業會計規範，巴基斯坦對中企業定義進行了調整。在巴基斯坦 2009 年中型企業會計準則中規定，中型企業為：①不是上市公司或者不是上市公司的子公司；②還未申請上市，或者無計劃申請，沒有向巴基斯坦證券交易委員會（Securities and Exchange Commission of Pakistan，SECP）或其他監管機構提交其財務報表，以獲得在公開市場上發行任何級別的工具的資格；③不以受託人身分持有外部群體的資產，如持有銀行、保險公司、證券經紀人或交易商、養老基金、信託基金的資產或投資銀行實體等；④不是一個提供基本公共服務的公用企業或者類似企業；⑤不具有重大經濟意義和不是小型企業的企業。

根據中小主體 IFRS，什麼企業需要採用中小主體 IFRS，應該是由各國主管機關及會計準則制訂的機構決定的，包括以企業的收入、資產或員工人數等項目作為量化條件。中小主體 IFRS 面向的是那些不需要承擔公眾受託責任的，必須發布或選擇發布通用的財務報表給外部使用者參考的企業。中小主體 IFRS 指出，「承擔公眾受託責任」的

企業包括擁有在公開市場上交易的股票或者債務工具的企業、銀行、信用機構、證券經紀商/交易商、信託基金和保險公司等。

巴基斯坦 2017 年頒布的公司法對中型企業做了具體的量化，分為以下幾種：①非上市公司，實收資本少於 2 億盧比；營業額少於 10 億盧比；員工人數為 250～750 人；②私人公司，實收資本為 1,000 萬～2 億盧比；營業額為 1 億～10 億盧比；員工為 250～750 人；③外國公司的營業額少於 10 億盧比；④從事公益事業的公司，每年總收入（包括贈款、收入、補貼、捐款）、其他收入或利潤不少於 2 億盧比。

四、巴基斯坦中型企業財務報告的質量要求

（一）可理解性

可理解性是指財務報表所提供的信息能讓使用者容易理解。財務報表的使用者有一定的商業經濟知識和會計知識，並且願意去研究相關的信息。但是財務報表中包含一些複雜信息，是與使用者做經濟決策時相關的，所以可理解性要求這些信息不能因為其複雜性而不予以披露。

（二）相關性

相關性是指財務報表所提供的信息必須與使用者的決策需要相關。當這些信息能夠幫助使用者評價過去、現在和未來的事項，確認或改變他們過去的評價從而做出經濟決策時，就說明這些會計信息具有相關性。

（三）重要性

重要性是指財務報表一些信息的省略或錯報會影響使用者進行經濟決策，因此這些信息也具有相關性。

（四）可靠性

可靠性是指財務報表所提供的會計信息必須是可靠的。當會計信息不存在實質性的錯誤和偏見，並能不偏不倚、客觀地披露會計信息時，這時候說明會計信息是可靠的。

（五）實質重於形式

實質重於形式要求企業應當根據交易或事項的經濟實質進行核算，而不是僅僅按照其法律形式加以核算和說明。實質重於形式提高了財務報表的可靠性。

（六）審慎原則

審慎原則要求企業在編製財務報表時對不確定的因素實行審慎原則。由於一些交易或者事項在一定性質和程度上存在不確定性，此時企業應該保持謹慎性。謹慎性是指在不確定的條件下對事項進行估計和判斷時，需要保持應有的謹慎，如不高估資產和收益、低估負債或者費用。總之，謹慎性不允許存在偏差。

（七）完整性

為了提供可靠的會計信息，要求企業在披露財務報表時必須在符合重要性和成本效益的範圍內做到會計信息完整。一個遺漏的發生就可以導致虛假信息的產生和誤導使用者，從而使得會計信息不可靠，降低相關性。

(八) 可比性

可比性原則主要解決企業會計信息的比較問題。會計信息的使用者必須能夠比較同一企業在不同時期的財務報告信息，或能夠比較不同企業在同一時期的財務報表，以評估企業的財務狀況、經營成果和現金流量。因此，為了保證交易或其他事項等會計信息的可比性，不論是對於同一企業的不同時期，還是不同企業的會計信息，都要求採用一致的方法。

(九) 及時性

及時性要求企業及時提供具有相關性的財務信息給使用者，以幫助使用者做出經濟決策。如果不能及時提供，這些信息就失去了相關性，則對決策無用。此外，企業管理者需要同時平衡信息的及時性和可靠性。因為在實務當中，某一交易或事項在信息全部獲得之前就進行了會計處理，這體現了及時性，但是降低了可靠性；相反，待所有的會計信息獲得後再進行會計處理，就會影響及時性。所以為了權衡相關性和可靠性，要以讓使用者做出最佳經濟決策需要作為判斷標準。

(十) 效益和成本之間的平衡

成本效益是指會計信息所產生的效益應高於其成本。在成本效益的觀念下，財務報表信息可以幫助使用者做出更好的經濟決策，從而提高了資本市場的運作效率，降低整個經濟環境的資本成本。在該質量要求的影響下，中型企業可以提高資本市場的准入率，改善公共關係，獲得可能更低的資本成本。同時因為財務報表產生了一定的內部財務信息，所以成本效益原則可以使管理當局做出更好的管理決策。

(十一) 過度成本和代價

過度成本和代價是指中型企業會計核算不需要付出過多的成本和代價。這些豁免規定不適用於中小主體 IFRS 的其他要求。

在特定的環境下，企業在獲取或決定一些會計信息時，需要服從一些涉及過度的成本和代價的條款。這時需要考慮這些會計信息與使用者的關係，是否會影響使用者做經濟決策。中型企業為了提供某些會計信息而增加了成本，如估價費用，額外的努力和員工的奉獻等，但可以讓使用者從這些會計信息中獲得了超額的利益，這時企業可以執行涉及過度的成本或代價的條款。巴基斯坦中型企業根據中小主體 IFRS 去評估過度代價和成本時，與公眾受託責任的企業相比障礙較小，因為中型企業不對公共利益相關者負責。

五、巴基斯坦會計準則的基本原則

(一) 巴基斯坦中型企業財務報告的要素

1. 資產

資產是指預期會給企業帶來經濟利益的，其成本和價值能夠可靠計量的資源。企業不能確認一項或有資產作為資產。或有資產是過去的交易或事項形成的潛在資產，需要通過某些未來不確定事項的發生與否才能證實其是否會形成企業真正的資產。但是，如果相關資產確定未來可以給企業帶來未來經濟利益的流入，那麼相關資產就可以確認為

資產。

2. 負債

負債是指企業由於過去的事項承擔的一項義務，企業在履行該義務的時候可能會導致經濟利益的流出，且其結算金額能夠可靠地計量。企業不能確認一項或有負債為負債。或有負債是一項由過去的交易或事項形成的潛在義務，需要通過未來不確定事項的發生或者不發生去進行證實。或有債務不能夠被確認是因為它不滿足負債的確認條件，如履行該義務不是很可能導致經濟利益的流出或者是該義務的金額不能夠可靠地計量，企業不能夠確認或有負債為一項負債。但是，如果是在企業合併中被購買方的或有負債，則應予以披露。

3. 收益

收益是指企業未來的經濟利益的增加是由資產的增加或者負債的減少而直接導致的，並且能夠可靠地計量，則企業可以在綜合收益表中確認為一項收益。

4. 費用

費用是指企業未來的經濟利益的減少是由資產的減少或者負債的增加直接導致的，並且能夠可靠地計量，則企業可以在綜合收益表中確認為費用。

5. 綜合收益總額和損益

綜合收益總額是指收益和費用的差額。損益是指除了在其他綜合收益項目中的收益和費用以外的收益和費用的差額。因為綜合收益總額和損益不是單獨的財務報告要素，所以也不需要單獨的確認原則。

中小主體 IFRS 對資產、負債、收入和費用的確認和計量是根據 Full IFRS 的確認原則來確定的。如果中小主體 IFRS 沒有對特定交易或其他事項做出規定，則中型企業要根據準則提供的指南去進行判斷。

（二）巴基斯坦中型企業財務報告的計量屬性

根據中小主體 IFRS 規定，巴基斯坦中型企業應使用歷史成本和公允價值作為計量基礎。

（三）巴基斯坦中型企業財務報告的會計基礎

巴基斯坦中型企業在準備財務報表的時候應當以權責發生制為基礎，有關現金流量的信息除外。權責發生制基礎要求，當資產、負債、所有者權益、收入和費用滿足其定義和確認條件時，則可以加以確認。即凡是當期已經實現的收入和已經發生或應當負擔的費用，無論款項是否收付，都應當作為當期的收入和費用，計入利潤表；凡是不屬於當期的收入和費用，即使款項已在當期收付，也不應當作為當期的收入和費用。

（四）巴基斯坦中型企業財務報告的抵銷規定

中小主體 IFRS 規定，除非本準則允許或要求，企業不能抵銷資產和負債，或收益和費用。資產或負債是按扣除估價備抵來計量的，不是抵銷。例如扣除存貨跌價準備和不可收回的應收帳款壞帳準備等不是抵銷。此外，由非日常活動產生的利得和損失，企業從處置收入中減去資產帳面金額和相關出售費用來列示的，不屬於抵銷。

六、巴基斯坦財務報告概述

隨著全球併購的發展，併購中出現的問題也日益增多，如高估企業的潛在經濟效益、併購費用過高、財務風險估計不足等，這些問題都會導致併購的失敗。而企業的財務報告披露了企業的財務狀況和經營成果，通過分析企業的財務報表可以對其進行評價，以利於企業管理者、投資人、債權人等進行分析和經濟決策。因此，在企業併購中應充分瞭解企業編製財務報表的原則和基礎，才能更好地實現併購。

（一）巴基斯坦財務報告體系

2009年頒布的巴基斯坦中型企業會計規範當中，規定中型企業不需要編製現金流量信息。執行中小主體IFRS後，巴基斯坦中型企業至少需要包括以下組成部分：①資產負債表；②綜合收益表；③所有者權益變動表；④現金流量表；⑤財務報表附註。如果當期權益變動表發生變動的原因僅僅是因為損益、發放股利、前期錯誤更正和會計政策變動時，企業可以編製單一的收益和留存收益表來代替綜合收益表和權益變動表。採用了中小主體IFRS後，巴基斯坦的中型企業能編製更加完善的財務報告，使投資者獲得財務信息增加，更有利於投資者進行經濟決策。

中小主體IFRS規定，如果在任一期間，企業都沒有產生其他綜合收益項目，則企業可以只提供收益表，或者列報以「損益」為結束項的綜合收益表。並且，在比較性的基本要求下，企業應當披露在當期財務報表中列報的所有項目與上一期財務報表信息比較數據。此外，與Full IFRS不同，中小主體IFRS不需要中型企業編製每股收益、中期財務報告、分部報告、保險合同，以及持有待售資產。如果企業披露了以上報告信息，則需要披露編製這些信息的基礎和規則。通過簡化財務報告的要求，使中型企業更加符合成本效益原則，提高運行效率，而投資者在對中型企業進行分析時，其財務信息也更加地簡單明了。

（二）巴基斯坦中型企業財務報告的披露要求

當巴基斯坦中型企業的財務報表是根據中小主體IFRS來編製時，應該在附註中明確且無保留地披露這一事實。

在極少數情況下，投資者在查看企業的財務報告時，會發現有些信息與財務報表的目標相違背。這是因為企業的管理層認為一些事項在根據中小主體IFRS進行會計處理時，會產生誤解。為了公允地列報相關信息，企業會不遵循中小主體IFRS的相關規定。這時，企業應當披露：①管理層確定財務報表已經公允表示；②除了為實現公允表示而背離了某項準則，企業在其他方面均以遵循了中小主體IFRS；③背離那項準則的描述、背離的性質，包括該項準則要求的處理方法、在背離情況下的處理方法和現在採用的處理方法。所以投資者在分析這些特殊的財務信息時，應結合企業披露的信息進行判斷，看是否與準則相違背。

（三）巴基斯坦中型企業財務報告列報的基本要求

與Full IFRS和巴基斯坦原中型企業會計準則相比，中小主體IFRS對財務報表的列報提出了相一致的要求。財務報表的列報要求針對交易和事項的列報和附註的披露，企

業在列報時應該遵循以下要求：①持續經營。中型企業應當以持續經營為基礎，在編製報表時，管理層應當考慮所有能獲得的信息來評價企業自報告起12個月的持續經營能力。②報告頻率。企業應當至少每年編製一套完整的財務報告。③列報的一致性。企業對於財務報表中的列報和分類，應當保持這一個期間與下個期間相一致。當報表的項目發生變化時，企業應對比較金額重新分類，除非重新分類不切實可行，並且應披露這一事實。④比較信息的列報。企業在列報當期財務報表時，應當披露所有列報項目的上一個可比會計期間的比較信息。⑤重要性和匯總。主體應該將類似項目的重要項目單獨列報。如何判斷項目重要性取決於該項目的遺漏或者誤報是否會單獨或共同影響使用者基於財務報告做出的經濟決策。⑥按流動性列報。企業應該根據營運的實質，把企業的經濟資源按流動性分為流動資產和非流動資產、流動負債和非流動負債來在財務狀況表中進行單獨列示。

（四）巴基斯坦中型企業資產負債表

1. 資產負債表內容

中小主體 IFRS 規定，作為最低要求，資產負債表應至少反應下列項目金額：①現金及現金等價物；②應收帳款和其他應收款；③金融資產（不包括在①、②、⑩和⑪項內的金額）；④存貨；⑤不動產、廠房和設備；⑥投資性房地產（以成本扣除累計折舊和減值準備計量的）；⑦投資性房地產（以公允價值計量且變動計入當期損益的）；⑧無形資產；⑨生產性生物資產（以成本扣除累計折舊和減值準備計量的）；⑩生產性生物資產（以公允價值計量且變動計入當期損益的）；⑪聯營中的投資；⑫共同控制主體中的投資；⑬應付帳款和其他應付款；⑭金融負債（不包括①和⑯項內的金額）；⑮當期所得稅負債和資產；⑯遞延所得稅資產和遞延所得稅負債（通常為非流動）；⑰準備；⑱非控制權益；⑲歸屬於母公司所有者的權益。如果額外的單列項目、標題和小計金額可以幫助使用者理解企業財務狀況，則中型企業應該財務報表中列報。

2. 資產負債表或附註中應披露的信息

在財務報表中，對於報表單獨列出的項目，企業還應該對這些做出以下二級分類，並在財務報表或附註中披露：①不動產、廠房和設備項目應該根據企業來進行分類；②應收帳款和其他應收款應該單獨列示以下金額：從關聯方獲得的金額，從其他方獲得的應收款金額，應計收益但尚未支付的應收款；③存貨應該單獨列示以下金額：在日常經營過程中持有待售的，仍在生產但為了出售的，為生產或提供服務而消耗的材料或物料；④應付帳款和其他應付款應該單獨列示以下金額：應付給交易供應商的金額、給關聯方的金額、遞延收益及應計項目；⑤員工福利準備和其他準備；⑥權益的分類：投入的資本，留存收益，股本溢價和本準則要求確認為其他綜合收益並在權益項下單獨列報的收益和費用項目。

如果企業是持有股本的，那麼企業應該在財務報表或附註中對每一類股本披露以下內容：①核定的股數；②已發行並且已經收到全部股款的股數，已發行但尚未收到全部股款的股數；③每股面值或無面值的股票；④期初和期末發行在外的股數調節表（調節表不需要在前一階段披露）；⑤各類股本上相關聯的各種權利、優惠和收回，包括分配

股利和歸還資本的限制；⑥企業自身持有或其子公司或聯營主體持有的本公司股數；⑦為了以期權和合同方式發售而儲備的股數，包括條款和金額。

此外，如果在報告日時，企業持有對某一項資產或一組資產和負債進行重大處置的約束性銷售協議，則企業應該披露以下內容：①對要處置的資產或負債進行描述；②對銷售和環境的事實或計劃進行描述；③資產的帳面金額，或者如果處置涉及的是一組資產和負債，那麼這些資產和負債的帳面金額也應該披露。如果沒有股本的企業，例如合夥或信託，則應該披露以下要求的內容的對等信息，這是為了反應當期每一個類別中的權益和權利，以及附於每個類別的權益的優惠和限制條件的變化情況。

對於附註應披露的信息，中小主體 IFRS 和 IFRS 有著明顯的區別。中小主體 IFRS 規定在二級分類應披露相關應收帳款和其他應收款，這可以為貿易供應商和關聯方提供相關財務信息，如遞延收益和應計利潤等。此外，IFRS 要求要對可賣回工具進行重分類，而中小主體 IFRS 並沒有這一規定，特別是針對於金融工具。如果企業在對金融工具計量時包括可賣回金融工具時，則可選擇按照 IFRS 的要求來執行，這樣可以更有利於使用者去評估企業資本營運的情況，做出更有效的經濟決策。

（五）綜合收益表和利潤表

在巴基斯坦 2009 年頒布的中型企業會計準則中，準則規定中型企業須編製利潤表，並且至少披露以下內容：收入、經營活動成果、財務費用、所得稅費用、期間淨利潤或損失。而 2015 年後，根據中小主體 IFRS 要求，巴基斯坦要求中型企業要在一張綜合收益表或兩張財務報表（收益和綜合收益表）中，匯總列報一個期間內的綜合收益總額來體現企業間的經營成果。當從一張報表方式變為兩張報表的披露方式，屬於會計政策變更，反之亦然，這與 Full IFRS 的要求相一致。

1. 綜合收益表

如果中型企業採用一張綜合收益表的方式，則應該在綜合收益表中列示本期確認的所有權益和費用項目，並且至少單獨列示以下項目：①收入；②財務費用；③採用權益法核算的在聯營和共同控制主體投資的損益中所占份額；④所得稅費用；⑤終止經營後的稅後損益和因終止經營而產生的資產減值，或減值轉回後的稅後利得或損失；⑥損益（如果企業沒有其他綜合收益項目，則不需要列報此項目）；⑦按性質分類的其他綜合收益；⑧採用權益法核算的在聯營和共同控制主體投資的其他綜合收益中所占份額；⑨綜合收益總額。

2. 綜合收益表和收益表

如果企業採用兩張報表的形式，那麼損益表至少要列示按一張綜合收益表規定列示的①至⑥中的項目金額，損益表最後一行是損益。同時，綜合收益表以損益作為第一行，列示一張綜合收益表規定列示的⑦至⑨中的項目金額。

3. 其他綜合收益的規定

對於其他綜合收益，中小主體 IFRS 和 Full IFRS 有著不同的規定。中小主體 IFRS 裡包括三種類型的其他綜合收益，即國外經營的財務報表折算時產生的一些利得和損失，一些精算利得和損失和不動產、廠房和設備根據重新估價模式估價產生的變化和套期工

具公允價值變動而產生變化重分類為損益的。而 Full IFRS 除了這三種類型，還包括可供出售金融資產的收益和現金流量對沖的損益，同時需要披露對稅收的影響和涉及影響其他綜合收益的重分類科目。由此看來，針對其他綜合收益，中小主體 IFRS 的類型較少，也沒有要求披露對稅收的影響。在實際的經濟業務當中，會有許多的其他綜合收益科目，此時，中型企業可以參照 IFRS 的規定來執行。

（六）現金流量表

現金流量表反應了在一個報告期內，企業現金和現金等價物變動情況的報表，通過報表展示企業來自經營活動、投資活動和籌資活動的變動情況，可供報表使用者瞭解和評價企業獲取現金和現金等價物的能力。

1. 現金等價物

現金流量表中的現金概念是編表基礎，即指現金和現金等價物。中小主體 IFRS 和巴基斯坦中型企業會計準則都規定，現金等價物是為了滿足短期現金需要，不是以投資為目的或其他目的而持有的投資。所以，一項投資的期限通常只有自取得日起三個月或更短到期才可作為現金等價物。比如庫存現金、銀行存款、其他貨幣資金和現金等價物等。

在極少數情況下，按照中小主體 IFRS 的規定，一些有價證券滿足現金等價物的定義，但是有價證券的價值存在變動性，這與 IFRS 的不存在價值變化風險的要求不符。

2. 來自經營活動的現金流量

企業收入主要來源於經營活動，而經營活動的現金流量通常來自影響企業損益的交易和其他事項。如銷售商品和提供服務所獲得的現金收入，特許使用費、勞務費等。企業可採用間接法和直接法來列報經營活動現金流量。直接法是指按現金收入和支出的總分類來反應企業經營活動產生的現金流量。間接法是指企業調整不涉及現金交易的有關項目，剔除投資和籌資活動對現金流量相關的收益或費用項目的影響，來對損益進行調整。如調整當期存貨及經營性應收和應付款的變動，調整如折舊、準備、遞延稅款等非現金項目等。

3. 來自投資活動的現金流量

投資活動是指企業長期資產和不包括在現金等價物範圍內的投資和處置。比如購買不動產、廠房和設備、無形資產和其他長期資產的支出，出售這些長期資產的收入，購買或出售其他企業的權益工具或債務工具所帶來的現金支出或收入等。

4. 來自籌資活動的現金流量

籌資活動是指導致企業資本和借款的結構和規模和發生變化的活動。包括發行股票或其他權益工具所獲得的現金收入、發行債券和提供其他借款所獲取的現金收入、償還借款所導致的現金流出等。

對於來自籌資活動的現金流量，中型企業在按照中小主體 IFRS 編製流量信息時會更繁重。Full IFRS 和中小主體 IFRS 都規定企業應該披露包括發行股票或其他權益工具所獲得的現金收入、發行債券和提供其他借款所獲取的實得現金收入、償還借款所導致的現金流出等。IFRS 還要求提供產生現金流量淨收益的情況，而中小主體 IFRS 沒有這

一要求，則這一要求的優點不能體現。

5. 外幣現金流量

由於併購行為涉及外幣交易，而瞭解外幣交易現金流量的會計處理對於企業在進行併購時是必要的。外幣交易的現金流量應當折算成主體的功能貨幣即記帳本幣來記錄。使用外幣交易的現金流量或者國外子公司的現金流量在折算成記帳本幣時，所使用的折算匯率是指發生現金流動當日的功能貨幣和外幣之間的兌換率。

匯率變動所引起的未實現利得和損失不是現金流量，但是持有或到期的外幣現金或現金等價物會受匯率變動影響了期初和期末的現金和現金等價物，所以匯率變動所引起的差額需要在現金流量表中列報。因此，企業應該按照期末匯率重新來計量報告期所持有的現金和現金等價物，並且單獨列報，與來自經營、投資和籌資活動的現金流量分開反應。

（七）巴基斯坦中型企業合併財務報表

企業進行併購之後股權一般會發生改變，所以對合併財務報表進行正確的會計處理，可以讓企業的會計信息更加真實可靠，並及時提供給使用者。

原巴基斯坦中型企業會計準則並沒有對合併財務報表做出有關規定，但是中小主體 IFRS 界定了企業應該列報合併報表的相關情形和編製程序，簡化了 full IFRS 對合併報表的相關要求。合併財務報表與聯合財務報表不同，聯合財務報表是被同一企業控制的兩個或兩個以上主體的單獨的一套報表，中小主體 IFRS 不要求編製聯合財務報表。中小主體 IFRS 也不要求母公司或其個別子公司編製單獨的財務報表。

1. 企業合併的含義

中小主體 IFRS 對企業合併的定義與 IFRS 的規定相比範圍較小，因為中型企業涉及的企業合併業務較少。對於企業合併的定義兩個準則是類似的，即將單獨的主體或業務集合成為一個報告主體。此外，中小主體 IFRS 表明企業合併一般來說包括投入和產出。

2. 企業合併的會計處理方法

在跨國併購的操作中，應當按照併購方也就是母公司所在國家的會計準則規定來執行。對於跨國企業來說，是為非同一控制下的企業併購，按照中小主體 IFRS 規定應使用購買法。但值得注意的是，雖然 IFRS 和中小主體 IFRS 都為購買法，但其英文字面是不同的。Purchase Method 只是購買股權實現的併購，而 Acquisition Method 是購買資產實現的併購。這兩者的主要區別是前者有更為自由的購買價格分配模式，後者具有更為市場化的識別模式。

IFRS 中的 Acquisition Method，收購價格必須以公允價值計量，包括非控制權益和或有事項，購買價格與公允價值之間的差額確認為商譽。中小主體 IFRS 中的 Purchase Method，是以成本原則在購買日，將企業合併的成本分配至取得的資產和負債及所承擔的或有負債的準備。由於 IFRS 的規定更能真實地反應出無形資產，意味著財務報表更加透明，更具有相關性。

3. 控制的含義

子公司是指被母公司控制的企業。控制是指擁有一家企業的財務和經營政策的決策

權，並且從中獲取利益的權力。如果一家企業設立了一個特殊目的的主體，是為了實現某個具體、明確的目標時，並且該特殊目的主體是被那家企業控制時，企業應該將這個特殊目的主體合併。

如果母公司直接或間接通過子公司擁有另一家公司超過半數的表決權時，就假定存在控制權，除非有特殊情況表明這種所有權不構成控制。如果母公司所擁有的一個企業的表決權為一半或者少於一半，但滿足下列條件也可以表明存在控制權：

①與其他投資者達成協議，使表決權超過半數。

②根據章程或協定，有管理企業財務和經營政策的權力。

③有權任命或撤銷董事會或同等理事機構的多數成員，並且該董事會或機構控制了該企業。

④在董事會或同等理事機構的會議上占多數表決權，並且該董事會或同等理事機構控制了該企業。

對於控制的規定，IFRS 和中小主體 IFRS 的規定相一致，但 IFRS 提供了為潛在的表決權提供了更廣泛的指導。目前的評估當中包括了可行權或可轉換的工具。由於中小主體 IFRS 簡化了這些規定，更加符合中型企業的實際經營情況。

4. 合併程序

（1）編製程序。

集團在編製合併財務報表時，應該將集團看作單獨的一家企業來列報財務信息，編製合併財務報表的程序大致如下：

①將資產、負債、權益、收益和費用科目的金額逐一相加，合併母公司和子公司的財務報表。

②抵銷母公司對各個子公司投資的帳面金額與母公司在各個子公司當中所占的權益份額。

③對子公司的報告期損益中含有屬於非控制權益的部分和屬於母公司所有者權益的部分進行區分，並分開單獨計量和列報。

④分開確定子公司的淨資產中屬於非控制權益的部分和屬於母公司所有者權益的部分。

（2）合併財務報表編製的前期準備事項。

為了讓合併財務報表更加準確，全面反應集團的真實情況，需要做好一系列的準備事項。包括統一的母子公司的報告日，會計政策。

（3）合併財務報表中的披露事項。

在合併財務報表中，企業應該披露以下內容：①財務報表為合併財務報表；②如果母公司沒有直接或者間接擁有子公司半數以上的表決權，仍認為母公司存在控制權的原因和基礎；③編製合併報表時，母公司和子公司在使用的財務報表的報告日時的差別；④如果子公司以現金股利或者償還貸款的方式項目公司轉移資金受到限制時，需披露受到限制的性質和程度。

5. 購買和處置子公司

中小企業 IFRS 在處理子公司的處理方面與 IFRS 不同。主要區別在於中小企業標準的簡化，因此中小主體 IFRS 處置的收益或損失可能有所不同。

子公司的收益和費用自被取得日起就應該要包括在合併財務報表當中，直到母公司喪失了控制權。當母公司失去控制權時，處置子公司所獲得的收入與處置日子公司的帳面價值的差額，應該作為處置子公司的利得或損失在合併綜合收益表（或者用利潤表列報的）中進行確認。境外子公司如果有累積的匯兌差額，根據外幣折算的規則，應該在其他綜合收益中進行確認。

七、巴基斯坦中型企業與國際財務報告準則

根據巴基斯坦 S. R. O. 929 號文規定，中型企業除了按照中小主體 IFRS 來進行會計處理外，在進行重估價的時候也可根據《國際會計準則第 16 號——不動產、廠房和設備》來處理。另外，在進行借款費用資本化時，企業可遵循《國際會計準則第 23 號——借款費用》來執行。本節將針對這兩個準則與中小主體對應準則的相關規定做比較。

（一）不動產、廠房和設備、無形資產

中小主體 IFRS 規定，在對不動產、廠房和設備和無形資產進行後續計量時，企業應該以成本扣除累計折舊和累計減值損失後的金額來計量，不得採用重估價模式。並且中小企業只需在資產的殘值、使用年限和折舊方法有改變的跡象時，才需要對相關方法進行復核。如果有因素表明自最近的年度報告日，資產實物的未來經濟利益的預期消耗方式有重大改變，又例如因為使用方式變化，價格變化和科技進步提高了技術等因素使無形資產的使用壽命或殘值自最近的年度報告日開始發生了變化，企業則應審核當前的折舊方法，如果與當前的預計不一致，則應改變折舊方法以反應新的方式。

而根據《國際會計準則第 16 號——不動產、廠房和設備》規定，當不動產、廠房和設備在初始確認為一項資產後，可以按其成本扣除任何累計折舊和累計減值損失後的金額入帳，也可以按照重估價值的金額予以入帳，即該資產按重估日的公允價值減去累計折舊和累計減值損失後的金額入帳。企業應該經常進行資產重估，以確保資產的帳面價值與期末按照公允價值計量的資產價值相差不大。企業應該在每一會計年度結束時，對殘值、使用年限和折舊方法進行相關檢查。Full IFRS 和中小主體 IFRS 對不動產、廠房和設備和無形資產的後續計量有不同規定，那麼巴基斯坦中型企業可以根據自身情況來選擇按照哪一個會計準則來進行計量。

（二）借款費用

中小主體 IFRS 規定，借款費用是指企業因為借入資金而發生的利息和其他費用，具體包括用實際利率法計算的利息費用、融資租賃形成的費用和作為外幣借款利息費用調整額產生的匯兌差額。企業應在所有借款費用發生的當期確認為費用計入損益，即借款費用予以費用化。

而通常來說，Full IFRS 同樣要求將借款費用予以費用化，然而也允許那些可直接歸

屬於因為相關資產的購置、建造或生產而產生的借款費用資本化。直接歸屬於因為相關資產的購置、建造或生產而產生的借款費用是指那些因為相關資產發生支出而必須產生的借款費用，是包括在該項資產的成本之中。這項借款費用可能為企業帶來未來的經濟利益並且其金額能夠可靠地計量，所以可作為資產成本的一部分進行資本化。

八、首次使用《中小主體國際財務報告準則》的規定

《中小主體國際財務報告準則》的使用對象為該準則的首次採用者，無論使用對象原來是使用國際財務報告準則還是國家編製的會計原則。對於巴基斯坦來說，其中型企業原來是使用《巴基斯坦中型企業會計準則》，2015年後，巴基斯坦中型企業使用《中小主體國際財務報告準則》，所以巴基斯坦中型企業符合首次採用者的要求。但是一個企業只有一次機會成為首次採用者，如果使用了該準則，但是在一個或多個報告期間後停止使用而又被要求或者自願採用該準則時，中小主體國際財務報告準則的特殊豁免、簡化以及其他規定並不適用於重新採用。

企業首次按照中小主體 IFRS 編製的財務報表是指其明確且無保留地表明遵循了該準則的首份年度財務報表。所以巴基斯坦中型企業過渡到中小主體 IFRS 之日是指按照該準則編製的財務報告的最近報告期的期初。根據中小主體國際財務報告準則規定，企業在過渡到該準則日時，應在其期初的財務報表中：①按照中小主體 IFRS 的規定確認所有資產和負債；②重分類新準則與舊準則不同的項目；③按照中小主體 IFRS 的規定來計量所有已確認的資產或負債。

如果中小主體 IFRS 規定的會計政策與原來使用的會計政策不同時，對於不同的交易、其他事項或情況的調整直接確認到留存收益中。但是對於以下項目的會計處理，在首次使用中小主體 IFRS 時，企業不用進行追溯調整：①金融資產和金融負債的終止確認；②套期會計；③會計估計；④終止經營；⑤計量非控制權益。

企業在按照中小主體 IFRS 編製首份財務報表時，擁有豁免權，即不需要根據中小主體 IFRS 的一些規定來進行會計處理。具體項目為：①企業合併；②以股份支付為基礎的支付交易；③以公允價值確認的成本；④以重估價確認的成本；⑤外幣折算的累計折算差額；⑥單獨財務報表；⑦複合金融工具；⑧遞延所得稅；⑨服務特許權協議；⑩採掘活動；⑪包含租賃的協議；⑫包含在不動產、廠房和設備項目中的退役負債。與 Full IFRS 相比，中小主體 IFRS 對於豁免的規定較為廣泛和簡化，例如增加挖掘活動的豁免項目對於在轉換日前權益交割股份基礎給付者可以採用豁免規定，易於中型企業進行轉換。

第四節　巴基斯坦小企業會計規範

一、巴基斯坦小型企業概述

中小企業是國民經濟構成的主要部分，世界上多於 95% 的企業為中小型企業，中小

企业对经济与社会的发展有着重要的作用。根据巴基斯坦国家统计局数据显示，巴基斯坦小型制造企业（包括屠宰业）的固定资产形成总额从 2007 年至 2014 年持续上升，2013 年为 10,215 百万卢比，比 2012 年环比增长 7.4%，占巴基斯坦固定资产形成总额的 0.736%；2014 年为 10,966 百万卢比，比 2013 年环比增长 7.4%，占巴基斯坦固定资产形成总额的 0.729%。小企业的会计信息质量高低与自身财务控制效率影响着小企业的运行与发展。

巴基斯坦小企业会计准则是构成巴基斯坦会计准则的一部分，了解巴基斯坦现行的小企业会计与财务报告规范有助于中国企业在巴基斯坦更好地开展业务、进行投资并购。

二、巴基斯坦小企业会计准则制定背景

巴基斯坦的会计准则与国际财务报告准则在很大程度上趋同，巴基斯坦证券交易委员会采用了除 IFRS1、IFRS9、IFRS14、IFRS15、IFRS16 和 IFRS17 外的所有国际财务报告准则，同时也采用了《中小型企业国际财务报告准则》（International Financial Reporting Standard for Small and Medium Entities，简称 IFRS for SMEs）。作为国际会计师联合会（International Federation of Accountants，简称 IFAC）的成员，巴基斯坦特许会计师协会有义务将国际会计准则与本国准则进行合并、推动国际会计准则发展、帮助推行国际会计准则等。

虽然巴基斯坦力求企业出具的财务报表按照国际会计准则，但是小型企业采用国际会计准则所出现的问题是不可避免的。小型企业需要一套更简单、实行起来会计成本更低的准则。2006 年，巴基斯坦证券交易委员会批准了特许会计师协会发布的《小企业会计与财务报告准则》，这套准则开始在巴基斯坦的小型企业中执行。2015 年 9 月 10 日，应巴基斯坦特许会计师协会的建议，巴基斯坦证券交易委员会发布通告（参照法令通知 SRO 929/2015 号）：从 2015 年 1 月 1 日起，小型企业开始执行由特许会计师协会发布的《小企业会计与财务报告准则（修订）》（Revised Accounting and Financial Reporting Standards for Small Sized Entities，以下简称 Revised AFRS for SSEs）。2017 年颁布的《公司法》仍然沿用《小企业会计与财务报告准则（修订）》作为小型企业的会计规范。

三、中巴小企业会计准则比较

巴基斯坦小企业会计准则与中国小企业会计准则既有相同，也有不同。本节主要对巴基斯坦非上市小型企业适用的《小企业会计与财务报告准则（修订）》与中国《小企业会计准则》进行比较，分析两套准则的主要不同点。

（一）巴基斯坦与中国小企业划分标准与适用准则比较

根据巴基斯坦《公司法》（2017），非上市小型企业划分标准主要根据企业的缴纳资本、营业额和从业人数进行划分（表 5.2），此标准适用于所有行业，对企业的资产总额没有要求。

中国将中小企业划分为中型、小型和微型三种类型。具体标准根据企业从业人员、

營業收入、資產總額等指標，結合行業特點制定，不同行業的劃分標準不同。符合規定劃分為小型企業的企業除下列三類小企業外，適用中國的《小企業會計準則》：

(1) 股票或債券在市場上公開交易的小企業；

(2) 金融機構或其他具有金融性質的小企業；

(3) 企業集團內的母公司和子公司。

(二) 巴基斯坦 Revised AFRS for SSEs 概念框架與中國《企業會計準則——基本準則》比較

中國會計準則不採用概念框架，《企業會計準則——基本準則》中對中國境內設立的所有企業（包括公司）適用的會計準則皆適用，因此中國小企業會計準則也適用該基本準則。Revised AFRS for SSEs 概念框架與中國企業會計基本準則比較如表 5.4 所示。

表 5.4　Revised AFRS for SSEs 概念框架與中國企業會計基本準則比較

	巴基斯坦小企業會計準則概念框架	中國企業會計準則基本準則	不同
目標	提供企業經營成果及財務狀況的信息，以為使用者評價企業經營成果及管理者工作表現所用	向財務會計報告使用者提供與企業財務狀況、經營成果和現金流量等有關的會計信息，反應企業管理層受託責任履行情況，有助於財務會計報告使用者做出經濟決策	中國會計準則目標除了提供財務狀況、經營成果信息外，還提供現金流量等信息①。AFRS for SSEs 著重強調會計準則的受託責任觀，中國對於受託責任觀與決策有用觀兩個目標並重
使用者	管理人員、貸款人及其他債權人、政府、稅務部門	投資者、債權人、政府及其有關部門和社會公眾等	由於中國受託責任觀與決策有用觀兩者並重，因此信息使用者還包括投資者
財務會計信息的質量特徵	可理解性、相關性、可靠性、可比性	相關性、可靠性、可理解性、可比性、實質重於形式、重要性、謹慎性、及時性	中國會計信息質量要求還包括實質重於形式、重要性、謹慎性和及時性
會計信息效益與成本的平衡	企業時常需要在會計信息質量與提供該信息的成本之間做出權衡	將「重要性」納入會計信息質量要求中	AFRS for SSEs 認為會計信息產生的效益與提供該會計信息的成本之間的平衡不是會計信息的質量特徵，而是普遍的對企業的一個約束。決定信息的重要性及進行成本權衡是職業判斷的過程，在不同情況下權衡結果也會有所不同

---

① 中國《企業會計準則——基本準則》第四十四條寫到「小企業編製的會計報表可以不包括現金流量表」。但中國《小企業會計準則》中要求企業至少編製現金流量表。由於《企業會計準則——基本準則》出抬時間早於《小企業會計準則》，且不是針對小企業的專門準則，本著「先法服從於後法、下位法服從於上位法、一般法服從於專門法」的考量，這裡沒有提及「小企業編製的會計報表可以不包括現金流量表」的規定。

表5.4（續）

	巴基斯坦小企業會計準則概念框架	中國企業會計準則基本準則	不同
財務報告要素	資產、負債、所有者權益、收入、費用	資產、負債、所有者權益、收入、費用、利潤	中國財務報告要素還包括利潤
會計確認與計量	1. 會計確認條件 （1）與未來經濟利益相關的項目可能流入或流出企業；並且（2）項目的成本或價值可以可靠計量 2. 會計計量 會計計量是確認財務報表的負債、資產、收入及費用的金額的過程。兩個基本的計量屬性為歷史成本與公允價值	1. AFRS for SSEs 的會計確認條件與中國資產、負債的確認條件基本相同，其他要素的確認條件另有規定 2. 中國會計計量屬性有：歷史成本、重置成本、可變現淨值、現值、公允價值	除資產、負債的確認條件與中國準則相同外，其他要素的確認有所差異；中國會計計量屬性有五種，但 AFRS for SSEs 只有歷史成本與公允價值兩種計量屬性

（三）其他會計準則比較

1. 財務報表的列示

（1）財務報表的組成。

Revised AFRS for SSEs 規定財務報表應至少包含以下內容：資產負債表；利潤表；會計政策及附註。中國規定小企業的財務報表至少應當包括：資產負債表；利潤表；現金流量表；附註。

可以看出，中國小企業會計準則要求現金流量表的編製，而 Revised AFRS for SSEs 未對現金流量表做出硬性規定。現金流量表可以作為巴基斯坦小企業提高信息透明度與信息質量的輔助報表。

（2）規定的列報項目。

Revised AFRS for SSEs 對資產負債表、利潤表所規定的列報內容與中國小企業會計準則規定的列報內容基本一致。中國小企業會計準則還對現金流量表的列報做出要求，因為 AFRS for SSEs 不要求小企業出具現金流量表，所以在該準則中沒有提及對現金流量表列報內容的要求。

2. 固定資產與地產、廠房和設備

（1）概念。

Revised AFRS for SSEs 中「地產、廠房和設備」包括房地產、廠房及設備，也泛指企業的固定資產。中國準則中的固定資產，是指小企業為生產產品、提供勞務、出租或經營管理而持有的，使用壽命超過 1 年的有形資產，包括房屋、建築物、機器、機械、運輸工具、設備、器具、工具等。由於中國企業只能取得土地使用權而不能取得土地所有權，因此固定資產中不包括地產，企業獲得的土地使用權劃為無形資產。

（2）後續計量。

①Revised AFRS for SSEs 下的後續計量。

Revised AFRS for SSEs 規定，企業可選擇成本模式或重估價模式對地產、廠房和設備進行後續計量。企業一旦選定，要對企業的所有財產、廠房和設備的後續計量採用該模式進行計量。

A. 成本模式

企業將初始確認成本減去累計折舊和累計減值損失後的價值作為地產、廠房和設備的價值。

B. 重估價模式

如果企業的財產、廠房和設備可以以公允價值進行可靠計量，那麼企業的財產、廠房和設備應以重估價格進行列示。重估價格，即重估日的公允價值減去後續累計折舊與累計減值損失。當重估價後資產的增值的，增加部分應計入「固定資產重估價盈餘」帳戶，該帳戶在資產負債表中的「實收資本及儲備」項目後列示，即增值部分並不計入利潤表，而在所有者權益中予以體現。當重估價後資產的價值減少的，減少部分應作為一項費用，衝擊利潤表。該費用以「固定資產重估價盈餘」中增加的餘額為限衝減「固定資產重估價盈餘」。

在重估價模式下，折舊也同時進行。後續折舊應按重估價值進行調整，折舊費用計入損益帳戶。同時，為了計量重估價盈餘的實現，應按照當期由於重估價而增加的折舊額，從「固定資產重估價盈餘」轉出到資產負債表的「未分配利潤」或「累積虧損」項目中。

②中國小企業準則下的後續計量。

小企業準則規定，小企業應當對所有固定資產計提折舊，但已提足折舊仍繼續使用的固定資產和單獨計價入帳的土地不得計提折舊。折舊費用按受益對象計入相關成本和損益帳戶中。小企業應當按照年限平均法計提折舊，固定資產由於技術進步等原因，確需加速折舊的，可以採用雙倍餘額遞減法和年數總和法。

③區別。

中國準則不允許以公允價值計量固定資產，所有固定資產以歷史成本進行計量並計提折舊。但 Revised AFRS for SSEs 允許採用歷史成本或公允價值進行計量。這是瞭解 Revised AFRS for SSEs 在「地產、廠房和設備」在後續計量中要注意的問題。

3. 政府補助

（1）政府補助的確認。

Revised AFRS for SSEs 規定企業應將下列補助確認為政府補助：

①補助對企業未來經營表現沒有條件要求。企業應將補助金額確認為收入當該補助確定為企業的一項應收款項。

②補助對企業未來經營表現有條件要求。企業應將補助金額確認為收入當企業滿足相應的經營表現要求。

③在滿足補助收入確認條件之前應確認為一項負債。

中國準則沒有將政府補助按照是否滿足未來經營要求來區分，收到與資產相關的政府補助，應當確認為遞延收益，並在相關資產的使用壽命內平均分配，計入營業外收入。

中國準則沒有以是否滿足未來經營要求為政府補助收入確認的條件。中國準則規定在收到補助時，要確認為一項負債，且在資產的使用壽命內平均分配。而 Revised AFRS for SSEs 規定，如果對企業未來經營表現有條件要求的，須達到要求才能確認收入與資產，不確認為負債，確認的收入不用在之後的使用壽命內進行分配。對於不滿足確認條件的，收到的收入才作為一項負債。

(2) 列示。

Revised AFRS for SSEs 規定，對於收到的用於購買可折舊固定資產的政府補助，企業可以按補助金額，在資產負債表上單獨列示；也可以在資產的購買價款或生產成本中減去該補助金額，以資產的淨值列示。

中國準則將收到的政府補助確認為一項遞延收益，即負債，並在以後壽命期間分配計入各期營業外收入。在資產負債表列示時，應列示為一項流動負債；在利潤表中應在「營業外收入」項目中列示。

(3) 潛在負債的確認。

Revised AFRS for SSEs 當在特定條件下，企業很可能退回全部或部分補助時，企業應對該潛在負債進行確認。中國小企業會計準則未對此做出規定。

4. 基本金融工具

Revised AFRS for SSEs 規定企業應按照實質重於形式的原則將金融工具劃分為金融資產、金融負債或權益工具。除企業的關聯交易外，企業應按照金融資產或金融負債的公允價值作為初始入帳金額。對於金融工具的後續計量，除了投資權益工具外，企業應按攤餘成本對金融資產或金融負債進行後續計量。權益工具在活躍市場上有報價的，應按公允價值進行計量；權益工具在活躍市場沒有報價的，應按成本減去減值進行計量。金融工具公允價值的變動計入淨利潤。

中國《小企業會計準則》中規定的金融資產主要有：短期投資、長期債券投資和長期股權投資等。短期投資中以支付現金取得的短期投資，入帳時應當按照購買價款和相關稅費作為成本進行計量；在持有期間，確認收到的利息或分配到的現金股利為投資收益。長期債券投資，也是以成本進行入帳及後續計量，持有期間收到的利息應確認為投資收益。長期股權投資按照成本進行計量，並採用成本法進行會計處理；持有期間，獲得的現金股利或利潤應確認為投資收益。

Revised AFRS for SSEs 允許使用公允價值對金融資產進行計量，但中國準則對金融資產基本規定以成本進行計量。從 Revised AFRS for SSEs 對金融資產劃分的類別來看，其涵蓋的內容更多；中國明確規定了短期投資、長期債券投資、長期股權投資等幾種金融資產的會計準則，對其他金融資產未做詳細規定。

第五節　啟示

一、巴基斯坦企業會計規範總體國際趨同程度較高

正如前文所述，在巴基斯坦，除了銀行、保險公司等少數特例，公眾利益公司和大、中型企業均直接採用國際財務報告準則或中小實體國際財務報告準則，其會計規範的國際趨同程度很高。

特別是，即使在企業併購這一涉及複雜交易安排和錯綜利益博弈的領域，巴基斯坦也沒有執行具有本國特色的會計規範。2016年，巴基斯坦的兩家伊斯蘭金融銀行，Albaraka Bank (Pakistan) Limited (ABL) 和 Burj Bank Limited (BBL)，進行了換股合併。ABL以1股換BBL1.7股的比率，共發行普通股480,442,760股以換取BBL全部股份（816,752,758股），BBL的股東將持有合併後公司35%的股份。ABL在其2016年財報中披露，對此次合併採用《國際財務報告準則第3號——企業合併》(IFRS 3 Business Combinations) 中規定的購買法進行會計處理，即對BBL的可辨認資產和負債按其購買日的公允價值予以確認，按所發行普通股的公允價值與BBL可辨認淨資產公允價值之間的差額確認商譽。由於截至2016年12月31日（資產負債表日），BBL可辨認資產的公允價值尚未完全確定，ABL按照IFRS 3的要求在當年的年報中對BBL的資產、負債暫按購買日的帳面價值確認並計算商譽，待公允價值確定之後（購買日後1年之內）再進行追溯調整。

這樣的會計處理原則對於中國企業來說是非常熟悉的，因為中國的企業會計準則與國際財務報告準則保持了實質趨同。雖然這兩套準則仍存在少量差異（包括同一控制下企業合併的處理方法），但是，二者是高度趨同的；同時，中小實體國際財務報告準則只是對國際財務報告準則的簡化，在處理原則和方法上並沒有實質的區別，這些因素使得中巴兩國企業學習對方國家會計規範的成本得到有效降低。

雖然在跨國併購中，會計監管環境和財務報告規範的屬性並不是交易各方考慮的首要因素，但交易主體所在國高度趨同的會計規範將會極大降低併購所需財務信息的轉換成本以及併購完成之後的財務信息編製成本。因此，巴基斯坦企業直接採用國際財務報告準則體系的制度安排為中國企業與之開展併購交易或其他投資或貿易活動提供了很大的便利條件。

二、伊斯蘭金融業務領域的會計規範尚未成熟

（一）國內伊斯蘭金融會計準則的制定明顯滯後於行業發展需要

據巴基斯坦央行發布的伊斯蘭銀行業公報（Islamic Banking Bulletin, June 2017），截至2017年6月，該國共有21家伊斯蘭銀行和2,320個伊斯蘭銀行分支機構提供伊斯

蘭金融服務，這些銀行機構的資產總額占全國銀行業資產總額的 11.6%。在伊斯蘭銀行的資產總額中，遞減股本參與占 29.6%，股本參與占 17.9%，成本加利潤銷售占 17%，製造加利潤許可協議（Istisna）占 7.2%，伊斯蘭租賃占 6.8%，預付款購買（Salam）占 5.2%，其他方式形成的資產占 16.3%。

但是，目前正式發布的 IFAS 只對成本加利潤銷售（IFAS 1）和租賃（IFAS 2）兩類業務的會計處理進行了規範，而其他重要的金融服務方式應該如何進行會計確認、計量和列報只能由各家銀行根據自身對業務性質和適用準則的理解去自行判斷。再加上現行的財務報告格式未能及時根據已發布的 IFAS 和伊斯蘭業務模式進行調整，IFAS 的執行效果被進一步削弱，這將導致為數眾多的伊斯蘭銀行機構所編製的財務信息質量參差不齊、缺乏可比性。

（二）伊斯蘭金融領域的會計準則國際趨同度較低，各國實務呈現多樣化

亞洲-大洋洲會計準則制定機構組（Asian-Oceanian Standard-setters Group，AOSSG）從 2013 年 11 月的《銀行家》雜志刊登的各國伊斯蘭金融機構排名中挑選了來自 31 個國家的 132 家提供伊斯蘭金融服務的銀行進行研究。AOSSG 的研究報告指出：根據這些銀行 2016 年度財務報告披露的信息，除了 2 家銀行未說明所遵循的會計準則，48% 的樣本採用了國際財務報告準則，33% 採用了本國會計規範，17% 則採用伊斯蘭金融機構會計和審計組織（Accounting and Auditing Organization for Islamic Financial Institutions，AAOIFI）發布的財務會計準則（Financial Accounting Standards）。截至 2017 年 7 月，AAOIFI 發布了《伊斯蘭金融機構財務報告概念框架》和 24 項現行有效的財務會計準則，形成了比較完整的伊斯蘭金融會計準則體系。

從巴基斯坦的正式監管要求來看，銀行機構優先採用的是本國會計規範，在本國會計規範沒有相關規定或與之不衝突的情況下採用國際財務報告準則。我們在前文的分析中已經指出，巴基斯坦本國制定的伊斯蘭金融會計準則（IFAS）與國際財務報告準則存在不少實質上的差異，相較之下 IFAS 與 AAOIFI 制定的會計準則比較接近，但同樣也存在一定的差異。雖然巴基斯坦國家銀行曾在其監管文件（IBD Circular No 02 of 2008）中鼓勵銀行對 IFAS 尚未涉及的領域參照 AAOIFI 的會計準則進行會計處理，但這一建議並沒有強制性，相關銀行很可能選擇了不同的準則體系和會計方法。

中國企業在跨國併購中可能會尋求能夠提供伊斯蘭金融服務的銀行合作夥伴，甚至需要選擇該類機構作為交易對手或者目標企業，這時必須小心應對伊斯蘭金融會計的國別差異可能造成的障礙，切不可理所當然地將不同國家（甚至相同國家）不同銀行同類業務的財務數據直接進行比較。我們既要徹底掌握伊斯蘭金融服務的交易安排又要準確瞭解特定銀行機構具體的會計實務方法，才能恰當理解和使用銀行提供的財務信息。

三、小型企業的會計規範兼具本國特色和國際化特徵

從國際範圍來看，為了契合使用者對小型企業會計信息的實際需求、降低小型企業

的信息編製成本，大部分國家（和地區）都會針對本國的小型企業制定專門的會計規範。巴基斯坦也不例外，在直接採用國際財務報告準則體系的同時，也實施具有本國特色的《小企業會計與財務報告準則》。由於受會計規範國際趨同理念的影響，巴基斯坦小企業會計規範的會計處理原則和方法並未超出國際財務報告準則的範疇，這對於中國企業在與巴基斯坦小型企業展開貿易、投資、併購等商業往來活動時理解、分析對方企業的財務信息提供了較大的便利。

第六章　巴基斯坦金融市場

第一節　概述

金融市場是一個國家融通資金的場所，具有確定價格、資產評估、套利、籌集資金、商業交易、投資和風險管理的主要功能。有海外併購意願的企業不論目的如何，都必須充分利用目的國的金融市場，以達到自身的併購目的。因此，海外併購企業需要密切關注該目的國的金融市場狀況，詳細瞭解當地的投資融資環境，為其未來在海外的投資決策、融資決策、經營決策以及利潤分配決策做出一個合理的頂層設計，讓企業在「走出去」之前就能夠立於不敗之地。巴基斯坦作為發展很快的「一帶一路」沿線國家，近年來與中國的經貿關係日趨活躍和緊密，已成為中國海外投資的重要目的國，因此，對其金融市場的研究尤其重要。本章主要從外匯市場、貨幣市場、資本市場以及其特殊的金融模式四個方面來論述。

一、外匯市場

（一）外匯市場政策

巴基斯坦現行外匯政策有：《巴基斯坦外匯監管條例》（1947年頒布，2016年修訂）、2001年《外匯帳戶（保護）法案》《外匯儲備管理治理結構和管理策略》（2016年頒布）。

1.《巴基斯坦外匯監管條例》

1947年頒布的該條例制定和規範了巴基斯坦外匯政策及其運作模式，目的是對國家的經濟和金融利益進行監管，包括對某些支付、外匯交易、證券、貨幣和黃金的進出口的監管等。該條例主要規定有：如何授權外匯交易、如何申請授權經銷商的許可證、授權經銷商如何在其授權範圍內從事交易、授權經銷商應如何對客戶進行監管、如何授權貨幣兌換商（即資產管理公司）、授權貨幣兌換商應遵守的行為準則、授權貨幣兌換商對客戶進行相關的檢查等。

2016年的修訂版對特定支付、外匯和證券交易以及貨幣和黃金的進出口的監管規範進行修改，主要補充了對從事外匯交易的授權經銷商、授權貨幣兌換商和交易公司，以及相關的交易限制、支付限制、凍結帳戶、聯邦政府收購外匯等規範。

2. 2001年《外匯帳戶（保護）法案》

該法案規定，巴基斯坦不對外匯實施管制。在巴基斯坦居住的外國人，在巴境內的外國獨資或合資公司、外國公司分支機構，可以在有外匯經營資格的銀行開立、使用外匯帳戶。對這些帳戶的外匯匯出、匯入、現金存取沒有限制。巴基斯坦允許外國投資者匯出全部資本及投資所得，前提是繳納10%的代扣稅。巴基斯坦也不限制外國人帶外幣現金和旅遊支票出入境。

3.《外匯儲備管理治理結構和管理策略》

巴基斯坦中央銀行發布了該法案，規定了巴基斯坦的外匯儲備由中央銀行授權，由巴基斯坦國家銀行管理。銀行可以直接或間接地購買、持有和出售由政府、機構、地方當局、企業和國家發行的貨幣和金融工具，其貨幣和金融工具是被宣布為已批准的外匯。銀行可以指定管理人員、託管人員、諮詢師和其他專業顧問，以有效管理國家外匯儲備。

（二）外匯市場結構

1. 外匯交易層次

巴基斯坦外匯交易分為三個層次，即本國銀行間的外匯交易、場外市場的外匯交易與哈瓦拉經紀商的外匯交易。前兩個市場屬於官方認可的外匯市場，哈瓦拉市場是一個非正式的外匯市場，是一種不合法的非官方的地下外匯市場。

2. 獨特的地下外匯交易——哈瓦拉

哈瓦拉其實是一種地下錢莊，獨立於政府銀行體系之外，以網絡為依託，以信用為基礎，費用低廉的跨國界流動的外匯交易方式。哈瓦拉最早出現在南亞次大陸巴基斯坦和印度等國，經過多年的發展，已經成為包括伊斯蘭世界在內很多國家普遍存在的資金流通方式。

哈瓦拉是以網絡為依託的。一個哈瓦拉網絡的網點可以分佈於多個國家和地區，交易十分快捷而隱蔽。也因為如此，哈瓦拉還成為恐怖組織和犯罪集團轉移資金和洗錢的工具，被歐美國家密切關注。

哈瓦拉是以信任為基礎的。而這種信任又是以種族、家族血緣等關係為基礎的，無論是經營者還是客戶，都是因為這個基礎產生信任而發生關係。

正常經營的哈瓦拉網絡，通常是在多個不同的國家和地區建立網點，這些網點一般都存放大量現金，有客戶來匯款，經紀人只需通知（電子郵件或電話均可）收款人所在地的網點，約定好支付暗號，收款人即可在該網點取款，既不需要票證也無須資金轉移，方便快捷。這也是哈瓦拉受到青睞的原因之一。

3. 外匯市場存在的風險

巴基斯坦政府對官方的外匯市場監管比較嚴格，整個外匯市場的風險主要出現在地下錢莊——哈瓦拉。哈瓦拉由於方便、快捷、價格便宜而且充滿人情味，使得這種地下金融組織在巴基斯坦長期存在，但是由於哈瓦拉是非官方的、獨立於政府銀行體系之外，且交易方式奇特，所以，對國家和使用者都存在著巨大的風險。

首先，哈瓦拉獨特的交易方式同樣方便了不法交易，容易成為恐怖組織和犯罪集團

轉移資金和洗錢的工具。

其次，由於哈瓦拉獨立於政府銀行體系之外，政府和社會機構無法對其進行監管，因此，其之存在和發展，給社會經濟的正常運轉帶來負面影響。一方面，哈瓦拉方式直接造成了大量的稅收流失，無論對匯出國還是匯入國的財政都是一個損失；另一方面，哈瓦拉交易的資金基本不受監控，更無法統計，使貨幣管理部門難以對貨幣的社會流通量進行準確評估，進而對該國貨幣政策產生衝擊。

最後，由於交易本身沒有任何憑據，全憑種族和血緣關係產生的信任進行交易，如果信任不存在或者中間發生一些意外，會導致資金無法回收，造成巨大的損失。

（三）成長中的外匯市場

巴基斯坦是發展中國家，也是個新興市場，因此，其外匯市場也處於成長之中，存在著負債不充分、不平衡，規模小、較脆弱等特點。外匯匯率和外匯儲備波動較大是其主要表現。

1. 外匯匯率波動較大

（1）外匯匯率管理體制變動較大。

巴基斯坦的外匯管理經歷了1971年前與英鎊掛勾，1971—1981年與美元掛勾，1982年後實行單一銀行浮動匯率，1998年開始採用官方和銀行雙匯率制度，1999年實行單一官方匯率，2000年又開始實行浮動匯率制度。國家匯率管理的機制在短時間內的整體變動幅度較大。

（2）近年來巴基斯坦政府為了穩定國內經濟形勢，不斷地讓盧比人為貶值。

在巴基斯坦盧比交易清淡的市場上，只有巴基斯坦央行是最大的參與者，交易者稱央行控制著一個受控的浮動匯率。例如，在2002—2006年，在央行的控制下，巴基斯坦匯率相當穩定，基本在58～60盧比：1美元的水準上下浮動。2008年以後，盧比發生了貶值。截至2017年7月7日，盧比兌美元的匯率從85.56盧比兌1美元的水準下跌至108.00盧比兌換1美元。為此，巴基斯坦央行宣布，巴基斯坦由於3,000億美元的經濟顯現出了強勁的基本面，雖然對外帳戶的赤字在擴大，但市場及央行中匯率調整背後的理念是貶值，這將解決對外帳戶上出現的不均衡，加強國家的增長前景。然而，有國內經濟學專家對此表示了不同的看法，巴基斯坦財政部長Ishaq Dar稱他對貨幣的人為貶值感到「深刻的擔憂和憤怒」。

2. 外匯儲備波動較大

巴基斯坦外匯儲備的變動幅度非常大，1993年最低為14億美元，2016年最高達到245億美元，2017年7月在200億美元左右。波動大的原因與巴基斯坦的政治局勢不穩定有關，巴基斯坦政府為了提高外匯儲備也做了許多努力。

以2013年為例，2013年10月4日，巴基斯坦央行持有的外匯儲備為39.53億美元，不足以支付巴基斯坦一個月的進口費用。一般來說，衡量外匯儲備是否穩定的標準是其能否足以支付三個月的進口費用。巴基斯坦每月進口（包括貨物和服務）費用約為45億美元，當年11月還需向國際貨幣基金組織償付7億美元，而需向其他貸款機構償付的金額還未計算在內。巴基斯坦的外匯儲備已徹底陷入危機。為此，巴基斯坦政府與

巴基斯坦國民銀行、聯合銀行、聯盟銀行以及東京銀行、渣打銀行、瑞士銀行、阿富汗銀行等國內外銀行機構簽署了約 6.25 億美元、名為「石油金融機制與貸款安排」的協議。按照協議，相關銀行需從國外獲取資金以幫助巴政府提高外匯儲備，並將於兩週內開始實施。政府認為此舉有利於提高外匯儲備、穩定盧比匯率，尤其是降低銀行間市場與公開市場間的差價。此後，巴基斯坦的外匯儲備逐年攀升，於 2016 年 10 月達到了 245 億美元的最高峰。隨後外匯儲備由於政府為了刺激經濟，人為貶值盧比而逐步降低。

二、貨幣市場

（一）貨幣政策

1. 貨幣政策的變化

1972 年以前，巴基斯坦的貨幣政策主要依靠間接方式（買賣政府債券、調節銀行利率、改變流動利率）調控信貸，但是間接方式不太有效。從 1972 年開始，貨幣政策更依賴直接方式（貸款限額和分配、合理的貸款目標、優惠貸款等）。20 世紀 90 年代開始，對銀行和金融機構進行改革，貨幣政策的貸款管理也隨之發生變化，從直接管理轉向間接管理。

2. 利用貨幣政策進行宏觀管理

巴基斯坦中央銀行主要通過利用政策利率（貨幣市場隔夜回購利率）、反向回購利率、回購利率、公開市場、伊斯蘭公開市場、現金儲備金要求、流動性要求和外匯互換調整貨幣政策，國家也會根據即時的通貨膨脹情況降低或提高貼現率，達到宏觀管理的目的。

以 2009 年為例，在 2009 年剛開始的幾個月，巴基斯坦通貨膨脹率持續下降，為巴基斯坦央行調整近年來持續實施的緊縮貨幣政策提供了空間。為推動經濟增長，巴基斯坦央行 2009 年 8 月、11 月兩次共降息 150 基點，使政策貼現利率降至 12.5%，同時對貨幣政策進行重要改革以加強其操作效率，如引入貨幣市場隔夜回購利率的通道結構管理以穩定市場短期利率。但巴基斯坦通脹率在 2009 年 10 月份創下 8.87% 的 22 個月低點後大幅反彈，2010 年 5 月份為 13.07%，其中食品通脹率為 14.81%，扣除食品和能源的核心通脹率也達到 10.3%。國際大宗商品價格壓力，以及巴基斯坦內食物價格上漲、政府為改善財政狀況而實施的逐步消除補貼、調整能源價格等措施使巴基斯坦通脹預期繼續上行，巴基斯坦央行預計當年平均 CPI 將接近 12%，因此 2010 年 3 月 27 日和 5 月 24 日兩次利率會議均決定將政策貼現利率維持在 12.5%。

（二）主要信用工具

巴基斯坦貨幣市場的信用工具包括短期政府債券、回購協議、銀行承兌票據、短期伊斯蘭債券、利率互換、貨幣互換和其他。貨幣市場工具交易的清算和結算是通過轉讓所有權的帳單系統，即交付付款（DVP）。

（三）貨幣供應與需求

巴基斯坦的貨幣供應較多，其廣義貨幣增長率一直以來都遠遠高於 GDP 增長率，導致通貨膨脹一直居高不下，近幾年由於政府不斷降低存款和貸款利率，通貨膨脹才有

所緩解。各年貨幣供應與 GDP 指標對比如表 6.1 所示。

表 6.1　　　　　　　　各年貨幣供應與 GDP 指標對比

截止時間	廣義貨幣增長（%）	GDP 增長（%）	按 CPI 計通貨增長（%）	貨幣與準貨幣（萬億）
2007 年	19.72	5.68	7.6	4.38
2008 年	5.69	1.6	20.29	4.63
2009 年	14.76	3.6	13.65	5.32
2010 年	15.05	4.14	13.88	6.12
2011 年	12.04	2.36	11.92	6.85
2012 年	17.03	4.19	9.69	8.02
2013 年	14.73	6.07	7.69	9.20
2014 年	10.59	5.41	7.19	10.17
2015 年	12.35	5.54	2.54	—
2016 年	13.55	5.74	3.75	—

資料來源：新浪財經全球宏觀經濟數據，http://finance.sina.com.cn/worldmac/。

（四）利率變動趨勢

巴基斯坦央行從 2011 年來不斷降低基準利率（如表 6.2 所示），並受到了巴基斯坦工商界的普遍歡迎。自不斷降息之後，巴基斯坦宏觀經濟狀況進一步改善，通脹率繼續走低、貿易赤字收縮、外匯流入增加，宏觀經濟向好。

表 6.2　　　　　　　　各年各種利率對比

截止時間	存款利率（%）	貸款利率（%）	按 CPI 計通貨增長（%）	貨幣與準貨幣（萬億）
2007 年	5.31	11.77	7.6	4.38
2008 年	6.92	12.94	20.29	4.63
2009 年	8.68	14.54	13.65	5.32
2010 年	8.15	14.04	13.88	6.12
2011 年	—	14.42	11.92	6.85
2012 年	7.98	13.52	9.69	8.02
2013 年	—	11.99	7.69	9.20
2014 年	7.27	11.73	7.19	10.17
2015 年	5.97	—	2.54	—
2016 年	4.83	—	3.75	—

資料來源：新浪財經全球宏觀經濟數據，http://finance.sina.com.cn/worldmac/。

三、資本市場

相比於貨幣市場，資本市場有如下特點：①融資期限長，一年以上；②融資金額大；③流動性弱；④風險大，如價格變動幅度大等，但收益高。

（一）股票市場

巴基斯坦股票市場已經成為一個發展強勢的新興市場。

截至 2017 年 3 月，共有 560 家上市公司，總市值 95,948 億盧比，總股票數量 705.1 億股。從市場表現上看，近年來，巴基斯坦股市明顯強於中國和印度兩大金磚國家。據《福布斯》網站披露，巴基斯坦股市 2016 年的市場回報率達到了 20%，中國為 9.8%，印度為 12.77%，巴基斯坦相對於印度和中國的股市收益率有 2 比 1 的優勢。而近五年的股市收益率，巴基斯坦為 400%，中國為 16%，印度為 33%，更是遙遙領先。

相對於中國和印度，巴基斯坦的經濟體量、經濟形勢和安全狀況都相去甚遠，可是為什麼在股市上遠遠強於這兩個國家呢？首先，巴基斯坦還不是嚴格意義上的新興市場，只能稱為邊疆市場，這種市場更容易吸引國際熱錢，尤其是帶賭博性質的資金前來投資。其次，由於阿富汗戰爭和反恐需要，歐美國家對巴基斯坦進行了一定的經濟援助，加上巴基斯坦本國正在努力進行的市場改革也得到了國際社會的認可，雙重作用之下，巴基斯坦獲得了較大的資金支持，如世界銀行支持了 10 億美元，上海電力也積極向卡拉奇的 K-Karachi 進行投資等等。國際機構和投資者的認可，甚至超過了中印。最後，巴基斯坦境內的恐怖活動對政治經濟以及人民生活的影響並不像外界認為的那麼嚴，貿易和金融市場沒有受到實質性損害。但是，其風險也是巨大的，邊疆市場的波動之大已經為眾多國家的市場所證明，而且，經過近五年的高速發展，近期也有停滯甚至回落的可能。

（二）債券市場

1. 債券市場欠發達

巴基斯坦長期以來債券市場發展時間很短、並不發達。過去十多年，由於政局不穩和恐怖襲擊等原因，造成政府赤字嚴重，政府也開始發展債券市場。2005 年才首次發行了 450 億盧比伊斯蘭債券。此後政府發行普通債券逐步常態化。

2. 發債成本較高

由於投資者對政府和未來經濟形勢沒有信心，債券的成本比周邊國家和地區的都高，造成很沉重的債務負擔。以 2015 年 9 月 25 日的一次政府發債為例，巴基斯坦在國際債券市場成功發行 5 億美元的 10 年期債券，在國內引起較大爭議。因為此次發行債券的票面利率仍為 8.25%，與 2014 年發行的債券持平，且高於近期加蓬、斯里蘭卡、土耳其、埃及等國在歐洲債券市場發行債券的收益率，如斯里蘭卡在當年 5 月以 6.125% 的利率發行了 6.5 億美元 10 年期債券，比巴基斯坦債券低 2 個百分點。此次舉債後，巴基斯坦商業利率的外債占總外債的比例將超過 35%，還款付息壓力巨大，如美聯儲加息，部分債務的成本還將上升，在巴基斯坦出口創匯無力、外商投資不足的情況下，巴基斯坦未來償債能力令人擔憂。

3. 近兩年經濟形勢好轉發債成本也沒有改變

表 6.3 為最新的巴基斯坦國債利率，可以看出發債成本與 2015 年相比較沒有較大的回落，說明在國內經濟形勢向好的前提下，國際資本市場對巴基斯坦並不買帳。

表 6.3　　　　　　　　2017 年 8 月 4 日巴基斯坦國債收益率

	最新價(%)	基礎(%)	高(%)	低(%)	漲跌	漲跌幅
巴基斯坦 3 個月期	5.990	5.990	5.990	5.990	0	0%
巴基斯坦 6 個月期	6.010	6.010	6.010	6.010	0	0%
巴基斯坦 1 年期	6.030	6.030	6.030	6.030	0	0%
巴基斯坦 3 年期	6.400	6.401	6.400	6.400	0	0.00%
巴基斯坦 5 年期	6.951	6.951	6.951	6.951	0	0%
巴基斯坦 10 年期	8.100	8.101	8.100	8.100	-0.001	-0.01%
巴基斯坦 15 年期	10.999	11.000	10.999	10.999	0	0.00%
巴基斯坦 20 年期	12.899	12.899	12.899	12.899	0	0%
巴基斯坦 30 年期	13.500	13.500	13.500	13.500	0	0%

四、巴基斯坦特殊的金融模式

(一) 伊斯蘭金融

伊斯蘭金融是一種獨特的金融形式。伊斯蘭經濟金融界，在不違反伊斯蘭教義（禁止收取利息）並遵循利益共享、風險共擔原則的基礎上，按照現代經濟法律體系，設計了多種融資和經營模式，通過共同投資、租賃、收取費用等各種手段對相關企業和項目進行投資，同時將利潤或收益支付給投資者（存款人），實現了傳統教義與現代金融模式的調和。巴基斯坦的伊斯蘭金融是目前除了印度尼西亞以外發展得最好的一個國家，主要有伊斯蘭銀行、伊斯蘭債券和伊斯蘭基金。

1. 伊斯蘭銀行

伊斯蘭銀行是帶有濃重伊斯蘭宗教色彩的，受伊斯蘭教義嚴格規範的，區別於傳統銀行體系的金融信貸機構的總稱。《古蘭經》認為，計收利息是違背天理道德的，因此伊斯蘭教義規定，利息屬於非法收入，必須嚴格禁止。也因如此，大多數的伊斯蘭國家銀行業欠發達，企業和個人投融資均比較困難，導致了國家經濟難以發展。為此，一些現代伊斯蘭經濟學家決心創建符合伊斯蘭教義的金融信貸體制，他們去除不符合伊斯蘭教義的經營手段，如利息概念，吸收了現代經濟學的先進手段，如股權概念，形成了伊斯蘭特色的金融信貸理念和體制，史稱「伊斯蘭銀行運動」。伊斯蘭銀行區別於傳統銀行的特點是：銀行無須為存款支付利息，也不能向貸款收取利息。還有就是，銀行的資金主要來源於存款和政府的無息貸款。

2. 伊斯蘭債券

伊斯蘭債券是以資產實物為基礎的、收益相對穩定的、可轉讓且符合伊斯蘭教義的

信託權證（參見本章第三節《貨幣市場》之短期「伊斯蘭債券」）。伊斯蘭債券通常以信託憑證或參與憑證的形式發行。伊斯蘭債券持有人所享有的是對該資產收益的所有權而不是債權。伊斯蘭債券的投資領域，特別是房地產業和商貿行業，由於受伊斯蘭教義限制，發展得非常緩慢。

伊斯蘭債券的發行幣種，最初是以美元為主導的，之後逐漸增加多種伊斯蘭國家幣種，如馬來西亞林吉、阿聯酋第拉姆以及沙特阿拉伯里亞爾等，使伊斯蘭債券成為從由美元主導到伊斯蘭國家貨幣共同影響的金融工具。這種影響仍在進一步擴張之中。

3. 伊斯蘭基金

伊斯蘭基金是借用了世俗世界的基金形式，依照伊斯蘭原則進行改造變通使之符合伊斯蘭教義的產物。因此，伊斯蘭基金可以稱為伊斯蘭教義約束下的基金，即伊斯蘭基金必須遵守伊斯蘭教法規定的投資原則，接受伊斯蘭教律法委員會的監督，該委員會可以定期對基金進行審核，並向基金經理提出投融資建議。同時，伊斯蘭基金還是強調道德原則的金融工具，強調在宗教信仰基礎上的社會責任，因此，其對基金投資領域有嚴格的限制和嚴厲的罰則。

伊斯蘭基金有嚴格的投資限制：按照伊斯蘭教法規定，基金只能投資股票。但也並非可以投資任意股票，一切與利息和投機（如金融服務和衍生工具，一般基金尤其是對沖基金或130/30基金等）相關行業的股票都在禁止之列；一切不符合伊斯蘭道德原則，如賭博、休閒娛樂（酒店、電影及音樂事業等）、酒精飲品、與豬肉相關的產品、色情、武器及軍事設備、菸草、基因工程等行業，以及一些存在次級債業務或相關財務數據混亂的公司的股票也被列入禁止範圍。

伊斯蘭基金有嚴厲的罰則：按照伊斯蘭教教法規定，伊斯蘭基金不僅不能投資禁止投資的領域和項目，而且，在被允許投資的項目中，其收入組合中如果有被伊斯蘭教法認定為不合法、不純潔的成分，就必須去掉。比如，某公司利用基金投資經營被教法禁止的業務，基金又從該業務中取得收入，那麼，這些收入將被伊斯蘭教律法委員會沒收，並捐獻給委員會認可的慈善機構。

伊斯蘭基金雖然以伊斯蘭命名，但並非只對伊斯蘭教徒開發，也對非伊斯蘭教徒開發，只要他接受伊斯蘭基金的經營理念和方式。其實，在世界各地，由於伊斯蘭基金的道德原則社會責任，也很受世俗人士的追捧。這也是伊斯蘭基金能夠發展壯大的原因。

除此之外，伊斯蘭金融體系裡還有伊斯蘭保險、伊斯蘭央行票據、伊斯蘭住宅抵押證券等其他種類繁多的金融工具。

（二）微型金融

微型金融是一種特殊的金融方式，其特殊性在於「微型」一詞。「微型」包含兩層意思，一是其所通融的資金額度微小，可以理解為小額信貸；二是其所提供金融服務的對象經濟能力微弱，屬弱勢群體。這些群體因為無力提供抵押擔保或其他信用，往往被傳統金融體系拒之門外，得不到金融服務和支持，喪失很多進一步發展的機會，所以，微型金融的出現，正是為了解決這個問題。當然，也並非所有窮人都可以得到微型金融服務，只有那些有穩定收入來源、有一定償付能力的個人或微型企業。比如，小農場

主、小作坊主、小零售商、街頭小販、小型低收入勞動者等等。微型金融認為，對於無力償付的無穩定收入來源、無家可歸的極度貧困者的援助，是政府的責任。

在巴基斯坦，微型金融已有40多年的歷史。一開始，主要是扶貧以及提高婦女地位等為初衷，以慈善機構和多邊組織捐款、政府撥款和補貼為資金來源，規模小，覆蓋率低。2001年巴基斯坦加強對微型金融的監管和扶持，建立村鎮銀行，加大政府扶持的力度，實施全面的金融普惠計劃，極大地促進了微型金融的發展。

截至2011年年底，巴基斯坦小額貸款受益者僅約200萬人，而目標市場則為2,500萬至3,000萬。巴基斯坦的金融滲透率也處於全球較低水準，成年人口有56%未享受任何金融服務，另有32%未享受正規渠道的金融服務。巴基斯坦的微型金融未來會有很大的發展空間和機會。

五、金融監管

（一）對外匯的監管

巴基斯坦政府1947年頒布了《巴基斯坦外匯監管條例》；2001年頒布了《外匯帳戶（保護）法案》；2016年頒布了《巴基斯坦外匯監管條例修訂版》；2016年8月，巴基斯坦中央銀行發布了《外匯儲備管理治理結構和管理策略》。

（二）對銀行的監管

巴基斯坦國家銀行（即巴基斯坦中央銀行）是銀行監管的主體。

按照「國家銀行法」以及隨後一系列的法令規定，巴基斯坦國家銀行的主要職能有：①執行聯邦政府和省政府的銀行的職能。它接受政府存款，辦理政府部門同其他銀行的資金結算，並向政府提供現金。中央銀行管理和代銷政府公債，零售政府國庫券和其他有價證券。在設有分支機構的城鎮，中央銀行委託國有化銀行辦理政府業務。中央銀行不向政府交付利息，也不收取經營手續費。②中央銀行向聯邦政府和省政府發放短期信貸。這些貸款無須擔保品，但期限不得多於3個月。此外，還向省政府發放以聯邦政府債券作為擔保的中長期貸款。向政府提供信貸的另一種形式是進行公開市場業務，中央銀行不僅購買公債，還購買政府因特定目的而發行的證券，但在銀行部，證券持有總額不得多於銀行股本、儲備基金和負債的總和。③執行「最後貸款人」的職能。④通過「銀行檢查監督系統」來保證銀行體系的穩定。為了維持盧比的對外價值，中央銀行對外匯進行管制。管制方法是由中央銀行指定經營外匯業務的機構，而由它制訂外匯匯率，並參與外匯預算工作。⑤設立發展基金。其基本功能都是對這些領域的專業信貸機構發放中長期支援資金，使其能成為這些領域內經濟開發的有效融資渠道。

巴基斯坦國家銀行2008年發布了《銀行業十年改革戰略（2008.7—2018.6）》，對整個國家銀行業做了基本規定和規劃。2009年，巴基斯坦國民議會頒布《銀行公司條例》，賦予中央銀行對商業銀行更大的監管權限。主要體現在三個方面：一是對商業銀行註冊資金的監管，央行可以對任何一家商業銀行進行風險管理評估，並根據評估結果要求商業銀行增加註冊資金；二是對商業銀行儲備金的監管，央行可根據風險管理評估結果決定商業銀行的最低儲備金；三是對商業銀行股權交易的監管，規定凡認購任何一

家銀行5%以上股權的，必須經過央行批准，目的是防止商業銀行股權的過度集中。2016年，巴基斯坦國家銀行採取以下措施進一步加強對銀行業的監管：加強法律法規建設，增強金融監管；擴大金融網絡兼容性；完善金融市場基礎設施建設；規範銀行行為，保護金融消費者權益。

（三）對資本市場的監管

巴基斯坦資本市場的監管分法規制定和法規執行兩個層級。法規制定，由巴基斯坦商務部、財政部和投資部負責；法規執行，由巴基斯坦證券交易委員會負責。巴基斯坦證券交易委員會依照法規對資本市場的交易活動進行監管，主要手段有調查和執法，即對問題交易案件進行調查，對違法交易案件的涉案企業及人員進行處罰。與世界各國證券交易委員會職能不同的是，由於巴基斯坦沒有專門針對保險市場的監管機構，巴基斯坦證券交易委員會也行使保險市場監管職能。

（四）對伊斯蘭金融的監管

1. 一般伊斯蘭世界對伊斯蘭金融監管的特點

沙里亞諮詢委員會是伊斯蘭金融的宗教監管機構。沙里亞是伊斯蘭教法的總稱，沙里亞諮詢委員會就是監督各項伊斯蘭教法貫徹執行的總機構，所以，在伊斯蘭教義約束下的伊斯蘭金融也在其監管之下。該委員會對伊斯蘭金融的監管，主要是監督伊斯蘭金融機構的日常經營，以保證其經營的金融產品符合伊斯蘭教義。

伊斯蘭世界對伊斯蘭金融的監管有如下特點：

第一，監管理念相同。伊斯蘭金融是宗教教義約束下的金融方式，以宗教理念進行宗教監管是其最大的特點。伊斯蘭教義規定，利息和通過利息獲利以及向基因工程、軍火、休閒娛樂等領域投資是違背教義教法的，因此，其監管的首要目的就是禁止這種經營活動。

第二，監管機構不統一。雖然各國都是以沙里亞諮詢委員會為其監管機構，但由於沙里亞諮詢委員會是各教派自己設立的，不同的教派有不同的沙里亞諮詢委員會，所以，就大部分伊斯蘭國家來說，沒有統一的監管機構。

第三，監管標準不統一。由於伊斯蘭教存在眾多派別，不同的教派對《古蘭經》理解不同，具體教義也有所區別，其各自設立的沙里亞諮詢委員會對金融機構的監管標準也各個不同，所以，就大部分伊斯蘭國家來說，沒有統一的監管標準。當然，他們對原則性的規定是相同的。

此外，伊斯蘭金融機構在內部管理上也有自己的特點，雖然伊斯蘭金融機構與投資人的關係是建立在利潤分享和風險共擔的理念上的，類似公司與股東的關係，但除了分享利潤外，並沒有賦予投資人相應的股東權利，無權參加股東會議等。

2. 巴基斯坦對伊斯蘭金融的監管

與一般的伊斯蘭國家不同，巴基斯坦對伊斯蘭金融的管理制度、監管標準和監管機構是統一的。成立有國家層面的沙里亞諮詢委員會，負責審查國家各項法律制度是否符合伊斯蘭教義並予以糾正。沙里亞委員會的級別很高，成員均由總統委任，權力也很大，涉及國家經濟政治文化各方面，當然也包括伊斯蘭金融。

巴基斯坦對伊斯蘭銀行採取雙重監管模式。一是宗教監管，監管依據是伊斯蘭教法。對伊斯蘭金融的宗教監管由國家沙里亞諮詢委員會負責，當金融機構與沙里亞諮詢委員會出現分歧的時候，則需提交聯邦伊斯蘭法院裁決，聯邦伊斯蘭法院是伊斯蘭金融的最高管轄部門。二是政府監管，監管依據是國家相關法律。政府對伊斯蘭金融的監管由國家銀行（即巴基斯坦央行）下設的伊斯蘭銀行部負責，該部門依據伊斯蘭教法和國家相關法律，對伊斯蘭銀行制定各項規定，如市場准入、經營範圍、風險管理、市場退出等，還就如何符合伊斯蘭教法給予指導。

（五）對微型金融的監管

2011年巴基斯坦央行制定了2011—2015年微型金融戰略框架（Microfinance Strategic Framework 2011-2015），旨在促進巴基斯坦微型金融的可持續發展。巴基斯坦央行還啟動試點性金融知識普及項目，目的是向大眾傳授基本金融概念，如預算、存款、投資、債務管理、金融產品等。該項目首批受益者達5萬人，他們主要是低收入人群。未來會視試點項目效果，或將其覆蓋範圍擴大至全國。

第二節　外匯市場

一、外匯市場發展歷程

外匯市場是指經營外幣和以外幣計價的票據等有價證券買賣的市場，是金融市場的主要組成部分。匯率是外匯市場的核心。巴基斯坦外匯市場的發展經歷了三個階段。

（一）20世紀40年代至20世紀70年代，實行匯率掛勾制度

1947年巴基斯坦獨立後至1970年，盧比是與英鎊掛勾的。1971年開始，巴基斯坦政府開始提議將盧比與美元掛勾，實行盧比「盯住」美元的政策。1981年，由於外國匯款突然下降，導致盧比兌美元的匯率發生巨大變動，此時，巴基斯坦採用管理的浮動匯率以緩解官方匯率與黑市匯率的差異。

（二）20世紀80年代至20世紀90年代，推行浮動管理匯率制

1982年，基於國際貨幣基金組織的擴展基金貸款的安排，盧比與美元脫鉤，並實行浮動管理匯率制，該制度將盧比的幣值與主要貿易夥伴的一籃子貨幣相聯繫，並由國家銀行定期對盧比的價值進行調整。1994年，巴基斯坦接受《國際貨幣基金組織協定》第八款，負有避免經常性支出限制、避免差別貨幣措施和外國持有結餘自由兌換的義務，該協定允許居民持有外匯帳戶、國家銀行向貨幣兌換商頒發許可證允許其公開進行外匯交易。

1998年5月28日，巴基斯坦的核試驗打亂了外匯改革。巴基斯坦對收支和外匯帳戶設定限制，主要是防止國際金融組織和其他捐助者暫停援助給外匯儲備和收支平衡帶來的損害。1998年7月，巴基斯坦推出官方匯率和銀行間浮動匯率的雙匯率體系，允許在兩種匯率的基礎上進行交易。最初雙匯率固定在50∶50，隨後改為20∶80，明顯支持

銀行間匯率。1999年5月，根據國際貨幣基金組織的要求，官方匯率和銀行間浮動匯率合併，銀行間浮動匯率成為官方匯率。

（三）21世紀至今，實行浮動匯率制度

自2000年1月，盧比開始實行浮動匯率機制，國家銀行可以從銀行間和場外市場購買外匯，以增加儲備。通過銀行和外匯公司，盧比在市場上可以自由兌換。2002—2006年，匯率穩定在58~60盧比兌換1美元的水準。

二、外匯市場現狀

（一）外匯市場交易結構

巴基斯坦外匯交易分為三個層次，即本國銀行間外匯交易、場外市場的外匯交易、哈瓦拉網絡。

1. 本國銀行間外匯交易

本國銀行間外匯交易是一個正式的外匯市場，是指所有在銀行系統內部進行的外匯交易，主要包括出口收入、官方匯款、外國私人投資、外匯公司購買外匯、進口支付、外國公司的利潤匯回、轉移到國外的資金等。銀行間市場的需求和供給決定銀行間的官方匯率。

2. 場外市場的外匯市場

場外交易市場也是一種正式的外匯市場，參與主體主要是交易公司或貨幣兌換商，其主要外匯來源包括工人匯款，外匯支出包括購買醫療、旅行和教育等。公開交易市場的匯率是由在場外市場上的美元需求量和供應量決定的。場外交易市場與銀行間外匯市場之間的價差通常被稱為「場外溢價」，一般為7%~9%。

3. 哈瓦拉網絡

哈瓦拉在印度語中是地下錢莊的意思，它是一個非正式的外匯市場，建立在中東、印度次大陸、非洲甚至美國和英國的哈瓦拉經紀人網絡的基礎上，其建立基礎是相互信任的社交網絡。

哈瓦拉的運作方式可以通過舉例說明。例如：巴基斯坦的某個人A要把1萬英鎊匯給英國某地的B，A找到某個在巴基斯坦辦公的哈瓦拉經紀人C，C接到這筆交易後，通過電話或互聯網跟自己在英國的夥伴D聯繫，C收下A的錢，而D使用自有資金將1萬英鎊交給B。該筆交易在發生時並不在兩國的哈瓦拉系統顯示資金往來，而是在完成一定的交易數量後，兩國才進行軋差結算並支付。比如C與D完成10筆交易後，C為D多支付了20萬盧比，此時D將差額支付給C即可。

從哈瓦拉的運作方式可以看出，哈瓦拉獨立於銀行體系，但是與銀行體系也存在聯繫，比如在不同國家的同一個哈瓦拉網絡，一般通過銀行體系支付收付差額。

哈瓦拉網絡的迅速發展得益於它具有方便快速、手續費低、移民或海外勞工容易接受等特點。首先，哈瓦拉網絡不需要證明文件、銀行單據等繁瑣的手續，並且可以在十幾分鐘至幾小時內完成匯款到收款，具有方便快速的特點；其次，哈瓦拉網絡收取的手續費比銀行低很多，因此，不管是中小企業還是移民或海外勞工更傾向於通過哈瓦拉網

絡匯款；最後，哈瓦拉網絡是建立在種族、親緣關係的基礎上的，移民或海外勞工基於信任本種族的人而更容易接受哈瓦拉網絡進行匯款。

同時，哈瓦拉由於其跨境匯款方式隱蔽、經營方式較隱蔽、容易與貿易資金混雜而不易被政府發現和監管。首先，單筆跨境匯款不通過哈瓦拉系統或銀行體系顯示資金往來，導致資金調度不易被政府發現；其次，哈瓦拉經紀人只需通過電話或互聯網就可以調動資金轉移，因此難以被政府監管；最後，某些哈瓦拉經紀人同時開展國際貿易業務，導致哈瓦拉資金與貿易資金混雜，難以被政府發現和監管。

(二) 近年來巴基斯坦外匯市場的運行特點

1. 外匯市場規模逐年增加

從2011年至2016年，巴基斯坦的外匯市場規模逐年增加，從743.63億美元增加到848.07億美元，增長16.6%，但是占GDP的比值從35.24%下降至32.11%。2016年，外匯市場規模下降18.88億美元，共848.07億美元，占GDP的比值為30.4%。貿易額占比均在75%以上，2011年至2013年，貿易額占比超過80%，2014年至2016年，貿易額占比逐年下降。匯款規模逐年增長，從2011年的112億美元增長到2016年的199.15億美元，增長77.8%。外商投資呈現時漲時跌態勢，從2011年的19.79億美元下降至2012年的6.8億美元，隨後增長，2014年增至43.77億美元，2015和2016年出現下降，2016年降至15.72億美元。具體見表6.4。

表6.4　　　　　2011—2016年巴基斯坦外匯市場規模

項目	2011年	2012年	2013年	2014年	2015年	2016年
貿易額（億美元）	611.84	651.57	650.21	668.37	655.28	633.20
匯款（億美元）	112.00	131.87	139.20	158.32	184.54	199.15
外商投資（億美元）	19.79	6.80	15.81	43.77	27.13	15.72
合計	743.63	790.24	805.22	870.47	866.95	848.07
項目	占GDP比值					
貿易額（%）	29.00	28.21	27.44	27.06	24.27	22.70
匯款（%）	5.31	5.71	5.87	6.41	6.83	7.14
外商投資（%）	0.94	0.29	0.67	1.77	1.00	0.56
合計（%）	35.24	34.21	33.98	35.24	32.11	30.40

資料來源：巴基斯坦中央銀行，http://www.sbp.org.pk。

從交易量來看，2017年6月，巴基斯坦外匯交易量的日平均交易量約為12.94億盧比（官方渠道，即銀行間市場）。但是，作為一個新興經濟體，巴基斯坦的外匯交易量仍比世界其他國家和地區的要小。然而，隨著國內生產總值的不斷增長，外匯市場的規模也會不斷擴大。同時，巴基斯坦外匯市場已經從不穩定的、細分的、薄弱的市場轉變為穩定的、統一的、較為深入的市場。

2. 實行浮動匯率制度，匯率逐年上升

自2000年1月，盧比開始實行浮動匯率機制，國家銀行可以從銀行間和場外市場購

買外匯，以增加儲備。通過銀行和外匯公司，盧比在市場上可以自由兌換。

2002—2006 年，匯率穩定在 58～60 盧比兌換 1 美元的水準。美元面對世界主要貨幣疲軟、外匯儲備的建立、僑匯的增加、經濟增長、低通脹等問題時都為匯率穩定做出了貢獻。在 2008 年至 2009 年年初，盧比受財政赤字、外債增加、外匯儲備減少、通貨膨脹率激增等原因的影響發生貶值。2011—2017 年，盧比兌美元的匯率從 85.56 盧比兌 1 美元的水準上漲至 104.77 盧比兌換 1 美元，具體數據見表 6.5。盧比對美元的實際有效匯率基本呈現逐年上升的趨勢，而名義有效匯率呈現時跌時漲的趨勢，具體數據見表 6.6。

表 6.5　　　　　　　　2011—2017 年盧比兌美元的匯率

年度	最高	最低	收盤	平均
2011 年	86.5	83.93	85.97	85.56
2012 年	94.69	85.79	94.55	89.27
2013 年	99.8	93.7	99.66	96.85
2014 年	110.5	95.75	98.8	102.88
2015 年	103.45	98.58	101.78	101.46
2016 年	106.1	101.69	104.83	104.38
2017 年	104.95	104.26	104.86	104.77

註：2017 年的數據截至 2017 年 1 月 25 日。
資料來源：巴基斯坦中央銀行，http://www.sbp.org.pk。

表 6.6　　　　　　　　2011—2015 年盧比兌美元的有效匯率

	2011 年	2012 年	2013 年	2014 年	2015 年
實際有效匯率（Rs&USD）	102.74	104.20	102.16	109.67	118.75
名義有效匯率（Rs&USD）	95.05	90.13	83.82	85.47	92.04

資料來源：巴基斯坦中央銀行，http://www.sbp.org.pk。

3. 外匯儲備不斷增加

1993 年，巴基斯坦外匯儲備只有 14 億美元，導致巴基斯坦無法完全達成貸款和融資框架安排。隨後幾年由於大規模資金的流入，外匯儲備狀況有所改善。但是，在 1997 至 1998 年間，外匯儲備再次下降至低水準，這主要是因為國際貨幣組織安排的中斷、出口的減少和僑匯的減少，以及 1998 年 5 月核試驗的副作用。隨後情況漸漸改善，2005 年 6 月外匯儲備超過 125 億美元，2007 年 10 月超過 184 億美元。2007 年 11 月，由於石油價格的暴漲和證券投資的撤出，外匯儲備發生覆變，降到 60 億美元的低位。2011 年至 2016 年，外匯儲備均超過 100 億美元，其中，2014—2016 年同比增長均在 24% 以上，詳見表 6.7。

表 6.7　　　　　　　　2011—2017 年巴基斯坦外匯儲備情況

時間	中央銀行儲備 （百萬美元）	銀行儲備 （百萬美元）	總外匯儲備 （百萬美元）	同比增長 （％）
2011 年 6 月	14,783.60	3,460.20	18,243.80	—
2012 年 6 月	10,803.30	4,485.30	15,288.60	-16.2%
2013 年 6 月	6,008.40	5,011.20	11,019.60	-27.9%
2014 年 6 月	9,097.50	5,043.60	14,141.10	28.3%
2015 年 6 月	13,525.70	5,173.50	18,699.20	32.2%
2016 年 6 月	18,271.70	4,930.50	23,202.20	24.1%
2017 年 6 月	16,143.30	5,224.50	21,367.80	-7.9%

資料來源：巴基斯坦中央銀行，http://www.sbp.org.pk。

2016 年 8 月，巴基斯坦中央銀行發布《外匯儲備管理治理結構和管理策略》，規定巴基斯坦的外匯儲備由中央銀行授權，巴基斯坦國家銀行管理。銀行可以直接或間接地購買、持有和出售由政府、機構、地方當局、企業和國家發行的貨幣和金融工具，其貨幣和金融工具是已宣布為被批准的外匯。銀行可以指定管理人員、託管人員、諮詢師和其他專業顧問，以有效管理國家外匯儲備。管理國家外匯儲備，需要遵循三項原則：安全性、流動性、收益性。

《外匯儲備管理治理結構和管理策略》還規定巴基斯坦國家銀行外匯儲備管理的治理結構包括巴基斯坦國家銀行中央委員會、中央投資委員會、管理投資委員會、投資委員會的管理團隊，並規定了相應的職責。

4. 外匯市場的交易幣種多樣

巴基斯坦外匯交易包含了絕大多數貨幣。巴基斯坦證券交易所網站顯示，2017 年 6 月，外匯交易量的幣種主要為歐元對美元、英鎊對美元、美元對日元、澳元對美元、美元兌加元等主流貨幣。日均交易量分別為 EUR/USD1.56 億盧比，占比 4.68%；GBP/USD2.71 億盧比，占比 8.13%；USD/JPY4.76 億盧比，占比 14.29%；AUD/USD0.22 億盧比，占比 0.7%；USD/CAD0.6 億盧比，占比 1.8%。具體見表 6.8。

表 6.8　　　　　　　　巴基斯坦外匯市場交易結構

交易幣種	日均交易量（億盧比）	占比（％）
EUR/USD	1.56	4.68
GBP/USD	2.71	8.13
USD/JPY	4.76	14.29
AUD/USD	0.22	0.7
USD/CAD	0.6	1.8
合計	9.85	29.6

資料來源：巴基斯坦證券交易所。

三、外匯市場監管

（一）外匯市場的監管部門

巴基斯坦的外匯市場由國家銀行監管。巴基斯坦國家銀行在外匯市場中的職責包括制定和規範外匯政策及運作模式、制定和規範外匯帳戶的使用以及外匯的匯款等。

（二）外匯市場的監管法規

巴基斯坦關於外匯市場的監管法規主要有《巴基斯坦外匯監管條例》（1947年）[以下簡稱《外匯監管》（1947年）]、《外匯帳戶（保護）法案》（2001年）、《巴基斯坦外匯監管條例（修訂版）》（2016年）[以下簡稱《修訂版》（2016年）]和《外匯儲備管理治理結構和管理策略》（2016年8月）。

1. 《巴基斯坦外匯監管條例》（1947年）

《巴基斯坦外匯監管條例》（1947年）制定和規範了巴基斯坦外匯政策及其運作模式。該條例的目的是對巴基斯坦的經濟和金融利益進行監管，包括對某些支付、外匯交易、證券、貨幣和黃金的進出口等進行監管。該條例主要對如何授權外匯交易、如何申請授權經銷商的許可證、授權經銷商如何在其授權範圍內從事交易、經授權的經銷商應如何對客戶進行監管、如何授權貨幣兌換商（即資產管理公司）、授權貨幣兌換商應遵守的行為準則、授權貨幣兌換商對客戶進行相關的檢查等方面進行了規範。

2. 《外匯帳戶（保護）法案》（2001年）

該法案規定，巴基斯坦不對外匯實施管制。在巴基斯坦居住的外國人或在巴基斯坦境內的外國獨資或合資公司、外國公司分支機構任職的外國人，可以在有外匯經營資格的銀行開立、使用外匯帳戶，並對這些帳戶的外匯匯出、匯入、現金存取沒有限制。巴基斯坦允許外國投資者匯出全部資本及投資所得，前提是繳納10%的代扣稅。巴基斯坦也不限制外國人帶外幣現金和旅遊支票出入境。

3. 《巴基斯坦外匯監管條例（修訂版）》（2016年）

該《修訂版》是對特定支付、外匯和證券交易以及貨幣和黃金的進出口進行監管的法律，主要規定了從事外匯交易的授權經銷商、授權貨幣兌換商和交易公司，以及相關的交易限制、支付限制、凍結帳戶、特殊帳戶等。

《修訂版》（2016年）與《外匯監管條例》（1947年）的區別主要是部分修訂授權外匯交易、凍結帳戶，增加外匯交易限制、支付限制、貨幣或黃金的進出口限制等規定。

首先，部分修訂授權外匯交易、凍結帳戶。例如，在授權外匯交易方面，增加「經授權的交易商應在所有的外匯交易中遵守國家銀行更新的一般或特殊指示，並且，除經國家銀行許可外，經授權的交易商不得從事與授權條件不相符的任何外匯交易」。關於凍結帳戶，增加「除非按照國家銀行的一般或特殊許可，不得在被凍結帳戶提取任何金額」。

其次，增加外匯交易限制、支付限制、貨幣或黃金的進出口限制、聯邦政府收購外匯的規定等。對於外匯交易限制，規定除國家銀行的一般或特別許可外，在巴基斯坦或居住在巴基斯坦的任何人（除授權經銷商外）不得購買、借貸、出售、出借、交換任何

外匯，任何人不得做授權經銷商。關於支付限制，在巴基斯坦境內的居民或居住在巴基斯坦境內的居民不得：①向巴基斯坦以外的居民支付任何款項；②提取或簽發任何匯票或本票或承認任何債務。貨幣或黃金的進出口限制方面，除國家銀行的一般或特殊許可並支付規定的費用外，任何人都不得攜帶任何本國或外國金銀、票據、硬幣進入巴基斯坦；任何人不得向境外輸送任何黃金、珠寶或寶石、票據、銀行票據、硬幣、外匯。關於聯邦政府收購外匯的相關規定，擁有或持有外匯的人可以在指定的時間以聯邦政府的價格向國家銀行出售外匯，且聯邦政府的價格不低於外匯市場的價格。

4.《外匯儲備管理治理結構和管理策略》(2016年8月)

巴基斯坦中央銀行發布了該法案，規定了巴基斯坦的外匯儲備由中央銀行授權，由巴基斯坦國家銀行管理。銀行可以直接或間接地購買、持有和出售由政府、機構、地方當局、企業和國家發行的貨幣和金融工具，其貨幣和金融工具是已被宣布為已批准的外匯。銀行可以指定管理人員、託管人員、諮詢師和其他專業顧問，以有效管理國家外匯儲備。

(三) 外匯市場未來監管重心

在巴基斯坦國家銀行發布的《銀行業十年改革戰略 (2008.7—2018.6)》的基礎上，巴基斯坦國家銀行 (SBP) 2016 年採取了一系列措施，為了進一步完善國家外匯體制，議院通過對《外匯監管條例》(1947) 的修訂，於 2016 年 7 月 27 日發布。

第三節　貨幣市場

一、貨幣市場發展歷程

貨幣市場是一種金融市場，用於短期債務工具（期限不超過 1 年）交易，即短期貸款、短期存款以及短期金融工具的交易，具有期限短、流動性強和風險小的特點。貨幣市場的核心是貨幣政策。貨幣政策是國家進行經濟管理的重要工具之一，其目標是維護經濟穩定，一般通過保持低且穩定的通貨膨脹率實現，因為低且穩定的通貨膨脹率為經濟可持續增長和就業提供有利條件，為此要調控貨幣總量和利率。巴基斯坦中央銀行利用政策利率（貨幣市場隔夜回購利率）、反向回購利率、回購利率、現金儲備金要求、流動性要求調整貨幣政策。

(一) 20 世紀 40 年代至 20 世紀 70 年代初，中央銀行間接干預

1972 年以前，巴基斯坦貨幣政策主要依靠間接方式（買賣政府債券、調節銀行利率、改變流動利率）調控信貸，但是由於貨幣市場欠發達，政府債券市場窄小，間接方式不太有效。此時，大量貸款用於進口、生產和採購。

(二) 20 世紀 70 年代初至 20 世紀 80 年代，中央銀行直接干預

1972 年開始，貨幣政策更依賴直接方式（貸款限額和分配、合理的貸款目標、優惠貸款等），引進貸款預算和年度貸款計劃，同時成立國家貸款諮詢委員會，負責審查計

算項目增長率、價格需求、財政赤字估算、私人貸款需求等,銀行據此向各類機構和組織發放貸款。貸款計劃主要包括政府借貸和私人機構貸款。

(三)20世紀90年代至今,貸款管理由直接管理轉向間接管理

20世紀90年代銀行和金融機構進行改革,貨幣政策的貸款管理也隨之發生變化,從直接管理轉向間接管理。貸款額度和部門撥款等直接方式被公開市場業務(國際銀行買賣政府債券)和銀行利率(國家銀行提供給商業銀行的貸款利率)等間接方式所替代。

例如,國家銀行按0.5%固定利率發行的90日國庫券(政府借款)改按市場競價來確定利率,商業銀行從國家銀行取得的貸款也將按市場競價來確定利率。此外,還引進了短期國庫券和長期聯邦/公共債券。

巴基斯坦中央銀行通過調整政策利率(貨幣市場隔夜回購利率)來表示貨幣政策立場,政策利率的變化影響銀行和金融機構的同業拆借利率,進而影響市場利率,市場利率的變化影響消費者和企業的借款成本以及儲蓄者的存款回報。同時,政策利率的變化也影響到金融和實物資產的價值,影響到人民的財富和支出,影響社會需求、價格水準,從而影響經濟的通貨膨脹。

巴基斯坦中央銀行通過公開市場管理貨幣市場的流動性來實現每週加權平均隔夜回購利率接近政策利率的目標。如果隔夜回購利率上升,表明貨幣市場流動性不足,巴基斯坦中央銀行通過從公開市場購入政府債券,在貨幣市場注入流動性(OMO infresh)。相反,如果貨幣市場流動性過剩,隔夜回購利率下降,巴基斯坦中央銀行則會通過出售政府債券清除過剩的流動性(OMO mop-up)。如有需要,巴基斯坦中央銀行還會在銀行間進行外匯掉期,以影響市場流動性。如果預計流動性短缺或超額會持續較長時間,巴基斯坦中央銀行也會更改儲備金要求。

二、貨幣市場現狀

(一)貨幣市場的交易主體

貨幣市場的交易主體包括短期資金的供給方和短期資金的需求方,短期資金的供給方包括中央銀行和政府、主要交易商/市商、銀行、非銀行金融機構、基金公司和經紀人等;短期資金的需求方包括中央銀行和政府、銀行、企業和個人等。

一般而言,巴基斯坦貨幣市場的主要參與者有:中央銀行和政府、主要經銷商、銀行、非銀行金融機構、貨幣市場基金和公司、貨幣市場經紀人。

(二)貨幣市場的信用工具

巴基斯坦貨幣市場的信用工具包括短期政府債券、回購協議、銀行承兌票據、短期伊斯蘭債券、利率互換、貨幣互換和其他等。

1. 短期政府債券

短期政府債券是指一國政府為滿足其短期資金需求而發行的短期債務憑證,期限一般為3、6、9或12個月。狹義的政府債券僅指國家財政部所發行的債券。在西方國家一般將財政部發行的期限在1年以內的短期債券稱為國庫券,因此,短期政府債券市場就

是指國庫券市場。

2013年6月巴基斯坦新政府上臺，其政府債券逐漸受到外國投資者的青睞。由於預計央行下一輪貨幣政策將繼續上調基準利率，以及對私營部門信貸缺乏投資熱情，巴基斯坦的商業銀行目前熱衷投資短期政府債券，不願對長期債券進行投資。

2. 回購協議

回購協議（Repurchase Agreement）有廣義和狹義之分，廣義上指的是具有回購條款的協議。而狹義的回購協議是指資金需求方在出售金融資產時簽訂的協議，該協議約定在一定期限後出售方按約定價格購回出售的金融資產。回購協議的目的是滿足出售方的短期資金需求。

巴基斯坦國家銀行（央行）從本國金融市場上回購國庫券和政府債券，目的是向國內貨幣市場注入新資金，增強投資商對市場的信心。

3. 銀行承兌票據

銀行承兌匯票（Bank's Acceptance Bill，簡稱BA）是一種商業匯票，由在承兌銀行開立存款帳戶的存款人出票，向開戶銀行申請並經銀行審查同意承兌的，保證在指定日期無條件支付確定的金額給收款人或持票人的票據。銀行承兌匯票的期限一般不超過6個月。

4. 短期伊斯蘭債券

短期伊斯蘭債券是指一年內的，對特定資產或資產收益權的所有權主張權利而非現金流的一種憑證。伊斯蘭債券持有人在持有期間或債券到期日均享有該資產收益的所有權，而一般債券持有人享有的是債權。

目前常見的伊斯蘭債券有兩類，一種是資產抵押債券，一種是分帳式債券。伊斯蘭資產抵押債券是指以租賃資產為基礎而發行的債券，其運作方式是由SPV（Special Purpose Vehicle）購買基礎資產，再將基礎資產租賃給第三方，SPV將取得的租金分配給債券持有人。伊斯蘭資產抵押債券的特點是承租人承擔基礎資產的日常維護費用，債券持有人承擔基礎資產的報廢和其他費用；基礎資產與租賃合同綁定，租金是債券持有人的收益；收益的支付期限由債券的相關參與人協商確定，與承租人的收益無關。

分帳式債券與資產抵押債券不同，它是指基於債券權益的所有權而發行的債券，一般用於為新工程建設或根據合夥協議進行的融資。其運作方式是持有基礎資產的公司與SPV簽訂固定日期和收益率的合同，合同約定持有基礎資產的公司在一定時期內購買SPV的分帳式債券份額並最終結清雙方收益。

5. 利率互換

利率互換（Interest Rate Swap）也叫利率掉期，是一種互換合同。合同雙方約定在未來的某一特定日期以未償還貸款本金為基礎，相互交換利息支付。例如：A得到浮動利率貸款，但希望以固定利率籌資；而B得到固定利率貸款，但希望以浮動利率籌資。為了降低資金成本和利率風險，A和B通過利率互換交易，實現各自的融資要求。

利率互換具有風險較小、影響性微、成本較低、手續較簡、容易達成的優點，其缺點是沒有標準化的合約，難以找到互換的對象。

6. 貨幣互換

貨幣互換（又稱貨幣掉期）是指兩筆金額相同、期限相同、計算利率方法相同，但貨幣不同的債務資金之間的調換，同時也進行不同利息額的貨幣調換。貨幣互換中交換的對象是貨幣，利率互換中交換的對象是利率，但是各自的債權債務關係並沒有改變。為了降低資金成本和匯率風險，企業通過貨幣互換實現各自的目的。

貨幣市場工具交易的清算和結算是通過轉讓所有權的帳單系統，即交付付款（DVP）。

(三) 貨幣的供應與需求

1. 貨幣的供應

貸款計劃和貨幣政策基於廣義貨幣（M2），包括流通貨幣、各類存款和居民外匯存款。從2004年到2015年，貨幣資產增長了3.5倍，從24,860億盧比增長到112,820億盧比。從其結構看，存款（不含居民外幣存款）仍占貨幣供給量的絕大部分（均超過70%），其次是流動現金，占總量的22%左右，居民外幣存款占比較低，具體數據見表6.9。

表6.9　　　　巴基斯坦貨幣供給的結構變化（2004—2015年）

截止時間	貨幣供給(10億盧比)	流動現金	存款(不含居民外幣存款)	居民外幣存款
2004年	2,486.00	23.27%	70.82%	5.86%
2005年	2,961.00	22.49%	71.30%	6.09%
2006年	3,407.00	21.73%	72.38%	5.74%
2007年	4,065.00	20.67%	74.06%	5.10%
2008年	4,689.00	20.95%	73.34%	5.62%
2009年	5,137.00	23.18%	72.03%	5.64%
2010年	5,777.00	23.07%	71.49%	6.15%
2011年	6,695.00	22.90%	71.83%	5.72%
2012年	7,642.00	22.52%	72.22%	5.92%
2013年	8,856.00	22.31%	72.20%	5.93%
2014年	9,967.00	22.26%	72.01%	6.13%
2015年	11,282.00	22.64%	71.94%	5.42%

資料來源：巴基斯坦中央銀行，http://www.sbp.org.pk。

2. 貨幣的需求

貨幣增長與國內貸款增長和國外淨資產密切相關。從2011年至2016年，國內貸款從64,240億盧比增長到141,940億盧比，增長121%；貨幣資產從66,950億盧比增長到128,249億盧比，增長92%，這表明從2011年至2016年，國外資產迅速增長。公共部門貸款增長速度減慢，從2011年的19.1%降至2015年的8.7%，到2016年的增長速度

有所上升。非公共部門貸款增長速度波動較大，2011 年為 4.5%，2012 年上漲至 20.6%，隨後下降，2015 年為 9.3%，到 2016 年的增長速度有所上升，為 12.9%，具體數據見表 6.10。

表 6.10　　　　巴基斯坦貨幣指標的主要變化（2011—2016 年）

截止時間	貨幣增長（%）	國內貸款增長（%）	公共部門	非公共部門貸款
2011 年	918（15.9）	1,398（27.8）	19.1%	4.5%
2012 年	947（14.1）	1,495（23.3）	15.5%	20.6%
2013 年	1,214（15.9）	1,913（24.2）	12.6%	10.3%
2014 年	1,111（12.5）	1,441（14.7）	11.9%	10.3%
2015 年	1,315（13.2）	1,379（12.2）	8.7%	9.3%
2016 年	1,542.9（13.7）	1,542（12.2）	13.2%	12.9%

資料來源：巴基斯坦中央銀行，http://www.sbp.org.pk。

（四）利率變動

1. 巴基斯坦中央銀行反向回購利率、回購利率和政策利率

從 2011 年到 2016 年，巴基斯坦中央銀行反向回購利率逐年下降，從 13.5%下降至 6.25%；同時，回購利率也逐年下降，從 2011 年的 10.5%下降至 2015 年的 4.25%；政策利率從 2015 年 5 月 25 日 6.5%下降至 2016 年的 5.75%，具體數據見表 6.11。

表 6.11　　巴基斯坦反向回購利率、回購利率和政策利率（2011—2016 年）

日期	反向回購利率	回購利率	政策利率
2011 年 8 月 1 日	13.50%	10.50%	—
2011 年 10 月 10 日	12.00%	9.00%	—
2012 年 8 月 13 日	10.50%	7.50%	—
2012 年 10 月 8 日	10.00%	7.00%	—
2012 年 12 月 17 日	9.50%	6.50%	—
2013 年 2 月 11 日	9.50%	7.00%	—
2013 年 6 月 24 日	9.00%	6.50%	—
2013 年 9 月 16 日	9.50%	7.00%	—
2013 年 11 月 18 日	10.00%	7.50%	—
2014 年 11 月 17 日	9.50%	7.00%	—
2015 年 1 月 26 日	8.50%	6.00%	—
2015 年 3 月 24 日	8.00%	5.50%	—
2015 年 5 月 25 日	7.00%	5.00%	6.50%

表6.11(續)

日期	反向回購利率	回購利率	政策利率
2015年9月14日	6.50%	4.50%	6.00%
2016年5月23日	6.25%	4.25%	5.75%

資料來源：巴基斯坦中央銀行，http://www.sbp.org.pk。

2. 銀行貸款和存款利率走勢

從2011年至2017年，實際貸款利率（基於12個月的通貨膨脹率）從0.94%增長到3.06%，其中2011年到2015年逐年上漲，在2015年達到最高3.98%，隨後又下降。實際貸款利率（基於同比的通貨膨脹率）從2.15%增長到2.44%，其發展趨勢與實際貸款利率（基於12個月的通貨膨脹率）一致。實際存款利率（基於12個月的通貨膨脹率）除了2015年和2016年外都是負數，表明名義存款利率低於通貨膨脹率；而實際存款利率（基於同比的通貨膨脹率）除了2015年外都是負數，表明名義存款利率低於通貨膨脹率，具體數據見表6.12。

表6.12　　巴基斯坦實際貸款和存款利率（2011—2017年）

年度	實際（基於12個月的通貨膨脹） 貸款利率	實際（基於12個月的通貨膨脹） 存款利率	實際（基於同比的通貨膨脹） 貸款利率	實際（基於同比的通貨膨脹） 存款利率
2011年	0.94	-5.75	2.15	-4.54
2012年	1.65	-4.08	2.68	-3.05
2013年	2.38	-2.21	2.64	-1.96
2014年	2.43	-2.33	3.28	-1.48
2015年	3.98	1.33	5.82	2.35
2016年	3.85	0.56	3.18	-0.11
2017年	3.06	-0.57	2.44	-1.20

註：2017年的數據截至5月。

實際利率（基於12個月的通貨膨脹）＝名義利率－基於12個月的通貨膨脹率

實際利率（基於同比的通貨膨脹）＝名義利率－基於同比的通貨膨脹率

資料來源：巴基斯坦中央銀行，http://www.sbp.org.pk。

3. 歷年現金儲備率和流動比率情況

巴基斯坦建國初期，現金儲備率為5%，1965年提高至7.5%，隨後又逐年下降，到1999年平均為5%，最低為4%；2000年又出現上漲，漲至7%，最低為6%。2001年至2006年，基本保持5%，但是，2006年7月，活期債務的平均現金儲備率為7%，定期債務為3%，這樣的較高水準現金儲備率持續到2008年10月。2008年11月1日，活期債務的現金儲備率平均為5%，定期債務為0%。流動比率方面，建國初期為15%，隨後的四十多年一直上升，直到1992年的40%。隨後，又開始逐年下降，從1992年的40%

降低至 1999 年的 13%，而後又有所回升，到 2008 年，流動比率為 19%，且 2008 年以後均為 19%，具體數據見表 6.13。

表 6.13　巴基斯坦銀行現金儲備比率和流動比率要求（1948—2012 年）

現金儲備率		流動比率	
實施起始時間	比率	實施起始時間	比率
1948 年 7 月 1 日	活期債務 5%，定期 2%	1948 年 7 月 1 日	15%
1963 年 7 月 25 日	5%	1967 年 9 月 1 日	20%
1965 年 4 月 1 日	6.25%	1972 年 6 月 9 日	25%
1965 年 5 月 1 日	7.50%	1973 年 8 月 16 日	30%
1965 年 8 月 21 日	6.25%	1992 年 8 月 13 日	35%
1965 年 9 月 17 日	5%	1992 年 12 月 19 日	40%
1967 年 6 月 16 日	6.25%	1993 年 10 月 27 日	30%
1968 年 1 月 19 日	5%	1994 年 3 月 1 日	25%
1991 年 10 月 24 日	5%	1997 年 5 月 28 日	20%
1997 年 7 月 28 日	平均 5%，最低 4%	1998 年 1 月 2 日	18%
1998 年 6 月 22 日	盧比 3.75%，外國 5%	1998 年 6 月 22 日	15%
1998 年 9 月 5 日	平均 5%，最低 4%	1999 年 5 月 19 日	13%
1999 年 5 月 19 日	平均 3.5%，最低 2.5%	1999 年 7 月 12 日	15%
1999 年 7 月 12 日	平均 5%，最低 4%	2006 年 7 月 22 日	18%
2000 年 10 月 7 日	平均 7%，最低 6%	2008 年 5 月 24 日	19%
2000 年 12 月 16 日	平均 5%，最低 4%	2008 年 10 月 18 日	19%
2000 年 12 月 30 日	平均 5%，最低 3%	同上	19%
2006 年 1 月 5 日	平均 5%，最低 4%	同上	19%
2006 年 7 月 22 日	活期債務平均 7%，最低 4%；定期平均 3%，最低 1%	同上	19%
2007 年 1 月 19 日	活期債務平均 7%，最低 6%；定期平均 3%，最低 2%	同上	19%
2007 年 8 月 4 日	活期債務平均 7%，最低 6%；定期 0%	同上	19%
2008 年 2 月 2 日	活期債務平均 8%，最低 7%；定期 0%	同上	19%
2008 年 5 月 24 日	活期債務平均 9%，最低 8%；定期 0%	同上	19%
2008 年 10 月 11 日	活期債務平均 8%，最低 7%；定期 0%	同上	19%
2008 年 10 月 18 日	活期債務平均 6%，最低 5%；定期 0%	同上	19%
2008 年 11 月 1 日	活期債務平均 5%，最低 4%；定期 0%	同上	19%
2012 年 10 月 12 日	活期債務平均 5%，最低 3%；定期 0%	同上	19%

資料來源：巴基斯坦中央銀行，http://www.sbp.org.pk。

三、貨幣市場監管

（一）貨幣市場的監管部門

1. 巴基斯坦國家銀行

巴基斯坦國家銀行（State bank of Pakistan），即巴基斯坦中央銀行，成立於1948年，於1974年1月1日國有化，其職責範圍由巴基斯坦國家銀行法確定，是巴基斯坦貨幣市場監管的主體。

2. 監管職責

巴基斯坦國家銀行的職責包括：負責巴基斯坦的銀行業監管、小額信貸、中小型企業貸款、銀行的最低資本要求、企業管治手冊、風險管理指引、商業票據指引等。

除以上職責外，巴基斯坦國家銀行還對銀行的信用活動開展指令性控制，主要包括對各商業銀行、行業和公營企業年度放款限額進行規定，並分配強迫性農貸指標。這些都由國家銀行進行週期性的檢查和監控。

（二）貨幣市場的監管法規

關於巴基斯坦貨幣市場的監管法規主要有《巴基斯坦貨幣法》（1906）、《巴基斯坦國家銀行法》（1956年）、《銀行公司條例》（1962年）、《銀行（國有化）法》（1974年）等。

1. 《巴基斯坦貨幣法》（1906年）

《巴基斯坦貨幣法》是一部關於鑄幣和造幣的法律。該法案規定了聯邦政府擁有建立和廢除造幣廠的權力；硬幣的面額、尺寸、圖案和組成；硬幣的標準重量和補救措施；硬幣作為法定貨幣；召回硬幣的權力等。

此外，聯邦政府有權制定相關規則以實現該法案的目標。特別是在不影響上述權力的普遍性的情況下，這些規則可以：根據有關規定，為被授權切割或破壞硬幣的人提供指導。

2. 《巴基斯坦國家銀行法》（1956年）

1956年，巴基斯坦建國後，為了盡快擺脫英國殖民時期被控制的色彩，它開始建立政府主導的國有銀行體系，頒布《巴基斯坦國家銀行法》，對銀行業實施嚴格的管制。

《巴基斯坦國家銀行法》規定了國家銀行有權頒布銀行業相關的法規，並且規定銀行業務活動由「總理事會」負責，它由聯邦政府指定的總裁、副總裁和七名理事組成。同時，該法還規定了國家銀行的主要職能，包括：①執行聯邦政府和省政府的銀行的職能。它接受政府存款，辦理政府部門同其他銀行的資金結算，並向政府提供資金；管理和代銷政府國庫券和其他有價證券；委託國有化銀行辦理政府業務。②向聯邦政府和省政府發放短期信貸，短期信貸無須擔保品，但期限不得超過3個月；向省政府發放以聯邦政府債券作為擔保的中長期貸款。③發行本國貨幣。④通過「銀行檢查監督系統」來保證銀行體系的穩定。⑤實施外匯管理和維護合理匯率水準。⑥防範和化解系統性金融風險，維護國家金融穩定等。

3.《銀行公司條例》(1962 年)

《銀行公司條例》授予巴基斯坦國家銀行監管、檢查和控制銀行和其他金融機構的權利。

該條例列舉了銀行公司的相關規定，包括銀行公司可能參與的業務形式、使用「銀行」或其任何衍生品的規定、禁止的交易、非銀行資產處理、禁止雇用的管理機構和限制某些形式的雇傭、關於刪除記錄和文件的限制、最低實收資本和準備金要求、對實收資本、認購資本、授權資本和股東表決權的規定、選舉新董事、對股票的佣金、經紀折扣等的限制、禁止對非付費資本收取費用、公司非法買賣銀行業務等。

該條例還列舉了暫停業務和結束銀行業務的相關規定，包括銀行與債權人之間的妥協或安排的限制、國有銀行向聯邦政府申請暫停銀行業務的權力並準備重建或合併的方案、銀行合併程序、法院清算人、國家銀行作為官方清算人、公司法對清算人的規定等。

4.《銀行（國有化）法》(1974 年)

1974 年，巴基斯坦政府開始控制金融機構並對金融機構實施國有化。為了促進巴基斯坦銀行業的國有化，政府頒布了適用於巴基斯坦全境，並於 1974 年 1 月 1 日生效的《銀行（國有化）法》。

《銀行（國有化）法》規定了銀行的轉讓和所有權的特別保護權等權利、銀行股份所有權轉讓的賠償、賠償的評估、撤銷管理、巴基斯坦銀行委員會的解散、基金的轉讓和運用、關於銀行管理的總條款、盡職和保密規定等。

（三）貨幣市場未來監管重心

在其發布的《銀行業十年改革戰略（2008.7—2018.6）》的基礎上，巴基斯坦國家銀行（SBP）2016 年採取了一系列措施：

1. 加強法律法規建設，增強金融監管

巴基斯坦國家銀行（SBP）2016 年制定了以下幾項措施：為了減少違約，促進貸款回收，SBP 對《金融機構條例》(2001)（FIRO）中第 15 節進行修正，於 2016 年 8 月 13 日實施；與 FIRO 相對應，一部新的法律《企業重組公司法案》(2016) 於 2016 年 6 月頒布，主要為企業重組提供法律法規支持。2016 年 3 月 17 日，國民大會上通過了《公司存款保護法案》，並於 6 月 17 日由參議院進一步修訂；為了增強銀行業資本充足率、加強系統風險控制，SBP 於 2013 年在巴基斯坦接受了《巴塞爾協議Ⅲ》，2016 年接受了由巴塞爾銀行監管委員會提出的兩個流動性標準「流動性覆蓋率」（LCR）和「淨穩定資金比率」（NSFR）；出於進一步加強銀行公司治理能力，加快公司戰略推進從而能進一步滿足董事會的業績要求，SBP 針對方式會績效評價發布指南。

2. 擴大金融網絡兼容性

擴大金融網絡兼容性主要包括實施國家金融兼容性戰略；修訂法律框架，移除任何阻礙因素例如廢除禁止擔保租借；支持和促進多渠道提供金融服務以滿足消費者的需求；支持和推動伊斯蘭銀行；實施金融掃盲，宣傳金融知識。

3. 加強金融市場基礎設施建設

當前主要任務是加快支付和結算基礎設施建設，特別是手機支付等。這不僅僅是單純的滿足政府、企業和消費者的經濟需求，也是進一步保持金融穩定性，推動經濟增長的重要部分。2016—2017 年，巴基斯坦大額和零售支付系統得到了比較明顯的發展，SBP 也隨之推出相應的法規作為指引，目的是在增加交易雙方可操控性的同時，向社會提供更多支付方式。

4. 規範銀行行為，保護金融消費者

SBP 採取了一系列措施，例如：消費者投訴處理機制（CGHM）、行為評估框架（CAF）、加強銀行業能力建設、增強行為監管。

第四節　資本市場

作為金融市場三個組成部分之一，資本市場（Capital Market），亦稱「長期金融市場」「長期資金市場」，是政府、企業、個人籌措長期資金的市場，主要交易對象是一年以上的長期證券。資本市場是反應國家經濟增長的核心主體，兩者的關係符合所有經濟理論和經濟發展模型。資本發展的累積和流轉很大程度上依賴於國內儲備和外匯資本的流入。因此，資本市場中資源的流轉很大程度上就反應了國家經濟發展的現狀。

巴基斯坦資本市場是以股票交易作為主要組成部分，其他業務則由信託、共同基金、公司和政府債券構成。由於英國傳統商業文化的影響，巴基斯坦金融市場以股票市場為主，其債券市場和外匯市場並不發達。

一、股票市場

（一）發展背景

巴基斯坦金融業與其他英聯邦國家特徵相似，金融系統較為完善，管理也比較規範，因此其股票市場相對於東南亞各國而言，起步較早，大體可以分為四個階段。

1. 發展初期（1947—1987 年）

該階段各類證券機構不斷成立，其中最具代表性的就是卡拉奇證券交易所的成立（1947）。緊接著，拉合爾證券交易所於 1970 年成立，初步規範了股票市場。

2. 封閉發展期（1988—2002 年）

在此期間，由於政治環境的影響，巴基斯坦經濟發展緩慢，其自由化進程和金融市場發展受到了西方發達國家的壓制。

3. 上升和快速發展期（2002—2015 年）

從 2002 年開始，受到阿富汗戰爭的影響，西方發達國家為了進一步加強「反恐」勢力和能力，放鬆了對巴基斯坦的經濟壓制，開始對其進行經濟援助，對其債務進行重組。在此幫助下，巴基斯坦政府大力保護國外投資者，以經濟自由化為原則，整體經濟得到了飛速發展。雖然在 2007—2008 年，受石油價格衝擊和全球金融危機的影響，該國

股票市場出現了下跌趨勢，但在 2010 年後半段，又開始穩步上升。

4. 穩定發展期（2016 年至今）

巴基斯坦的證券市場原有三個，分別是卡拉奇證券交易所（KSE）、拉合爾證券交易所（LSE）和伊斯蘭堡證券交易所（ISE），交易量分別占全國交易量的 78%、18% 和 4%。這三個證券交易所已於 2016 年 1 月合併，組成巴基斯坦證券交易所（PSE）。

表 6.14　　　　　　　　　　巴基斯坦證券交易所發展概況

發展指標	2012—2013 年	2013—2014 年	2014—2015 年	2015—2016 年	2016—2017 年（截至 2017 年 3 月）
上市公司總數	569	557	560	560	560
新增上市公司數	4	5	9	6	4
調動資金（億盧比）	295	476	796	1,112	219
總上市資產（億盧比）	11,160	11,003.4	11,895.2	12,890.8	12,971.5
總市值（億盧比）	51,543.7	66,552.9	74,210.3	75,884.7	95,948
總股票數（億）	543.2	565.8	646.1	554.3	705.1
平均每日股票數（百萬）	221.0	229.1	261.0	220.8	379.1

資料來源：巴基斯坦證券交易所

（二）發展現狀

2016 年年底，根據彭博數據，巴基斯坦證券交易所被評為亞洲最好的證券交易所，全世界排名第五位，市場回報率為 46%。並且，46% 的回報率也使得巴基斯坦證券交易所成為摩根士丹利國際資本指數中表現最好的一個。相比較下，過去十年中，PSX 的回報率均值為 20% 左右（如表 6.15 所示），過去二十年，回報率均值為 24%，巴基斯坦證券交易所有了很大的發展和變化。

表 6.15　　　　全球股票指數對比（2016 年 7 月 1 日至 2017 年 3 月 31 日）

國家	股指名稱	時間 2016.6.30	時間 2017.3.31	變化情況 點數	變化情況 %
巴基斯坦	PSX-100	37,783.54	48,155.93	10,372.39	27.5
日本	NIKKEI 225	15,575.92	18,909.26	3,333.34	21.4
香港	Hang Seng	20,794.37	24,111.59	3,317.22	16.0
土耳其	Bursa Istanbul ISE 100	76,817.19	88,947.40	12,130.21	15.8
美國	S&P 500	2,098.86	2,362.72	263.86	15.4
新興市場（EM）	MSCI EM MKT	834.10	958.37	124.27	14.9
越南	VN	632.26	722.31	90.05	14.2
英國	FTSE	6,504.30	7,322.90	818.60	12.6
新加坡	Strait Times	2840.93	3175.11	334.18	11.8

表6.15(續)

國家	股指名稱	時間		變化情況	
		2016.6.30	2017.3.31	點數	%
印度尼西亞	Jakarta Composite	5,016.65	5,568.11	551.46	11.0
中國	Shanghai Comp.	2,929.61	3,222.51	292.9	10.0
前沿市場（FM）	MSCI Frontier	489.11	537.11	48.0	9.8
印度	BSE-30	26,999.72	29,620.52	2,620.78	9.7
曼谷	Set 50	910.56	966.44	85.88	9.4
菲律賓	PSEi	7,796.25	7,311.72	-484.53	-6.2

資料來源：巴基斯坦財政部2016—2017年度經濟報告。

2016年6月14日，摩根士丹利國際資本（Morgan Stanley Capital International）發布公告，將巴基斯坦從前沿市場（FM）轉為新興市場（EM）。這一重要改變，有助於巴基斯坦吸引外國投資者的投資，對中國而言，也是很好的投資機會。從2016年7月1日到2017年5月8日，巴基斯坦股票市場呈現出一種樂觀、上升的趨勢。巴基斯坦證券交易所PSX-100指數從2016年6月30日的37,783.54上升到了2017年5月8日的50,935.91，增長了34.8%。同期市場資本量（Market Capitalization）從75,884.7億盧比增長到了100,440.7億盧比，增幅達到了32.4%。

表6.16　　巴基斯坦證券交易所主要股票市場指數PSX-100

月份	2015—2016			2016—2017		
	卡拉奇指數（KSE）截至月底	市場資本量（億盧比）	股票週轉（億）	卡拉奇指數（KSE）截至月底	市場資本量（億盧比）	股票週轉率（億）
7月	35,741.52	77,017.1	99	39,528.82	78,872.5	40
8月	34,726.51	75,358.4	71	39,809.58	80,113.6	71
9月	32,287.41	69,528.5	45	40,541.81	82,235.3	121
10月	34,261.60	72,842.4	45	39,893.84	80,825.2	101
11月	32,255.20	68,679.8	43	42,622.37	86,965.1	126
12月	32,816.31	69,473.6	40	47,806.97	96,285.1	91
1月	31,298.60	66,991.1	38	48,757.67	97,237.3	116
2月	31,369.51	65,873.8	34	48,534.23	96,198.4	88
3月	33,139.00	69,156.8	42	48,155.93	95,948.1	70
4月	34,719.29	72,059.6	61	49,300.90	98,354.3	60
5月	36,061.56	73,575.9	75	50,935.91	100,440.7	—
6月	37,783.54	75,884.7	55	—	—	—

* 統計日期截至2017年5月8日。

資料來源：巴基斯坦證券交易所。

2017年1月20日，由中國金融期貨交易所、上海證券交易所、深圳證券交易所、中巴投資有限責任公司、巴基斯坦哈比銀行組成的聯合體與巴基斯坦證券交易所完成股權收購協議，協議中明確聯合體持有巴基斯坦證券交易所40%的股權，其中中國三家交易所合計持股30%。[①]

聯合體中的外國投資者希望通過提供多樣化的產品、自主發達的生產技術、管理經驗和交叉上市的機會，從中受益。而巴基斯坦國內金融機構則希望通過他們廣泛的分支網絡、卓越的企業治理和對於本國相關法律法規及市場的熟悉程度，從中獲益。

（三）股票市場未來發展分析

1. 優勢分析

（1）對進入市場的外匯、外國投資者的管制放鬆，允許巴基斯坦居民在國內銀行開設外匯戶頭，可以在國外自由轉帳，並且免收入稅和財產稅；

（2）外國投資者在巴基斯坦股票市場進行交易不受限制，並和本國投資者享受同等的稅收優惠等權利，且資金的匯出亦不受限制；

（3）市場的審批程序被簡化，且一律採取標準化的管理；

（4）外國投資者的投資收益在20%左右，投資回報率較高；

（5）外國投資者在工業特區享有十年免稅期；

（6）2002年西方七國取消了對巴基斯坦的經濟制裁、與國際財政機構的關係改善；

（7）國內整體宏觀經濟相對穩定，主要經濟指標標明整體經濟狀況良好；

（8）出口量大幅增加，出口業務增多；

（9）巴基斯坦匯率保持穩定，給予外國投資者大量的信心。

2. 存在的問題

（1）由於巴基斯坦政府允許國際資金直接投資，導致了其股票市場受國際資金的影響較大，波動性較強，換手率和市盈率偏高，整體風險水準比較高；

（2）信息披露不規範；

（3）信息不對稱；

（4）不完全競爭；

（5）由於股票市場調整較為頻繁，穩定性比較差。

（四）上市公司整體情況

根據2015年新修訂的《證券法》，凡是符合《公司法》要求成立的公司，只要其實收資本不低於2億盧比即可滿足上市要求，申請上市。從巴基斯坦證券交易所公布的資料和數據來看（如表6.17所示），上市公司主要集中在製造業、能源及礦石、輕工業和金融業。

[①] 資料來源：https://baike.baidu.com/item/巴基斯坦證券交易所。

表 6.17　　　　巴基斯坦證券交易所市盈率前十五家企業情況

公司名稱	稅後淨利潤(億盧比)	市值(億盧比)	市盈率
巴基斯坦石油天然氣發展公司	599.7	6,378.7	10.64
巴基斯坦石油公司	172.4	3,054.4	17.71
MCB 銀行	218.9	3,531.0	11.56
Habib 銀行	318.2	3,954.8	12.43
聯邦銀行	277.3	2,786.6	10.05
Fauji 化肥公司	117.8	1,318.0	11.19
巴基斯坦雀巢公司	118.5	4,124.5	34.82
巴基斯坦國家銀行	227.5	1,588.6	6.98
Lucky 水泥公司	129.4	2,707.9	20.92
Engro 化肥公司	618.6	1,927.6	3.12
巴基斯坦菸草公司	103.6	3,869.7	37.35
Hub 電力公司	115.8	1,516.6	13.10
Mari 石油公司	60.5	1,676.3	27.70
Beatway 水泥公司	118.8	1,670.2	14.06
巴基斯坦 Philip Morris 公司	5.8	1,670.4	290.42

* 統計日期截至 2017 年 3 月。

資料來源：巴基斯坦證券交易所。

二、債券市場

（一）定義

債券市場是發行和買賣債券的場所，是金融市場一個重要組成部分。一個成熟、統一的債券市場可以為投資者和籌資者提供低風險的投融資工具，具有融資、資金流動導向和宏觀調控等功能。巴基斯坦債券市場並不發達，2005 年，為了增加經濟投入，彌補財政赤字，償還債務，首次發行了 450 億盧比伊斯蘭債券。

（二）伊斯蘭債券

伊斯蘭債券（Sukuk）代表的是對特定資產或資產收益權的所有權，對所有權主張權利而非現金流。大多以實物資產為主，一般波動性較小，債券投資損失的可能性不大。

按照伊斯蘭宗教教規，伊斯蘭債券以信託憑證或參與憑證的形式發行，其持有者能分享的並不是利息而是收益。

（三）債券市場發展現狀

伊斯蘭債券按借款人分為政府債券和公司債券兩種。

1. 政府債券（Sovereign）

根據巴基斯坦央行2012年《修正法案》（SBP Amendment Act 2012）的要求，政府向央行借貸在每個季度末餘額淨值為0，所以巴基斯坦央行目前只能對政府進行短期的流動性支持，政府的國內負債主要依靠發行債券，主要包括 MTB 債券、PIBs 債券、GOP Ijara Sukuk 債券。巴基斯坦政府類債券發行情況如圖6.1所示。

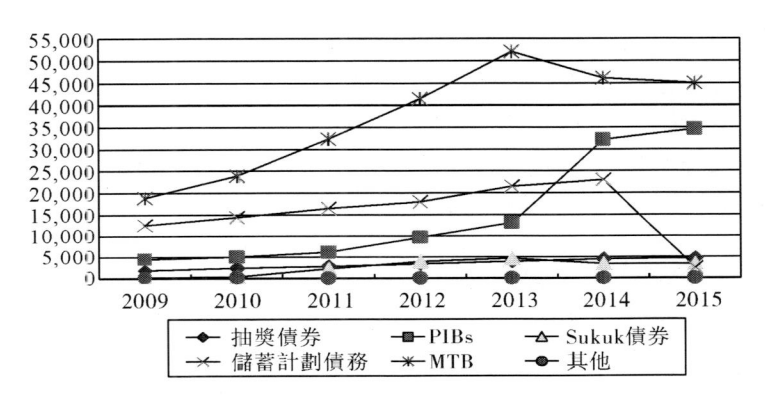

圖6.1　巴基斯坦政府類債券發行情況（單位：億盧比）

資料來源：巴基斯坦國家銀行。

2. 公司債券（Corporate）

公司債券主要包括上市公司債（Listed Term Financial Certificates）、非上市公司債（Privately Placed Term Financial Certificates）、Sukuk 債券、所有權抵押債券（Participation Term Certificates）、商務票據。如表6.18所示，截至2016年6月30日，巴基斯坦有88個公司債券總額達到6,012.3億盧比。

表6.18　　　　　　　　　　巴基斯坦公司類債券發行情況

序號	債券名稱	發行筆數	發行額度（億盧比）
1	上市公司債	14	211
2	非上市公司債	36	1,303.9
3	Sukuk 債券	36	4,482.2
4	商業票據	1	8.0
5	所有權抵押債券	1	7.16
	總計	88	6,012.3

資料來源：巴基斯坦國家銀行。

三、資本市場監管

(一) 主要監管機構及其職責

巴基斯坦證券交易委員會（The Securities and Exchange Commission of Pakistan）是巴基斯坦資本市場的最高監管機構。在它的指導下，資本市場產生了一些自律性監管機構和仲介機構，主要負責保護投資者的權利和利益，包括巴基斯坦證券交易所（Pakistan Stock Exchange）、巴基斯坦國家結算有限公司（National Clearing Company of Pakistan Limited）、巴基斯坦中央存管有限公司（Central Depository Company of Pakistan Limited）和巴基斯坦商品交易所（Pakistan Mercantile Exchange Limited）。這些多樣化的仲介機構的職責和工作內容，大體包括證券投資顧問、經紀人和經理、債券受託人、股份登記員、為企業和保險公司做信用評級。除此之外，巴基斯坦資本市場主要由以下監管機構負責日常監督管理。

1. 巴基斯坦證券交易委員會

巴基斯坦證券交易委員會（Securities and Exchange Commission of Pakistan，SECP）是巴基斯坦證券市場的主要監管部門，於1999年1月1日開始正式運作，具有調查和執法權，以健全資本市場監管原則為基礎，建立現代高效的資本市場，進一步推動經濟增長，促進社會和諧。

巴基斯坦證券交易委員會的主要職責包括制定公司部門和資本市場的監管法規；監督和制定保險行業的法規；制定與私人養老計劃和非銀行類金融機構相關的法規，並進行監管；對公司和金融部門的外部服務提供者進行監督，例如特許會計師、信用評級機構、公司秘書、測量師、證券經紀人等。

2. 巴基斯坦商務部

巴基斯坦商務部（Ministry of Commerce）是巴基斯坦貿易主管部門，旨在通過貿易自由化和便利化，進一步提高出口競爭力，降低國內經營成本，吸引更好的商品進入國內現有市場，最終提高人民整體生活質量。

巴基斯坦商務部的主要職責包括國內外貿易管理和政策制定；出口促進；公平貿易；商業協會的組織和監管；保險行業監管；收集商業情報，統計商業數據；反傾銷稅、反補貼稅的制定等。

3. 巴基斯坦財政部

巴基斯坦財政部（Ministry of Finance）是巴基斯坦財稅主管部門，下屬聯邦稅收委員會負責關稅制定、徵收、海關監管等。

4. 巴基斯坦投資部

巴基斯坦投資部（Board of Investment）是聯邦政府負責投資事務的主管部門。主要職責除了國內外貿易管理相關政策制定和多雙邊貿易協議談判外，還在投資商與政府部門之間發揮橋樑作用，建立與投資相關的數據庫，即可向外部潛在投資商提供信息諮詢服務。

(二）監管法規

巴基斯坦證券交易委員會作為證券市場的主管部門，其指定的相關法律主要包括《公司法》（2017）、《巴基斯坦證券交易法》（1997）、《有限責任合夥法》（2017）、《證券法》（2015）、《證券交易（修訂法案）》（2015）、《期貨市場法》（2016）等；法規主要包括《公司條例》（1984）、《保險條例》（2000）和《證券交易條例》（1969）等。

（三）未來監管方向

作為本國最高的金融監管機構，巴基斯坦證券委員會的核心任務就是要加快和推動金融改革，其中最主要的改革議程就是加強對於投資者的資產保全建設，進一步增強投資者的信心。因此，巴基斯坦證券委員會於 2015 年發布了《資本市場發展規劃（2016—2018）》，指明了未來幾年本國資本市場的發展方向，並與相關利益群體進行充分的溝通，進一步完善細節。

發展規劃中針對 2016—2018 年提出了幾點主要目標：

（1）推動法律和監管改革；

（2）對自律性監管機構（PSX、CDC、NCCPL、PMEX）進行結構性調整並制定新的發展規劃；

（3）對資本市場中的仲介機構進行統一改革；

（4）完善金融產品和金融市場；

（5）對資本市場中的發行者進行改革；

（6）簡化流程，對投資者的准入、推廣和保護機制進行改革；

（7）按照國際化標準進一步完善市場，加強市場形象。

第五節　特殊金融模式

一、伊斯蘭金融

（一）概述

伊斯蘭金融是指符合古蘭經等伊斯蘭教義的，並於傳統金融形式相區別而存在的一種獨特的金融形態，包括服務於伊斯蘭國家經濟和社會發展的銀行、證券等金融制度，符合伊斯蘭教義規定運行的金融機構、金融工具。

作為全球第二大伊斯蘭國家，巴基斯坦金融深受伊斯蘭宗教文化的影響，由此產生特殊的伊斯蘭金融體系。伊斯蘭國家的融資結構中，間接融資以銀行為主導，而直接融資則以伊斯蘭投資基金和債券為主。

1. 伊斯蘭銀行

伊斯蘭銀行（al-Bank al-Islami）是現代部分阿拉伯、伊斯蘭國家依據《古蘭經》禁止利息的原則在國內建立的金融信貸機構的統稱，亦稱「伊斯蘭銀行運動」。它是第

三世界的伊斯蘭國家為在國際社會中獲得經濟上、金融上的獨立自主，調動國內的經濟力量，促進民族金融業的成長，為發展民族經濟和文化教育事業而建立的新的金融體制。

2. 伊斯蘭金融產品

1999年12月23日，巴基斯坦國家銀行根據最高法院對Riba的判決設立金融系統轉型委員會。金融系統轉型委員會核准了成本加利潤銷售合約（Murabaha）、利潤分享合約（Mudaraba）、股本參與合約（Musharaka）、租賃合約（Ijarah）、預付款遞延交貨合約（Salam）和製造加利潤許可合約（Istisna）六種融資模式，並批准了這些伊斯蘭融資模式的基本要素，建議將其分發給在巴基斯坦開展伊斯蘭銀行業務的銀行。

（1）成本加利潤銷售合約型（Murabaha）。

成本加利潤銷售合約（Murabaha）是指一種銷售方有義務向購貨方披露出售貨物的成本及利潤率的合約安排。同時，貨物必須是實物，但不一定是有形貨物，信用證不能作為貨物。另外，付款方式可以是現金支付或延期支付。

例如，合作方與銀行交涉所購買的物品，在實際購買完成之後，按照雙方所簽訂的協議利潤比例，同意以後向銀行償還貨款，在整個過程中，顧客不承擔任何法定義務，因此風險由銀行承擔，直到合作方履行自己「再次購買」商品的承諾，且直到銀行分享到協議所定下的利潤為止。

（2）利潤分享合約型（Mudaraba）。

利潤分享合約（Mudaraba）是指一個人以貨幣出資、其他人以勞務出資，並按合同約定的比例分配利潤的合約安排。以勞務出資的可以是個人、團體、組織。

例如，銀行提供所有資金並獲取事先說定的實際利潤份額，按照股本參與和利潤分享的規定，參與雙方根據項目營運的實際情況來獲取利潤。在這種方式下，假設由於經營不善，出現了財政損失，參與者由於不提供資本，只提供了勞力或進行管理，故不會損失其他任何東西，所有的財政損失都由銀行承擔。

（3）股本參與合約型（Musharaka）。

股本參與合約（Musharaka）是指買賣雙方共同商定、共同承擔或分享企業所發生的虧損或實現的利潤的合同關係。投資來自所有合夥人（股東），並且利潤按合同約定的比例分配。

例如，銀行和客戶都參與短期營運，參與雙方根據實際情況，向營運項目提供資金，並同意按照事先說定的份額來分配純利潤，收益分配則沒有固定方案，是依據雙方成員的實際功勞進行。

（4）租賃合約型（Ijarah）。

租賃合約（Ijarah）是指出租人擁有租賃資產的所有權，將資產的使用權讓渡給承租人，並向承租人收取租金的合約安排。

例如，銀行可以事先購買運輸工具、工業設備、建築樓等，並將它們以定期或分期付款的方式租借給使用人。產權過戶後，租賃合約失效。這種產品的優勢在於非常靈活，可以滿足多方需求，並且為銀行提供了一種可以將股本轉化為流動現金的方式。

(5) 預付款遞延交貨合約（Salam）。

預付款遞延交貨合約（Salam）是指購貨方全額支付預付款，銷貨方承諾在未來確定的日期向買方提供特定貨物的一種銷售安排。對於現場交付的貨物，不適用於預付款遞延交貨合約。

(6) 製造加利潤許可合約（Istisna）。

製造加利潤許可合約（Istisna）是指一種特殊的銷售模式，銷貨方按照約定的價格製造購買方規定的商品的合約安排。付款方式可以是一次性付款或分期付款，且買方不需提供製造商品所需的材料。

3. 伊斯蘭基金

伊斯蘭基金是將穆斯林手中多餘的錢集中起來，根據伊斯蘭教法進行投資、獲取利潤的一種經營方式。這種經營方式的特點在於：一是基金的認購者是根據基金所投資業務的經營情況按照約定比率分享利潤，而不是獲得固定回報；二是基金所投項目必須符合教義的規定，主要表現在基金只能用於投資股票，且只能投資於符合伊斯蘭道德原則、不涉及投機與利息相關行業的股票。

目前巴基斯坦伊斯蘭基金則以共同基金為主。

(二) 發展歷程

巴基斯坦早在 1999 年就引入了伊斯蘭金融產品，由國內獲批進行伊斯蘭業務的普通銀行負責對外提供融資業務。直至 2002 年，巴基斯坦央行對 MEEZAN 投資銀行發放了首張伊斯蘭銀行牌照，國內正式成立第一家伊斯蘭銀行；巴基斯坦第二家全面的伊斯蘭商業銀行（BankIslami）於 2004 年 10 月 18 日註冊成立；迪拜伊斯蘭銀行巴基斯坦有限公司（DIBPL）於 2005 年 5 月 27 日根據「公司條例」（1984 年）在巴基斯坦成立為非上市公共有限責任公司，根據伊斯蘭教法原則開展伊斯蘭商業銀行業務，並於 2006 年 3 月 28 日開始營運；巴拉圭銀行（巴基斯坦）有限公司（ABPL）是巴拉圭伊斯蘭銀行巴基斯坦銀行（AIBP）和巴拉伊本林和阿聯酋全球伊斯蘭銀行巴基斯坦分行的合併，並於 2010 年 11 月 1 日開始營運；MCB 伊斯蘭銀行成立於 2015 年 9 月 14 日。

(三) 現狀

1. 伊斯蘭銀行現狀

截至 2017 年，共有 21 家伊斯蘭銀行機構（IBIs）(包括 5 家獨立的伊斯蘭銀行和 16 家能夠在全國 112 個地區共 2,322 個分支機構）提供符合沙利亞教義的伊斯蘭金融產品，覆蓋率超過巴基斯坦央行戰略規劃（2014—2018）中所指定的 2,000 家分支機構的目標。

如表 6.19 所示，2016 年，伊斯蘭銀行業的資產基礎從 2015 年的 1.6 萬億盧比上升到 1.85 萬億盧比，增幅達到 15.1%。同期存款總額業從 1.4 萬億盧比增加到 1.57 萬億盧比，增加了 14.4%。因此，伊斯蘭銀行業總資產在全國銀行業的比率從 2011 年的 7.8% 上升到了 2016 年的 11.7%。存款比率也由 8.4% 提高到了 13.3%。

由此可以看出，正是由於伊斯蘭金融的特殊性，其銀行業在巴基斯坦的發展速度很快。SBP 關於伊斯蘭銀行的 5 年戰略規劃（2014—2018 年）中，預計其市場份額將會增

加到整個銀行業的 15%。

表 6.19　　　　　　　　　巴基斯坦伊斯蘭銀行業概況

項目＼年份	2011	2012	2013	2014	2015	2016
伊斯蘭銀行總資產（億盧比）	6,410	8,370	10,140	12,590	16,100	18,530
伊斯蘭銀行總存款（億盧比）	5,210	7,060	8,680	10,700	13,750	15,730
資產占國內所有銀行比重	7.8%	8.6%	9.6%	10.4%	11.4%	11.7%
存款占國內所有銀行比重	8.4%	9.7%	10.4%	11.6%	13.2%	13.3%

資料來源：巴基斯坦國家銀行。

2. 伊斯蘭金融產品交易現狀

如表 6.20 所示，目前，在融資模式方面，股本參與遞減合約（DM）占比為 34.7%，在融資模式中占據主導地位，表明伊斯蘭銀行傾向於為較長期項目融資。從融資模式的發展看，成本加利潤銷售合約（Murabaha）逐年下降，從 2013 年的 40.6%下降至 2016 年的 15.8%；而股本參與合約（Musharaka）逐年增加，從 2013 年的 6.7%增加到 2016 年的 15.6%；而預付款遞延交貨合約（Salam）、製造加利潤許可合約（Istisna）、租賃合約（Ijarah）的占比變化不大；其他模式從 2013 年的 4.39%增加到了 2016 年的 14.23%。

表 6.20　　　伊斯蘭金融產品占全部伊斯蘭銀行金融產品比重（%）

（2011—2016 年）

產品名稱	2011	2012	2013	2014	2015	2016
成本加利潤銷售合約	43.8	39.7	40.6	30.1	24.5	15.8
租賃合約	10.4	9.2	7.7	7.7	6.6	6.8
股本參與合約	2.4	0.8	6.7	11	14	15.6
利潤分享合約	0.1	0.2	0.2	0.1	0	0
股本參與遞減合約	32	35.7	30.8	32.6	31.7	34.7
預付款遞延交貨合約	2.4	5	4	4.5	5.3	4.4
製造加利潤許可合約	4.4	7.2	5.6	8.3	8.6	8.4
其他	4.4	4.3	4.39	5.6	9.2	14.3

資料來源：巴基斯坦國家銀行。

現在幾乎所有的伊斯蘭國家都建立了較為完善的伊斯蘭金融體系，一些非伊斯蘭國家或地區也相繼設立了伊斯蘭金融機構，如英國。2009 年 12 月，寧夏銀行也作為中國的首家伊斯蘭金融試點機構，開拓了伊斯蘭金融業務。

3. 伊斯蘭基金發展現狀

目前巴基斯坦國內伊斯蘭共同基金（Islamic mutual funds）數量增長較快（如圖 6.2 所示），其淨資產占比也在逐年增加。截止到 2017 年 7 月 31 日，伊斯蘭共同基金淨資產占全國共同基金淨資產規模的 38%。①

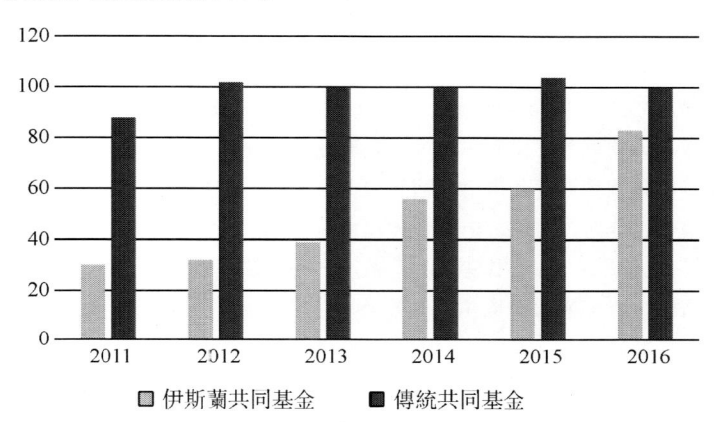

圖 6.2　巴基斯坦伊斯蘭共同基金與傳統共同基金數量比較（2011—2016 年）
資料來源：巴基斯坦共同基金協會網站。

（四）伊斯蘭金融特殊監管體系

巴基斯坦作為伊斯蘭世界重要組成國家之一，其金融體系監管深受伊斯蘭教義影響，結合本國經濟發展情況，形成了特殊的伊斯蘭金融監管體系。

1. 伊斯蘭金融必須遵循以下六個基本原則

（1）禁止收取利息（Riba 禁令）。

Riba，在伊斯蘭教中指的是「利息」，按照字面意思是「剩餘額」。只要與本金償還和數額有關的任何正向的、固定的、事先確定的利息都被認為是 Riba。相對的，伊斯蘭教鼓勵賺取利潤，因為這是「事後」確認的。

（2）貨幣作為「潛在」的資本，不具備時間價值。

穆斯林認為貨幣只有用到實際經濟活動中，才能產生實際生產力，才屬於實際資本，在此之前，均屬於「潛在」資本。

（3）共擔風險，共享利益。

伊斯蘭教認為在創造財富的過程中，雙方應當是經濟共同體而不是借貸雙方，貸款者應與借款者一起承擔風險，分享收益。

（4）嚴格履行合同規定的權利和義務。

伊斯蘭宗教文化認為誠信是一項神聖的職責。這就要求，合同雙方在合同的執行過程中，保證信息披露的充分性和完整性，降低由於信息不對稱所引起的風險。

（5）禁止投機行為。

伊斯蘭教義明確規定，交易雙方所得必須與付出對等，這就禁止在金融交易中出現

---

① 資料來源：http://mufap.com.pk/巴基斯坦共同基金協會。

投機行為。例如禁止賭博、期貨、期權等投機交易，不允許發行金融衍生工具。

（6）所有投資活動都必須符合《古蘭經》和《聖訓》。

這就明確了外國企業不得在當地從事夜總會、歌舞廳、電影院、按摩、洗浴等娛樂休閒業。巴基斯坦投資政策也規定了5個限制投資的領域，分別是武器、高強炸藥、放射性物質、證券印製和造幣、酒類生產。

2. 宗教（沙里亞諮詢委員會）和政府雙重監管模式

沙里亞諮詢委員會是伊斯蘭金融的宗教監管機構。沙里亞是伊斯蘭教法的總稱，沙里亞諮詢委員會就是監督各項伊斯蘭教法貫徹執行的總機構，所以，在伊斯蘭教義約束下的伊斯蘭金融也在其監管之下。該委員會對伊斯蘭金融的監管，主要是監督伊斯蘭金融機構的日常經營，以保證其經營的金融產品符合伊斯蘭教義。

巴基斯坦政府金融監管以伊斯蘭金融服務委員會（Islamic Financial Services Board）為主，其主要職責是制定各成員國須遵守的伊斯蘭金融體系標準，包括金融機構的資本金要求、風險管理、公司治理、市場營運秩序等。各成員國金融監管機構還有自己的宗教指導委員會，在不產生衝突的情況下，根據本國的經濟發展情況，修改相關的金融監管法則。

3. 銀行類和非銀行類金融機構分業監管

在伊斯蘭金融服務委員會的指導下，巴基斯坦對伊斯蘭金融行業實行分業監管，由巴基斯坦國家銀行（中央銀行）監管銀行類金融機構，非銀行類金融機構則由巴基斯坦證券交易委員會負責監管，並未單獨制定相關的法律法規。當金融機構與沙里亞諮詢委員會的意見出現分歧的時候，則需提交聯邦伊斯蘭法院裁決，聯邦伊斯蘭法院是伊斯蘭金融的最高管轄部門。

二、微型金融

（一）定義及背景

微型金融（Microfinance）是屬於非正規金融體系的一種金融方式。巴基斯坦微型金融在其發展初期，主要是為了扶貧及提高婦女地位，其資金主要源於慈善機構等公益組織的捐款或政府撥款和補貼，其特點是規模小、覆蓋面窄。

（二）發展歷程

1. 起步階段

巴基斯坦微型金融起步於20世紀60年代，主要為農戶提供貸款服務。20世紀70年代，巴基斯坦進行銀行國有化改革，大部分農戶貸款改由國有銀行發放。1997年，巴基斯坦微型金融網絡成為小額信貸從業者交流的非正式平臺，到了2001年，巴基斯坦微型金融網絡（PMN）通過註冊成為獨立的法人主體，其最主要的關注點包括機構經營透明度、業績、能力以及其行業發展等。

2. 可持續發展階段

2001年以後，巴基斯坦強調微型金融機構在履行社會責任的同時應堅持可持續發展，並對微型金融機構進行分類管理，按商業化原則運作。巴基斯坦央行頒布《微型金融機構條例》(2001)，允許成立銀行類微型金融機構即小額信貸銀行，並將其納入央行對銀行體系的監管體系。2007年設立微型金融發展部，同年頒布微型金融發展戰略，提出了發展目標及重點措施。2008年，推出金融普惠計劃，目的是為窮人和弱勢群體提供更多融資機會。

3. 戰略發展階段

2011年1月，頒布微型金融戰略框架，在2007年金融發展戰略的基礎上，提出：通過促進包容性金融服務和擴大信貸業務來加快經濟增長；通過創新促進規模化，降低營運成本；通過有效的專業管理促進組織的發展；通過實施消費者保護政策、金融掃盲計劃、小額信貸機構的監管框架提高行業紀律。2014年，推出了國家金融包容性戰略（NFIS)，並推出了非銀行金融機構的監管規定。2015年，制定了實現普惠金融的路線圖。

(三) 微型金融發展現狀

從20世紀60年代至今，巴基斯坦微型金融通過不斷的發展和壯大，其金融體系得到了進一步的完善，從業人員數量、覆蓋範圍、資產規模均在不斷壯大和增加，在促進扶貧、提高婦女社會地位及減少童工等社會福利的發展上，提供了巨大的幫助，經營績效呈上升趨勢，可持續發展能力逐步增強。

1. 微型金融組織體系比較完善

第一，完善了監管組織體系。2001年以前，巴基斯坦證券交易委員會負責對微型金融機構進行登記註冊及監督管理。2001年後巴基斯坦中央銀行允許成立小額信貸銀行，並將其納入銀行體系監管。

第二，成立了類型多樣的微型金融機構。巴基斯坦微型金融機構分為四類，即村鎮銀行（MFB)、專業性微型金融機構（MFI)、農村支持計劃及其他機構。巴基斯坦央行對小額信貸銀行根據層級有不同的設置要求：全國性的小額信貸銀行最低實收資本為10億盧比，省級小額信貸銀行的最低實收資本為5億盧比；資本充足率都不能低於15%。

第三，建立了微型金融仲介服務體系。巴基斯坦微型金融網（PMN) 於2001年正式成立，其會員包括全國20多個微型金融機構，占全國市場份額的95%。

第四，建立了小額信貸銀行徵信機構。徵信機構與所有微型金融機構合作，包括銀行、非政府組織、農村支持計劃，建立基於借款人信用的中央信息池，提高客戶經營狀況的透明度，逓過審慎監管提高小額信貸銀行經營的透明度。

2. 微型金融總體規模不斷擴大

截至2016年12月，共有51家金融機構提供小額信貸產品，其中包括11家提供存儲的微型金融銀行（MFBs)，其他均為非銀行類微型金融機構（NB-MFIs)。微型金融的小額貸款投資總額增長了47.3%，從929.9億盧比增加到1,369億盧比，借款人數量

增加了 21.7%，達到了 460 萬人（如圖 6.3 所示）。

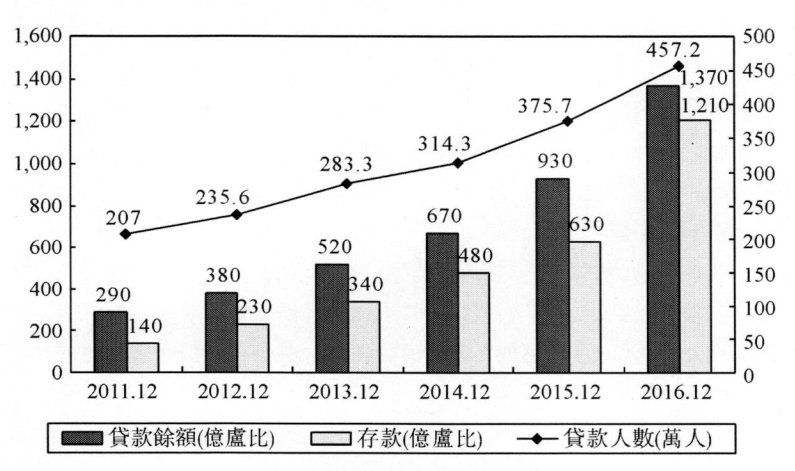

圖 6.3　微型金融行業發展情況

資料來源：巴基斯坦微型金融網。

如圖 6.4 所示，其中，小額信貸銀行（MFBs）的總資產從 979.8 億盧比增加到 1,701.3 億盧比，增幅達到了 73.65%；總負債增加了 667.3 億盧比（84.60%）；總股東權益增加了 54.2 億盧比（28.40%）；稅前和稅後利潤分別增加了 38.95% 和 19.84%。

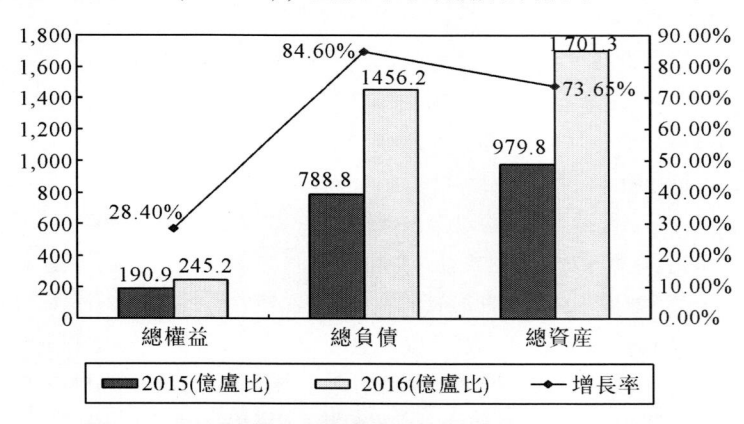

圖 6.4　小額信貸銀行總權益財務報表比較（2015—2016 年）

資料來源：巴基斯坦微型金融網。

3. 可持續發展能力逐步增強

如圖 6.5 所示，從 2011 年到 2015 年，巴基斯坦微型金融機構稅前利潤從 7.81 億盧比增長到 63.88 億盧比，增長了 718%，年均增長 73.5%。營業利潤率均為負值。除 2011 年外，資產回報率、權益回報率均為正值，基本上呈現逐年上漲的趨勢，巴基斯坦微型金融經營業績好轉。另外，違約一個月以上貸款占總貸款比重由 2011 年 3.2% 的下降到 2015 年的 1.5%，整體呈現下滑趨勢；違約三個月以上貸款占總貸款比重同樣也從

2011 年的 2.1%的下降到 2015 年的 0.9%。貸款損失準備從 2011 年的 6.24 億盧比增加到 2015 年的 14.88 億盧比。風險覆蓋率 2015 年達到 110.7%。可持續發展能力逐步增強，經營自足率從 2011 年的 108.4%逐步提高到 2015 年的 124.1%；財務自足率從 2011 年的 100.5%提高到 2015 年的 121%，基本能維持自身生存和發展需要。

表 6.21　　　　巴基斯坦微型金融經營績效（2011—2015 年）

項目 \ 年份	2011 年	2012 年	2013 年	2014 年	2015 年
稅前利潤（億盧比）	7.81	10.85	26.58	40.39	63.88
營業利潤率	-110,182.46%	-736.04%	-262.78%	-334.83%	-316.97%
資產回報率	-0.10%	1.20%	3.30%	3.50%	3.60%
權益回報率	-0.70%	5.80%	16.10%	16.00%	16.60%
違約超過 30 天貸款資產（億盧比）	7.94	12.33	11.57	6.59	13.45
違約超過 90 天貸款資產（億盧比）	5.17	10.20	9.32	3.80	7.93
違約超過 30 天貸款占總貸款比重	3.20%	3.60%	2.50%	1.00%	1.50%
違約超過 90 天貸款占總貸款比重	2.10%	3.00%	2.00%	0.60%	0.90%
調整後的貸款損失準備（億盧比）	6.24	7.60	7.08	11.90	14.88
當年核銷的不良貸款（億盧比）	5.92	6.76	6.15	12.22	9.44
風險覆蓋率	78.60%	61.60%	61.20%	180.40%	110.70%
經營自足率	108.40%	109.40%	118.10%	119.90%	124.10%
財務自足率	100.50%	107.00%	116.50%	117.70%	121.00%

資料來源：巴基斯坦微型金融網。

4. 未來仍存在發展空間

雖然從微型金融中受益的人數從 2012 年的 80 萬人上升到了 2016 年的 190 萬人，但是，與全國成年人口（約 12,600 萬人）相比，滲透率僅為 1.5%，仍然很低。根據巴基斯坦小額信貸網絡預測，潛在的小額信貸市場規模為 2,050 萬人，這意味著該市場的覆蓋率還不到 10%。儘管最近幾年微型金融已經大幅增長，但微型金融的進一步發展將有助於貧困人口獲得融資、減少貧困，同時幫助現有的小型企業發展和促進就業。因此，微型金融在未來仍然存在巨大的發展空間。

（四）微型金融監管

巴基斯坦是亞洲第一個為村鎮銀行全面引入法律監管框架的國家。巴基斯坦央行頒布《微型金融機構條例》（2001），批准村鎮銀行從事微型金融業務，並將其歸入銀行監管體系。《微型金融貸款擔保制度》（2008）、《機構強化基金條例》（2008）、《金融服務改善基金條例》（2008）的發布，則進一步緩解微型金融流動性約束。2011 年巴基斯坦央行制定了 2011—2015 年微型金融戰略框架（Microfinance Strategic Framework 2011 - 2015），旨在促進巴基斯坦微型金融的可持續發展。

第六節　啟示

一、對中資企業在巴基斯坦投資併購的啟示

（一）對併購對象的選擇

併購對象的選擇決定併購的成功及併購後的生存和發展，是併購案最關鍵的一步，不可不察。除了一般意義上的考察內容外，還要特別考察以下內容：一是要考察其經營範圍是否屬巴基斯坦政府鼓勵項目，如，有無不符合伊斯蘭教教義的項目；二是考察其融資渠道是否清白，是否有通過哈瓦拉渠道的融資（可能涉及洗錢等），是否有與恐怖組織有關的融資，如果有則需要重新評估；三是考察其是否國際社會制裁或曾經制裁或與遭受制裁企業有關聯的企業。

（二）對開戶銀行的選擇

開戶銀行影響企業資金安全，特別是在異國他鄉，文化差異性大、政局不穩的地方，安全性問題更是重中之重。一是要考察其是否伊斯蘭銀行，因為伊斯蘭銀行的特殊性有可能限制企業的生產經營，而且伊斯蘭銀行不計利息，雖然企業可以參與其分紅，但分紅至少要在一個財務年度終了之後才會發放；但是，為了拉近與地方的關係，可以適當安排一些小額的、次要的資金。二是要考察其外匯經營情況和資金匯出情況，雖然巴基斯坦對外匯出入境沒有限制，但各銀行因為實力和經營的原因，在處理相同業務時還是有所區別，風險高低也就不同。三是要考察其在歷次政局動盪中的表現，評估其抗風險能力。四是考察其是否國際社會制裁或曾經制裁或與遭受制裁企業有關聯的銀行。五是考察其是否經營或投資哈瓦拉網絡。

（三）對投資金融業的選擇

由於伊斯蘭金融在伊斯蘭國家和地區具有廣泛的社會基礎和無可取代的地位，所以中資企業在進行投資併購巴基斯坦金融企業的時候，應該把伊斯蘭金融作為一個重要選項。

（四）對投資外匯市場的選擇

巴基斯坦外匯市場雖然發展迅速，但規模仍然很小，而且匯率波動大、儲備波動大、交易幣種少。這對於投資者來說，是機會與風險並存。但是，目前人民幣還不是巴基斯坦外匯市場的主要幣種，隨著人民幣國際化的快速推進，人民幣必然會成為主要交易幣種，所以，目前投資巴基斯坦外匯市場的人民幣業務，正當其時。而且，巴基斯坦對外匯的進出沒有限制，只要繳納規定的稅款，資金都可以自由出入，這對在巴基斯坦併購的企業來說有了一個相對安全的退出機會，當覺得局勢對自己不利時，可以迅速安排資金的撤回而且沒有限制。

二、對中資企業在巴基斯坦融資的啟示

（一）通過股票市場融資

良好的股票市場發展勢頭為企業在當地融資提供了方便。作為亞洲的一個新興股票市場，巴基斯坦這幾年的發展可以說是讓人驚喜的，這對於準備「走出去」在巴基斯坦實施併購的企業來說是一個很好的消息。一個欣欣向榮的股票市場，對於股票發行人來說意味著可以得到比較高的發行市盈率，得到比較多的籌資額，對其未來的資金需求提供了一個很好的渠道。

（二）通過債券市場融資

較高的發債成本限制企業對槓桿的使用。由於政治局勢不穩定和恐怖襲擊等原因，儘管巴基斯坦的股票市場表現活躍，但是投資者對其未來的看法還是不樂觀。這點在債券市場上反應得比較明顯，具體表現為短期債券比較容易發行，成本相對不高；長期債券較難發行，成本相對較高。這對於海外併購企業來說不是一個好消息，一個優秀的企業都會有一個對自己來說比較安全和合理的財務槓桿，而當地發債成本偏高會導致企業減少負債，從而影響企業的盈利能力。

（三）通過金融機構融資

通過金融機構貸款是通常的融資手段，任何一個經濟實體都需要且希望得到金融機構的貸款甚至投資，但在巴基斯坦，由於伊斯蘭金融的存在，又有了不同的選擇。因為在伊斯蘭銀行貸款，不是一般意義上的貸款，而是類似於投資入股的形式，銀行是根據企業的盈利情況分紅或分擔虧損，是一種利益共享、風險共擔的關係。所以，中資企業進入後，應該積極爭取與伊斯蘭銀行合作，雙方結成利益共同體，更有利於企業在伊斯蘭國家和地區的生存和發展。當然，哈瓦拉、小額信貸等也是選項之一，但其靈活快捷之下也蘊含高風險，需要慎重對待。

下篇　實踐篇

第七章　中國企業在巴基斯坦的商業併購案例介紹

第一節　上海電力收購巴基斯坦卡拉奇電力公司[①]

一、交易各方情況

(一) 上海電力股份有限公司

上海電力股份有限公司（簡稱「上海電力」）於1998年6月4日設立，2003年10月29日在上交所掛牌交易。截至2016年9月30日，公司總股本為213,973.93萬股，均為無限售條件的流通股，控股股東為國家電力投資集團公司（以下簡稱「國家電投」），實際控制人為國務院國有資產監督管理委員會。上海電力的控股關係如圖7.1所示：

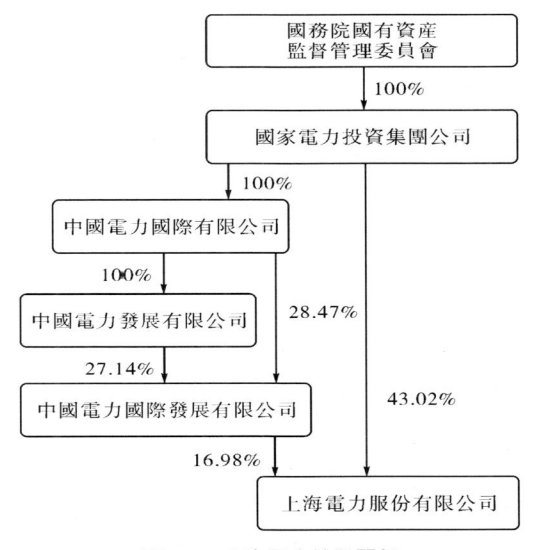

圖7.1　上海電力控股關係

[①] 本節內容根據上海電力股份有限公司在上海證券交易所網站所發布的與本次交易相關的公告進行整理。

上海電力的主營業務包括發電、供熱、電力服務等領域。其中，發電業務是公司的核心業務，在加快煤電低碳高效發展的基礎上，公司大力發展風電、太陽能發電等可再生新能源產業。

（二）交易對方情況

本次交易的交易對方為 KES 能源公司（KES POWER LTD.）。KES 能源公司系在開曼群島註冊的有限責任公司，註冊於 2005 年。KES 能源公司的股東為 IGCF SPV 21 Limited、Al Jomaih Power Limited 及 Denham Investment Limited，其中控股股東為 IGCF SPV 21 Limited，實際控制人為 Abraaj 投資管理公司。KES 能源公司股權架構如圖 7.2 所示：

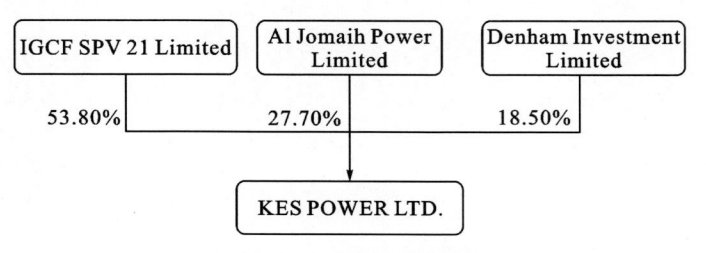

```
┌─────────────────────┐  ┌─────────────────────┐  ┌─────────────────────┐
│ IGCF SPV 21 Limited │  │  Al Jomaih Power    │  │  Denham Investment  │
│                     │  │      Limited        │  │       Limited       │
└──────────┬──────────┘  └──────────┬──────────┘  └──────────┬──────────┘
        53.80%                   27.70%                   18.50%
                         ┌─────────────────┐
                         │ KES POWER LTD.  │
                         └─────────────────┘
```

圖 7.2　KES 能源公司股權架構

（三）交易標的公司情況

本次併購交易的標的公司為巴基斯坦的卡拉奇電力公司（K-Electric Limited，以下簡稱「KE 公司」）。KE 公司設立於 1913 年，主營業務為發電及輸配電業務。2006 年 11 月，巴基斯坦政府出售了所持有的 73% 的股份及管理控制權，在這次私有化完成後，KES 能源公司成為 KE 公司的控股股東。

2008 年 1 月，KE 公司發行的普通股份在巴基斯坦證券交易所上市交易。截至 2016 年 6 月，KE 公司的股份結構如表 7.1 所示：

表 7.1　　　　　　　　　　　　　KE 公司股份結構

序號	股東名稱	股份數量	股份比例
1	KES POWER LTD.	18,335,542,678	66.40%
2	GoP	6,726,912,278	24.36%
3	ADB	3,767,428	0.01%
4	IFC	191,358,214	0.69%
5	其他股東	2,357,613,650	8.54%
	合計	27,615,194,248	100.00%

其中，GoP 為 Government of Pakistan，即巴基斯坦政府。ADB 為 Asian Development Bank，即亞洲開發銀行。IFC 為 International Finance Corporation，即國際金融公司。

根據上述股份結構，在上海電力實施收購之前，KE 公司的股權結構如圖 7.3 所示：

```
                IGCF SPV 21        Al Jomaih Power      Denham
                  Limited              Limited       Investment Limited
                   53.80%              27.70%            18.50%

        Others           KES POWER LTD.         Government of
                                                   Pakistan
         9.24%               66.40%                 24.36%
                         K-Electric Limited
```

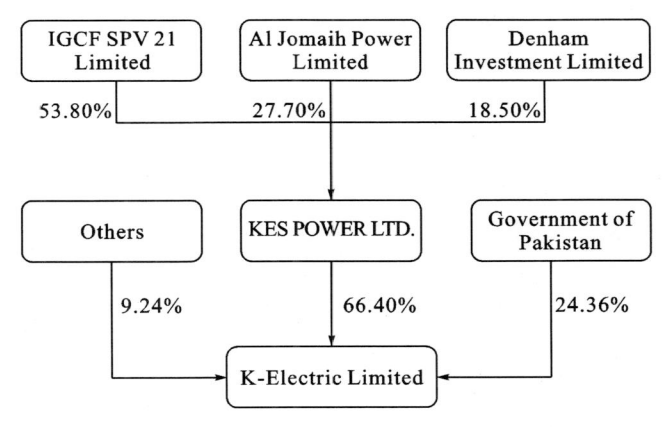

圖 7.3　上海電力實施收購前 KE 公司的股權結構

KE 公司是卡拉奇地區具有戰略重要性的電力公司，是從事發、輸、配售電業務的垂直一體化上市公司，擁有卡拉奇市及其毗鄰地區的發電、輸電及配電業務許可。KE 公司的盈利模式為通過發電、售電盈利，盈利水準與電價收入高度相關。電價收入主要以向工業、商業、居民用戶及其他客戶供電並收取電費為主，同時包括政府電價補貼等。

（四）標的公司相關財務指標對上海電力的占比情況

根據上海電力和標的公司 2015 財年經審計的財務數據，標的公司資產總額、淨資產、營業收入占上海電力的相應比例情況如表 7.2 所示：

表 7.2　　　　　KE 公司相關財務指標對上海電力的占比情況　　　　單位：億元

項目	標的公司 2015 財年（2015 年 6 月 30 日）	上海電力 2015 年度（2015 年 12 月 31 日）	占比
資產總額及交易額孰高	220.65	519.91	42.44%
營業收入	116.46	170.06	68.48%
資產淨額及交易額孰高	110.94	157.51	70.43%

二、本次交易的具體方案

根據上海電力與 KES 能源公司簽署的《股份買賣協議》，上海電力將以現金方式收購 KES 能源公司持有的巴基斯坦 KE 公司 18,335,542,678 股，即 66.40% 股份。具體方案如下：

（一）定價方式

本次交易價格以經國家電力投資集團公司（以下簡稱「國家電投」）備案的標的資產估值報告的估值結果為基礎，由交易雙方按照市場化原則協商確定。

（二）交易對價及獎勵金安排

根據經國家電投備案的德勤諮詢（上海）有限公司出具的《估值報告》，KE 公司 66.40%股份的估值區間為 17.43 億～18.50 億美元。經與交易對方多次談判協商，雙方同意本次交易價格約定如下：本次交易（即 KE 公司 66.40%股份）的可支付對價為 17.70 億美元，買方同意視標的公司經營情況向賣方或其指定方支付獎勵金合計不超過 0.27 億美元。

（三）第一步和第二步交易階段的交易對價安排

如表 7.3 所示，根據交易雙方簽署的《股份買賣協議》約定，本次交易具體分兩步完成。

1. 第一步交易階段

第一步階段交易股份為 KE 公司 16,954,782,966 股，約占 KE 公司總發行股本的 61.40%股份，支付對價為 16.62 億美元。

支付對價的計算方式為：支付對價＝［可支付對價＋獎勵金（按照雙方約定的最大金額支付）］÷股份數量×第一步交易的股份數；若第二筆獎勵金未支付，則第一步交易對價相應調整為 16.51 億美元。

2. 第二步交易階段

第二步階段交易股份為 KE 公司 1,380,759,712 股，約占 KE 公司總發行股本 5.00%股份。

支付對價的計算方式為：第一步交易階段的第十七個月份的最後一個營業日前的 12 個月的 EBITDA 乘以 a 倍，減去截至該階段的淨負債後除以 20。

其中，a＝9.43（在第一步交割日時不支付第二筆獎勵金）或 9.48（在第一步交割日時支付第二筆獎勵金）；EBITDA 是指扣除財務費用以及折舊和攤銷之前的利潤（扣除財務費用之前的利潤根據標的公司的財務報告確定）；淨負債是指低於 1,300,000,000 美元或者標的公司的全部借款總額之較低者。

表 7.3　　　　　　　　上海電力收購 KE 公司具體交易方案

交易階段	標的資產	可支付對價/支付對價
本次交易	KES 能源公司持有的 KE 公司 66.40%股份	可支付對價 17.70 億美元，以及不超過 0.27 億美元的獎勵金
第一步交易階段	KES 能源公司持有的 KE 公司 61.40%股份	1. 若未支付第二筆獎勵金：16.51 億美元 2. 若支付第二筆獎勵金：16.62 億美元
第二步交易階段	KES 能源公司持有的 KE 公司 5.00%股份	第一步交易階段的第十七個月份的最後一個營業日前的 12 個月的 EBITDA 乘以 a 倍，減去截至該階段的淨負債後除以 20 確定。其中，a＝9.43（在第一步交割日時不支付第二筆獎勵金）或 9.48（在第一步交割日時支付第二筆獎勵金）

(四) 國際金融公司和亞洲開發銀行的隨售權

本次重大資產購買將觸發國際金融公司（IFC）和亞洲開發銀行（ADB）持有的 KE 公司股份的隨售權。上海電力因此需分別向 IFC 和 ADB 發出隨售權的收購要約，額外收購 IFC 持有的 KE 公司 0.69% 的股份以及 ADB 持有的 KE 公司 0.01% 的股份。但是是否向上海電力出售其持有的該等股份，由 IFC 與 ADB 自行決定。

(五) 強制要約收購

由於 KE 公司系巴基斯坦證券交易所上市公司，根據巴基斯坦相關法律，本次重大資產購買將觸發強制要約收購義務。根據《股份買賣協議》，上海電力和 KES 能源公司將爭取從巴基斯坦證交會處獲得通知，不要求上海電力進行強制要約收購，並且其將不會適用收購法律的相關規定。

如果上海電力被要求進行強制要約收購，則上海電力需在發布收購標的資產的意向公告發布之日起的 180 天內發布強制收購要約公告，額外收購 KE 公司其他股東分別持有的至少 50% 的 KE 公司股份，但最終的股份比例將根據強制要約收購結果確定。

(六) 交易對價融資安排

本次交易的對價支付方式為現金。本次交易的資金來源為上市公司自有資金及銀行貸款。截至 2016 年 6 月 30 日，上海電力合併財務報表的貨幣資金為 44.72 億元，上市公司已就本次交易融資與多家中外資銀行達成融資意向。

三、本次交易的進展情況

2016 年 8 月 2 日，國家發改委出具本次交易項目信息報告確認函。8 月 9 日，上海電力 2016 年第八次臨時董事會審議通過本次交易約束性報價相關議案。9 月 5 日，國家電投同意上海電力收購 KE 公司股權方案。10 月 16 日，國家電投對本次交易涉及的估值報告予以備案。

2016 年 10 月 28 日，KES 能源公司董事會批准本次交易相關事項，上海電力 2016 年第十一次臨時董事會會議和第四次臨時監事會會議也分別審議通過本次交易相關議案。當天，上海電力與 KES 能源公司簽署《關於 KESPOWER LTD. 持有 K-ELECTRIC LIMITED 的股份買賣協議》。

2016 年 12 月 16 日，上海電力召開 2016 年第一次臨時股東大會，審議通過本次交易相關議案。

2016 年 12 月，上海電力收到巴基斯坦競爭委員會通知，公司收購 KE 公司控股股權事宜已獲得巴基斯坦競爭委員會批准。

2017 年 1 月，商務部出具了《企業境外投資證書》，上海電力收購 KE 公司控股股權獲得商務部批准。

2017 年 2 月，國家發展和改革委員會出具了《國家發展改革委關於上海電力股份有限公司收購巴基斯坦卡拉奇電力公司部分股權第一階段交易項目核准的批覆》，同意上海電力收購 KE 公司控股股權第一階段交易項目（包含收購 KE 公司 61.4% 股權和強制要約收購）。

2017年10月，巴基斯坦國家電力監管局（NEPRA）公布KE公司新多年期電價機制（MYT）的復議結果，復議結果仍未能達到預期。經KES能源公司回覆確認，巴基斯坦政府相關主管部門已就KE公司的新MYT電價復議結果正式致函NEPRA，要求其對電價復議結果進行重新考慮。在NEPRA做出新的決定並告知巴基斯坦聯邦政府之前，電價暫不生效。KES能源公司同時表示，KES能源公司和KE公司已聘請經驗豐富的顧問團隊，若巴基斯坦政府協調的結果不盡如人意，將根據當地法律法規，尋求其他解決方式。2017年12月5日，NEPRA召開了新MYT電價重新考慮聽證會，但截至2018年6月仍未宣布最終結果。在最終結果出來之前，仍存在因電價發生變化而影響標的公司盈利能力的可能，或將導致本次交易終止的風險。

截至2018年6月，本次交易尚未完成交割。

第二節　中國移動併購巴基斯坦Paktel公司

一、中國移動的情況

中國移動通信集團（簡稱「中國移動」），於2000年4月20日成立，註冊資本為51.8億人民幣，資產規模超過4,000億元。中國移動通信集團公司全資擁有中國移動（香港）有限公司。2006年中國移動稅前盈利968億元，同比增長23%，營運收入2,853億元，同比增長21%，其總用戶人數超過3億。2016年12月31日，中國移動現金及現金等價物淨額為711.67億人民幣。

二、巴基斯坦Paktel公司的情況

巴基斯坦Paktel公司的原控股公司是Millicom公司，總部位於盧森堡，是一家在納斯達克上市的國際移動通信營運商。該公司主要在新興市場開展業務，於2000年取得Paktel公司的控制權。

Paktel公司在1991年就獲得了第一張移動通信經營許可證，但是Paktel公司的主營業務一直是AMPS網絡，到了2004年10月公司才開始向用戶提供GSM網絡服務，其GSM網絡有669個基站，覆蓋巴基斯坦27%的人口。儘管擁有AMPS和GSM兩張移動通信牌照，可是Paktel公司涉足GSM網絡等主流通信網絡的時間並不長，導致其在與其他營運商的競爭中不能佔據優勢。截至2006年10月，Paktel公司共有約156萬移動用戶，相比2005年第猛增了69萬，市場份額約為3.5%，在巴基斯坦當地6家移動營運商中排名第5。但是，Paktel公司的用戶流失明顯，到2006年年底，公司用戶下降到133萬戶。

三、併購歷程

2006年11月，Millicom公司鑒於自身在巴基斯坦市場缺乏競爭力，決定出售旗下的

Paktel 公司，退出巴基斯坦市場。

在本次交易中，Milicom 公司將 Paktel 公司 88.6% 的股份出售給中國移動，也就是說交易後的 Milicom 公司仍持有 Paktel 公司約 10% 的股份。

2007 年 1 月 22 日，中國移動通信集團對外宣布，其已與 Millicom 公司簽訂協議，收購後者所持有的 Paktel 公司 88.6% 的股份。這筆交易對 Paktel 公司的估值為 4.6 億美元，包括償還債務在內，中國移動將付出 2.84 億美元。

2007 年 2 月 14 日中國移動宣布，已經成功收購 Millicom 公司所持有的 Paktel 公司的股份，至此，中國移動對 Paktel 公司的併購案正式完成。

第八章　中國企業在巴基斯坦的商業併購案例分析

案例分析一　市場特徵、行業態勢與中國企業海外併購績效研究
——以上海電力併購 KE 公司為例[①]

一、引言

目前中國企業對「一帶一路」沿線國家的投資越來越多，海外併購已經成為擴大企業規模、優化資源配置、突破貿易堡壘、提升市場競爭力的主要手段。作為區域電力龍頭的上海電力股份有限公司（以下簡稱「上海電力」）是上海最主要的電力能源企業，也加緊進行海外資產佈局，成為「一帶一路」倡議下高端裝備產能結合的先行者。2016年上海電力以現金方式支付對價為 17.70 億美元收購 KES 能源公司持有的巴基斯坦 K-Electric 公司（以下簡稱 KE 公司）股票，占 KE 公司總發行股本的 66.40%，並在合約中明確表示視 KE 公司經營情況給予其或其指定方獎勵金合計不超過 0.27 億美元。此次併購是有史以來中國企業在巴基斯坦最大規模的併購投資，通過對本案例的研究可以分析這次大規模併購的短期績效表現，並對比不同的市場特徵和行業態勢對併購績效的影響，對電力行業海外併購投資活動以及中國企業海外併購都具有借鑑意義。

二、問題提出

近幾年來，隨著世界併購浪潮的不斷升溫，有關併購績效的研究成為國內外學者研究的熱點。由於中國企業積極實施「走出去」戰略，海外併購自然而然成了中國企業獲取全球資源、提高產業規模、開拓國際市場的有效途徑。然而關於中國企業海外併購是否給企業股東帶來了顯著的財富效應，獲得的併購績效是否顯著提升，研究者們的結論大相徑庭。主要的觀點有：①海外併購會給主並公司帶來正面效應。Vermeulen 和 Barkema（2001）認為，雖然海外併購伴隨著較高的初始成本的支出，但就長期而言，

[①] 作者：池昭梅、陳緒婷

併購成功以後所帶來的影響有利於企業整體發展。田海峰、黃祎、孫廣生（2015）的研究表明，無論企業規模大小、性質和背景，海外併購都比較有可能實現預期的商業價值，帶來較好的併購績效。路黽（2016）認為中國企業可以通過海外併購滿足企業自身對於資源、技術、品牌和市場的需求，這對於提高企業的經營業績和基礎能力是非常有利的。②海外併購會給主並公司帶來負面影響。美國學者Bruner（2002）從大量的併購行為中分析發現，目標公司基本都能取得較高的超常收益率而主並公司卻只有負值的股票收益。李梅（2010）研究發現，目前中國大量的海外併購活動績效整體上呈現弱勢。韓堅和錢濛（2012）認為中國的民營上市企業在併購活動發生當年績效顯著下降，企業盈利能力的持續性明顯不足。倪中新等（2014）研究結果表明影響併購績效的因素有很多，但是中國上市公司海外併購的績效表現都不盡如人意。③海外併購對主並公司績效而言影響甚微。賈昌杰（2003）研究結果表明，併購經驗豐富的企業對短期併購績效有著良好的促進作用，但長期看來影響卻不顯著。

海外併購中，被併購方市場特徵可能對併購績效產生影響。Wells（1977）的小規模技術理論認為，發展中國家或地區的市場需求沒有被完全開發，較小的市場容量使得這些國家以及地區的海外企業具備了為小容量市場提供小規模技術服務的能力，培育了這些跨國公司的小規模生產技術優勢、基於本土化投入的優勢、低成本行銷策略優勢。Kim和Finkelstein（2009）研究表明，併購活動當中雙方企業戰略的互補性對主並公司的短期併購績效有明顯的促進作用，但雙方企業的市場互補性不利於提升主並公司的併購績效。李善民、朱滔（2006）認為，中國資本市場起步較晚，中國上市公司多為傳統行業，傳統行業面臨的行業競爭過度和產業升級的壓力會促使上市公司過早尋求併購以及其他多元化發展戰略，長期而言並不利於股東財富最大化的財務目標。李進龍、呂巍、郭冰（2012）認為大量的中國企業在新興市場進行海外併購績效可以更好，因為其複雜的制度環境和競爭更為激烈的市場環境對併購績效有明顯的正面效應。吳津鈺和羅立（2016）研究發現，在國電的海外投資活動中，發展較為成熟的發達市場通常傾向於直接入股目標企業，而發展中的新興市場更加傾向於海外併購。王昶、胡明華、周文輝（2017）認為：發展中國家或地區的新興市場中的企業通常更願意嘗試通過海外併購的手段去借助國外先進科學技術和先進管理理念以提高自身經營績效，但是由於企業自身技術基礎比較薄弱，創新能力不強，同時又缺乏前瞻性的資源儲備和國際化經驗，這些企業通常會面臨著合作機制、溝通機制和控制機制設置等諸多問題，這些問題會直接影響併購預期目標的順利實現。

市場經濟天然有著自動優化配置相關的社會資源的功能，所以社會資源通常會由那些投資回報率不夠理想的行業流向投資回報率相對更高的行業。就目前中國行業整體的併購發展現狀來看，中國企業的併購行為大部分是以加強行業集中度和市場份額為目標的橫向併購，並沒有呈現出較為明顯的產業傾向。在行業相似性方面，Matsusaka J G（1993）通過計算同行業併購和跨行業併購的累計超額收益率，發現跨行業併購行為獲

得的累計超額收益更大，因為跨行業併購帶來的多元化經營可以克服外部資本市場的非完全性，併購企業可以通過內部資源配置達到最大程度降低交易成本的目標。相反，另外一部分學者如 Gregory（1997）研究結果發現跨行業併購在公告日後 2 年內平均累積超常收益顯著為負，而相關行業併購在公告日後 2 年內的平均累積超常收益略微為正。Rajan R 等（2000）研究結果發現一般進行多元化生產的企業都存在內部體制複雜、代理問題比較突出等情況，所以與相關行業併購比較，非相關行業之間的併購活動對主並公司有明顯的負面效應。此外，也有學者認為併購雙方的行業相似程度與企業併購績效並無太大關係。徐曉慧（2015）的研究指出，國企進行不同行業的併購可以有效提高併購績效，而民營企業進行相關行業的併購更有利於提高超額收益率。除此以外，併購雙方的行業相關程度與併購成功率顯著正相關，但是對主並公司的短期績效影響不大。

電力行業是中國國民經濟最重要的基礎行業，隨著電力體制改革的逐步深化，電力行業的壟斷性與特殊性使電力行業併購成為理論界與實務界廣泛關注的話題。電力企業在實施海外併購時投資於新興市場或成熟市場，其併購績效是否有所不同？而併購雙方在行業發展態勢方面的差異，是否影響主並公司的併購績效？我們以上海電力併購 KE 公司事件為背景，引入對比案例——上海電力併購馬耳他能源事件進行比較分析，以期對影響中國能源型企業海外併購的因素進行分析。

三、案例研究

（一）研究設計

併購事件的發生往往會引起公司股票價格和相關財務指標不同程度的波動和變化，評價併購績效的方法通常有兩種：一是會計研究法，即通過分析對比併購前後的相關財務報表的財務指標變動來判斷併購績效的好壞；二是事件研究法，即通過研究股票價格變動程度來判斷其對併購公司帶來的經濟影響好壞程度。前者通常適用於分析長期併購績效，後者適用於分析短期併購績效。由於本文選取的案例發生時間較短，在 2016 年 12 月 31 日，併購公司還沒有完成相關的財務報表合併，因此本文採用事件研究法對案例進行分析研究，通過計算併購事件日前後股票的實際收益與其滬深指數收益之間的差額即超額收益來衡量併購事件對上市公司的股票價格的影響程度，從而評價併購給主並公司價值帶來的影響。

不同的海外市場特徵會對企業短期併購績效產生不同的影響，李進龍（2012）等研究表明，中國企業在新興市場進行海外併購績效相對更好，因為其複雜的制度環境和廣闊的市場容量對併購績效有明顯的正面效應。新興市場通常是指處於發展中國家、地區或類似的經濟體的市場，其資源比較豐富，市場空間較為廣闊，但發展相對滯後，市場規模普遍偏小，市場體系有待完善，產品品質服務達不到消費者要求，且供需不平衡；而成熟市場則完全相反，通常處於發達國家、地區或者某一經濟體，其相關的金融市場、技術市場、資源市場以及配套的服務市場都比較有序且穩定，供需基本平衡，甚至

供略微過於求，產品的品質和服務已經趨於完善，市場較飽和，競爭較激烈。兩種截然不同的市場特徵會對併購績效產生不同的經濟後果。

基於以上思考，本文引入上海電力 2014 年併購馬耳他能源項目這一事件作為對比案例進行分析。巴基斯坦屬於典型的發展中國家，是新興市場的代表，處於巴基斯坦發達地區的 KE 公司電力發展水準已經與中國上海電力相當；馬耳他屬於歐盟發達國家，是成熟市場的代表，且其電力發展水準遠超中國。本文通過分析上海電力併購巴基斯坦 KE 公司案例，研究新興市場、行業發展水準差距較小情景下的併購對上海電力短期併購績效的影響；通過分析併購馬耳他能源公司案例，研究成熟市場、行業發展水準差距較大情景下對上海電力短期併購績效的影響，從而為中國企業海外併購市場及行業選擇提供經驗數據。

(二) 企業概況

1. 中國上海電力股份有限公司

上海電力是國家電力投資集團公司最主要的上市公司之一，也是上海最主要的電力能源企業之一，主要從事火力發電、風力發電及光伏發電，在保持火電主營業務可持續發展基礎上，始終致力於新能源、清潔能源、現代電力服務業以及循環經濟等領域的發展。公司已成為集高參數、大容量的燃煤火力發電、燃氣發電和風電、太陽能發電及分佈式功能等新能源為一體的現代能源企業，產業佈局遍及華東地區，並逐步向海外開拓。公司重點佈局六大經濟走廊，拓展「一帶一路」沿線重要國家電力市場，於 2016 年 10 月 28 日以 17.7 億美元的對價收購迪拜阿布拉吉集團下 KES 能源公司持有的巴基斯坦 K-Electric 公司 66.40% 的股權。

截至 2016 年 12 月 31 日，該公司各股東持股比例如表 8.1 所示：

表 8.1　　　　　　　　　　上海電力各股東持股比例表

序號	股東	持股比例
1	國家電力投資集團公司	43.02%
2	中國電力國際發展有限公司	16.98%
3	中國長江電力股份有限公司	5.67%
4	社會公眾股東	34.33%

2. 巴基斯坦 K-Electric 公司

KE 公司是於 1913 年 9 月 3 日在孟買設立的有限責任公司，設立時的公司名稱為 Karachi Electric Supply Corporation Limited。KE 公司是卡拉奇市及其毗鄰地區的主要電力供應商，也是巴基斯坦電力行業中，唯一一家實現業務縱向一體化的公司，即集發電、輸電、配電、售電於一體。該公司主要為燃油及燃氣發電，裝機容量占巴基斯坦總裝機容量的 10%。

截至 2016 年 12 月 31 日，KE 公司各股東持股情況如圖 8.1 和圖 8.2 所示：

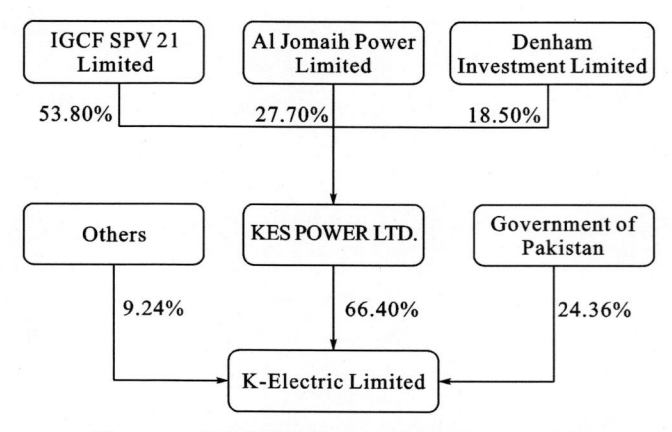

```
IGCF SPV 21        Al Jomaih Power      Denham
  Limited              Limited       Investment Limited
   53.80%              27.70%            18.50%
```

图 8.1 本次併購交易前 KE 公司各股東持股比例圖

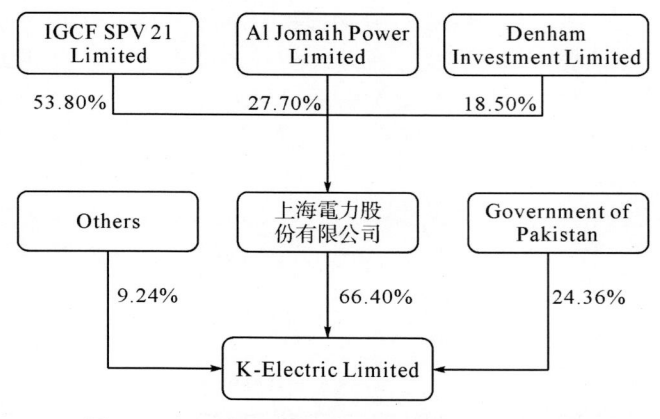

```
IGCF SPV 21        Al Jomaih Power      Denham
  Limited              Limited       Investment Limited
   53.80%              27.70%            18.50%

    Others         上海電力股        Government of
                   份有限公司           Pakistan
    9.24%             66.40%            24.36%
                K-Electric Limited
```

图 8.2 本次併購交易後 KE 公司各股東持股比例圖

（三）上海電力與 KE 公司併購的動因分析

1. 促進中巴經濟走廊建設，推動「一帶一路」健康發展

中國與巴基斯坦是山水相依的友好鄰邦，1951 年 5 月 21 日建交以來，兩國交往十分密切。2014 年 11 月，中巴兩國政府共同簽訂了《中巴經濟走廊能源項目合作的協議》，明確了 14 個優先實施項目及一系列積極推進項目。中巴經濟走廊北起新疆喀什，南至巴基斯坦境內的印度洋出海口瓜達爾港，計劃建設公路、鐵路、油氣和光纜通道。隨著「一帶一路」倡議的提出，作為「一帶一路」沿線重要國家的巴基斯坦與中國之間的貿易關係更加密切，在如此有利的條件下進行併購，有利於為「一帶一路」的順利推進夯實基礎。

2. 巴基斯坦電力需求持續強勁，未來市場空間非常廣闊

電力緊缺一直是制約巴基斯坦經濟社會發展的突出問題，所以對於中國能源企業而言，巴基斯坦擁有著巨大的市場空間。巴基斯坦電力供需矛盾明顯，雖然巴基斯坦從

2003 年就開始進口電力，但仍不能解決供需矛盾。巴基斯坦國家輸配電有限公司轄區實際電力需求為 1,800 萬~2,000 萬千瓦，但其實際發電能力為 1,200 萬~1,400 萬千瓦，用電缺口高達 600 萬千瓦；到了夏季的用電高峰期，城市裡每日平均停電時間可以達到 12 個小時，農村裡每日停電時間甚至高達 16 個小時。根據世界銀行統計數據，2013 年巴基斯坦人均用電量尚不足世界平均水準的六分之一，未來電力需求增長潛力巨大。

3. 完善海外產業佈局，促進海外發展戰略

「十二五」期間，上海電力結合自身特點，充分發揮地域優勢，制定了「立足上海、面向華東、拓展海外」的戰略佈局，主張大力「引進來」，主動「走出去」。目前，公司產業涉及火力發電、水力發電、煤炭發電和新能源發電等，海外業務涉及資源開發、電力服務及其相關的海外投資，海外佈局遍及日本、澳大利亞、坦桑尼亞、伊拉克、印度尼西亞、土耳其等國家。「十三五」期間，公司制定的海外發展計劃著眼於完善在孟中印緬、中國—中亞—西亞、中巴等六大經濟走廊的市場佈局，拓展「一帶一路」沿線重要國家市場，力爭在「十三五」期間完成再造一個「上海電力」的戰略計劃。

(四) 上海電力與 KE 公司併購績效分析

1. 上海電力併購巴基斯坦 KE 公司績效分析

基於信息效率的市場理論，我們假設目前的資本市場是有效市場，股票價格變化可以反應大多數公開的企業信息，研究併購樣本公司的市場反應，就是檢驗股價對併購事件的市場反應。因此，本文採用事件研究法，對上海電力併購 KE 公司期間的股價變化、超額收益率、累計超額收益率來評價本次併購帶來的經濟後果，判斷併購事件對公司未來的實際影響。

事件研究法可以很有效地反應併購事件對公司股價的短期影響。研究表明，併購消息通常會在事前洩露給投資者，如果投資者認為本次併購或將為企業帶來較大的正面效應，就會大量購進該公司股票，其購進行為則會拉高股票價格；如果投資者不看好本次併購，就會大量拋售股票，造成股價下跌。以併購發生前後股價變化為基礎數據，通過分析計算上海電力股票日收益率和上證的指數收益率，進而通過指數迴歸算出超常收益率和累計超常收益率，可以反應併購事件對企業短時間內的經濟影響，進而評價併購行為的短期績效。

第一步，確定事件日和事件窗口期。

由於上海電力在簽訂購買協議之前都沒有對收購行為進行正式公告，雖然在 2016 年 8 月 24 日因重大事件調整宣告停牌，但並沒有透露具體停牌原因；直到 2016 年 10 月 28 日，交易雙方達成協議簽訂了《股份買賣協議》前後才陸續披露相關信息。因此，可以把 10 月 28 日作為事件基準日，以此為 0；為了捕捉併購交易公告的滯後效應，同時考慮到信息可能會提前洩露，所以選擇事件日的前後五天定為窗口期觀察事件帶來的股價變化比較合適，即 [-5, +5]。剔除 2016 年 8 月 24 日至 2016 年 12 月 11 日的停牌期，最後的研究窗口期為 2016-08-17—2016-08-23 和 2016-12-12—2016-12-19。

第二步，計算預期正常收益率。

預期正常收益率的估計方法主要有：均值調整模型、市場調整模型、市場模型、因

子模型、CAPM 模型以及 APT 模型，其中，市場模型應用最為廣泛且合理。所以本文採用市場模型進行估計。

在選定正常收益率的估計模型後，就需要選取事件發生前的一段時期內的樣本來估計模型中的參數，通常稱為估計期。本文選取事件發生前 100 天作為估計期，為了不影響正常收益模型的參數估計，估計期一般不與窗口期重疊，所以最後確定估計期為 2016-03-31—2016-08-10，即 [-100, -10]。

那麼上海電力股票 i 的預期正常股票收益率為 R_{it}：

$$R_{it} = \alpha_i + \beta_i \cdot R_{mt} + \varepsilon_{it}$$

其中，ε_i 為迴歸殘差項，α_i 和 β_i 是待估參數，表示股票的系統風險。R_{it} 和 R_{mt} 分別表示上海電力股票 i 在第 t 天的日回報率和證券市場在第 t 天的日回報率。$R_{it} = (P_{it} - P_{it-1})/P_{it-1}$，$P_{it}$ 為上海電力股票 i 在第 t 天的日收盤價；$R_{mt} = (Q_{mt} - Q_{mt-1})/Q_{mt-1}$，$Q_{mt}$ 為第 t 天的市場指數。由於研究對象為滬市公司，所以採用上證指數計算市場日收益率。

通過對估計期 2016 年 3 月 31 日至 2016 年 8 月 10 日之間的數據進行迴歸分析計算得出，$\alpha = -0.000,3$，$\beta = 1.211,7$，假設 α 和 β 在事件窗口期也保持不變，那麼可以計算出上海電力股票 i 在第 t 天的預期正常收益率是：

$$\hat{R}_{it} = 1.211,7 R_{mt} - 0.000,3$$

第三步，計算超額收益率。

股票超額收益率 AR_{it} 是指股票 i 在第 t 天的實際報酬率 R_{it} 減去股票的預期正常收益率 $\hat{R}_{it}$ 的差額，具體計算公式為：

$$AR_{it} = R_{it} - \hat{R}_{it} = R_{it} - (\alpha_i + \beta_i \cdot R_{mt})$$

第四步，計算累計超額收益率。

根據 AR_{it} 可以計算累計超額收益率 CAR 為：

$$CAR = \sum_{t=-5}^{5} AR_t$$

最後，通過一系列運算可以求出上海電力併購 KE 公司的事件窗口期的各項結果，如表 8.2 和圖 8.3 所示：

表 8.2　　上海電力併購巴基斯坦 KE 公司累計超額收益率計算表

序號	日期	股票當日收盤價	上證綜指	股票實際收益率（R_{it}）	市場收益率（R_{mt}）	預期正常收益率（$\hat{R}_{it}$）	超額收益率（AR）	累計超額收益率（CAR）
-5	2016.08.17	11.09	3,109.56	-0.45%	-0.02%	-0.05%	-0.40%	-0.40%
-4	2016.08.18	11.01	3,104.11	-0.72%	-0.18%	-0.24%	-0.48%	-0.88%
-3	2016.08.19	11.03	3,108.10	0.18%	0.13%	0.13%	0.06%	-0.82%
-2	2016.08.22	11.20	3,084.81	1.54%	-0.75%	-0.94%	2.48%	1.66%

表8.2(續)

序號	日期	股票當日收盤價	上證綜指	股票實際收益率 (R_{it})	市場收益率 (R_{mt})	預期正常收益率 ($\hat{R}_{it}$)	超額收益率 (AR)	累計超額收益率 (CAR)
-1	2016.08.23	11.55	3,089.71	3.13%	0.16%	0.16%	2.96%	4.62%
0	2016.12.12	12.72	3,152.97	10.13%	2.05%	2.45%	7.68%	12.30%
1	2016.12.13	13.62	3,155.04	7.08%	0.07%	0.05%	7.03%	19.32%
2	2016.12.14	12.99	3,140.53	-4.63%	-0.46%	-0.59%	-4.04%	15.29%
3	2016.12.15	12.72	3,117.68	-2.08%	-0.73%	-0.91%	-1.17%	14.12%
4	2016.12.16	12.47	3,122.98	-1.97%	0.17%	0.18%	-2.14%	11.98%
5	2016.12.19	12.58	3,118.08	0.88%	-0.16%	-0.22%	1.10%	13.08%

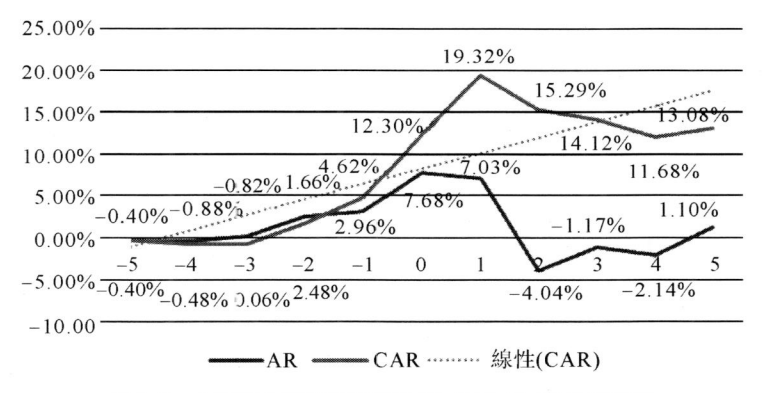

圖8.3 上海電力併購巴基斯坦 KE 公司 AR/CAR 走勢圖

從表8.2、圖8.3可見，超額收益率在併購日前是緩慢增長的，且幾乎都在0值上方，這說明上海電力在併購之前本身的經營績效還是比較良好的。併購發生後，在併購日當天，超額收益率達到最高值7.68%，說明投資者是比較看好本次併購的。併購後第2到第4個窗口期，超額收益率下跌至負值，對這一現象的解釋可能是併購公司對於併購事件披露的信息水準沒有達到投資者預期，併購相關事宜的變動引起了相關投資者的擔心；在此之後超額收益率就迴歸到0值以上，這也許是投資者根據實際情況調低了預期所致。但從整個事件窗口期而言，併購公司還是獲得了額外收益。

根據圖8.3，我們發現，上海電力累計超額收益率一直不斷增長，在併購後第1個窗口期達到最高值19.32%，說明投資者廣泛看好本次併購對於主併公司的正面經濟影響；隨後累計超額收益率雖然有所下降，並隨著超額收益率走勢上下浮動。不同的是，累計超額收益率整體趨勢是以波動態勢上升的，並且均在0值以上，這表明市場對於上海電力公司併購 KE 公司表現出了正面反應，市場績效良好，在短期之內增加了股東財富，上海電力實現了正的短期併購績效。

2. 上海電力併購馬耳他能源公司績效分析

為積極回應國家「走出去」戰略，充分利用「兩個市場，兩種資源」，2014年12月，上海電力公司發布公告投資馬耳他能源項目。上海電力由其全資子公司上海電力能源發展（香港）有限公司在馬耳他另設一個中間控股公司——上海電力馬耳他控股有限公司直接投資馬耳他項目，以1.5億歐元對價增資控股Delimara 3電廠，持有其90%股權。投資馬耳他項目是上海電力公司積極回應國家戰略的舉措，有利於增進中馬兩國友好互利關係，發展清潔能源，帶動國內新能源設備和勞務的輸出。此外，通過在馬耳他開展能源合作項目，為公司佈局歐盟市場跨出了第一步，同時也為公司開拓歐盟電力市場累積投資經驗。

下面採用事件研究法分析本次併購事件短期績效。

第一步，確定事件日和事件窗口期。

2014年12月6日，上海電力官方網站首次正式發布併購馬耳他能源公司的公告，因此把這一天作為事件基準日，以此為0；與巴基斯坦併購案例相同，為了捕捉併購交易公告的滯後效應，同時考慮到信息可能會提前洩露，所以把事件日的前後五天定為窗口期觀察事件帶來的股價變化，即 [-5, +5]。最後研究的事件窗口期為2014-11-28—2014-12-15。

第二步，計算預期正常收益率。

與巴基斯坦併購事件相同，本文選取事件發生前100天作為估計期，為了不影響正常收益模型的參數估計，估計期一般不與窗口期重疊，所以最後確定估計期為2014-07-10—2014-11-21，即 [-100, -10]。

那麼上海電力股票 i 的預期正常股票收益率為 R_{it}：

$$R_{it} = \alpha_i + \beta_i \cdot R_{mt} + \varepsilon_{it}$$

通過迴歸分析計算得出，$\alpha = 0.004,2$，$\beta = 1.296,7$，假設 α 和 β 在事件窗口期也保持不變，那麼可以計算股票 i 在第 t 天的預期正常收益率為：

$\hat{R}_{it} = 1.296,7 R_{mt} + 0.004,2$

第三步，計算超額收益率。

第四步，計算累計超額收益率。

最後，通過一系列運算可以求出上海電力併購馬耳他能源公司的事件窗口期的各項結果，如表8.3和圖8.4所示所示：

表8.3　　上海電力併購馬耳他能源公司累計超額收益率計算表

序號	日期	股票當日收盤價	上證綜指	股票實際收益率（R_{it}）	市場收益率（R_{mt}）	預期正常收益率（$\hat{R}_{it}$）	超額收益率（AR）	累計超額收益率（CAR）
-5	2014.11.28	6.53	2,682.84	-0.76%	1.99%	3.00%	-3.76%	-3.76%
-4	2014.12.01	6.18	2,680.16	-5.36%	-0.10%	0.29%	-5.65%	-9.41%

表8.3(續)

序號	日期	股票當日收盤價	上證綜指	股票實際收益率（R_{it}）	市場收益率（R_{mt}）	預期正常收益率（$\hat{R}_{it}$）	超額收益率（AR）	累計超額收益率（CAR）
-3	2014.12.02	6.25	2,763.55	1.13%	3.11%	4.45%	-3.32%	-12.73%
-2	2014.12.03	6.32	2,779.53	1.12%	0.58%	1.17%	-0.05%	-12.78%
-1	2014.12.05	6.42	2,937.65	1.58%	5.69%	7.80%	-6.21%	-19.00%
0	2014.12.08	6.72	3,020.26	4.67%	2.81%	4.07%	0.61%	-18.39%
1	2014.12.09	6.81	2,856.27	1.34%	-5.43%	-6.62%	7.96%	-10.43%
2	2014.12.10	7.11	2,940.01	4.41%	2.93%	4.22%	0.18%	-10.25%
3	2014.12.11	7.18	2,925.74	0.98%	-0.49%	-0.21%	1.19%	-9.05%
4	2014.12.12	6.99	2,938.17	-2.65%	0.42%	0.97%	-3.62%	-12.67%
5	2014.12.15	7.02	2,953.42	0.43%	0.52%	1.09%	-0.66%	-13.33%

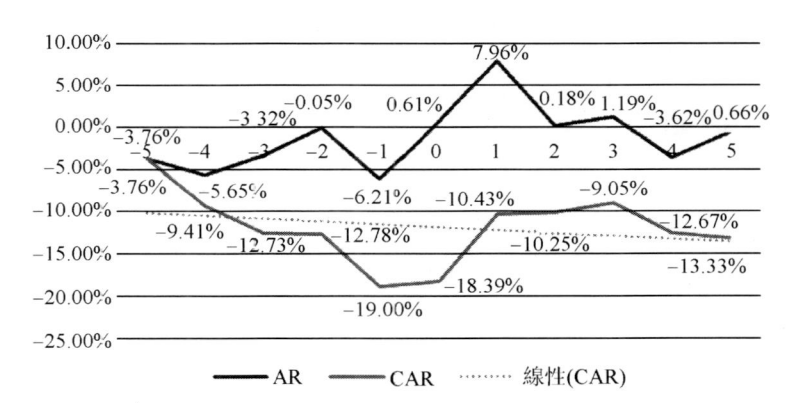

圖4　上海電力併購馬耳他能源公司 AR/CAR 走勢圖

從表8.3、圖8.4可見，在整個事件窗口期內，公司超額收益率均在0值上下波動，且在0值下方居多，併購前1個窗口期，超額收益率達到最低值-6.21%。併購發生後，超額收益率在2個交易日內迅速增長至7.96%，隨後迴歸0值上下波動狀態，說明少量投資者認為本次事件有益於股東財富增加，但大量投資者對本次併購持觀望態度，市場反應程度較低。

從圖8.4可見，公司累計超額收益率波動下滑，在事件日前1天達到最低值-19.00%，併購發生後小幅回升，但在併購後第三天開始很快又迴歸波動下滑狀態，在最後一個窗口期，累計超額收益率低至-13.33%，而累計超額收益率線性趨勢虛線也表明了本次併購事件的累計超額收益率是逐漸下滑的。這說明，上海電力併購馬耳他能源公司事件的短期績效不理想，市場反應程度低，暫時性損害了股東利益。

3. 兩次併購事件短期績效對比分析

上海電力兩次併購 CAR 走勢對比圖如圖 8.5 所示。

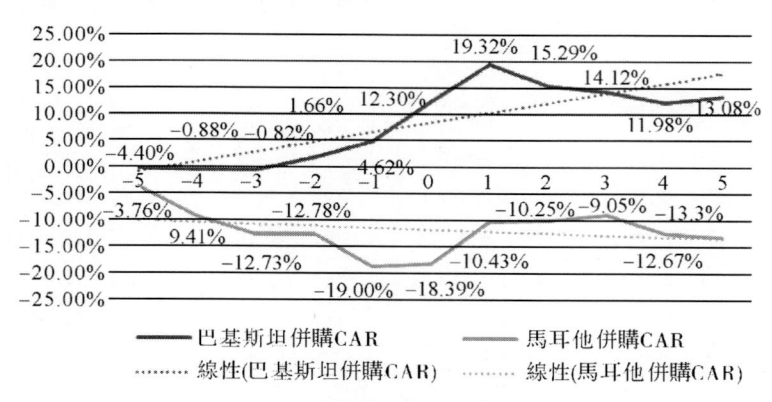

圖 8.5　上海電力兩次併購 CAR 走勢對比圖

由圖 8.5 可見，在事件窗口期內，上海電力併購巴基斯坦 KE 公司的累計超額收益率是顯著上升的，但是併購馬耳他能源公司的累計超額收益率是逐步下降的。換言之，上海電力併購 KE 公司表現出了正的短期績效，受到了投資者的廣泛看好；上海電力併購馬耳他能源公司表現出了負的短期績效，市場反應不夠理想。

本文將從市場特徵和行業態勢兩個角度來分析兩次併購行為其不同的短期併購績效形成原因：

（1）從市場特徵來看。

巴基斯坦屬於中東地區發展中國家，經濟發展相對受限，屬於亟待開拓的新興市場；此外，電力緊缺一直是制約巴基斯坦經濟發展的突出問題，所以電力市場空間非常廣闊，這對於上海電力併購以後的發展是非常有利的。目前，很多學者已經發現，資本市場完善、與國際高度接軌的高收入國家存在顯著的併購折價，而在資本市場欠發達、與國際資本市場分割的新興市場國家中，併購折價現象不顯著，甚至發現了併購溢價；巴基斯坦這個新興市場國家經濟增長較快、電力需求大，迫切需要增加電力能源領域的投資。這興許就是新興市場國家較為廣闊的市場空間為併購交易帶來的顯著效應。

而位於地中海中部的馬耳他，是高度發達的資本主義國家，人均 GDP 在歐盟 28 個成員國中排名第 14 位，其電力市場屬於傳統的成熟市場。歐美國家成熟的商業市場早已形成以制度來約束行為的更加完善的企業管理機制，而不是需要依靠龐大的政府支持和企業強大的魄力和影響來管理企業。馬耳他強勁增長的國家經濟、健康的產業機構與成熟的金融體系等使得當地電力發展已經非常成熟且穩定，電力行業供過於求，市場可發展空間有限，市場競爭愈發激烈，這對上海電力在東道國的市場開拓會形成不同程度的阻力，也使得電力行業的併購整合難度增加以及併購風險加大。

（2）從行業態勢來看。

KE 公司屬於傳統的燃煤燃氣發電行業，有著非常成熟的傳統發電系統和管理機制，

其業務在巴基斯坦經濟較發達的卡拉奇地區舉足輕重，在當地擁有著絕對的領導地位，佔據了較大的市場份額，上中下游產業鏈都已經發展得非常完善，這與上海電力在滬杭一帶的龍頭地位是一樣的。社會文化距離、制度距離、科技發展能力距離等較為接近的兩家企業實行併購可以減少因為經濟文化差距過大，層次不等導致的理解和溝通上的偏差。

而馬耳他能源公司項目，主要依靠風能、太陽能、生物能源等清潔能源發電，上海電力雖然也涉足新能源發電，並且新能源發電將是個不可逆轉的趨勢。但不可否認的是，在現階段，上海電力的技術能力和設備水準遠遠不夠成熟，這或將會影響上海電力併購之後的生產經營能力。

此外，電力行業屬於國民經濟中具有壟斷價值的能源行業，從行業態勢分析，這類行業往往具有強大的國有性質背景。由於政治體制原因，能源壟斷性行業一般都由政府主導，以致許多國家都會擔心自己國家的能源企業被併購以後導致本國的能源和經濟命脈受到鉗制，為避免這類現象的發生，被併購國家往往會設置諸多障礙影響併購。所以經濟發展較為超前的馬耳他對本次交易的迫切性遠遠不及被電荒限制經濟發展的巴基斯坦，這就可以解釋為什麼上海電力併購 KE 公司這一事件更受投資者青睞，其短期績效表現也更加良好。

三、研究結論與啟示

(一) 研究結論

本文以 2016 年上海電力併購 KE 公司為案例，對比 2014 年上海電力併購馬耳他能源公司事件，分析在不同的市場特徵和行業態勢下短期併購績效表現。結論如下：

(1) 上海電力併購 KE 公司的超額收益率為 1.10%，累計超額收益率為 13.08%，短期績效表現良好；上海電力併購馬耳他能源公司超額收益率為-0.66%，累計超額收益率為-13.33%，短期績效顯著下降。

(2) 新興市場、行業發展水準差距較小有利於企業短期併購績效的提升。新興市場的市場需求沒有被完全開發，市場空間廣闊，競爭壓力更小，這對併購企業順利進入市場起到促進作用，而且較為接近的行業發展水準可以有效減少併購後的資源整合障礙，所以短期績效表現良好。

(3) 成熟市場、行業發展水準差距較大不利於實現併購預期目標，短期績效表現欠佳。成熟市場面臨著較為激烈的市場競爭以及較為飽和的市場容量，併購企業難以在短期內擴大自己的市場份額，而且行業發展水準差距較大使得技術基礎比較薄弱的主並公司難以實現充分的資源整合，達到理想的併購協同效應，所以短期績效表現不如人意。

(二) 研究啟示

併購績效是評價預期併購目標是否得以實現的重要依據，也是反應併購水準的一個重要標志。本研究表明，相對於行業發展水準差距較大的成熟市場的併購而言，上海電力在行業發展水準差距比較接近的新興市場實施併購行為更能為企業帶來利潤，增加股東財富，短期績效表現更良好。為更好地指導中國企業海外併購行為，提高併購企業的

績效，我們認為應從以下兩方面著手。

第一，準確定位併購市場，尋找價值投資窪地。以往中國企業海外併購多側重於歐美成熟市場，併購的目的主要是市場份額、核心技術及管理水準等。但成熟市場准入條件較高，市場競爭十分激烈，企業要想獲得理想的併購績效絕非易事。而新興市場如同一個未開發的價值窪地，市場處於不飽和的狀態，市場規模亟須擴大。因此，企業併購時準確定位市場投向，在合理評估併購風險的前提下，充分利用新興市場國家在引進投資方面的優惠政策，可以獲得比投資成熟市場更為可觀的績效。

第二，把握行業發展態勢，選擇合適的併購對象。併購對象的選擇一般為強強聯合、強弱聯合兩種方式。對於主併公司而言，併購對象的選擇要服從於併購的目的，或為著力於提升併購企業的管理水準，或為獲取被併購方的核心技術，或為了保證主併公司的原料供應等。不管是基於何種目的的併購，主併公司都需要獲得良好的績效以保證公司的可持續發展。因此，主併公司在選擇併購對象時，必須充分把握自身的行業發展態勢，選擇優質資產進行併購，才能實現併購的協同效應。

案例分析二　中國電力企業在巴基斯坦併購中的風險控制與防範
——以上海電力併購 KE 公司為例[①]

一、引言

隨著中國「21世紀海上絲綢之路」發展戰略的推進，中國積極發展與「一帶一路」沿線國家的經濟聯動關係。其中，2013年5月提出的「中巴經濟走廊」是此項目中的重點工程之一。建設該「走廊」的目的是加強中國與巴基斯坦之間在海洋、能源、交通等領域的合作和交流，促進兩國經濟互聯，推進中巴經濟共同發展。

鑒於中巴兩國的友好經濟合作關係，巴基斯坦對中國投資者開放了一系列稅收、財政優惠政策，再加上巴基斯坦龐大的電力缺口急需外商投資，促使中國大型電力企業紛紛向巴基斯坦的電力市場進軍，展開了一系列的投資活動。但是，根據國家發改委國際合作中心在2005—2014年的統計數據顯示，中國對外直接投資失敗金額最多的行業是電力企業和能源企業，投資金額達到893億美元，遠超其他行業。大量的併購失敗案例提醒我們，在中國企業積極地進行跨國併購的過程中尤其要注意對各種不確定因素的防範，而且這些不確定因素往往是隱性的，可能出現在併購前、併購中，也可能出現在併購後的整合中。而電力企業由於其涉及各國經濟命脈，東道國政府極其重視，加上這方面併購一般交易金額較大，一旦失敗，對企業很可能造成致命性的打擊，因此電力企業對跨國併購中的風險進行防範與控制尤為重要。

上海電力正是順應了國家倡議，積極參與「一帶一路」沿線電力項目建設，於2016

[①] 作者：鄧越

年 10 月 30 日與迪拜阿布拉吉集團簽署了關於收購巴基斯坦卡拉奇電力公司的股份買賣協議，這無疑給本研究提供了很好的契機。本文以上海電力併購巴基斯坦卡拉奇電力公司為例，針對上海電力在併購過程中涉及的風險控制與防範進行研究，旨在給中國其他電力企業走出國門到巴基斯坦投資，落實「一帶一路」倡議提供一定的經驗和借鑑。

二、中國電力企業跨國併購現狀及特點分析

（一）中國電力企業跨國併購現狀

隨著全球第三次併購浪潮的興起，在中國「一帶一路」倡議的大背景下，中國電力行業積極活躍於國際併購市場，跨國併購成為中國電力企業進入成熟市場的一種重要途徑。主要體現在以下三個方面：

1.「一帶一路」倡議推動

基於中國建設「一帶一路」倡議的推進，中國電力企業開展跨國併購得到中國與沿線國家雙方的鼓勵和支持，加大了中國企業進入國際市場的信心。中國與「一帶一路」沿線國家的合作內容主要涉及房屋建築、通信工程、電力工程等領域，合作國家主要包括巴基斯坦、老撾和俄羅斯等。例如，哈薩克斯坦埃基巴斯圖茲至河南南陽的 1,100 千伏高壓直流工程的前期規劃工作已於 2015 年展開，電力合作內容涉及方方面面，從傳統的能源勘探開發到新能源的研發以及先進技術設備的引入都要做到位。

2. 傳統電力行業積極「走出去」

近幾年，中國電力行業對外投資趨勢愈演愈烈，將國產水電、火電設備和先進技術作為投資重點。比如，在巴西公司和國家電網的聯營企業 2014 年中標「巴西美麗山水電站一期項目」後，國家電網又在 2015 年成功中標「巴西美麗山水電站二期項目」，這些項目都意味著中國特高壓輸電技術、裝備和工程總承包一體化正式「走出去」。而中國火電行業在環保、經營成本、監管審查、設計標準等壓力下，不斷改進和調整其戰略方針，制定相應的解決對策，積極向上游煤礦產業擴張。例如，華能集團、中電投、大唐、國電等發電集團涉及的境外火電市場已遍及土耳其、印度等新興國家。

3. 綠地投資項目呈現放量趨勢

中國具有代表性的大型水電企業看中海外具有潛力的電力市場後，也相繼啟動了各自的新能源海外擴張計劃，包括三峽集團、大唐集團和國電集團等二十多家中國企業。中國龍源電力集團股份有限公司於 2014 年 11 月順利建成投產中國電力企業在海外投資的第一個風力發電項目——加拿大德芙琳風電項目。該項目預計能達到年上網電量 3 億度的目標，滿足當地 3 萬個家庭的日常用電。這對中國電力企業積極開展海外綠地投資具有里程碑式的意義。

（二）中國電力企業跨國併購特點

與發達國家相比，中國電力企業海外跨國併購起步較晚，不過近幾年發展勢頭較猛，主要表現為以下特點：

1. 以國有企業為主

近幾年中國企業活躍於海外市場，電力企業也不例外，跨國併購已成為中國電力企

业對外直接投資的主要形式。由於電力行業本身的特殊性，其對外直接投資都具有投資基數大、投資期長、過程複雜、回收期長等特點，這就需要電力企業擁有雄厚資金、管理、人才、技術的國有背景作為支撐，比如中國兩大電網集團和五大發電集團。而且在跨國併購中，國有背景更易得到政府在政策和資金方面的支持。現階段，國家電網、中水電、中電投等在國外都有較大型的併購項目。

2. 併購規模和資金需求量大

由於電力企業的持續經營需要巨額資金，在跨國併購過程中，投資規模一般都以億美元計。且現金支付是中國企業跨國併購的主要支付方式，所以電力行業跨國併購涉及規模和資金都較大，併購的資金多來源於銀行貸款、債券融資等，會給企業帶來較大的財務負擔。

3. 多以橫向併購為主

橫向併購是指發生在同行業兩家競爭企業之間的併購。電力企業具有電量難以儲存的特點，通過橫向跨國併購，能更有效地處理中國的多餘電量，提高生產規模效益和在東道國的市場佔有率，節約成本費用，實現企業價值最大化。同時，橫向併購方式的後期整合風險較低，是中國電力企業跨國併購的首選方式。

4. 併購方式趨於多元化

根據併購後企業對目標資產的控制程度來分，中國電力企業跨國併購方式分為全資、控股、參股三種。由於一國的電力資源通常被認為涉及國家軍事、安全等問題，東道國通常對電力企業跨國併購比較嚴格，有些國家甚至會以維護本國戰略安全為由給併購企業設置重重障礙。故東道國政府的態度能直接影響電力企業跨國併購的成敗，目前中國電力企業跨國併購以參股方式為主。

5. 電力企業跨國併購成功率較低

中國企業跨國併購起點較晚，在跨國併購的各個階段都缺乏經驗，而電力企業的跨國併購又受到東道國的政府、法律等方面的制約，故與發達國家相比，中國電力企業跨國併購的成功率較低。國家發改委國際合作中心在2005—2014年的統計數據顯示，中國對外直接投資失敗金額最多的行業是電力企業和能源企業，投資金額達到893億美元左右，遠超其他行業，佔同期全部失敗項目金額的36.3%。

三、中國電力企業跨國併購主要風險分析

本部分將針對中國企業跨國併購的基本業務流程，分析中國電力企業在跨國併購的關鍵環節的主要風險並結合中國電力企業自身特點分析其可能存在的特殊風險。

（一）中國電力企業跨國併購關鍵環節風險分析

在跨國併購中，會面臨各種各樣的風險，此處僅針對中國企業在進行跨國併購項目時，併購前、併購中和併購後的各關鍵流程環節的主要風險進行分析，電力企業通過控制這些主要風險，可以降低跨國併購的整體風險。

1. 併購對象選擇風險

企業跨國併購是一項風險很大的活動，如何正確選擇目標公司顯得尤為重要，而這

又與公司的戰略目標息息相關。從中國電力企業近幾年跨國併購的情況來看，跨國併購一般有四種意圖：第一，開發國外優質資源。國內相關資源有限，通過開發國外自然資源，彌補本國企業資源缺口。第二，獲取市場。國內有些電力企業產能過剩，通過擴張海外市場，能擴大規模效益，提升企業盈利能力。比如上海電力併購卡拉奇電力公司。第三，從國外發展較好的企業獲取核心技術、知名品牌等優勢生產力要素，短時間內迅速提升企業競爭力。第四，輸出先進的管理和技術。橫向併購的企業用本國先進的技術和經驗整合目標企業難度相對較小。比如國家電網在巴西、菲律賓等新興市場的併購項目。除了以上四種原因，每個企業也會因為戰略目標的不同，對併購目標有不同的要求。基於電力企業的特點，中國電力企業的跨國併購一般與集團的長期戰略有關，併購的營運期長，有些輸電特許權甚至涉及與東道國上百年的合作。在電力企業選擇併購對象時，東道國的各種社會因素都應充分考慮，根據自身發展戰略，權衡好利弊，選擇符合要求的併購對象。

2. 併購前定價估值風險

併購前準備階段的關鍵就是在選中目標企業後，按照持續經營來合理估計目標企業價值，而對目標企業的價值估計的準確性直接影響著併購定價的合理性，在估價過程中主要有三個原因影響對目標企業定價的合理性。首先，信息不對稱性。對目標企業的估值定價依賴於獲得的財務信息的質量，通常只能通過目標企業對外公布的財務信息作為直接依據，但因為信息的不對稱性，併購方難以掌握最真實、可靠的財務信息。無論是高估還是低估目標企業的價值，都有可能影響到企業的戰略擴張。其次，價值評估體系不健全性。目前，國內外對企業併購的財務風險評估體系還不夠完善，大部分還只是停留在表面，未能全面考慮到目標企業的方方面面。目前中國主要使用的價值評估方法有市場法、成本法和收益法，基於評估方法本身的缺陷，若沒有一套健全的價值評估體系將會影響電力企業定價的準確性。最後，財務報表的局限性。企業併購前定價的直接信息來源只有被併購企業的財務報表，但其反應的都是企業過去發生的事項和交易，是歷史信息，不具有預測性和前瞻性，同時現行的財務報表只能反應能夠貨幣化的財務信息，而企業的商譽、市場競爭力、員工凝聚力、高層管理水準等無法貨幣化卻能增加企業價值的因素無法在財務報表中體現。

3. 併購中融資支付風險

一些規模較大的跨國併購項目，經常需要動用數億、數十億美元的資金投入，尤其是電力企業，通常涉及的金額都比較大，而大部分中國企業資金實力有限，此時就只能通過融資解決資金需求。按資金來源渠道不同，融資可以分為外部融資和內源融資兩種融資方式。雖然內源融資具有減少籌資成本的特點，但企業內部累積有限，而且如果過度使用內源融資可能使企業流動資金不足，影響企業資金週轉，從而給企業帶來財務風險，故主要還是依靠外部融資。企業的盈利能力、市場價值、競爭力以及償債能力等都會影響到企業的外部融資能力。同時，企業融資結構中長期債務和短期債務的分配、債務資本和股權資本的比例等各種融資組合也會影響到企業的融資結構，而融資結構是否合理將直接影響到企業財務風險的大小。

企業管理層應該在充分考慮了雙方資本結構和交易動機後對支付方式有一個合理的選擇，這關係到企業能否順利完成併購以及併購完成後能否實現協同效應和整合。據統計，中國跨國併購大多會選擇現金支付方式，而電力企業也不例外，都是以現金支付為主。現金支付固然簡單迅速，但其弊端也不可忽視：電力企業跨國併購資金需求大，現金支付對現金融資能力和自由現金流要求較高，很可能使企業因為無法籌到足夠的現金而錯失併購良機；即使能籌到足夠的現金，其付出的資金成本也相對較大，給企業後期造成巨大的財務壓力，也不利於後期的整合；與國際慣例不符，大部分國際上的跨國併購都會盡量減少現金支付的可能，中國電力企業若經常選擇現金支付，也可能錯失併購機會。管理層應充分考慮內外部環境變化，做足準備，選擇最優的支付方式。綜上，由於中國資本市場欠發達、支付方式單一、管理層決策簡單化以及前期調研工作不充足等原因，導致中國電力企業在海外併購中產生較大的支付風險。

4. 稅務風險

稅務風險貫穿於跨國併購的整個過程中，包括併購前、併購中和併購後的整合，如果企業對東道國稅收政策的變化沒有充分理解和掌握，導致構建的財務評價體系不夠準確，就會增加企業的稅務負擔，給企業帶來稅務風險。這些風險主要包括：①稅收政策變化風險。東道國調高稅率、取消優惠政策等都會使企業的稅負增加。②稅收籌劃風險。併購的融資結構、建設和營運模式的設計和安排，都應該建立在充分考慮稅收籌劃的基礎上來降低稅務風險。③稅收政策風險。主要是指日常涉稅業務中因對政策的改變理解不到位而發生的錯報、漏報等風險。

5. 併購後整合風險

國際上有一種形容併購成功率的定律叫「七七定律」，是指「在跨國併購中，有70%的併購不能實現預期的商業價值，而其中又有70%失敗來自併購後的文化整合失敗」。併購後的整合風險主要表現為以下三個方面：①文化整合困難。跨國併購能實現對全球資源的合理、有效配置，但在實際操作中，很多企業因為沒有給予併購後文化整合充分的重視，使企業不能健康、持續發展，形成財務整合風險。②人力資源整合困難。併購交易完成後就需要立即解決董事會和管理層調整、是否並如何招聘新員工等問題。如何規範和引導個人向組織目標靠近，在企業競爭中也具有不可置疑的重要作用，對併購後企業的發展和生產經營方向影響重大。③併購後財務整合不成體系。併購後高效的財務整合才能給企業帶來高效的財務管理，降低成本、提升經營效率、降低財務風險。

（二）中國電力企業跨國併購特殊風險分析

結合電力企業的行業特點，本部分從政治風險、電價變動風險、拖欠電費風險和外匯風險四個方面分析中國電力企業在跨國併購中的特殊風險。

1. 政治風險

中國大型電力企業大部分屬於國有控股企業，「國」字號背景使得東道國政府賦予併購活動更多的政治關注，東道國政府常常因為國際上輿論的壓力和國家安全問題對中國電力企業跨國併購活動施加壓力。又由於能源生產對於一個國家的經濟安全和軍事安

全都至關重要，故中國電力企業的跨國併購可能會被認為具有某種政治意圖，經常遭到東道國政府的法律、政策的干預。另外，中國經濟的快速崛起，「中國威脅論」的觀點在國際上甚囂塵上，受「中國威脅論」的影響，許多東道國政府擔心中國企業會在他們的國家通過併購獲取大量資源後不斷發展壯大最後威脅到本地的產業發展，衝擊本國的產業安全，故中國電力企業在很多國家的發展都受到東道國政府和本地企業的消極甚至敵意阻撓，遏制中國企業的發展。比如，柬埔寨新政府在 2015 年 2 月推翻中國水利水電在舊政府時期通過的水電項目，宣布暫停。

2. 電價變動風險

一般東道國電力市場運行機制與國內都會有較大差異，而且東道國政策調整等導致的電價波動也會給併購項目的營利性帶來較大的不確定性。以巴基斯坦的 KE 公司為例，根據巴基斯坦當地法規，KE 公司的電費定價及日常經營受巴基斯坦電力監管局（NEPRA）監管。但是，KE 公司 2009 年獲批的電價調整機制已於 2016 年 6 月 30 日到期。根據巴基斯坦國家電力監管局（NEPRA）在其網站上公布的信息，KE 公司申請的新電價機制（MYT）暫不生效，直至新 MYT 發布前，原 MYT 將一直適用。如果新的電價調整機制對標的公司盈利水準的約定發生了變化，則該事項將對標的公司盈利能力產生一定影響，達不到併購方的預期，甚至有導致交易終止的風險。

3. 拖欠電費風險

國外電力企業一般通過收取電費來回收企業營運資金，但很多東南亞和非洲等不發達國家很有可能出現延遲或無法支付電費的情況，給企業正常運作帶來風險。以巴基斯坦為例，巴基斯坦政府拖欠電力企業電費的現象已經陷入了「三角債」困局。由於巴基斯坦國內的各種原因，其政府無法正常支付電費，而電力企業因缺乏營運資金支付各種費用，只能勉強依靠銀行貸款維持營運，維持不下去的時候就選擇大量減少發電量，這又使得一部分企業幾近停產無法創造價值和稅收，政府更沒錢支付電費，又加劇了這個惡性循環。截至 2014 年 10 月的統計數據，巴基斯坦電力三角債總額已超過 55.6 億美元，占巴基斯坦 GDP 的 4%左右。由此可見，巴基斯坦的電費拖欠問題將在未來很長的一段時間繼續存在，即使部分企業訴訟到最高法院，得到的賠償也極低，還是會存在影響企業正常營運的風險。

4. 外匯風險

東道國的外匯不足或者在外匯管制的時候，可能使企業向國內股東分配利潤時無法兌換成本國貨幣，給企業帶來匯兌方面的損失，增加財務風險。比如，根據巴基斯坦 2001 年《外匯帳戶（保護）法案》的內容，在巴基斯坦境內設立的含有外資成分的公司，可以在有外匯經營資格的銀行開立、使用外匯帳戶，可以自由存取、匯入、匯出外匯，允許外國投資者將全部資本、資本所得、紅利和利潤匯出。但投資者需要注意，巴基斯坦外匯市場具有本幣持續貶值、外匯儲備低和外債高的特點，同時巴基斯坦出抬的相關解決措施落實率低，美元儲備有限，很可能因為供需懸殊而讓企業承受更高的匯兌溢價，蒙受匯兌損失。

四、上海電力併購卡拉奇電力（KE）公司風險控制分析

（一）案例背景

巴基斯坦基礎設施建設極為落後，公路密度低、鐵路老化、海運能力薄弱。能源的短缺，特別是電力的缺口，是巴基斯坦經濟發展的重大阻力。據統計，巴基斯坦電力缺口達 5,000 兆~8,000 兆瓦，造成的 GDP 損失達 2% 以上。巴基斯坦政府和民間一直對外商投資抱以積極的態度，與 52 個國家簽署了避免雙重徵稅協定，還對來自周邊國家的外商投資開放了一系列稅收、財政優惠政策。同時，恐怖襲擊在巴基斯坦也時有發生，安全形勢較為嚴峻。伊斯蘭堡和拉合爾治安較好，卡拉奇形勢較為複雜，經常發生宗教派別仇殺和恐怖襲擊事件。

卡拉奇電力公司（簡稱 KE 公司）於 1913 年成立，擁有百年歷史，屬於巴基斯坦的上市公司，在上海電力對其完成收購前，實際控股人是迪拜的阿布拉吉集團。截止到 2015 年年末，KE 公司資產負債表顯示其總資產約人民幣 244 億元。從財務數據上看，KE 公司的盈利情況可觀，在 2015 年，利潤表中銷售收入折合人民幣約 127.4 億元，共實現淨利潤約人民幣 19 億元。

巴基斯坦的電力需求隨著經濟增長日趨擴大，但發電設備陳舊、技術落後等原因導致其發電量遠不能滿足其日益增長的電力需求。該國從 2003 年開始進口電力，但其效果微不足道，仍無法解決其電力供需矛盾。有數據顯示，在夏季的用電高峰期，巴基斯坦農村每日停電可高達 16 小時，城市每日停電時間可高達 12 小時，其人均用電量不足世界平均水準的六分之一，故巴基斯坦未來用電需求潛力巨大。KE 公司負責供應卡拉奇市及其周邊地區的電力，也是巴基斯坦唯一一家能集發電、輸電、配電和售電於一體的實力雄厚的電力公司。

併購方上海電力股份有限公司（簡稱「上海電力」）隸屬於中國國家電力投資集團，是上海最主要的電力上市企業之一。上海電力自 2013 年以來，正在將產業佈局逐步向海外開拓，先後進行了馬耳他合作項目、巴基斯坦 KE 公司、加拿大 Northland 公司等併購項目的前期工作。2014 年，上海電力完成了馬耳他併購項目的整合併開始實現盈利，這是該企業在歐洲落地的第一個項目，馬耳他也將成為上海電力進一步進軍歐洲市場的重要平臺。

（二）併購動因

1. 助力「一帶一路」倡議，提升中國電力企業的國際影響力

電力行業是中國的戰略性和基礎性行業，對中國「一帶一路」沿線國家的基礎建設有著重要作用，其海外發展能促進國家經濟發展、提高國家綜合實力。同時，由於國內市場結構的不均衡和有限性，上海電力積極進行海外跨國併購，能使中國電力的供需在全球範圍內融合，增加電力資源的供給彈性。上海電力還可以將國內發展比較先進的設備、技術和管理理念輸入目標企業，參與國際競爭，在國外市場進行磨煉並累積經驗，提升企業生存能力，實現上海電力在海外「再造一個上海電力」的戰略目標，從而提升中國電力行業的國際影響力和話語權，推進中國電力企業的國際化進程。

2. 獲取潛力極大的巴基斯坦電力市場資源

KE 公司作為巴基斯坦唯一一家能做到發電、輸電、配電、售電一體化服務的電力企業，在當地經濟發展中的地位尤其重要，並在巴基斯坦經濟發達的港口城市卡拉奇地區擁有舉足輕重的地位，同時，其設備和技術方面還有很大的優化發展空間。上海電力根據 KE 歷史經營情況，預計在收購 KE 公司之後，KE 公司本身的利潤就能夠覆蓋併購時的貸款利息成本，本次交易預計將使上海電力的整體經營業績有所提升，增加上海電力的綜合盈利能力。

3. 為開拓新的國際市場累積寶貴經驗

中國企業跨國併購歷史不長，尤其是對於電力企業，併購金額較大，且涉及各國的政治問題、文化問題等，成功率更低。上海電力此次若能成功進入巴基斯坦的電力市場，克服重重困難，實現跨民族、跨文化的雙方企業整合，對上海電力的發展戰略意義重大，也對中國「一帶一路」沿線國家的基建工程建設涉及的相關企業的海外發展具有指導性意義。尤其是上海電力在日本、馬耳他項目實現盈利，更是給中國電力企業的海外擴張注入了強心劑。而且上海電力在火力發電、燃氣發電方面擁有領先的技術和設備，在國內市場的經驗也使其在面對巴基斯坦的新興市場時能提供一定的借鑑意義。

4. 落實「再造一個上海電力」的戰略目標

截至 2016 年年末，上海電力海外項目總資產為 65.83 億元，同比增長 104.09%；海外項目完成歸屬於母公司淨利潤 1.3 億元。截至 2016 年年末已有多個海外項目落地，遍及 19 個國家，超過 40 個項目。此次對巴基斯坦 KE 公司的併購屬於上海電力在「十三五」期間完成「再造一個上海電力」海外佈局中重要的一步，也有利於上海電力將產能轉移到海外，利用協同效應增加盈利水準，同時解決巴基斯坦的供電問題，達到雙贏。

（三）併購過程

KE 公司的原控股股東阿布拉吉集團是一家財務投資公司，從 2008 年開始連續 7 年控制 KE 公司，於 2015 年開始尋找下家將股份變現退出。最後上海電力在國內外各種競爭者中成功奪得購買權。

上海電力擬作價 17.7 億美元，分兩個階段以全現金的支付方式收購 KE 公司 66.40% 股份。第一階段收購 KE 公司的約 169.55 億股份，約占 KE 公司總發行股本的 61.4%，支付對價為 16.62 億美元（折合人民幣約 112.61 億元）。第二階段交易股份為 KE 公司的約 13.81 億股，約占 KE 公司總發行股本的 5%，採取「earn-out」法，根據 KE 公司的 EBITDA 情況在第一階段完成 17 個月後再收購 KE 公司剩下 5% 股權。

上海電力先後於 2016 年 10 月 30 日與迪拜阿布拉吉集團簽署了關於收購巴基斯坦卡拉奇電力公司的股份買賣協議；於 2017 年 1 月獲得商務部批准，2017 年 2 月國家發改委批准。截止到 2017 年 6 月 30 日，該收購交易尚未完成。

（四）併購中關鍵環節主要風險控制分析

1. 併購戰略定位清晰，規避併購對象選擇風險

上海電力對其戰略定位清晰，將 KE 公司作為併購對象目的明確：首先是完善海外佈局，積極參與「一帶一路」沿線電力項目；其次是將企業做大做強，落實集團海外發

展戰略；最後是看中巴基斯坦的市場容量和供應缺口，有助於上海電力的產能轉移。上海電力提出到 2020 年在海外「再造一個上海電力」的戰略目標，其近幾年也活躍於國際市場，已經在土耳其、馬耳他、坦桑尼亞以及日本等地進行戰略佈局，巴基斯坦的 KE 公司也是其併購戰略中的一部分，有利於發揮產業聯動效應。清晰的定位有助於上海電力做最優的併購對象選擇，準備充足，準確把握併購時機，提高併購成功率。

2. 多渠道獲取信息，降低定價估值風險

在併購前上海電力多次邀請專業人員對該併購項目進行可行性專題論證，並組織各類盡職調查團隊遠赴巴基斯坦，從多領域、多角度對 KE 公司進行詳盡細緻的調查，對可能面臨的風險進行了全方位預判。充分掌握了巴基斯坦作為新興經濟體，在政策、法律等方面不確定的政治風險和中巴兩國因企業文化差異、經營理念和經營環境等潛在的整合風險可能給併購帶來的阻礙。基於中巴良好的戰略合作關係、巴基斯坦本地巨大的電力市場以及上海電力本身先進的技術管理水準等因素為本次跨國併購提供的政策保障和整合發展保障，上海電力最終還是選擇了 KE 公司，以很快的速度履行了企業的決策程序。廣泛詳盡的盡職調查，多渠道獲取信息，使上海電力有效降低了定價估值風險。

3. 現金支付能力強，規避融資支付風險

上海電力作為上海最主要的能源電力企業之一，雖然此次收購金額龐大，但其交易的收購主要資金來源為自有資金及銀行貸款，支付方式選擇現金支付。上海電力在選擇融資方案時，會考慮各種搭配組合的可行性，在確定選擇的融資方案可行的前提下，再基於匯率風險及成本、綜合融資成本和第三方增信的影響，考慮是否有降低融資風險和成本的空間。截至 2016 年第三季度末，上海電力合併財務報表的貨幣資金餘額為 43.07 億元，現金流量充足為上海電力擴張海外市場奠定了經濟基礎，為其降低了融資和支付風險。中國大型電力企業大都是國有企業，上海電力也不例外，尤其是併購 KE 公司有助於落實國家「一帶一路」倡議的建設目標，能得到本國的政策扶持，向銀行貸款壓力相對較小，故採用現金支付方式不僅不會給企業帶來沉重的財務負擔，而且有效降低了在資本市場上融資所帶來的風險，支付風險也相對較小。

4. 合理設計稅務架構，降低稅務風險

上海電力在進行跨境併購時，特別關注稅務架構的設計，因為通過設計合理的稅務架構可以達到稅務最優化、提高投資收益。從融資方式、境內外控股結構、未來營運資金和投資資金的比例及使用安排等角度進行一系列考慮，以期達到併購前、併購中、併購後的綜合稅負最優。在本次併購中主要考慮以下幾個因素：融資結構和支付方式、巴基斯坦與併購投資相關的政府和地方稅收政策，包括巴基斯坦給予中國投資者的稅收優惠政策、利潤轉回中國境內需補繳的稅費差額成本等。通過合理設計稅務架構，有利於上海電力降低此次併購的稅務風險。

5. 積極溝通交流，降低整合風險

本文的研究案例因還未進入併購完成後的整合階段，故此處尚無法進行案例經驗總結，只能對該風險的防範和控制措施提出以下建議：①積極促進兩國員工之間的溝通交流，推動被併購企業的員工認同併購方的管理理念和戰略目標。②組織併購方管理團隊

熟悉當地管理環境、員工習慣及原有的管理模式。③重視雙方文化整合。在不影響經營理念的前提下，尊重東道國的文化自由，也可以組織東道國員工代表到國內參觀、交流，促進雙方文化融合。④設計一套成體系的財務整合系統。併購後高效的財務整合才能給企業帶來高效的財務管理，提升經營效率、降低財務風險。

（五）併購中特殊風險控制分析

1. 利用中巴良好合作關係，降低政治風險

東道國政權的穩定和政策的連續性會直接影響投資環境和投資收益。巴基斯坦歷史上多次出現新一屆政府上臺後直接推翻上一屆政府批准案例的情況。巴基斯坦自謝里夫總理執政以來，巴基斯坦國內政治整體保持穩定，但其新政的推行也面臨著很多的挑戰，比如聯邦政府與地方政府的權利之爭、軍方與民選政府的矛盾等都會影響國家資源的分配。不過，上海電力最終還是選擇向巴基斯坦的電力市場進軍，就是充分利用中巴兩國良好的政治關係，又隨著「中巴經濟走廊」大型合作項目的推進，併購中國家層面的政治風險進一步降低。

2. 多方積極協調，降低電價變動風險

NEPRA 將根據對 KE 公司盈利水準的約定測算出其電價收入，同時制定終端用戶需支付的電價，終端用戶支付的電價與 KE 公司電價收入差額部分由政府以補貼的形式進行補足。為了達到上海電力預期的新電價機制，KE 公司已經提交新電價機制申請，交易對方（KE 公司原控股股東）也承諾協助 KE 公司取得符合上海電力預期的新電價機制。經過三方的積極協調，交易對方聲稱有信心取得符合上海電力預期的新電價機制，降低電價變動風險。

3. 與當地政府協商，降低拖欠電費風險

截至 2016 年 3 月 31 日，KE 公司應收帳款中有 57.83% 是當地政府及公用事業單位用電欠費所致。由於 KE 公司為卡拉奇地區的唯一電力銷售企業，與當地政府及公用事業單位用電關係相對穩定。巴基斯坦政府致力於維護公用事業企業的經營穩定，採取多種措施協調各企業之間的供應關係及銷售關係。鑒於此，上海電力與巴政府積極協商，通過一些基本的保證協議保障 KE 公司的基本營運，同時 KE 公司及交易對方也將協助上海電力解決上述「循環債」問題。

4. 利用全面的外匯監管措施降低外匯風險

上海電力公司在其《上海電力股份有限公司重大資產購買報告書（草案）（修訂稿）》中提到，對於外匯風險將積極採取以下措施進行防範：①防範融資與投資幣種錯配風險：上海電力將在本次交易中考慮採用美元融資。將近年內獲得的紅利主要用於當地再投資，一定程度上與 KE 公司現金回流匹配。②防範紅利匯出和歧視性兌換風險：對以後年度將要匯回的紅利及退出款，根據巴基斯坦當地法規確認巴基斯坦對外商投資者未來的正常利潤匯出的保護，落實對限制匯出和歧視性兌匯的保護措施。③防範巴基斯坦美元儲備不足風險：持續跟蹤巴基斯坦人民幣外匯儲備情況，目前巴基斯坦人民幣外匯儲備較少，將來隨著中國與巴基斯坦合作關係的推進，密切跟蹤巴基斯坦人民幣外匯儲備的情況，試圖探尋將巴基斯坦盧比直接兌換成人民幣的路徑，以規避盧比對美元

匯率波動的影響。④防範巴基斯坦盧比兌美元大幅波動風險：持續跟蹤巴基斯坦盧比兌美元匯率波動情況，在預期出現巴基斯坦盧比兌美元匯率重大波動時，對預計匯回的款項進行鎖定。

五、結語

本文通過對中國電力企業跨國併購涉及的主要風險進行理論分析，再以上海電力併購巴基斯坦卡拉奇（KE）電力公司為例，結合該企業併購背景和併購動因，總結了上海電力在併購中控制相關主要風險的經驗，旨在為中國有意向去巴基斯坦投資、助力「一帶一路」沿線國家基礎設施建設的電力企業在跨國併購實踐中所涉及的併購風險的控制與防範提供一定的借鑑意義。

案例分析三　中國企業跨國併購財務風險與防範探討
——以上海電力併購 KE 公司為例[①]

引言

隨著中國經濟的發展，中國企業參與國際市場競爭的實力與日俱增，中國已成為世界第一的外匯儲備國，開展海外併購已成為一種必然趨勢。依據《2017年中國企業跨境併購特別報告》公布的數據分析表明，中國企業在2016年度的海外投資併購交易數量呈現爆發式增長，但也表明海外併購仍然是一種高風險並且投資回報成功率不高的領域。在這當中，自2013年在中巴經濟走廊的建設下，中國對巴基斯坦投資額同比增加120%，已建成或在建的項目總投資額高達185億美元。但由於跨國交易結構複雜、難度系數加大，都將直接導致併購風險的不斷加劇。面對海外併購應保持審慎的態度，綜合特定的海內外市場行情，國際政治法律變化趨勢，將理論知識和實踐活動的有效結合，以避免產生損失。因此，如何識別評估和應對海外併購的財務風險已經成為跨國經營企業首要解決的核心問題。

一、上海電力併購巴基斯坦 KE 公司簡介

（一）中外併購雙方公司情況

卡拉奇電力公司（以下簡稱 KE 公司）成立於1913年，是一家擁有百年歷史的巴基斯坦上市公司。在中國上海電力公司對 KE 公司併購之前，KE 公司的原實際控制人是迪拜阿布拉吉集團（Abraji）。KE 公司是巴基斯坦卡拉奇市及其毗鄰地區的主要電力供應商，也是巴基斯坦境內唯一一家從事發、輸、配、售電及電力服務的縱向一體化業務的電力公司。該公司營運五座發電廠，總裝機容量達到224.3萬千瓦，約占巴基斯坦總裝

[①] 作者：區聰

机容量的十分之一。此外，KE 公司還擁有 69 個輸變電站和 21,817 座各類配電站。其服務的用戶有 250 萬戶，覆蓋面積達 6,500 平方千米，2015 年的最高供電負荷約 320 萬千瓦。

上海市電力公司成立於 1882 年，是一家從事上海電力輸、配、售的特大型企業，統一調度上海電網，參與制定、實施上海電力、電網發展規劃和農村電氣化等工作，為上海的經濟社會發展提供安全、經濟、清潔、可持續的電力供應和服務，並對全市的安全用電、節約用電進行監督和指導。其供電區域覆蓋整個上海市，供電面積為 6,340.5 平方千米，是國內負荷密度最高的地區。2009 年年底，公司勞動組織綜合改革取得階段性成果，新成立了 9 家供電公司和 7 家專業公司。公司共有員工 14,948 人，擁有客戶 799.80 萬戶，資產總額達 1,221 億元。

（二）海外併購過程

此次併購除了上海電力公司有意參加收購外，還吸引了來自美國、歐盟、中東等國家的海外競爭者，以及中國境內的其他競爭者，在競爭中上海電力公司以投資者身分成功買下 KE 公司的股份。併購活動分為兩個階段，第一階段 KE 公司向上海電力公司轉讓約 169.55 億股份（約占其總發行股本的 61.4%）；第二階段上海電力與 KE 公司轉讓約 13.81 億股份，約占其總發行股本的 5%。

2016 年下半年，上海電力公司作為中國電投集團的重要上市一員，與迪拜阿布拉吉集團（Abraaj）經過協商共同簽訂了關於 KE 公司轉讓 66.4% 股權的交易協議。按照上海電力公司在 2016 年 10 月 30 日出具的報告顯示，此番收購交易的可支付對價為 17.70 億美元（約合人民幣 117.45 億元），並且參照被收購公司的實際經營狀況將支付獎勵金合計不超過 0.27 億美元（約合人民幣 1.79 億元）。

2017 年 1 月，上海電力公司獲得中國商務部頒發的《企業境外投資證書》，證明上海電力公司對 KE 公司進行的控股股權海外併購活動正式得到中國政府的批准。

2017 年 2 月，上海電力公司表明中國發改委針對該項海外併購活動出具了正式批覆，批准上海電力公司併購 KE 公司控股股權的第一階段海外併購交易項目，其主要涉及併購 KE 公司股權的 61.4% 與強制要約收購項目，剩餘交割條件也正逐步積極落實。

（三）海外併購的必要性

為開拓新的國際市場累積經驗，上海電力公司從 2012 年開始逐步致力於拓展其海外市場領域，並且大力推行實踐國際化經營策略，目前上海電力公司名下的多項資產項目已經成功進入其他國家，如日本、土耳其和馬耳他等國。此次通過完成對巴基斯坦 KE 公司進行的併購活動，為其實現 2020 年前在海外「再造一個上海電力」這一重要戰略邁出了實質性的一大步。上海電力公司對外公布，此番併購巴基斯坦 KE 公司的目的不僅要做大做強自身電力主業，不斷推行跨國開發策略；還要調整改善自身產業結構佈局，大力開展實踐「一帶一路」倡議的海外電力項目。

上海電力公司一方面為發展新業務的上升空間，對包括巴基斯坦 KE 公司在內的一些國際電力市場領域非常重視，本次通過成功對巴基斯坦 KE 公司的海外併購交易完成後，判斷上海電力公司財務報表的未來營業收入指標將會大幅度提高，該公司的經營業

績與盈利水準都將得到進一步的上升空間，並且意味著上海電力已經逐步向「國際化、綜合化、清潔化、平臺化」轉型。另一方面，上海電力公司對巴基斯坦電力市場潛在的社會需求水準十分看好，其將來廣闊的市場發展前景，成為上海電力公司此番海外併購的關鍵因素之一。對於上海電力而言，他們在本土市場上長期實踐累積下來的寶貴經驗，為未來發展新興市場提供了堅實的基礎，將累積下來的寶貴實踐經驗應用至新興市場中，可以免去諸多麻煩。假定上海電力公司未來幾年在巴基斯坦獲得良好的經營業績，便能為其後續開展新的海外併購交易項目發揮更有力的參考數據，將豐富的實踐經驗運用至新興市場中，完成海外項目保值增值，這也是巴基斯坦 KE 公司成為上海電力公司海外併購目標的重要因素之一。

二、上海電力併購巴基斯坦 KE 公司的財務風險分析

（一）併購前的財務風險分析

1. 目標企業風險分析

上海電力併購的 KE 公司肩負著巴基斯坦卡拉奇市內以及附加區域的電力資源供給，同時具有國家頒發的獨家電力營運許可資格，並且壟斷了該區域電力市場。迪拜阿布拉吉集團（Abraaj）是巴基斯坦 KE 公司的原財務投資者，於 2008 年持有巴基斯坦 KE 公司的股份，持有至 2015 年後開始尋覓新股份購買者，想通過轉讓股份變現的方式退出。KE 公司在 Abraaj 集團的管理團隊帶領下，在 2009 財年虧損 1.97 億美元（約合人民幣 13.08 億元），一直到了 2012 年才實現在經營長達十七年以來的第一次盈利，在 2015 年巴基斯坦 KE 公司的淨利潤達到 2.8 億美元（約合人民幣 18.89 億元），經過三年時間將淨利潤率從 2%增加到 15%。

目前，巴基斯坦國內的電力供給情況與中國電力供應過剩的情況恰恰相反，其電力供給需求關係顯得十分緊張，在高峰時期電力需求量與發電容量間仍然有明顯的差距。在電力需求量為 1,800 萬至 2,000 萬千瓦時，實際發電能力卻只能向社會提供 1,200 萬至 1,400 萬千瓦時，出現嚴重短缺 600 萬千瓦時。

上海電力公司在此次海外併購交易活動中面臨的重大風險因素是目前巴基斯坦 KE 公司在發電、輸電、配電設備等方面仍然處於相對落後的水準，其修理維護費用較大，在日益激烈的市場競爭環境下，如果沒有足夠的能力應對市場風險，將成為上海電力公司在此次海外併購活動中所遇見的最大難題。

2. 跨國文化整合風險分析

從海外經營管理長期累積的實踐經驗以及依據評級仲介組織出具的風險分析報告，得出海外併購與被併購企業雙方在傳統文化與思維方式等層面所存在的固有差異，跨國雙方文化差異和思維方式差異會導致產生併購失敗的風險。

在一些實際的併購整合決策和併購整合執行過程中，因被併購企業職工擁有一定的專業技能而具有重要影響力，需要積極促進各方職工的共同參與才能夠更加客觀公正地評判併購企業與被併購企業所形成的新企業戰略與新企業組織之間的關聯性，制定出更加合適的職工業績考核與激勵性報酬政策盡力留住被收購企業的職工。

跨國文化整合的措施一般分為三個步驟，包括顛覆、複合和維護。文化整合意味著將建立一個全新的企業文化；在基於該企業自身文化的優勢背景下，借鑒外來文化的先進成分，然後使其相融合成為新形式的企業文化體系。在這種情況下，主並企業需要加強對企業併購文化方面的評價和吸收，避免總是採用中國式思維的模式。文化整合併不是在併購完成之後，被併購企業就要全部摒棄自己獨有的文化，武斷地、強制性地植入中國企業的文化，這樣不僅會引發被併購企業職工的不滿，還有可能導致企業海外併購失敗。

3. 財務整合風險分析

基於海外併購雙方所處的經濟環境不同，沒有統一的財務制度，雙方所設置的會計帳戶和編製的財務會計報表等都存在差異，極易出現實際收益和預期產生偏差，造成財務信息的不一致，導致財務整合過程不順利。

同時，當金融活動超越國界時，主並企業對海外併購的目標企業熟悉程度要遠低於國內企業，從而導致財務營運方面的控制管理問題變得愈加困難。基於海外併購的本質異常複雜，企業在收購過程中不僅要面臨國際支付風險，還要面臨國際融資風險、國際利率風險和國際匯率等風險。

因此，上海電力需要考慮諸多因素，譬如在設計融資方案時，要對債務資本的融資方式進行分析，考慮是以境內上海電力為融資主體，使用人民幣貸款購匯出境；抑或利用上海電力設在自貿區的全資子公司為主體，以外幣貸款出境等方式獲取融資。同時，上海電力在進行併購交易時還應考慮對外匯管制風險的識別與事前控制和對匯率波動的管理預案及事後有效執行。

(二) 併購中財務風險防範

1. 上海電力併購戰略清晰、併購時機把握準確

上海電力公司致力於開發新產業和完善業務結構佈局，將國際化的市場目標框定於擁有高速增長水準和人口規模龐大的亞非拉等優秀的潛在發展市場領域，其海外資產盈利能力顯著，為積極推進做精上海、做優國內、做強海外的發展目標做好前期鋪墊。巴基斯坦國家電力局曾在 2013 年表示，希望在 2017 年之前能夠改善因電力嚴重短缺而產生的困境，並且預期從 2018 年開始逐步恢復並扭轉電力行業從虧損到盈餘的新局面。

上海電力公司作為中國電力投資集團中的關鍵成員，已經在火電、燃氣發電和新能源發電等領域都取得了良好的業績，這是其優勢所在。上海電力公司今後便可將其先進的技術水準、設施與豐富的管理實踐經驗融入巴基斯坦 KE 公司，不斷改善調整其經營管理水準，提升巴基斯坦 KE 公司的綜合盈利能力。

2. 企業現金流量充足，支付能力極強

上海電力公司擁有較為充足的現金流，為其不斷開拓海外市場領域提供了重要的物質基礎，減輕了海外融資風險。上海電力公司截至 2016 年年底的海外資產總額達到 77.59 億元，同比增加 17.86%；海外營業收入達到 11.05 億元，同比增加 47.1%；海外淨利潤為 3.02 億元，約為上海電力公司整體淨利潤的 18.3%。跨國業務的淨利率水準為 27.3%，資產回報率為 3.9%，與國內業務相比分別高約 11.1% 和 3.5%。

KE公司是巴基斯坦集發、輸、配、售一體化的電力公司，裝機容量為224.3萬千瓦，約占巴基斯坦總裝機容量10%，2016年上半年KE公司淨利潤為1.83億美元，預計全年可實現3.6億美元。如果按照7.0的匯率計算，KE公司2016年淨利潤約為25.2億元，66.4%的股權對應16.7億元。扣除掉收購對價帶來的財務費用，淨收益為10.5億元，是公司歸屬淨利潤的115%。

3. 全面收集信息，認真調查

企業在外海併購活動中應先瞭解相關的法律事項，在跨國併購活動中，中國企業應提前收集與掌握海外產權的法律、反不正當競爭法的限制條例、反壟斷法的條例與限制海外投資等相關政策，在不違反相關法律法規的前提下，對海外被併購企業制定合理恰當的併購策略和目標，避免因違反被併購企業所在國的相關法律制度而產生較大的虧損。這些措施包括遵循當地法規、進行全面盡職調查、制定相關定價和貿易條件以及為併購外國企業做準備。在監管監控層面，中國企業在海外併購活動中應重點關注被投資國管制和限制的行業領域，尤其像電信、證券、銀行、廣播等涉及國家安全的關鍵領域。值得關注的是，一個國家可以同時存在多家監管機構都有權力調查競爭的進展情況，因此必須嚴格遵守被併購企業所在國的有關規定，否則將受到嚴厲的處罰。

因巴基斯坦在其法律制度等層面還有較多空白和不穩定性，以及與中國企業的經營觀念、企業文化建設等方面也存在較大差別，這些因素都將給該海外併購交易活動帶來諸多阻礙。

上海電力公司針對該問題對外表示，上海電力已多次組織對該海外併購交易活動開展研究可行性專題論證，並且派出了各類調查隊伍多次抵達巴基斯坦進行調研，以及與國際知名的美國摩根大通進行合作，積極從多種渠道獲得具有幫助的信息數據和參考建議。通過從方方面面對巴基斯坦KE公司展開的充分調查研究，對將要面對的風險因素提前做好充分適當的預估。在併購前盡職調查，從多渠道獲取信息，降低了信息不對稱的風險。

4. 聘請法律顧問

在開展海外併購的進程中，需預先熟悉、掌握國際性慣例操作，這就要求主並企業必須掌握被併購目的企業所在國特有的文化特色，研究投資管理地方法制，聘請專業的法律顧問，規避可能產生的阻礙及風險。例如，併購企業應當聘請相關海外併購專業律師進行專門的法律法規、區域和行業調研，積極關注其他競爭對手的動態。

中國上海電力公司聘請美國摩根大通在此次併購活動中擔任財務顧問。摩根大通是目前美國按資產計算最大的銀行，是盈利能力最強的銀行，也是公認最穩健的銀行。摩根大通中國投資部向外界表示，此番上海電力公司對KE公司進行併購，已成為中國企業迄今為止對巴基斯坦開展的最大規模的一次海外併購活動。

5. 完善與被併購企業所在國政府的溝通方式

在法律層面上，有效選擇各種途徑與被併購目的企業所在國進行溝通。例如，根據中國企業的跨國投資數據顯示，高達八成的國有企業和七成的非國有企業在面對跨國阻礙時會立即選擇與駐外中國大使館、海外業務機構以及中國相關部門等組織機構取得聯

繫與幫助。為獲得被併購目的企業所在國政府的支持和瞭解，並爭取在就業發展層面滿足被併購目的企業所在國政府的需要，與目標企業展開相互友好合作，促使當地政府從自身社會發展與經濟發展角度出發，為海外併購企業提供相對寬鬆的政治環境。

在政府層面上，應加強與東道國政府合作協定的執行情況。在實施戰略合作的進程當中，雙方政府通過簽訂貿易合作協議，旨向外海併購企業傳遞友好交流、共同發展的願景。但假設雙方政府簽署的合作協議僅停滯在簽署階段，將會導致企業依據協議引導投資決策失誤，更會直接影響其投資成本。例如中國和巴基斯坦到目前為止共同簽訂了300多份協議與諒解備忘錄，但將近一半的協議發展狀況成效不佳，而另一半毫無實質性進展。中國現已與周邊五十多個國家達成認識簽訂了稅收協議，然而在投資經營的實踐過程中仍然存在著許多企業處於雙重徵稅的窘境。

（三）併購後財務風險分析

1.「Z-Score」值判定模型分析評價

「Z-Score」值判定模型主要以企業自身的資產規模、折現力、獲利能力、財務結構、償債能力及資產利用效率等方面綜合反應企業的財務狀況，進一步推動了財務指標預警的發展。上市公司 Z 值判斷函數模型為：$Z = 0.717X_1 + 0.847X_2 + 3.107X_3 + 0.420X_4 + 0.988,8X_5$，其中 X_1＝營運資金÷總資產；X_2＝留存收益÷總資產；X_3＝息稅前利潤÷總資產；X_4＝股東權益帳面價值總額÷總負債；X_5＝營業收入÷總資產。如果 Z 值越小，則表示企業發生破產以及面臨嚴峻風險的概率越高，該企業遭受經營失敗的可能性也就越高。表 8.5 為 2015—2017 年上海電力跨國收購的「Z-Score」值。

表 8.5　　　　2015—2017 年上海電力跨國收購 Z-Score 值一覽表

企業名稱	2015 年	2016	2017 年
上海電力	1.311,057,481	1.311,057,481	0.054,966,662

資料來源：根據巨潮諮詢網整理所得。

通過表 8.5 的數據顯示可知，上海電力公司在併購完成後其 Z 值並沒有提高或者與併購前期持平，這表明在此次海外併購中財務風險因素依然存在而且呈逐步增加的趨勢。將來的海外併購交易活動中，中國企業不應盲目拓展經營規模，而應審慎地綜合衡量考慮預期效益與其自身面臨的各項財務風險因素。

2. 行業整體綜合評價

KE 公司集中了巴基斯坦 47% 的工業、43% 的工業產品和 42% 的產業工人；國民生產總值占全國的 20% 以上，關稅收入占全國的 65% 以上；主要國營工廠有巴基斯坦鋼鐵廠、卡拉奇造船廠、卡拉奇核發電站以及兩個煉油廠。從財務數據上看，KE 公司的盈利情況良好。截至 2015 財年末，KE 公司的總資產約為 36 億美元（約合人民幣 243.94 億元）。2015 財年，實現營業收入約 18.8 億美元（約合人民幣 127.38 億元），淨利潤約 2.8 億美元（約合人民幣 18.97 億元）。

此番上海電力併購 KE 公司順利完成後，將進行電網升級改造和裝機規模擴建，預

計巴基斯坦 KE 公司的盈利能力水準將會持續提高。上海電力為巴基斯坦 KE 公司原財務投資者 Abraaj 集團的管理隊伍準備提供 0.27 億美元獎勵款（約合人民幣 1.79 億元）。另外，上海電力將參照其他開展的國際項目，計劃在巴基斯坦 KE 公司目前管理水準的前提下加強其煤耗、線損等各項經營效率指標。

上海電力在「一帶一路」倡議下步入豐收期，集團加速混改值得期待，在不考慮收購和增發攤薄的情況下，行業預計 2017 至 2018 年上海電力將分別實現每股收益 0.93 元和 1.15 元。

3. 社會政治風險評價

基於中巴悠久的友好關係、緊密的貿易關係，以及近年來巴基斯坦快速發展的經濟和電力市場的巨大開拓空間，雖然在跨國併購中面臨著巴基斯坦政策政治、宗教文化衝突以及境外法律等風險，但是中國在巴基斯坦的高投資收益率還是有一定保障的，特別是 KE 公司所在的卡拉奇市早在 80 年代期間就與中國上海成為國際友好城市，兩城市之間淵源頗深。

根據巴基斯坦 KE 公司在 2016 年實現的 1.83 億美元（約合人民幣 12.15 億元）的良好發展前景，行業分析預測 KE 公司未來將實現 3.6 億美元左右（約合人民幣 23.9 億元）的淨利潤。從市場空間來看，巴基斯坦國家政治形勢總體穩定，整體實力和對外影響力增強，經濟形勢延續了向好趨勢，但電力短缺成為制約其經濟增長的主要原因之一。例如 KE 公司所處的卡拉奇市，電力負荷高峰期間出現需求短缺 6GW。目前，巴基斯坦卡拉奇城市的狀況相當於九十年代上海的電力水準，預計將有十倍電力的增長需求空間。根據 2016 年 12 月初，上海電力為兼任巴基斯坦能源部和國防部部長赫瓦賈．阿西夫的匯報，到 2030 年 KE 公司打算將平均每年投資 7 億美元（約合人民幣 46.47 億元）用於卡拉奇電力設備建設。根據土耳其及國內其他煤電項目，上海電力作為 EPC 項目的承包商，其利潤規模可達到每年 1.4 至 2.1 億美元（約合人民幣 10 億～15 億元），相當於又一個上海電力的利潤水準。

三、結論與啟示

目前巴基斯坦作為中國「一帶一路」倡議中的關鍵環節，促使中國越來越多的企業對巴基斯坦的海外投資項目產生了濃厚的興趣。並且中國上海電力公司與巴基斯坦 KE 公司的此番海外併購活動，完全遵循中國「一帶一路」倡議的發展方向，為中國今後順利建立起「中巴經濟走廊」做出重大貢獻。因為在企業海外併購中缺乏相關經驗，對海外併購的風險因素的瞭解還不全面，所以在海外併購活動中仍然存在諸多阻礙，這將直接成為導致海外併購失敗的致命原因，也為中國企業甚至對中國帶來較大的經濟損失。「一帶一路」倡議作為中國與世界經濟共同繁榮進步的方針政策，實行改革開放，共同分享中國經濟發展紅利。

為此，為了配合中國「一帶一路」倡議需加快企業國際化的進程，本文基於海外併購風險因素產生的類型，並結合中國上海電力公司併購 KE 公司案例，提出了相應防範舉措。加強通過政府途徑和法律手段來降低政治因素和社會因素所產生的風險；關注企

業文化在雙方國家起到的關鍵作用，有效地降低了因雙方文化整合而產生的風險。在併購前應進行信息收集與匯總，制定科學適當的戰略目標；選擇適宜的融資方式防範金融風險產生的壓力；同時，特別關注品牌效應與人才等方面的影響，使中國企業品牌在海外做大做強。

案例分析四　中國電信業海外併購動因研究
——以中國移動併購 Paktel 為例[①]

隨著全球經濟的發展以及中國 2001 年加入 WTO 的契機，中國經濟也向著全球化靠攏，這就要求中國企業在經濟潮流中實現「走出去」。進入二十一世紀以來，中國各個領域的企業在機遇與挑戰中尋求突破與發展，作為通信行業的巨頭，國內市場早已不能滿足中國移動的需求，因此中國移動也在積極探尋「走出去」的道路。後來，中國移動把目光投向了新興市場，而中巴之間長久以來的深厚友誼使得中國移動確立了他的併購目標，在做了詳盡的盡職調查之後，中國移動以 2.84 億美元（包括償還內部債務在內）收購了估值為 4.6 億美元的 Paktel 公司 88.86% 的股份。在整合階段中，中國移動充分考慮了當地的文化和企業內部管理，實現併購後的協同與發展。中國移動的成功併購標誌著中國移動在跨國經營實現零的突破。在中國移動成功併購 Paktel 的背後存在著許多因素，中國移動的成功併購經驗值得中國企業在進行海外併購時借鑑。

一、中國移動和 Paktel 的基本情況

中國移動通信集團公司（以下簡稱「中國移動」）成立於 2000 年 4 月 20 日，是根據國家關於電信體制改革的部署和要求，在原有的中國電信移動通信資產總體剝離的基礎上組建的國有骨幹企業。目前中國移動的註冊資本達 3,000 億元人民幣，資產規模超過 1.72 萬億人民幣，客戶總數為 8.5 億，基站總數超 300 萬個，是中國最大的移動通信服務供應商，擁有全球最多的移動用戶和全球最大規模的移動通信網絡，是世界 500 強企業之一。中國移動全資擁有中國移動（香港）集團有限公司，由其控股的中國移動有限公司在國內 31 個省（自治區、直轄市）和香港特別行政區設立全資子公司，1999 年分別在香港和紐約上市，主要經營移動語音、數據、寬帶、IP 電話和多媒體業務，並具有計算機互聯網國際聯網單位經營權和國際出入口經營權[②]。目前，中國移動（香港）有限公司是中國在境外上市公司中，市值最大的公司之一。

Paktel 是巴基斯坦第一家移動通信營運商，最早於 1989 年由英國營運商 C&W 公司

[①] 作者：黃紅干、甘雨
[②] 資料來源：中國移動通信集團網站，http://www.10086.cn/aboutus/culture/intro/index/index_detail_1452.html?id=1452

投資成立，而在短短的兩年後——1991年，就已經取得了移動通信營運資格，並在當年推出了巴基斯坦第一個商用的 AMPS 網絡。2000年11月，C&W 公司將 Paktel 出售給了總部位於盧森堡的國際移動營運商 Millicom。當時 Millicom 在東南亞、南亞、非洲、南美洲、中美洲地區的16個新興市場經營著17個移動網絡，提供蜂窩移動通信服務，用戶數達到989萬。Paktel 是 Millicom 最小的子公司，2006年在巴基斯坦6家移動通信營運商中排行第五。

二、併購的背景和驅動力

（一）「走出去」和「電信強國」戰略的推動

2001年，中國「十一五」發展規劃的重要發展戰略之一是「走出去」戰略。2002年，中國共產黨第十六次全國代表大會報告在經濟建設的經濟體制改革的第七條中指出：堅持「走出去」戰略方針和「引進來」相結合的戰略方針，全面提高對外開放水準[①]。2004年伊始，中國信息產業部門提出「電信強國」的戰略，要實現這一戰略目標，必須有一批國際化的通信企業作為基礎。信息產業部多次對國內電信營運商、設備商的海外業務拓展進行部署和動員，鼓勵中國企業「走出去」。在「走出去」和「電信強國」戰略的指引下，中國通信企業逐漸走出國門，採取對外股權投資和跨國併購等方式來提高企業的競爭力和國際影響力。

（二）中國移動自身發展的需要

一方面，作為電信營運商，中國移動的國際化需求是由其自身的網絡和服務的全球性決定的，以使得自己的產品和服務更加順應國際的發展潮流；另一方面，依託本國經濟的飛速發展，以及通過採取企業重組和上市等措施，中國移動已經初步建立了與國際資本市場接軌的公司治理結構，綜合實力也得到不斷加強。2006年，中國移動集團的營運收入達到2,853億元，用戶數量則達到了3.01億，用戶規模位居全球移動市場第一。可以說，中國移動的競爭能力已不可小覷，開始具備成為跨國電信營運商和抗風險的能力。另外，在經歷了數年激烈的市場競爭之後，國內電信市場日趨飽和，增長速度開始放緩。從長遠來看，中國移動需要走出國門，開拓新興移動通信市場和尋求新業務增長點，謀求更大的發展空間，以滿足自身不斷發展的需要。

（三）巴基斯坦電信市場的發展和開放提供了契機

巴基斯坦是人口大國，2006年的人口規模達到1.57億，位居全世界第六位。如表8.6所示，在2000年電信改革之後，巴基斯坦移動通信市場呈現了井噴式增長的狀態，用戶從1999年的26.6萬戶猛增到2006年的4,830萬戶，未來蘊藏著巨大的業務增長空間。

---

① 資料來源：「中共十六大」報告內容，http://www.cs.com.cn/csnews/20021118/300508.asp，2002-11-08.

表 8.6　　　　　　　1999—2006 年巴基斯坦移動通信用戶增長情況

年份	1999 年	2000 年	2001 年	2002 年	2003 年	2004 年	2005 年	2006 年
用戶數	26.6 萬	30.6 萬	74.3 萬	123.9 萬	502.3 萬	801 萬	2,224 萬	4,830 萬
增長率	100%	115%	243%	167%	408%	159%	277%	217%

資料來源：根據中國駐巴基斯坦大使館經濟商務參贊處網站數據整理得出。

另一方面，從 20 世紀 90 年代開始，巴基斯坦就開始致力於包括電信業在內的私有化進程。2003 年，巴基斯坦政府正式通過了電信解除管制法案，全面開放電信業，政府實行牌照經營許可，鼓勵私營企業和外國企業參與投資和競爭。巴基斯坦電信市場的開放和發展，為中國移動實施「走出去」戰略提供了機會和可能。另外，在中國移動併購 Paktel 之前，電信設備、材料和基礎設施的供應商和建設承包商如中興、華為等中資企業，早已進入並活躍在巴基斯坦，這也為中國移動進軍巴方市場奠定了良好的硬件基礎。

三、併購的過程和結果

（一）併購過程回顧

中國移動曾於 2005 年競購巴基斯坦電信，在 2006 年又以 53 億美元的價格競購 Paktel 的控股公司——總部位於盧森堡的電信營運商 Millicom，但這兩次嘗試均以失敗告終。2006 年 6 月，Millicom 將 Paktel 的 10% 股權賣給了 Arfeen 集團，並於同年 11 月表示有意退出巴基斯坦市場，將出售 Paktel 的其餘股權。2007 年 1 月 22 日，中國移動集團與 Millicom 簽訂協議，斥資 2.84 億美元的價格收購 Millicom 所持有的 Paktel 公司 88.86% 的股份（包括償還內部債務在內）。2 月 14 日，中國移動宣布已經完成對巴基斯坦 Paktel 公司的剩餘股權的交割，Paktel 成為中國移動集團的全資子公司之一。同年 5 月 4 日，Paktel 公司正式更名為辛姆巴科有限公司（CMPak Limited），又稱中國移動巴基斯坦公司。至此，中國移動收購巴基斯坦 Paktel 這一跨國併購案塵埃落定，標誌著中國移動在跨國經營實現零的突破。併購後的中國移動集團組織結構如圖 8.6 所示。

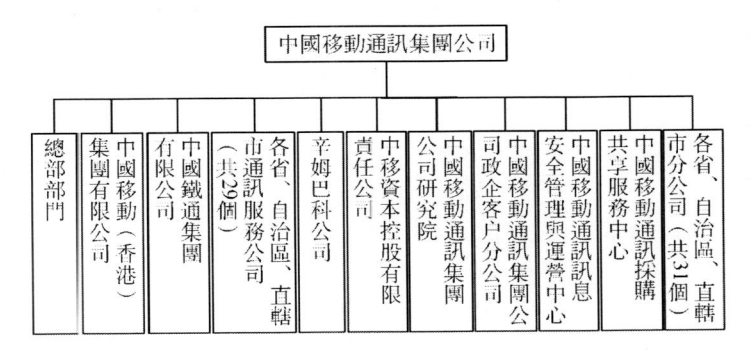

圖 8.6　併購後的中國移動集團組織結構

（二）併購的結果

併購前的 Paktel 是一家弱勢企業，其網絡覆蓋、業務發展和用戶服務等都不理想。如表 8.7 所示，截至 2006 年 10 月底，Paktel 共有 156 萬用戶，僅相當於中國移動集團一個業績普通的市級市場的用戶數量，市場份額也僅占 3.5%。[①] 接管 Paktel 後，中國移動面對原公司遺留下來的種種困難和問題，迎難而上，急起直追，不斷發展移動通信和數據傳輸業務。經過多年的努力，辛姆巴科公司在巴基斯坦已經站穩了腳跟，網絡能力大幅提升，市場地位也顯著增強，其全新創造的中國移動國際品牌「ZONG」已在巴基斯坦家喻戶曉，成為巴基斯坦發展最快的通信企業。

表 8.7　　　　　　　　　　辛姆巴科公司併購十年的變化

年份	2006 年	2016 年
用戶規模	156 萬	2,731 萬，居行業第三位，其中 4G 用戶達到 170 萬戶，居巴基斯坦第一位
市場份額	3.5%	20%
基站數目	1,007 個	2G 基站 9,074 個、3G 基站 6,951 個、4G 基站 5,223 個
員工人數	334 人	3,200 多人
年收入	22 億盧比	33 億多元人民幣（約 526 億盧比）

資料來源：根據國資委網站資料整理得出。

辛姆巴科公司在經營拓展的同時，積極履行社會責任形成了良好的口碑，並在「巴基斯坦最佳僱主」的評比中名列前茅。2011 年，為表彰中國移動辛姆巴科公司多年來對巴基斯坦社會、經濟所做的貢獻，巴基斯坦總統對辛姆巴科授予「總統獎」。2012 年 8 月，公司榮獲拉瓦爾品第工商協會年度「最具進取精神電信企業獎」，是獲獎企業中唯一的中國公司和唯一的通信營運商；2013 年 4 月，公司的 ZONG 品牌榮獲巴基斯坦消費者協會「值得信任品牌獎」。

2014 年 5 月，辛姆巴科公司競拍成功，獲得了 3G 牌照和巴基斯坦唯一的 4G 牌照，之後率先在巴基斯坦開通 4G 無線寬帶服務，並以此為依託打造「中巴信息走廊」。「中巴信息走廊」的建設在提升中國移動國際影響力和競爭力的同時，也帶動了當地銀行、交通、安全和其他行業的增長以及整個國民經濟的發展，這對深化中巴兩國戰略合作夥伴關係，增進中巴兩國人民的友誼都有重要的戰略意義。

此外，作為中國電信營運企業「走出去」的先行者，中國移動還帶動了上海貝爾、亞信等通信產業鏈上相關的中國企業一同來到巴基斯坦拓展，並為它們提供了穩定的網絡支撐。同時，中國移動依託辛姆巴科公司積極探索本地化經營道路，不僅累積了豐富的國際化經驗，還培養了一大批國際化經營管理人才。

[①] 資料來源：新浪網，http://tech.sina.com.cn/t/2007-01-23/10091348622.shtml。

四、中國移動成功併購 Paktel 的因素分析

（一）明確的目標市場

中國移動在 2004 年完成整體上市後即著手進行國際化戰略的研究，並將「走出去」的戰略目標明確定位在亞洲、非洲、拉丁美洲等高增長潛力的新興市場國家。在這一戰略目標指引下，中國移動首先將目光投向了巴基斯坦。作為南亞經濟大國，2005—2006 財年巴基斯坦的 GDP 增長達到 6.6%，使過去四年平均增長速度達到 7%，成為亞洲經濟發展最快的國家之一。巴基斯坦移動通信市場也是增長最快的新興市場之一，發展潛力巨大，類似於十年前中國的狀況，中國移動可將國內累積的經營經驗移植到巴基斯坦市場，最大程度發揮自身的優勢。加上巴基斯坦與中國是全天候的戰略夥伴關係，經貿合作關係十分密切，中國企業在巴基斯坦經營業務普遍受到歡迎，這也有益於中國移動降低跨國併購的非經濟風險。

（二）合理的併購對象

為了避免投資風險和國有資產流失，中國移動在挑選併購對象時非常慎重。2004 年，中國移動集團成立了專門的對外投資辦公室（以下簡稱「對外投資辦」），負責收集國際電信市場上各種併購機會和項目信息。2006 年，Paktel 的控股公司 Millicom 被列入對外投資辦的新興市場收購清單。Millicom 公司的移動業務跨越東南亞、南亞、非洲、南美洲、中美洲地區等新興市場，市場資源令人心動，但 53 億美元的收購價讓中國移動在此次併購中持謹慎態度。在簽署併購協議前，中國移動派出了一個包含高級主管、銀行家、律師、顧問組成的 15 人的專業顧問團隊到 Millicom 公司擁有業務的各個國家市場做調查。最終考慮到 Millicom 公司業務分散、整合成本偏高、政治風險偏大等因素，中國移動面對虛高價格主動放棄收購。之後中國移動改變併購策略，以化整為零的方式併購 Millicom 的子公司 Paktel。由於 Paktel 公司擁有 AMPS 和 GSM 兩張移動通信牌照，而巴基斯坦政府在 2006 年承諾 5 年內將不再發放新的牌照，中國移動可以借助此次併購以不高的代價獲取巴基斯坦境內移動通信經營權，大步邁進這個世界上發展最快的通信市場之一。此外，Paktel 公司雖然規模小、業績偏差，但在巴基斯坦已經經營多年，擁有成熟的營運體系和迅速增長的用戶，在被中國移動併購前已經建成 1,007 座基站。因此，併購 Paktel 可以使得中國移動在進入巴方市場後迅速獲得較好的銷售渠道、用戶群以及相應的通信服務和基礎設施，一定程度上可以有效地降低整合成本和整合風險，從這個意義上說，Paktel 可以算是中國移動跨國併購的理想「獵物」。

（三）專業的顧問團隊

考慮到國際收購項目的複雜性，為了保證此次併購交易的順利進行，中國移動集團聘請了全球一流的投資顧問團隊支持併購 Paktel，顧問團隊的主要成員包括美林集團、中國國際金融有限公司和 KASB 集團。美林集團是全球最大的金融管理諮詢公司之一，在 150 多個國家和地區為客戶提供投資、融資、諮詢、保險和相關的產品及服務，在跨國併購方面，美林也是全世界首屈一指的專業顧問公司。2015 年 11 月 9 日，中國國際金融有限公司（簡稱「中金公司」）在香港聯交所主板上市，這是中國第一家中外合

資投資銀行，主要從事證券發行、承銷、交易、企業重組、兼併與收購、投資分析、風險投資、項目融資等業務。KASB 集團是巴基斯坦知名的企業集團，從事銀行、證券、租賃等業務，對巴基斯坦當地業務非常熟悉。也正是因為有這樣專業的團隊，才使中國移動很順利又很快的完成此次併購。

（四）充分的現場盡職調查，合理的交易價格

盡職調查是併購成功的前提和基礎。2006 年，在現場盡職調查之後，中國移動最終放棄了併購 Millicom 的機會。通過深入的現場調查，中國移動瞭解到 Millicom 的實際風險比最初想像的要大，而且確定了 Millicom 市值僅為 34 億美元左右，低於 53 億美元的併購報價。此次併購雖以失敗告終，但留下了大量翔實的考察資料，使中移動對海外市場情況有了全面認識，為後面的成功併購奠定了良好的基礎。對於此次併購 Paktel 公司，中國移動事先也多次組織專業團隊赴巴基斯坦開展詳盡的現場盡職調查，通過與 Paktel 公司的管理層、公司員工的詳細交談，瞭解員工對公司併購的觀點，熟悉有關企業的工作流程、核心技術等。詳盡的盡職調查結果為確認 Paktel 公司的投資價值和投資風險以及後續整合提供了重要的參考依據。通過深入的盡職調查，最終確定 Paktel 的估值為 4.6 億美元。中國移動為收購 Paktel 的 88.86% 股份，支付了 2.84 億美元（包括償還內部債務在內），遠低於 Paktel 的評估價值。與 2007 年新加坡電信（Singtel）以 7.58 億美元收購巴基斯坦第四大營運商 Warid 30% 的股份相比[1]，本次交易的價格並不昂貴。

（五）強大的支付能力

中國移動此次以 2.84 億美元併購 Paktel，採用的是現金和承擔債務的支付方式。使用承擔債務的方式，是因為當時 Paktel 債務纏身，此次併購可以幫它擺脫財務困境。採用現金支付方式對被並方具備很大的吸引力，且使併購交易便於操作，使得談判交易過程可以快速完成。中國移動強大的支付能力是此次併購交易得以順利交割的基礎。作為全球最大的移動營運商，2006 年中國移動集團的稅前盈利達到了 968 億元，營業收入達到 2,853 億元，由此可見 2.84 億美元的支付價格對於中國移動並不是沉重的財務負擔。再者，集團公司多年來在營運移動通信業務時積攢下了大量現金流，並在將資產出售給上市公司時獲得了巨額現金，這意味著中移動集團的現金儲備異常雄厚[2]。充足的現金流讓中國移動的跨國併購有了足夠的「底氣」，也避免了在資本市場上融資所帶來的財務風險。

（六）有效的整合措施

1. 戰略目標整合

併購後中國移動為新成立的 CMPak 公司確立了新的發展戰略，並制定了詳細的發展規劃。首先，將辛姆巴科公司的發展戰略目標定位為「以中國移動做世界一流企業的發展戰略目標為導向，在綜合實力、市場份額、網絡質量及客戶服務等指標上取得提

---

[1] 資料來源：中華人民共和國商務部網站，http://www.mofcom.gov.cn/aarticle/i/jyjl/j/201002/20100206780321.html

[2] 資料來源：金融界網，http://stock.jrj.com.cn/2007-01-20/000001936983.shtml

升,以卓越的品質成為巴基斯坦的一流通信企業」①;其次,把辛姆巴科公司作為中國移動全球化戰略的試驗田,為未來開拓國際市場累積經驗。為此,中國移動做出了一系列具體的戰略部署:2008 年推出國際品牌 ZONG,正式進軍巴基斯坦電信市場;2014 年投入 5.16 億美元取得巴基斯坦 3G 和 4G 移動通信頻段牌照,搶先佈局 3G、4G 網絡,打造「中巴信息走廊」;為中方員工制定管理和培養計劃,不斷累積海外營運經驗,為集團公司儲備具有海外營運管理經驗的人才,等等。

2. 人力資源整合

作為電信營運商,辛姆巴科公司需要為巴基斯坦當地百姓提供長期服務,而巴方員工有本地文化、語言和更熟悉當地客戶的優勢。因此中國移動集團為辛姆巴科公司確立了「以最終本地化管理為人力資源管理」的發展方向②。然而在收購初期,原公司管理人員和優秀人員流失嚴重(2006 年離職的人數占員工總數的 42%,其中經理層級以上的優秀員工流失比率占比流失人員的 37%),許多部門兵微將寡,為了實現順利接管和平滑過渡,也為了培養跨國收購的接管及營運人才,中國移動從總部和各省級分公司抽調十幾名高管成員和長期員工以及 30 多名短期專家到巴基斯坦工作。初期派去巴基斯坦的員工語言能力都不太過關,加上對當地文化和社會規律的理解和認識不足,未能充分依靠和利用本地員工,各方溝通效果並不理想,大大降低了公司營運效率。2009 年之後,中國移動陸續撤回了原有派駐人員,決定徹底本地化,充分發揮本地員工的重要作用。目前公司直接聘用的 3,200 多名員工中有 99.3%是巴基斯坦當地的居民。公司為中巴方員工制定了管理和培養計劃,如召開中方員工英語培訓課和各種講座,每年會選擇一些辛姆巴科公司的中高層人才到中國來進行學習交流等。這些措施不但提高了中巴兩方人員的工作能力,也為集團公司儲備了具有海外營運管理經驗的中方人才。

3. 財務整合

中國移動併購 Paktel 後,對辛姆巴科公司的會計核算體系、財務管理制度體系等方面進行了整合。首先,會計核算體系方面,由於中國移動集團遵循的是中國企業會計準則,與辛姆巴科公司遵循的巴基斯坦會計準則之間存在不少差異,每年年度終了,辛姆巴科公司應按中國企業會計準則調整會計報表,以便為集團公司編製合併報表提供準確及時的依據。其次,在財務管理方面,中國移動集團與辛姆巴科公司相配合,採取了各種措施,比如建立高效的財務制度體系,明確財務機構的各崗位職責;發揮全集團的協同效應,把辛姆巴科公司的設備採購納入集團採購範疇,大大降低了辛姆巴科公司的設備購置成本;在辛姆巴科公司引入中國移動集團的績效管理機制,根據公司的發展戰略確定具體的經營目標,將公司經營目標進行層層分解,形成各部門和單位關鍵績效指標,從而構建一個合理公正的業績評價體系和獎勵體系,使公司的經營戰略能夠在各個層面得到落實。

---

① 資料來源:慧聰網,http://info.tele.hc360.com/2007/06/22095292067.shtml
② 資料來源:通信世界網,http://zhuanti.cww.net.cn/cwwmag/html/2008/2/25/2008222167169537_2.htm

4. 文化整合

企業能否在併購後化解文化衝突，有效地進行文化整合是企業在併購活動取得成功的重要因素。尤其對於巴基斯坦這樣宗教信仰特色鮮明的國家，併購更容易產生文化衝突。中國移動謹慎地為文化整合做了安排：

（1）尊重當地風俗和員工的宗教信仰。

巴基斯坦是伊斯蘭國家，幾乎全民信仰伊斯蘭教，人們每天五次定點祈禱，每週去一次清真寺，在祈禱前還需要洗臉、洗腳。為了尊重巴方員工的宗教信仰，辛姆巴科公司專門設置了祈禱室，並在公司的衛生間提供洗腳地方。此外，對於外派的中方員工，公司要求每一位員工充分正視中巴文化差異，尊重當地風俗習慣。每一位中方員工都有巴基斯坦民族服裝，一般在星期五或者是當地重大宗教節日，中方員工都會穿上當地的服裝。

（2）加強跨文化交流與溝通，推動文化滲透。

公司會不定期組織中方員工進行東道國文化培訓，由巴方管理人員介紹當地文化以及如何更有效地和巴方員工溝通等。其次，由中方的高層管理人員以及伊斯蘭堡孔子學院的老師對巴方員工講授中文語言課程，同時弘揚中國的傳統文化和風俗習慣。與此同時，集團公司每年還會選擇部分辛姆巴科公司的巴方中高層人才到中國學習交流，使他們更深入地瞭解中國文化和公司的營運戰略。另外，辛姆巴科公司還通過開展豐富多彩的員工活動，例如舉辦巴基斯坦人民特別熱衷的板球賽、中國人民擅長的乒乓球賽（冠軍是巴方員工）、羽毛球賽以及中巴傳統食物烹煮大賽等，增加中方員工和巴方員工交往溝通的渠道，增進了中巴方員工的友誼，打破了溝通障礙，加強了員工互動。

五、啟示與建議

除了中國移動之外，愈來愈多的電信營運企業開始走出國門，它們可以借鑑中國移動併購 Paktel 的經驗，從以下幾個方面入手，降低跨國併購的風險，提高跨國併購的成功率。

（一）謹慎選擇目標市場

營運商要「走出去」，應綜合考慮各國的政治經濟局勢、電信競爭環境和電信管制政策等因素，同時應結合企業自身戰略目標和業務優勢來選擇目標市場。隨著「一帶一路」倡議的進一步推進，國內電信營運企業逐漸把「走出去」的目標瞄準「一帶一路」沿線的新興市場國家。這些新興市場國家人口規模龐大，大多處於經濟快速發展階段，通信市場發展潛力巨大。但是，由於「一帶一路」國家多為發展中國家，政治風險較高，投資具有較大的不確定性。因此，電信營運企業「走出去」一定要對政治風險有所預判，謹慎選擇與中國有著密切的經濟往來及有良好外交關係、且國家時政局勢相對穩定的國家作為併購的目標市場。

（二）做好併購前的盡職調查

為確保一項併購的成功，併購前就必須對目標企業進行詳細的盡職調查，以便確定目標企業的價值，制定合適的併購與整合的策略。併購盡職調查的方式主要有收集書面

資料、管理訪談、實地觀察以及分析性程序等。其中,現場實地考察和分析是盡職調查的重要環節。調查的內容應當包含公司的背景與歷史、公司所處的行業、公司的行銷、製造方式、財務資料與財務制度、研究與發展規劃等各種相關的問題。這其中,目標企業的營運情況、財務狀況和法律環境是調查的重點。由於中國電信企業還處於國際化的初期發展階段,缺乏國際併購經驗,這樣的調查工作應委託給具備跨國併購交易經驗豐富的資產評估公司、財務諮詢公司等專業機構進行。

(三)注重併購後的整合與改進

併購協議的簽訂只是實現了併購目標的第一步,真正的挑戰才正式開始。併購後只有併購雙方一起整合在戰略目標、文化背景、生產業務、財務管理、經營理念等多方面的差異與衝突,使得被併購企業平穩過渡到正常生產經營活動當中,才有可能實現併購雙方整體價值的最大化和一體化。而併購後的最大挑戰是文化背景和管理模式差異造成的衝突。例如由於受英美文化的影響較大,巴基斯坦員工頻繁地更換工作甚至是更換行業,把企業看成職業生涯不同階段的平臺,與中國國有企業員工「視企為家」「以企為重」的主人翁責任感相比,他們更看重個人價值的實現。如果處理不好企業間的文化衝突,就很容易造成併購後經營不能順利開展,因此我們在整合的過程中應當注意:

第一,盡早制定整合計劃。在併購前的現場盡職調查階段,併購方就應該開始為併購後的文化整合做打算。通過深入瞭解當地的宗教信仰、風俗習慣以及目標企業的戰略規劃、經營理念、工作態度和管理人員的素質等,瞭解雙方潛在的文化差異和衝突,為併購後的整合提供準確、完整的信息依據。需要特別強調的是,在該階段,併購方應聘請專業顧問來研究併購雙方企業文化的差異,再根據併購目標確定併購後的整合計劃。

第二,重視和利用本地員工,加強併購後的交流與溝通。在併購完成後,雇傭當地人員參與企業的管理,並為他們提供所需的資源。同時採取各種渠道和方法促進併購雙方進行大量的溝通,以瞭解雙方存在的文化差異,進行有效的磨合。如果雙方存在分歧與矛盾,應快速尋找有效辦法進行化解,以免累積和激化矛盾。同時,通過互相交流和學習,營造良好的企業文化,激勵每一位員工都為實現公司的戰略目標貢獻力量,吸引當地優秀人才。

第三,積極承擔社會責任,融入當地社會。一是盡量為當地居民提供就業機會,同時注重安全生產和經營,保護當地生態環境;二是積極與當地政府、社會組織、公眾媒體等多方建立良好的關係,通過參加公益活動、支持當地教育事業等來提升企業在當地的聲譽,贏得社會公眾的好感,塑造良好的企業形象。

(四)加強國際化人才的培養

目前,中國電信企業在進行跨國併購時,最大的瓶頸是人才問題。因此,有必要探索跨國併購的人才缺口,有針對性地培養和儲備具有國際化理念、熟悉具體運作模式和國際化規則的國際化併購營運人才,為併購輸送充足的人才動力。

案例分析五　The Incentives of Chinese Investments in Pakistan: An Analysis From the Corridor Along the Belt and Road[①]

1. Introduction

Recently in Hong Kong, the Pakistani Prime Minister Nawaz Sharif presented Pakistan as a business destination「no one can afford to miss」. Certainly, China and many other countries have cautioned this statement and multiplied their capital offshore in Pakistan.

In a span of three years, the increasing Chinese investments in Pakistan have stirred up diverse opinions on the real motives of such particular attention to Pakistan. Actually, many factors have motivated this strategic decision from the Chinese side. Besides the strong ties of friendship that bind up the two trade partners, China and Pakistan have established solid bilateral cooperation now fostered by the Belt and Road Initiative (B&R) introduced by the Chinese government in 2013. The implementation of the initiative's projects is highly regarded by the two parties especially through the construction of the China-Pakistan Economic Corridor (CPEC). Meanwhile, in order to be more attractive and to favor the successful progress of the CPEC related projects, Pakistan has set up a bunch of investment measures that offer excellent conditions for Chinese companies to offshore their capital over there.

The paper intends to understand the motives of the high flows of Chinese investments in Pakistan by using a historical analysis based on data collected from articles, official reports and literature since the beginning of the Belt and Road Initiative (B&R). Although limited, the paper brings some insights on the incentives behind this keen interest for Pakistan and suggests that the B&R, the CPEC associated with the current good investment environment have all surely motivated such important Chinese investment flows in Pakistan. Further studies could be conducted on the management of the risks associated with these investments both for China and Pakistan for the short and long term.

2. An overview of Chinese Investments in Pakistan

With the gradual liberalization of their international trade and business policies, Chinese overseas investments have increased worldwide. Hong Kong has long been among the favored destinations of Chinese foreign investments. Similarly, over the last few decades, Chinese investments have also increased in volume in other parts of the world such as Africa, Europe and America. China and Pakistan, though having great and strong friendly relationship, did not achieve impressive foreign investments exchange. Pakistan biggest investors have been the U. S., the UK,

---

①　作者：Edna Gnomblerou

Netherlands, the UAE, and Switzerland (Shahid Yusuf, 2013) while China's outward direct investment (FDI) portion in Pakistan was quasi insignificant. However, considering the proximity of the two countries, the potentials for business and the benefits that they could gain from tightening their trade relationships, China and Pakistan have joined efforts to create better conditions to enlarge their business ties. Trade agreements have been reviewed and strengthened followed by a bunch of tax policies adjustments that have eased bilateral trade and boosted Chinese investments in Pakistan.

Prior to the 2013, Chinese investments in Pakistan, though not significant considering the Chinese total overseas FDI, were considerably important in the South Asian region. The United Nations Conference on Trade and Development (UNCTAD) FDI statistics report that Pakistan has always been among the preferred destinations of China FDI outflows and out-stocks from 2003 to 2012 in South Asia (As shown in Figure 8.7 and 8.8).

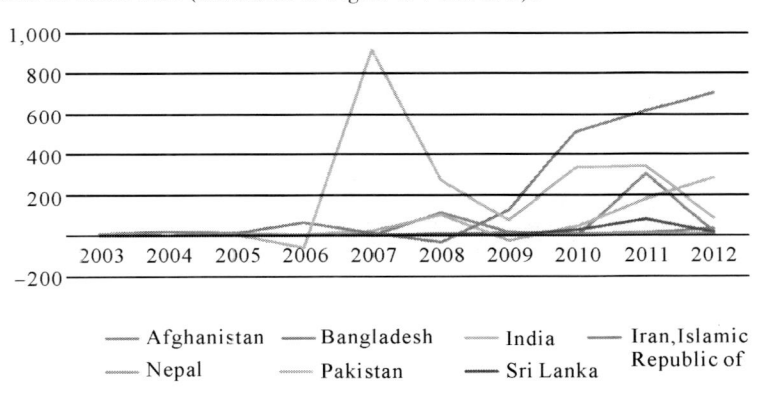

Figure 8.7　China FDI Outflows in South Asia (Millions of US $)

(Source: UNCTAD FDI/TNC database)

Figure 8.8　China FDI Outstock in South Asia (Millions of US $)

(Source: UNCTAD FDI/TNC database)

China foreign investments in South Asia, whether measured in outflows or out-stock were mainly directed to Pakistan and Iran in the period prior the B&R and CPEC respectively introduced in 2013 and 2014.

After the introduction of the B&R and the settlement of the CPEC infrastructures projects, Chinese economic cooperation in Southern Asian countries remained tight with Pakistan and India. The Figure 8.9 shows that in 2015, China has contracted projects worth more than 5 billion USD in Pakistan against some of 2 billion USD in India. This data witnesses the importance of Chinese cooperation with Pakistan in the region after the implementation of the B&R and CPEC.

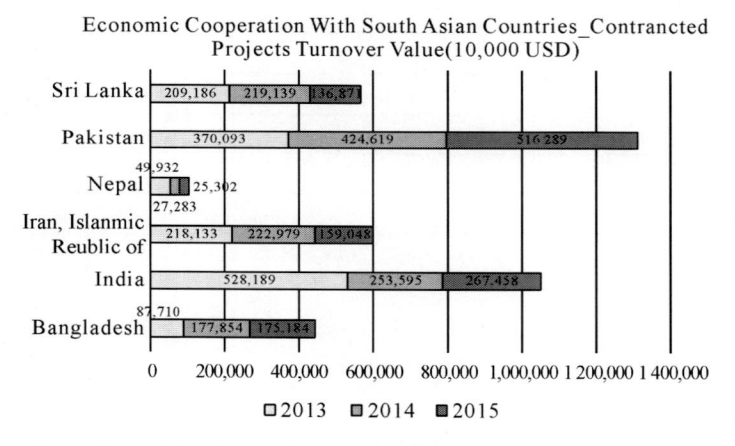

Figure 8.9 China Economic Cooperation With South Asian Countries

(Source: China Statistical Yearbook 2014-2016)

With the introduction of the B&R in 2013, China has reinforced its will to be more open and go global by getting more than 60 countries joining its huge project that consists in a win-win cooperation by promoting common development and prosperity. Pakistan was strategically associated to this project through the CPEC which was meant for the realization of big infrastructures projects in Pakistan from 2014 to 2030. Consequently, Chinese overseas investments in Pakistan have experienced an amazing boost. Currently, China has supplanted Pakistan inward FDI with a total contribution of US $ 594.8 million, counting for 37.1% of the net FDI inflows as reported by the Pakistan State Bank. In March 2017 alone, Chinese FDI was worth US $ 262.5 million (Figure 8.10). This trend is expecting to keep evolving as the corridor's projects move on.

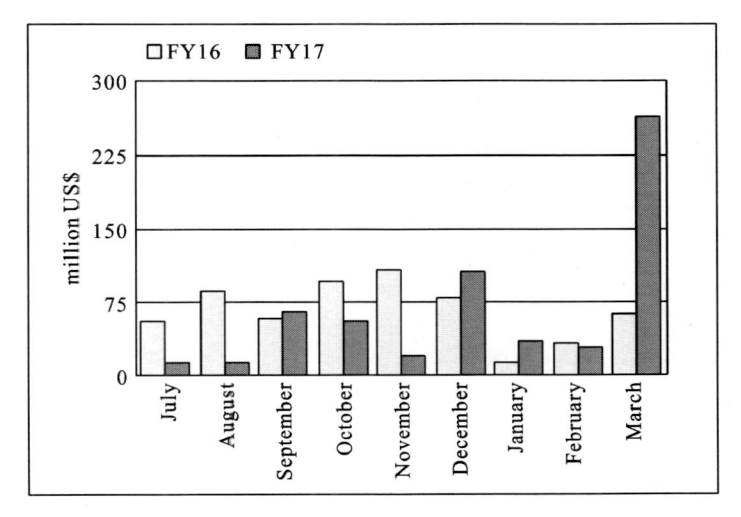

Figure 8.10　China Net FDI Inflows in Pakistan 2016—2017

(Source: State Bank of Pakistan)

3. The new reasons of the Chinese investments in Pakistan

On the light of the analysis from the above section, it has been highlighted that before 2013, China has always had a preference to tie economic cooperation with Pakistan in South Asia from the past. However, as the level of this cooperation has reached a critical peak in the recent years, it was important to examine the new motives of this cooperation. Therefore, a number of motives has been identified to justify this keen interest of China to Pakistan. The paper suggests that the Belt and Road initiative, the establishment of the CPEC and the Pakistan increasing demand for new investments have played a crucial role in the increasing interest of Chinese firms in Pakistan.

a. The Belt and Road Initiative (B&R)

The Belt and Road Initiative (B&R) has been introduced in 2013 by the Chinese President Xi Jinping and is supported by top Chinese officials including the China's top economic planner, the National Development and Reform Commission and ministries of foreign affairs and commerce. The initiative is not only for Asian countries but welcomes all countries willing to join and seeking for common prosperity.

The objectives of the B&R are meant to embrace a common brighter future for all partakers. This is planned to be achieved through the enhancement of regional connectivity, the promotion of economic openness, free trade flow, the efficient allocation of resources, the promotion of maritime cooperation and the integration of markets.

Simply said, the B&R translates the Chinese government's will to be more open and implicated in the economic development of the region. The initiative can be seen as a multidimensional ambitious project of the Chinese government that bonds all existing and available mechanisms such as regional and bilateral cooperation agreements, trade agreements, economic treaties, and infrastructures to set up a stronger and unique channel for economic expansion. The initiative just makes best use of what exists already and creates what does not in order to enhance economic opportunities for all the partakers. The B&R is intended to be a win-win cooperation although China remains the main actor with an approximate participation of 26%.

However, the projects proposed by the B&R are not only seducing the Chinese neighborhood countries but also Western Balkans countries with a high demand for infrastructure. Though the concept of the B&R remains confusing for the Western, a sizeable economic gain over years is expected as side benefits of the B&R in these countries.

Though still not well pictured or at times misunderstood by many from its beginning, the initiative at current stage, offers investments opportunities to everyone in each partakers' respective countries. Policies, measures, incentives and facilities are being setting up in most B&R countries to stimulate the fluent implementation of the initiative's projects. From its primary stage, the initiative has received number of critics, however many partakers countries are already benefiting from huge infrastructure and industrial projects.

In 2014, an emphasis of the Chinese government was on fostering the development of the economic corridors established along the Belt and Road that are the Bangladesh-China-India-Myanmar (BCIM) Economic Corridor and the China-Pakistan Economic Corridor (CPEC). The establishment of these two corridors is closely related to the B&R, therefore their evolution is closely observed and appears to be imperative for the successful implementation of the B&R given the facilities that the corridors will offer once completed.

b. The China-Pakistan Economic Corridor (CPEC)

The China-Pakistan Economic Corridor (CPEC) created under the B&R initiative, is an important consensus taken by China and Pakistan to improve the promotion of economic integration in the region. It is officially designed as a long-term development project worth $ 62 billion for various sectors comprising of power plants and energy pipelines, 46 Special Economic Zones (SEZs), fiber optic network, and network of highways and railways linking western China's Kashgar to a deep-water Gwadar port on Pakistan's Arabian Sea coast, with expected impacts not only beneficiary for China and Pakistan but also for the region. Since its establishment, the corridor has boosted Chinese investments in Pakistan. A recent report by the State Bank of Pakistan (SBP) has released that the rapid growth of China's foreign direct investment in Pakistan has recorded the 1.186 billion dollars during the financial year 2016-17 and greater investments are expected as the CPEC projects progress. This data is an illustration of the economic impact of the corridor for the two countries.

Initially budgeted at 46 billion dollars, the CPEC has increased to an estimated 55 billion dollars official budget, then finally reached 62 billion dollars. The said budget is financed by both parties but most investment capital is provided by the Chinese side. Since the beginning of the corridor, Chinese investment in Pakistan has unceasingly increased, more than a capital of 14 billion dollars has already been infused by Chinese companies in various power and transport infrastructure projects in Pakistan. Besides the CPEC related projects, private Chinese investors are also landing to Pakistan attracted by various investments schemes. Therefore, including the private Chinese sector, the volume of China's investment in Pakistan would then peak higher than $ 62 billion invested through the CPEC.

However, on the Pakistan side, in addition to their capital contribution, the costs appear under the various forms of more friendly and flexible investment measures that are tax incentives policies, gradual tariff liberalization, preferential treatment for Chinese enterprises on contracts bidding, and so on. Moreover, the increasing public concern in Pakistan over the CPEC creates a kind of burden for the Government. More transparency on the utilization of the corridor's funds is suggested by the general opinion in order to reduce the confusions on its hidden costs. For the Government, all decisions taken are considered as well thought and carefully taken. The Pakistani government claims to be conscious that the CPEC is not a free lunch offered by its long time Chinese partner and that it has to contribute to the project by playing an important role in the implementation of fiscal, security and administrative conditions that will ease the realization of the corridor's projects. Thus, at the current stage of the evolution, the primary results of the corridor's projects are satisfying and all is being done at various levels to ensure their completion and offer Pakistan an outstanding economic profile.

The CPEC is seen as a factor of equitable development and is expected by both parties to offer great economic and trade development opportunities. It is also considered as the fruitful friendship that comes to stimulate growth in the economies of the two countries. The CPEC will offer benefits to the two countries by opening markets, offering necessary infrastructures to ease trade, offering fiscal heavens in the established special economic zones and thus improving the welfare of the populations. Many in Pakistan consider the CPEC initiative as a game changer for the economic development and integration of the country and some others also view it as a potential to bring Pakistan into the global economic mainstream. Interviewed by a national radio station, some Pakistan economic experts expressed their opinions on the B&R and the CPEC taking the CPEC as a central piece of the B&R. They praised the B&R and stressed that the regional strategic position of Pakistan gives the country the impetus to play a critical role in the implementation of the B&R. They also reported that the B&R will offer Pakistan access to Central Asian and European markets, stressing that all countries joining the CPEC will have to connect with Pakistan which will in counterpart help Pakistan restoring the confidence of foreign investors. Finally, they identified the CPEC as a golden gate open for Pakistan to enhance its infrastructures, overcome energy and power challenges and boost industrial development.

According to Riaz A. and Mi H. (2017), China is endowing Pakistan with a massive new brand network of roads, highways, railways, and pipelines through the realization of the CPEC. The authors relate the capital importance of the project for Pakistan as a motor of economic and infrastructure development, poverty relief, peace and prosperity triggers. They also support that the CPEC will contribute in improving the tense relationships between Pakistan and India. However, some challenges are associated with the realization of the CPEC which are related to the international concerns of India and Bangladesh against the development of the corridor. Importantly, security and provincial issues along with high tax and power tariff in Pakistan were also considerable obstacles in the progress of the corridor.

c. Pakistan Demand for Investment

Beside the B&R and the CPEC, the increased willingness of Chinese firms to set up in Pakistan can be motivated by the demand for investments expressed by Pakistani authorities.

The call for investments in Pakistan in the last years has not only been pointed to Chinese investors but also to other regional countries. In fact, new investments were required in a various sectors such as infrastructure construction, energy infrastructure development, minerals exploration, oil and gas, pharmaceuticals, telecommunication, information technology, textile, agriculture and more to boost Pakistan economy. Figure 8.11 shows the main sectors that have received higher foreign investments inflows from 2012 to 2017. We can observe that in the past five years, the sectors of power, telecommunications and Oil & Gas were very attractive to foreign investors. These sectors received more than US $ 2,400 million of foreign investments inflows. The inflows brought to these sectors came to quench Pakistan's thirst for investments, however some other sectors are remaining poor in foreign investments. This is the case of the textile sector which received a very low attraction for foreign investment in the past five years.

Pakistan FDI Inflows by Sector in US $ Million 2012-2017

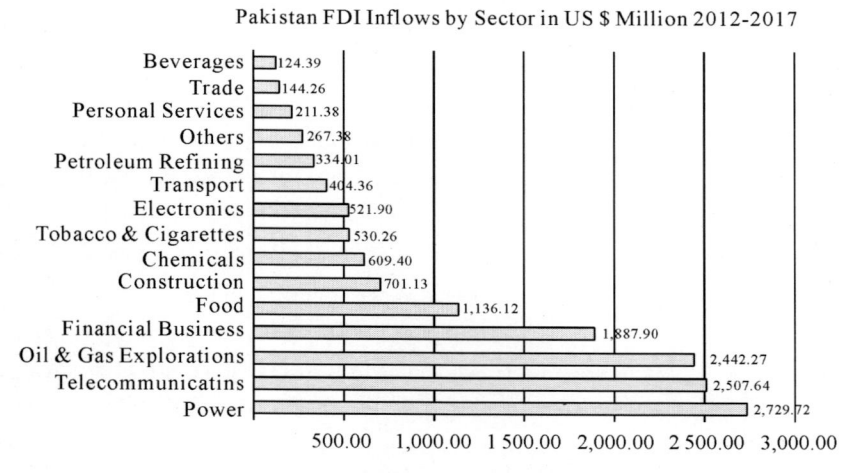

Beverages	124.39
Trade	144.26
Personal Services	211.38
Others	267.38
Petroleum Refining	334.01
Transport	404.36
Electronics	521.90
Tobacco & Cigarettes	530.26
Chemicals	609.40
Construction	701.13
Food	1,136.12
Financial Business	1,887.90
Oil & Gas Explorations	2,442.27
Telecommunicatins	2,507.64
Power	2,729.72

Figure 8.11 Pakistan FDI Inflows by Sectors from 2012—2017

(Source: State Bank of Pakistan)

The Pakistan demand for more investments has driven the tax policy makers of the country to create a favorable tax environment for the matter. Consequently, number of measures have been taken within the taxation system supported by the establishment of infrastructures to ease investors setting up in the country. These incentives expressly made up to ensure a friendly investment environment are intended to drag more investors' attention to Pakistan but more precisely Chinese investors who have been expecting better business conditions in order to outflow their capital.

4. Designed Incentives for Chinese Investments in Pakistan

Recently, Pakistan has been offering attractive conditions to both domestic and foreign investments by allowing new industrial undertakings to enjoy a 100% tax credit, or by allowing foreign investment to set up 100% equity investments, or by not requiring any FDI minimum investment amount or by allowing the full remittance of royalty, capital or dividends. All these policies made Pakistan an ideal destination for investment. Thus, in order to maintain the rising quantum of Chinese investments, Pakistan has created a friendly investment climate that is enticing more Chinese firms to relocate their investments.

a. Tight trade bonds

Since 1963, China is among the Most Favored Nation (MFN) of Pakistan through the signature of a bilateral trade agreement. Decades later in November 2002, the two countries strengthened their trade bonds and proceeded to the signature of a preferential trade agreement (PTA) in Beijing thus allowing tariff preference to a limited number of products. The PTA was then followed by the signature of a free trade agreement (FTA) in Islamabad in November 2006. The FTA established a progressive customs liberalization plan in order to eliminate gradually tariffs on 30% then on 90% of certain goods and products traded between the two countries.

To enhance the FTA, the General Agreement on Trade in Services (GATS) and the Early Harvest Program were included with the purposes to open market access and facilitate enterprises from both sides to benefit from the FTA.

All these bilateral efforts have contributed to establish a solid trade and investment framework between China and Pakistan. This framework is sustained by the progressive reduction and elimination of trade barriers as well as an interesting package of investments incentives that surely benefit both countries.

b. Tax concessions

The readiness of Pakistan to welcome worldwide investors has been expressed through the reduction of the cost of doing business and the creation of appropriate business conditions for investments. However, for Chinese projects in particular, a special set of fiscal incentives is offered including tax exemptions, tariff reductions, and other investment facilitation services.

- Flexible investment-led tax policy for all

The existing tax policy in Pakistan offers propitious facilities to worldwide investors through tax holidays, tax concessions, tax credits, special allowances for depreciation and capital expenditure, tax treaties and customs duties reduction. Tax holidays have been set up to promote specific industries, specific projects and specific areas all with the purpose of boosting private and foreign investments in the country.

At the corporate level, a progressive reduction of the income tax is observed every year bringing corporate income tax rate from 33% in 2015 to 30% in 2018.

About the incentives for specific industries projects, we can refer to the income tax exemptions available for power generation and coal mining companies. These companies can also benefit from the exemption of the minimum tax on turnover. Power generation companies are offered a reduced tax rate on dividends payment to shareholders for 7.5% against a regular rate of 15%. While coal mining projects are free from withholding tax on shareholders dividends for 30 years, they benefit from an input tax adjustment as well as an exemption from sales tax on the import of coal mining machinery and equipment.

There are special measures on tax credit allowing up to 100% tax credit for investments in new industrial undertakings, and tax credit between 10% and 20% for investments in existing industrial undertakings. For the promotion of employment, 11% tax credit is granted for every 50 new employed staff.

An industrial undertaking set up in specified rural and underdeveloped area can avail for a first-year allowance equal to 90% instead of 25% initial allowance. Likewise, alternate energy projects can enjoy an accelerated depreciation of 90% instead of 25% initial allowance.

A reduced corporate tax rate of 20% is applicable for all foreign direct investments set up with a minimum foreign equity of 50%. Foreign investment can also benefit from a withholding tax exemption for the purchase of immovable property.

- Special tax treatment for CPEC related projects

In special economic zones, which are currently being constructed for the purpose of the CPEC projects, zone developers and zone enterprises can benefit from 10 years tax holidays on income and customs duties for the import of plant, machinery and equipment. The management of these zones is regulated by the Special Economic Zones Act, 2012 which provisions' are seeking at the promotion of investments in manufacturing sector by providing attractive incentives to new investors in the country.

Specific projects such as Pioneer Industry projects can also benefit from 5 years income tax exemption, while 23 years income tax exemption is authorized for the Gwadar Port operations. Similarly, materials and equipment for construction and operations of the Gwadar Port free zone are exempt of sales tax and federal excise duty. Likewise, imported machinery and equipment for the construction of the Karachi-Peshawar motorway project and the KKH-Phase II project also benefit from income tax and sales tax exemptions. Meanwhile, many other Chinese companies – led projects in Pakistan benefit from special tax treatment. The Orange Line project as well allows the China Railway Corporation to enjoy exemptions from sales tax and federal excise tax for the import of machinery and equipment. The same case applies for the rail-based mass transit projects that are under advance income tax exemption regime for imports. Some financial corporations have benefited from special tax treatments offered by the Pakistani government. Thus, there is an exemption from income tax for interests and income derived by the Industrial and Commercial Bank of China (ICBC) from loans related to the CPEC energy projects.

c. Other incentives

At diverse occasions, Chinese authorities have expressed their desire to invest in host countries that would offer fairly attractive investments facilities. Pakistan has particularly been pressed by China to offer extra incentives to favor the establishment of Chinese firms in the primary and secondary industries. In response to that, Pakistan has fostered its investment climate to be suitable not only for its long-term economic partner but also for investors from the rest of the world. Thus, besides a designed flexible tax policy, Pakistan had combined some extra incentives necessary for a better investment climate. These extra incentives are:

- Cheaper labor and accessible raw materials

In its quest for foreign investment, Pakistan intends to sell hardworking labor force along with an easy access to raw materials to allow great profit margins for foreign investments. Such measure makes Pakistan quite competitive next to its neighbor countries which also offer competitive cheap labor force. As main inputs of production, cheaper labor and raw materials will offer a comparative advantage to Chinese and other foreign companies investing in Pakistan.

- Social and political security

Political instability will play against all other efforts made by a country in order to improve its economy and consists in a disincentive for international investment. Therefore, since the beginning of the CPEC, Pakistan has fostered its military security around the sites of the different projects in order to ensure peace and security throughout the implementation of the corridor. For Pakistan, this is crucial and all efforts are being converged with the indirect support of China to maintain stability in the country and along the corridor's projects in particular. These measures are quite motivating more Chinese firms to join Pakistan.

- Friendly working climate

Due to the considerable number of Chinese firms already installed in Pakistan, new Chinese people intending to work in Pakistan will not feel lonely. This makes Pakistan a friendly environment to Chinese people to be established in Pakistan. Beside, as the Chinese culture and language is being expanded in Pakistan, this is offering Chinese firms and individuals in Pakistan a more convenient working and living climate.

5. Conclusion

China and Pakistan are natural trading partners and their long term friendship based on many bonds has been strengthened over time especially since the introduction of the B&R and the CPEC. The CPEC initiated along with the B&R is being a real impetus for Chinese investments in Pakistan in the recent years. Additionally, Pakistan on its side, is also creating favorable conditions to be more attractive on the investment market through tax concessions and investments-led policies in order to boost its FDI and adjust its export deficit for the years to come.

From the analysis conducted in this paper, it was perceptible that the increased quantum of Chinese investments in Pakistan was the simple result of joined efforts from both sides triggered by the ongoing CPEC projects in Pakistan. As the corridor's projects are progressing, more investments and greater trade transactions are expected between the two countries. Although these investments are beneficial for the two parties, an analysis of the risks associated with will also need to be considered in future studies. For now, investing in Pakistan offers China a great market channel for its domestic production to foreign destinations, while Pakistan is developing a huge amount of infrastructure assets that will consist in a great advantage for future investments.

案例分析六　Chinese Overseas Corporate Mergers and Acquisitions in Pakistan: Case of China Mobile and Paktel[①]

1. Introduction

The overflowing number of Chinese investments around the world attracts more than one to be interested on the motives, resources and sustainability of such huge investments. The「Going Global」policy applied in the early 2000s and nowadays pushed by the One Belt and One Road initiative (B&R), has highly contributed to boost Chinese foreign investments efforts both toward inward and outward capital flows. The merger and acquisition (M&A) case of the Chinese company, China Mobile and its Pakistani counterpart, Paktel, was one of the first in the host country at the early stage of this policy. As we move on, it is important to signify that the acquisition of Paktel by China Mobile has happened before the introduction of the B&R initiative.

The relevance of examining this case stands behind the thrust to perform an analysis of the flow of Chinese foreign investments through takeover method in Pakistan during the early years of the twenty first century. China Mobile and Paktel case could have be an instrument to translate the eager interest of the Chinese authorities to spread the expertise of their national firms within the region, and especially in Pakistan.

On the year of the acquisition, in 2007, official trade statistics from the United Nations Conference on Trade and Development (UNCTAD) showed the highest of Chinese FDI outflows

---

① 作者: *Edna Gnomblerou*

in South Asia to be in Pakistan (UNCTAD FDI Statistics, 2007). As it is well known that foreign investments is the impetus for international mergers and acquisitions deals, therefore it is not surprising that China Mobile as a state-owned company, successfully entered Pakistan market in the same year after bidding for Paktel. Entering the Pakistani telecommunication market in this manner was a smart move for the top Chinese mobile service promoter after seeking so long for an opportunity of international expansion. Before the sale, Paktel was already well-known in Pakistan, yet it was dropping its market shares on a year basis and this was challenging for China Mobile. Starting from the scratch in a highly competitive market environment, China Mobile which become Zong later on, has ensured a steady growing performance over the years to be among the top in the host mobile market. By inheriting some telecommunication licenses and a very low market share from Paktel, China Mobile found the resources and the experience to build up a strong business edge, using best marketing practices to better conquer the local market.

2. Overview on Chinese overseas M&A and Pakistan M&A environment

2.1 On Chinese overseas M&A from the beginning of 2000

By observing Chinese overseas M&A from 1994 to 2009, Gu Lulu (2011) found that around 80% of Chinese overseas M&A had incurred after the 「Go Global」 policy taken in the earlier 2000s and most of these companies were state-owned enterprises. These findings show the thrust given by the 「Going Global」 strategy to Chinese companies to export themselves and they also present an implicit support of the Chinese government on Chinese overseas operations.

The early stage of the 2000s had witnessed an important number of policy-making and reforms to enhance the exportation of Chinese comparative advantage beyond national borders. In 2000, China has introduced the 「Going Global」 policy aiming at encouraging capital outflows and providing substantial support to Chinese companies to invest abroad. The policy has highly stimulated the flow of Chinese foreign investments as well as M&A transactions around the world in the last decade.

Figure 8.12 shows the growing spot of Chinese M&A deals performed overseas from 2000 to recent May 2017. During this period, Chinese overseas M&A have gradually increased and have been important both in terms of number and of value of transactions testifying of the huge transfer of capital deported on international markets especially in 2016, though a drop is observed in the first five months of 2017. Some FDI theories consider M&A as another medium of exporting domestic products outside, what means that throughout these M&A, China had spread its exportation without using the classical way of trade. The importance of the capital and number of transactions requires a certain level of financial ability of Chinese firms to maintain such overseas M&A.

Figure 8.12　Chinese overseas M&A from 2000—2017

(Source: M&A Statistics)

It shall be recalled that after the introduction of the「Going Global」policy, a credit policy to assist cross-border investments was set up in 2003 by the National Development and Reform Commission (NDRC) and by China's export and import credit institution. The policy allowed a credit plan to support important outbound investments which included overseas manufacture and infrastructure projects as well as overseas merger and acquisition (M&A) projects that were able to enhance Chinese companies international competitiveness and favor the expansion of their markets on international horizons (Huang and Wilkes, 2011).

This sub-section can conclude that the implementation of policies accompanied with actions have been fruitful on the ground of international expansion of Chinese firms.

2.2　Pakistan M&A legal framework

Similarly, in Pakistan, foreign investments were also welcome and incentives were put into place to increase capital inflows. Yet, regulations of mergers and acquisitions (M&A) in Pakistan were quite important with the purpose of maintaining proper ante-merger checks to ensure investors' protection and establish fair competition in local markets. In Pakistan, a merger and acquisition case requires the examination of a set of regulations: the Competition law illustrated by the Competition Ordinance of 2007, the Merger Control Regulations of 2007, the Company law illustrated by the Companies Ordinance of 1984, and the Takeover law which is the Listed Companies Ordinance of 2002.

As stated by the Competition law, a merger pattern that is not intended to raise any competition concerns can be approved at Phase I of the process by the Competition Commission of Pakistan (CCP). However, failure to prove that point will cause the CCP to proceed to Phase II where a further review of the merger proposition will be conducted in order to determine if the merger will lessen or not competition in the targeted market. Conditions that could lessen competition could be the concern raised by the combination of undertakings where the post-merger entity will hold a dominant position in the relevant market which could correspond to a market share exceeding forty percent. Nonetheless, such proposed merger can be approved if intended to contribute substantially to the efficiency of the production, distribution or provision of goods and services, but if proved otherwise it can be rejected (Section 11, Pakistan Competition Act, 2007). These regulations were applicable to both national and transnational mergers and acquisitions proposals. Although these regulations have been upgraded over years since 2007, they are remaining crucial in regulating M&A transactions in Pakistan.

The overview conduced in this section suggests that policies, strategies and regulations available on both sides in 2007 were offering an encouraging environment for investment outbound as well as for welcoming foreign investments. The earlier 2000s marked the beginning of the loosening of Chinese regulations toward foreign investments and this has considerably contributed to the growth of their outward investments including M&A. The applicable policies loosened the approval process and eased the procedures of outbound investments projects. They have also given confidence and provided strong support to Chinese companies willing to venture abroad.

3. China Mobile's experience in the Pakistani Market

China investments in the South Asian region has also increased over the past years, supported by the B&R initiative recently introduced in 2013. A number of Chinese corporations have successfully conquered bids in the region allowing Chinese firms to enter new markets. In Pakistan in particular, though Chinese investments were seen to be growing, the number of M&A transactions had not hit high records.

As a state-owned company, China Mobile benefits from Chinese government protection but also bears government intervention in its affairs. Therefore, the geared will of China Mobile to taste foreign markets could also be the indirect government strategy to spread China around the world through the gates of globalization. In this sense, going global meant for China Mobile to bid and seek for foreign holdings opportunities. China Mobile's desire to expand its operations on international markets has brought it to bid for holdings of foreign corporate shares.

3.1 Why Pakistan?

In front of many potential international market opportunities, China Mobile may have chosen Pakistan for various reasons. At first, it is important to recall here the close friendly relationship between the two countries that has eased business, trade and investments transactions between them for several years. In the South-Asian region, Pakistan has always been among China's favorite business destinations. The United Nations Conference on Trade and Development (UNCTAD) FDI statistics reported that China FDI outflows have reached its peak in 2007 with approximately US $ 911 millions of investments in Pakistan. China has never reached such investment load in the region between 2003 and 2013. These numbers indicate the strong Chinese government emphasis on Pakistani market for various investment sectors. Such important presence of Chinese investments in Pakistan opened doors to new investments in Pakistan and reinforced the choice of the host country for more Chinese firms.

Secondly, supported by the Government's 「Going Global」 policy, and considering the volume of Chinese investment in Pakistan, China Mobile couldn't have chosen better destination to expand its operations especially with the sale opportunity obtained from Millicom in the late 2006. At this stage, it is important to notify that China also benefit from its most-favored-nation (MFN) status in Pakistan and thus enjoys preferential investment treatments such as exemptions in the financial and telecommunication sectors. With the relaxation of the international investment conditions, Pakistan allows foreign investors a full equity remittance and investor facilitation services in designated special economic zones (Investment Climate in Pakistan, 2015). In the telecommunication sector, the requirement to start a cellular operation network for foreign investors only relies on the detention of licenses from the Pakistan Telecommunication Authority (PTA). Considering the assets background of Paktel, China Mobile through the acquisition method would already had access to telecommunication licenses in Pakistan, this point probably fostered their choice to maintain their bid on Paktel.

Thirdly, the strategic position of Pakistan and the important size of its telecommunication market made it profitable for China Mobile to operate such promising market. It is also quite cost-effective considering the proximity to mainland which could reduce substantial transport costs. Standing as the main cellular carrier of Chinese telecommunication industry, China Mobile investment in Pakistan served as an example and motive for other Chinese telecommunication firms in their future overseas projects. In 2007, Pakistan was considered as a promising market that counted more than 68 million of mobile subscribers and was regarded by analysts as a great potential for foreign investors (Pakistan Telecommunication Authority, PTA, 2007). The market was also demanding for better mobile services, all this combined has provided China Mobile with more incentives to expand its know how and accumulate foreign experience in Pakistan.

3.2 First step challenges: The Case of Pakistan Telecom

For years, China Mobile had looked for new opportunities in order to apply its international expansion strategy aiming at sharing its experience of constructing and operating mobile communications networks in emerging markets (Wang Jianzhou China Mobile CEO, 2009). Taking the firm's advantage of economy of scale on the Chinese market as a pillar in their international expansion strategy.

In its pursuit for foreign market shares, China Mobile has always considered the Pakistani market as a potential for investment. Thusly, it ran for bidding for the acquisition of Pakistan Telecom but has come out unsuccessful. Yet this first unsuccessful experience had not restrained China Mobile from targeting Pakistan market in its going global perspective. Later on, in 2006, it joined another bid for Paktel and this time was successful.

3.3 The successful bid: From Paktel to Zong

Paktel was set up in 1990 by Cable & Wireless, a UK-based company. Its main operation was related to cellular telephone networking throughout Pakistan. Paktel at that time was the first company with the legal license to carry out cellular phone services in Pakistan.

In the late 1990s, after the dominant concurrence of Millicom International Cellular (MIC), Cable & Wireless started to drop consistent market shares. This situation ended with the acquisition of 98.9% equity interest in Paktel by Millicom in 2000. But in 2006, due to inconsistencies with telecommunication regulators, Millicom decided to withdraw from the Pakistani market and started looking for potential buyers for Paktel. Many companies join the bid such as Mobile Telecommunications Company (MTC) from Kuwait, but at the end it was China Mobile who finally bought out Paktel in February 2007.

China Mobile acquired approximately 89% of Paktel's holdings from Millicom for a firm value including debts worth approximately US $ 477 million. A few months later, in May 2007, China Mobile has increased its holdings in Paktel which has become China Mobile Pakistan and was the sole owner with a 100% equity. Then a year later in April 2008, Paktel was renamed ZONG which stands up to current. Since, China Mobile has increased its investment volume in Pakistan which reached around US $ 800 million in 2008. Acquiring Paktel with the telecommunication licenses has considerably favored the fast integration of Zong into the Pakistani mobile networking market (As shown in the Table 8.8).

Table 8.8　　　　　　　　　**Different steps from Paktel to Zong**

2006	2007		2008
Bid for Paktel	89% holding acquisition in February 2007 for US $ 460 million	100% equity acquisition in May 2007 at US $ 17 million for the remaining 11% of share.	Renamed Zong in April
Investments	≈ US $ 704 million		≈ US $ 204 million

(Source: PTA 2006-2007 and 2007-2008 Annual Reports.)

This transaction has been executed in a specific context that recalls a period where Chinese policies were becoming more flexible toward foreign investments and encouraging their firms to go abroad, it was also a period where China Mobile had first failed to enter the Pakistani telecom market, and finally where Millicom was seeking for a means to leave Pakistan market. Therefore, observing from the Chinese「Going Global」policy angle, it can be said that this acquisition has successfully met the objective of exporting Chinese companies expertise on international markets for the creation of new markets as means for the distribution of their products. But though the verification process was more relaxed, investments of important sizes still required the approval of the State. Pakistani authorities, on their side through the regulator PTA have also assisted China Mobile in the takeover process as well as in its progressive insertion into the Pakistani telecom market.

3.4　Performance of Zong in Pakistan

Pakistan telecommunication market is currently among the largest of the world, it grows fast and the level of competition is quite high with the presence of domestic and international networking providers competing fairly. Yet, Zong since its entry in this market, has maintained the level of its performance on high in order to increase its market share. Currently ranked third behind top companies such as the synergy Mobilink-PMCL and Ufone, Zong has gradually climbed the stairs of the intensively competitive Pakistani mobile market by grabbing for itself market shares from its competitors. Starting with 1 million of subscribers in 2007, Zong could record in June 2017 approximately 28.8 million of subscribers over the near 140 million that the whole Pakistan has today, corresponding to 20% of the market (PTA, 2017 annual reports) (As shown the Figure 8.13).

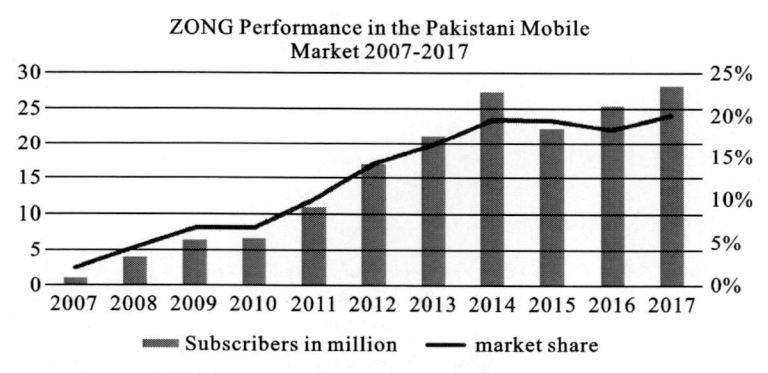

Figure 8.13　Zong's performance in Pakistan from 2007 to 2017

(Source: PTA Annual Reports.)

Benefiting from the experience of China Mobile, its mother company which is the largest mobile operator in the world, Zong has quickly integrated the Pakistani market, extended its investments and gradually increased its market share by offering varied telecommunication networking services of quality to its customers.

With the continuous involvement of telecommunication services around the world and with the exigence of high quality services, Zong has not stopped investing in the improvement of the quality of its network services. At the time of its acquisition, China Mobile Pakistan (now Zong) only had 800 base stations but in 2009, it reached 4,300 base stations. Several years later, Zong expanded its network by adding 3G and 4G sites in Pakistan reaching 6,000 sites in 2016 and taking the overall tally to more than 10,500 sites by the end of 2017 (Wang Jianzhou China Mobile CEO, 2009; Joseph Waring, 2017).

The steady good performance of Zong in Pakistan does not totally match with the findings of previous literature on the performance of Chinese M&A in post-transaction era. According to some previous empirical works, Chinese M&A were identified to perform poorly in post M&A periods. The reasons were mainly associated with a lack of experience in management skills, inexperience on foreign markets, inadequate due diligence, tax regimes differences, cultural differences and poor consideration of the host country's political or security risks (Abdol, 2016). Yet, in the short-run, Chinese M&A tend to perform very well (Gu Lulu, 2011).

Zong's performance in Pakistan provides a different evidence, even ten years after the M&A transaction. However, the observations made in this paper are limited and not exhaustive as they have not been proven empirically, but they provide some insights on the good performance of a Chinese firm on international market after M&A transactions.

3.5 The benefits of the acquisition for both parties

From the investment perspective, this strategic business decision has been beneficial for both sides. For Millicom, it was a great deal to choose the best offer to sell out Paktel as it was planning to exit Pakistan market, while for China Mobile this operation though costly was worth to mark its official entrance on an international market. The sale of Paktel allowed Millicom to seize some cash and focus on the expanding of its other markets.

Besides, Pakistan telecommunication market has also benefited from China Mobile's know how and technology, and has diversified the products available on the market. Higher competition as well as better quality services can also be counted in the benefits from this transaction on Pakistan telecommunication market.

As for the investing firm, the benefits can be observed from various angles. The classical M&A advantages are value creation, generation of cost efficiency through economies of scale, enlargement of market share to increase revenue, benefits from tax gains and favored regulations. Additionally, considering Pakistan as a not highly regulated investment market and very flexible towards international partnerships, it was a good incentive for China Mobile to run for the acquisition of Paktel. Moreover, this deal was a great opportunity for China Mobile to meet one of its international target from which it has enlarged its market share around the world and created new markets to channel its products.

4. Conclusion

In an environment dominated by the effects of the globalization, most companies are seeking to seize opportunities to spread their wings as far as they can to increase their value, mitigate their costs, enjoy favored tax treatments, generate economies of scale or reach new markets. Mergers and acquisitions (M&A) are used as strategic decisions for corporations to become multinationals after considering all costs and benefits.

This article has reviewed the case of China Mobile's successful acquisition of Paktel of 2007. China Mobile entered the Pakistani telecommunication market through the means of M&A and not as a green field investment. This decision has been triggered by the favorable environment offered by Chinese policies in the earlier 2000s.

China Mobile's decision to enter an international market has been encouraged and supported by the new wave of Chinese open policies toward outbound investments. As a result, the backbone of the Chinese mobile telecommunication industry has invested an important capital in Paktel, a dying Pakistani network company, that has later become Zong.

Though Chinese investments in Pakistan have increased considerably during the few past years and even though China has become more and more open towards globalization, yet the number of Chinese corporate M&A in Pakistan is remaining low. Very few cases of M&A have been recorded between the two long time economic partners since the beginning of the 2000s. Still, China Mobile experience in Pakistan remains a reference for other Chinese firms desiring to venture overseas. But, a better analysis of the risks associated with the venture is crucial before any decision of this level.

參考文獻

[1] 普華永道. 2015年中國企業併購市場回顧與2016年展望 [R/OL]. (2016-01-31) [2017-09-30]. https://www.pwccn.com/zh/services/deals-m-and-a/publications/ma-2015-review-and-2016-outlook.html.

[2] 普華永道. 2016年中國企業併購市場回顧與2017年展望 [R/OL]. (2017-01-31) [2017-09-30]. https://www.pwccn.com/zh/services/deals-m-and-a/publications/ma-press-briefing-jan2017.html.

[3] 普華永道. 2017年中國企業併購市場回顧與2018年展望 [R/OL]. (2018-01-31) [2018-03-15]. https://www.pwccn.com/zh/services/deals-m-and-a/publications/ma-2017-review-and-2018-outlook.html.

[4] 中國商務部. 2017年中國對「一帶一路」沿線國家投資合作情況 [EB/OL]. (2018-03-05) [2018-03-30]. http://www.mofcom.gov.cn/article/i/jyjl/e/201803/20180302717955.shtml.

[5] 習近平. 構建中巴命運共同體 開闢合作共贏新徵程——在巴基斯坦議會的演講 [EB/OL]. (2015-04-21) [2017-09-30]. http://news.xinhuanet.com/world/2015-04/21/c_1115044392.htm.

[6] 中國商務部. 對外投資合作國別（地區）指南——巴基斯坦（2017年版）[R/OL]. (2017-12-28) [2018-01-31]. http://fec.mofcom.gov.cn/article/gbdqzn/.

[7] 胡健. 一帶一路戰略構想及其實踐研究 [M]. 北京：時事出版社, 2016.

[8] 孟遼闊.「一帶一路」視野下的巴基斯坦戰略地位及其實現路徑探析 [J]. 世界經濟與政治論壇, 2015 (4)：29-45.

[9] 盧進勇, 杜奇華. 國際經濟合作 [M]. 北京：對外經濟貿易大學出版社, 2014：50.

[10] 楊振宇. 清真之國的商業盛宴——巴基斯坦投資環境簡介 [J]. 時代經貿, 2004 (6)：76-79.

[11] 許凌霄, 王達, 許虹, 楊華.「一帶一路」大戰略推動下中國海外金礦投資策略 [J]. 資源與產業, 2017 (5)：1-7.

[12] 宋國明. 巴基斯坦礦業投資環境 [J]. 國土資源, 2005 (7)：55-57.

[13] 任治俊, 周任. 巴基斯坦水電項目投資環境及主要投資風險分析 [J]. 黨政研

究，2017（2）：23-27.

［14］張康生.巴基斯坦的自然環境及存在問題［J］.環境科學進展，1997（6）：66-72.

［15］中國商務部.巴基斯坦2016-2017財年經濟運行情況及2017-2018財年經濟展望［EB/OL］.（2017-11-08）［2017-12-31］.http://www.mofcom.gov.cn/article/i/dxfw/cj/201711/20171102667112.shtml.

［16］網易網.巴基斯坦總人口突破2億 年均人口增長2.4%［EB/OL］.（2017-08-26）［2017-09-30］.https://news.163.com/17/0826/13/CSP62RT500018AOQ.html.

［17］中國駐巴基斯坦大使館經濟商務參贊處.巴基斯坦公共債務占GDP比重創15年來新高［EB/OL］.（2018-04-19）［2018-04-25］.http://pk.mofcom.gov.cn/article/jmxw/201804/20180402734225.shtml.

［18］蓋爾霍恩，科瓦契奇，卡爾金斯.反壟斷法與經濟學［M］.任勇，鄧志松，尹建平，譯.北京：法制出版社，2009.

［19］International Monetary Fund. Islamic Finance Factsheet［EB/OL］.（2017-02-28）［2017-09-30］.http://www.imf.org/external/themes/islamicfinance/index.htm.

［20］AOSSG Islamic Financing Working Group. Financial Reporting by Islamic Financial Institutions［EB/OL］.（2017-01-31）［2017-09-30］.http://www.aossg.org/images/docs/aossg_fi_wg_jan_2017.pdf.

［21］State Bank of Pakistan. Strategic Plan for Islamic Banking Industry of Pakistan［EB/OL］.（2014-01-31）［2017-09-30］.http://www.sbp.org.pk/departments/pdf/StrategicPlan-PDF/Strategy%20Paper-Final.pdf.

［22］Institute of Chartered Accountants of Pakistan. IFRS/IAS Adoption Status［EB/OL］.（2017-07-22）［2017-09-30］.http://www.icap.net.pk/standards/ifrsadoption.

［23］Institute of Chartered Accountants of Pakistan. Islamic Financial Accounting Standards［EB/OL］.［2017-09-30］.http://www.icap.net.pk/standards/ifas.

［24］Institute of Chartered Accountants of Pakistan. Exposure Draft of IFAS 4［EB/OL］.（2017-02-17）［2017-09-30］.http://www.icap.net.pk/archives/2982.

［25］Institute of Chartered Accountants of Pakistan. Exposure Draft of IFAS 5［EB/OL］.（2017-05-19）［2017-09-30］.http://www.icap.net.pk/downloads/open-for-comment.

［26］Shariah Board of State Bank of Pakistan. Essentials for Islamic Mode of Financing［EB/OL］.［2017-09-30］.http://www.sbp.org.pk/press/Essentials/Essentials%20of%20Islamic.htm.

［27］State Bank of Pakistan. BSD Circular Letter No. 03 of 2013［EB/OL］.（2013-01-22）［2017-09-30］.http://www.sbp.org.pk/bsrvd/2013/CL3.htm.

［28］State Bank of Pakistan. BPRD Circular No. 4 of 2015［EB/OL］.（2015-02-25）［2017-09-30］.http://www.sbp.org.pk/bprd/2015/C4.htm.

［29］Albaraka Bank（Pakistan）Limited. Annual PKR Financial Statements for the year ended 31 December 2016 [EB/OL]. [2017-09-30]. https://www.albaraka.com.pk/investor-relations/financial-statements/.

[30] Islamic Banking Department of State Bank of Pakistan. Islamic Banking Bulletin (June 2017). [2017-09-30]. http://www.sbp.org.pk/ibd/Bulletin/2017/Jun.pdf.

[31] 齊虹麗. 巴基斯坦伊斯蘭共和國經濟貿易法律匯編 [M]. 北京: 法律出版社, 2014: 829-846.

[32] 古德哈特. 外匯市場 [M]. 吉林: 吉林人民出版社, 2003.

[33] 李勇, 李輝富. 巴基斯坦金融發展: 理論與實證 [M]. 昆明: 雲南大學出版社, 2013.

[34] 閆麗君. 巴基斯坦商務環境 [M]. 北京: 對外經貿大學出版社, 2015.

[35] 劉星. 巴基斯坦金融市場研究 [J]. 開放性金融研究, 2016 (6): 66-73.

[36] 劉星. 巴基斯坦金融市場現狀及中國企業赴巴發展建議 [J]. 國際金融, 2016 (5): 46-53.

[37] 齊萌. 「一帶一路」視角下的伊斯蘭金融監管制度研究 [J]. 上海財經大學學報, 2015 (5): 106-113.

[38] 李勇. 伊斯蘭金融的發展及其對中國的思考與借鑒 [J]. 區域金融研究, 2011 (11): 26-31.

[39] 中國商務部. 對外投資合作國別 (地區) 指南——巴基斯坦 (2016年版) [R/OL]. (2016-12-28) [2018-01-31]. http://fec.mofcom.gov.cn/article/gbdqzn/.

[40] State Bank of Pakistan. Annual Report 2015-2016 (State of the Economy) [R/OL]. (2017-01-22) [2017-09-30]. http://www.sbp.org.pk/reports/annual/index.htm

[41] Ministry of Finance of Pakistan. Pakistan Economic Survey 2016-2017 [R/OL]. (2017-05-31) [2017-09-30]. http://www.finance.gov.pk/survey_1617.html.

[42] Securities and Exchange Commission of Pakistan. Annual Report 2016 [R/OL]. (2016-11-11) [2017-09-30]. https://www.secp.gov.pk/media-center/annual-reports/.

[43] Mutual Funds Association of Pakistan. Yearbook 2017 [R/OL]. [2018-08-15]. http://mufap.com.pk/pdf/yearbook/2017/Index.html.

[44] YAQOOB A, Guangguo Sun, WAQAS B K. Fund-specific Determinants of Performance: An Empirical Study of Islamic and Conventional Mutual Funds of Pakistan [J]. International Journal of Economics and Financial Issues, 2017, 7 (5): 359-370.

[45] 田海峰, 黃禕, 孫廣生. 影響企業跨國併購績效的制度因素分析——基於2000-2012年中國上市企業數據的研究 [J]. 世界經濟研究, 2015 (6): 111-119.

[46] 路麗. 中國製造企業海外併購動機與實現路徑研究——萬向集團收購A123和菲斯科的案例分析 [J]. 現代商貿工業, 2016 (6): 43-45.

[47] 李梅. 中國企業跨國併購績效的實證研究 [M]. 武漢: 武漢大學出版社, 2010.

[48] 韓堅, 錢濚. 併購重組與民營經濟績效的實證研究——以江浙滬民營上市企業

為例［J］.中國軟科學，2012（7）：148-158.

［49］倪中新，花靜雲，武凱文.中國企業的「走出去」戰略成功嗎？——中國企業跨國併購績效的測度及其影響因素的實證研究［J］.國際貿易問題，2014（8）：156-166.

［50］史紅燕.企業併購的支付方式述評［J］.財經問題研究，2003（4）：88-92.

［51］王培東.股權分置改革後上市公司併購支付方式研究［J］.北方經貿，2008（4）：98-99.

［52］潘穎.股權結構與中國上市公司併購績效關係的實證研究［J］.生產力研究，2010（11）：92-94.

［53］朱紅軍，汪輝.併購的長期財富效應——經驗分析結果與協同效應解釋［J］.財經研究，2005（9）：102-113.

［54］顏豔旭.上市公司溢價併購財務指標分析［J］.財會通訊，2012（2）：7-8.

［55］曾昭霓，李善民.上市公司併購績效及其影響因素研究［J］.世界經濟，2004（9）：60-67.

［56］孫曉晴.跨行業併購和行業內併購對企業績效影響的實證研究［D］.江蘇：蘇州大學，2016.

［57］劉睿智，周超.併購整合對企業併購績效影響的實證研究［J］.北京交通大學學報.2014（2）：49-57.

［58］陳立敏，王小瑕.中國企業併購績效的影響因素研究［J］.浙江大學學報.2016（6）：162-174.

［59］李善民，朱滔.多元化併購能給股東創造價值嗎？——兼論影響多元化併購長期績效的因素［J］.管理世界，2006（3）：129-137.

［60］李進龍，呂巍，郭冰.制度約束、國家文化差異與企業跨國併購績效——文化差異的競爭性仲介作用［J］.上海管理科學，2012（8）：12-16.

［61］吳津鈺，羅立.中國國家電網海外併購成功策略分析［J］.南方能源建設，2016（3）：17-20.

［62］王昶，胡明華，周文輝.技術尋求型跨國併購中公司總部角色演化研究——基於時代電氣的縱向案例研究［J］.科學學與科學技術管理，2017（3）：56-69.

［63］BRUNER R F. Does M&A pay? A survey of evidence for the Decision-Maker［J］. Journal of Applied Finance，2002（12）：48-68.

［64］SHLEIFER A，VISHNY R. Value Maximization and the Acquisition Process［J］. Journal of Economic Perspectives，2003（25）：123-140.

［65］MATSUSAKA J G. Takeover motives during the conglomerate merger wave. Journal of Economics［J］. 1993（3）：357-379.

［66］GREGORY A. An Examination of the Long Run Performance of UK Acquiring Firms［J］. Journal of Business Finance and Accounting. 1997（24）：971-1002.

［67］RAJAN R，SERVAES H，ZINALES L. The cost of diversity：The diversification discount and inefficient investment [J]. Journal of Finance, 2000 (1): 35-80.

[68] 張麗娟. 中國與巴基斯坦電力合作的優勢、挑戰及前景分析 [J]. 對外經貿實務, 2017 (9): 32-35.

[69] 徐新威. 巴基斯坦電力工程項目風險管理分析與研究 [J]. 工程技術研究, 2017 (8): 174-175.

[70] 高咏欣, 何召濱. 跨境併購交易過程中的財務風險防範 [J]. 財務與會計, 2017 (12): 26-28.

[71] 劉輝群, 鄔赫. 中國電力工業對外直接投資風險與防範 [J]. 海外投資與出口信貸, 2016 (6): 36-41.

[72] 徐榮華. 中國電網企業海外併購風險管理研究 [D]. 北京: 華北電力大學, 2016.

[73] 馬洪廠. 巴基斯坦卡拉奇火電項目投資風險分析及防範研究 [D]. 北京: 華北電力大學, 2016.

[74] 張渝. 中國企業海外併購財務風險及相關策略研究 [J]. 商場現代化, 2016 (10): 165-166.

[75] 王一非. 中國電力海外投資分析 [D]. 北京: 對外經濟貿易大學, 2015.

[76] 王洪敏. 中國資源型企業海外併購財務風險控制問題探析 [D]. 南昌: 江西財經大學, 2014.

[77] 張華瑋. 中國企業海外併購財務風險控制研究 [D]. 濟南: 山東財經大學, 2014.

[78] 李艾米. 資源性公司海外併購策略研究 [D]. 成都: 西南財經大學, 2012.

[79] 王瑩. 企業跨國併購風險識別與防範——以吉利併購沃爾沃為例 [D/OL]. 四川: 西南財經大學, 2012 [2017-11-21]. http://kns.cnki.net/KCMS/detail/detail.aspx? dbcode = CMFD&dbname = CMFD201301&filename = 1012508541.nh&uid = WEEvREcwSlJHSldRa1FhcTdWajFsM3VKR1k1Zx dhWFNWTk02YzE5eEdjTT0 = $9A4hF_YAuvQ5obgVAq NKPCYcEjKensW4ggI8Fm4gTkoUKaID8j8gFw!! &v = MjYwMDR1eFlTN0RoMVQzcVRyV00 xRnJDVVJMS2ZiK1p1Rnlqa1ZiM01WRjI2SExhNEZ0VElycEViUElSOGVYMUw = .

[80] 許宏偉. 跨國併購的風險識別、測試及防範研究——基於中國資源型企業的分析 [D/OL]. 遼寧: 東北財經大學, 2010 [2017-11-21]. http://kns.cnki.net/KCMS/detail/detail.aspx? dbcode = CMFD&dbname = CMFD2012&filename = 1011065528.nh&uid = WEEvREcwSlJHSldRa1FhcTdWajFsM3VKR1k1ZkdhWFNWTk02YzE5eEdjTT0 = $9A4hF _ YAuvQ5obgVAq NKPCYcEjKensW4ggI8Fm4gTkoUKaID8j8gFw!! &v = MDIzMTdXTTFGckNVUkxLZmIrWnVGeWpsVWI3SVZGMjZIN08rRzlUT3A1RWJQSVI4ZVgxTHV4WVM3RGgxVDNxVHI = .

[81] 楊健. 企業規避跨國併購風險七大原則 [N]. 財會信報, 2010-12-06 (C04) [2017-09-30].

[82] 熊曉晴. 企業併購風險研究 [D/OL]. 上海: 復旦大學, 2010 [2017-11-25]. http://kns.cnki.net/KCMS/detail/detail.aspx? dbcode = CMFD&dbname = CMFD2011&filename =

2010185170. nh&uid ＝ WEEvREcwSlJHSldRa1FhcTdWajFsM3VKR1k1ZkdhWFNWTk02 YzE5eEdjTT0＝＄9A4hF_YAuvQ5obgVAqNKPCYcEjKensW4ggI8Fm4gTkoUKaID8j8gFw！！ &v ＝ MTE5MDg3RGgxVDNxVHJXTTFGckNVUkxLZmIrWnVGeWpsVjdyQlYxMjZIckt3RzlETHI1R WJQSVI4ZVgxTHV4WVM＝.

［83］閔劍. 企業跨國併購風險動態監測研究［D/OL］. 湖北：武漢理工大學, 2013 ［2017-11-25］. http：//kns.cnki.net/KCMS/detail/detail.aspx? dbcode＝CDFD&dbname＝ CDFD1214&filename＝1013297424. nh&uid＝WEEvREcwSlJHSldRa1FhcTdWajFsM3VKR1k1 ZkdhWFNWTk02YzE5eEdjTT0 ＝ ＄9A4hF_YAuvQ5obgVAqNKPCYcEjKensW4ggI8Fm4gTko UKaID8j8gFw！！ &v ＝ MjEzNTF1RnlqbFc3ckFWRjI2SGJHeEdkWE9xNUViUElSOGVYMUx1e FlTN0RoMVQzcVRyV00xRnJDVVJMS2ZiK1o＝.

［84］王飛翔. 淺析中國企業跨國併購的風險及對策［J］. 全國商情（理論研究）, 2010（11）：107-108.

［85］劉慧穎. 企業併購風險研究［D/OL］. 遼寧：東北財經大學, 2007［2017-11-25］. http：//kns.cnki.net/KCMS/detail/detail.aspx? dbcode＝CMFD&dbname＝CM-FD2008&filename＝2008037757. nh&uid＝WEEvREcwSlJHSldRa1FhcTdWajFsM3VKR1k1Zkdh WFNWTk02YzE5eEdjTT0＝＄9A4hF_YAuvQ5obgVAqNKPCYcEjKensW4ggI8Fm4gTkoUKaID8j 8gFw！！ &v＝MjA5MTZyV00xRnJDVVJMS2ZiK1p1RnlqbVU3dktWMTI3RnJPN0dkYkpxSkViUE lSOGVYMUx1eFlTN0RoMVQzcVQ＝.

［86］黃利文, 冷志明. 淺析企業跨國併購所面臨的風險與對策［J］. 內蒙古科技與經濟, 2008（18）：56-58.

［87］王萍, 榮忠萍. 論跨國併購風險控制與防範［J］. 民營科技, 2013（1）：63.

［88］薛鳳榮. 企業跨國併購風險管理的研究［D/OL］. 天津：天津商業大學, 2008 ［2017-11-25］. http：//kns.cnki.net/KCMS/detail/detail.aspx? dbcode＝CMFD&dbname＝ CMFD2009&filename＝2008072944. nh&uid＝WEEvREcwSlJHSldRa1FhcTdWajFsM3VKR1k1 ZkdhWFNWTk02YzE5eEdjTT0＝＄9A4hF_YAuvQ5obgVAqNKPCYcEjKensW4ggI8Fm4g TkoU-KaID8j8gFw！！ &v ＝ MTkyMDVyTy9ITmpJcTVFYlBJUjhlWDFMdXhZUzdEaDFUM3 FUcldN-MUZyQ1VSTEtmYitadUZ5am1VYnJCVjEyN0Y＝.

［89］趙保國, 李衛衛. 電信營運商國際化戰略研究［M］. 北京：北京郵電大學出版社, 2010.

［90］龔祥德. 中移動併購Millicom幕後［J］. 商務周刊, 2006（15）：72-74.

［91］崔學剛, 張敏. 公司併購盡職調查：問題與借鑑—基於中國移動收購盧森堡電信公司案例的分析［J］. 財會學習, 2012（4）：64-65.

［92］樂寧. 中國移動巴國演繹動人篇章［J］. 通信世界, 2007（36）：23-27.

［93］索世儒, 郭永宏. 巴基斯坦與中國電信業的比較［J］. 電信技術, 2008（2）：20-23.

［94］林季紅, 劉瑩. 中國企業海外併購績效研究—以併購整合為視角［J］. 廈門大學學報（哲學社會科學版）, 2013（6）：115-124.

[95] ABDUL Q M. Pak-China trade: Importance of negotiating the FTA. The Express Tribune [EB/OL]. (2015-08-24) [2017-08-30]. https://tribune.com.pk/story/943392/pak-china-trade-importance-of-negotiating-the-fta/.

[96] AHMAD R M. The Pakistan-China Bilateral Trade: The Future Trajectory [J]. Institute of Strategic Studies Islamabad, 2017 (37): 66-89. http://issi.org.pk/wp-content/uploads/2017/04/4-Ahmad_Rashid_SS_Vol_37_No.1_2017.pdf.

[97] AHMAD R, MI Hong. China-Pakistan Economic Corridor and Its Social Implication on Pakistan: How Will CPEC Boost Pakistan's Infrastructures and Overcome the Challenges? [J]. Arts Social Sci J, 2017 (8): 1-8. doi:10.4172/2151-6200.1000265.

[98] BUCKLEY P J, CLEGG L J, CROSS A R, et al. The determinants of Chinese outward foreign direct investment [J]. Journal of International Business Studies, 2007, 38 (4): 499-518. http://dx.doi.org/10.1057/palgrave.jibs.8400277.

[99] CHAUDHURY D R. The Economic Times. CPEC could destroy Pakistan economy and society [EB/OL]. (2017-05-18) [2017-09-09]. http://economictimes.indiatimes.com/news/defence/cpec-could-destroy-pakistan-economy-and-society/articleshow/58722033.cms.

[100] CHAUDHARY M A, ABE K. Pakistan, Japan and ASEAN Trade relations and Economic Development (A Comparative Analysis) [J]. Pakistan Economic and Social Review. 2000 (38): 193-214.

[101] CHENG L K, MA Zihui. China's Outward Foreign Direct Investment from China's Growing Role in World Trade. [M]. University of Chicago Press, 2010. 03: 545-578. http://www.nber.org/chapters/c10475.pdf.

[102] SHABIR C. Is Cpec Economic Corridor or a Strategic Game Plan? [M/OL], AuthorHouseUK, 2017. 06. 16 [2017-10-11]. https://www.authorhouse.co.uk/Bookstore/BookDetail.aspx? Book=762340.

[103] ERUM Z. China's investments lift FDI to $1. 733 billion in July-April. The International News [EB/OL]. (2017-03-16) [2017-09-10]. https://www.thenews.com.pk/print/204573-Chinas-investments-lift-FDI-to-1733-billion-in-July-April.

[104] Fashionating World. Pakistan Invites Chinese Investors [EB/OL]. (2017-07-05). [2017-10-11]. https://www.fashionatingworld.com/new1-2/pakistan-invites-chinese-investors.

[105] GRIFFITHS J. Just what is this One Belt, One Road thing anyway? CNN online news [EB/OL]. (2017-05-11) [2017-09-08]. http://www.cnn.com/2017/05/11/asia/china-one-belt-one-road-explainer/index.html.

[106] GR?BLER J. " Western Balkan Countries to profit from Belt and Road Initiative". The Vienna Institute for International Economic Studies [EB/OL]. (2017-05-15) [2017-09-09]. https://wiiw.ac.at/western-balkan-countries-to-profit-from-belt-and-road-initiative

-n-219.html.

[107] JABIN T J. Deciphering the Numbers: Employment in the China-Pakistan Economic Corridor [EB/OL]. (2017-08-22) [2017-10-11]. http://www.e-ir.info/2017/08/22/deciphering-the-numbers-employment-in-the-china-pakistan-economic-corridor/.

[108] National Bureau of Statistics of China. China Statistical Yearbook 2014, 2015, 2016. China Statistics Press [DB/OL]. [2017-09-11]. http://www.stats.gov.cn/english/statisticaldata/AnnualData/.

[109] Radio Pakistan. 「OBOR is a great initiative and CPEC is its central project which will immensely impact on economic and political stability of Pakistan: It will also increase bilateral trade between Pakistan and China」: Analysts [EB/OL]. (2017-05-17) [2017-09-09]. http://www.radio.gov.pk/17-May-2017/obor-is-a-great-initiative-and-cpec-is-its-central-project-which-will-immensely-impact-on-economic-and-political-stability-of-pakistan-it-will-also-increase-bilateral-trade-between-pakistan-and-china.

[110] SALMAN S. CPEC investment pushed from $55b to $62b. THE EXPRESS TRIBUNE [EB/OL]. (2017-04-12) [2017-09-08]. https://tribune.com.pk/story/1381733/cpec-investment-pushed-55b-62b/.

[111] State Bank of Pakistan. Third Quarterly Report for the year 2016-17 of the Board of Directors of State Bank of Pakistan [R]. 2017.

[112] UNCTAD. World Investment Report 2017 [R]. 2017.

[113] World Bank. Pakistan's Investment Climate Laying The Foundation For Renewed Growth. Volume I: The Main Report [R]. 2009.

[114] Xinhua News. China-Pakistan Economic Corridor core component of Belt and Road Initiative: Pakistani PM. New China. English. news. cn [EB/OL]. (2017-05-05) [2017-09-08]. http://news.xinhuanet.com/english/2017-05/18/c_136294322.htm.

[115] Xinhua. China unveils action plan on Belt and Road Initiative [EB/OL]. (2015-03-28) [2017-09-08]. http://english.gov.cn/news/top_news/2015/03/28/content_281475079055789.htm.

[116] Xinhua News. Full Text: Vision and actions on jointly building Belt and Road, English. news. cn [EB/OL]. (2015-03-28) [2017-09-08]. http://news.xinhuanet.com/english/china/2015-03/28/c_134105858.htm.

[117] YUSUF S. Can Chinese FDI Accelerate Pakistan's Growth? [J]. The International Growth Centre. Working Paper, 2013.

[118] DOROZYNSKI T, KUNA-MARSZALEK A. Investment Attractiveness. The Case Of The Visegrad Group Countries [J]. Comparative Economic Research. 2016 (10): 119-140.

[119] GU Lulu. A Study of Chinese Overseas Mergers and Acquisitions. University of Canterbury. PHD thesis [D/OL]. 2011. https://ir.canterbury.ac.nz/handle/10092/5265.

[120] Global Telecoms Business. Interview: Wang Jianzhou of China Mobile [EB/OL].

(2009 – 07 – 28) [2017 – 10 – 28]. https://www.globaltelecomsbusiness.com/article/b11vzfdnmm427s/interview-wang-jianzhou-of-china-mobile.

[121] HUANG Wenbin, WILKES A. Analysis of China's overseas investment policies [J]. Center for International Forestry Research (CIFOR), Bogor, Indonesia, 2011: 32.

[122] CHANG Y M. A Formal Modeling Of The Imbalance Theory To Explain Two Directions Of Foreign Direct Investment [J]. Journal of International Business and Economy. 2004 (5): 117–132.

[122] JAMAL M, YALDRAM F, HAYAT S. The Merger Control Review. Chapter 31 Pakistan. Law Business Research [M]. 2012.

[123] MA Si. Carrier set to invest $200m in Pakistan. China Daily [EB/OL]. (2017–02–10) [2017–10–28]. http://www.chinadaily.com.cn/business/tech/2017–02/10/content_28159429.htm.

[124] MIDDLETON J. China Mobile snaps up Paktel. Telecoms. com (News) [EB/OL]. (2007–01–22) [2017–10–28]. http://telecoms.com/7867/china-mobile-snaps-up-paktel/.

[125] M&A Statistics. The International Mergers and Acquisitions (IM&A) Institute [DB/OL]. (2017) [2017–11–23]. https://imaa-institute.org/m-and-a-statistics-countries/.

[126] Pakistan Telecommunication Authority. Annual Report 2006–2007 and 2016–2017 [R]. 2017.

[127] Pakistan Telecommunication Authority, Indicators, 2017 [DB/OL]. (2017–02–12) [2017–10–28]. http://www.pta.gov.pk/en/telecom-indicators.

[128] PENG Zhang. Towards an internationalized sustainable industrial competitiveness model [J]. Competitiveness Review: An International Business Journal, 2013 (23): 95–113.

[129] RIZWAN I. Right Jobs website. Top 10 Telecommunication Companies in Pakistan [EB/OL]. (2015–10–31) [2017–11–24]. https://rightjobs.pk/blog/telecommunication-companies-in-pakistan/#4.

[130] SOOFI AS. China's Foreign Direct Investments: Challenges of Due Diligence and Organizational Integration [J]. Economic and Political Studies, 2015 (3): 112–143.

[131] The Financial Times. China Mobile Expands With Paktel Deal [EB/OL]. (2007–01–23) [2017–10–28]. http://www.ftchinese.com/story/001009115/ce.

[132] WARING J. Zong earmarks $200 for Pakistan 3G/4G expansion. Mobile World Live [EB/OL]. (2017–02–09) [2017–11–23]. https://www.mobileworldlive.com/asia/asia-news/zong-earmarks-200m-for-pakistan-3g4g-expansion/.

國家圖書館出版品預行編目（CIP）資料

「一帶一路」背景下中國企業海外併購行為研究：巴基斯坦篇 / 池昭梅 等 著. -- 第一版. -- 臺北市：崧博出版：崧燁文化發行, 2019.05
面；　公分
POD版

ISBN 978-957-735-817-2(平裝)

1.投資環境 2.企業合併 3.巴基斯坦

552.372　　　　　　　　　　　　　　　　　108006137

書　　名：「一帶一路」背景下中國企業海外併購行為研究：巴基斯坦篇
作　　者：池昭梅 等 著
發 行 人：黃振庭
出 版 者：崧博出版事業有限公司
發 行 者：崧燁文化事業有限公司
E - m a i l：sonbookservice@gmail.com
粉 絲 頁：　　　　　　　　　網　址：
地　　址：台北市中正區重慶南路一段六十一號八樓 815 室
8F.-815, No.61, Sec. 1, Chongqing S. Rd., Zhongzheng Dist., Taipei City 100, Taiwan (R.O.C.)
電　　話：(02)2370-3310　傳　真：(02) 2370-3210
總 經 銷：紅螞蟻圖書有限公司
地　　址：台北市內湖區舊宗路二段 121 巷 19 號
電　　話:02-2795-3656 傳真:02-2795-4100　　網址：
印　　刷：京峯彩色印刷有限公司（京峰數位）
　　本書版權為西南財經大學出版社所有授權崧博出版事業股份有限公司獨家發行電子書及繁體書繁體字版。若有其他相關權利及授權需求請與本公司聯繫。

定　　價：550 元
發行日期：2019 年 05 月第一版
◎ 本書以 POD 印製發行